抗日战争时期
细菌战与防疫战
文献集

张宪文 吕晶 —— 主编

国家出版基金项目
NATIONAL PUBLICATION FOUNDATION

谭学超 编著

苏俄方视角下的
细菌战

江苏人民出版社

图书在版编目(CIP)数据

苏俄方视角下的细菌战 / 谭学超编著. -- 南京：
江苏人民出版社,2025.3. -- (抗日战争时期细菌战
与防疫战文献集 / 张宪文,吕晶主编). -- ISBN 978 - 7 -
214 - 29496 - 8

Ⅰ. K265.606

中国国家版本馆 CIP 数据核字第 2024P8P376 号

抗日战争时期细菌战与防疫战文献集
主　　编　张宪文　吕　晶

书　　　名　苏俄方视角下的细菌战
编　　　著　谭学超
责 任 编 辑　金书羽
特 约 编 辑　张延安　于佳旭
装 帧 设 计　刘葶葶
责 任 监 制　王　娟
出 版 发 行　江苏人民出版社
地　　　址　南京市湖南路 1 号 A 楼,邮编:210009
照　　　排　江苏凤凰制版有限公司
印　　　刷　苏州市越洋印刷有限公司
开　　　本　718 毫米×1000 毫米　1/16
印　　　张　25.25　插页 4
字　　　数　375 千字
版　　　次　2025 年 3 月第 1 版
印　　　次　2025 年 3 月第 1 次印刷
标 准 书 号　ISBN 978 - 7 - 214 - 29496 - 8
定　　　价　128.00 元

(江苏人民出版社图书凡印装错误可向承印厂调换)

国家社会科学基金抗日战争研究专项工程项目
2021年度国家出版基金资助项目
"十四五"国家重点出版物出版专项规划项目
国家记忆与国际和平研究院资助项目

总　序

人类使用生物武器的历史由来已久,古代战场上"疫病与战争"的关系对现代战争产生了深远的影响。20 世纪以来,随着微生物学和医学等学科的长足发展,通过生物技术人为制造病菌,在军事上削弱并战胜敌军成为重要的战争手段。第二次世界大战时,德、日、美等国均开始研制和使用生物战剂。当时,主要以细菌、老鼠和昆虫为传播媒介。30 年代起,日本违背国际公约,在中国东北等地组建细菌部队,针对我国平民实施大规模细菌战。为真实记录这段历史,南京大学牵头组织 20 余位海内外学者,承担了国家社科基金抗日战争研究专项工程之"日军细菌战海内外史料整理与研究"项目,经过多年艰苦工作,先期推出 11 卷"抗日战争时期细菌战与防疫战文献集"(简称"文献集")。

关于抗日战争时期的细菌战与防疫战,既有的研究基本以收集七三一等细菌部队的罪证为主,以之批判侵华日军细菌战暴行的残虐与反人类。在此基础之上,部分学者分别从社会学、心理学、医学、军事学等角度开展跨学科研究,有力地推动了该领域研究的发展。而日本对华细菌战的推行者,并不仅限于臭名昭著的七三一,还包括荣一六四四、甲一八五五、波八六〇四和冈九四二〇等细菌部队,形成了一个完整严密的研究与实战体系。

"文献集"以日本在二战期间发动细菌战为中心,全面发掘梳理战前、战时与战后各阶段所涉及的细菌战战略与战术思想、人体实验、细菌武器攻击,以及战后调查与审判的相关史料。"文献集"以中日两国史料为主,兼及苏联等相关国家或地区的史料,对已发现的重要史料尽可能完整地收录,辅以必要的简介和点评,最大程度地保持史料的原始面貌和可利用性。

"文献集"将细菌战研究置于全球视野之下,从多方视角进行实证分析探讨。一方面追踪七三一等细菌部队隐秘开展的活体实验,深入挖掘其所从事的日常业务,深刻理解军国主义时代日本医学的"双刃剑"性质;另一方面关注国民政府战时在卫生防疫方面的应对策略,以及中日双方开展的攻防战。同时,不能忽视战后美苏两国因各自利益所需,对战时日军在华细菌战罪行的隐匿与揭露,包括1949年末苏联组织军事法庭,针对日军在战争期间准备和使用细菌武器罪行的审判材料,以及美国基于对日军细菌战参与人员长达四年的问讯记录而形成的《桑德斯报告》《汤普森报告》《费尔报告》和《希尔报告》等第三方史料。

"文献集"立足于对日军在华细菌战核心部队、重要事件和关键问题等史实的具体呈现。此次出版的11卷由史料丛编和调研报告组成,其中史料丛编为"文献集"的主体部分,包括几个方面:(1)日本防卫省防卫研究所、国立公文书馆和战伤病者史料馆等机构所藏档案,亚洲历史资料中心的数字资料,以及各类非卖品文献、旧报刊、细菌部队老兵证言等资料;(2)受害国中国当时医疗卫生、传染病调查,以及受到细菌武器攻击后的应对情况方面的资料,考察选收中国大陆重要省份和台北"国史馆"、台北档案管理局的相关史料;(3)苏联时期及部分当代俄罗斯出版的关于细菌战、细菌武器、生化战历史和科学史专题的俄文史料及文献著作;(4)英国、澳大利亚等国家档案馆馆藏有关日本战争罪行的档案。

具体而言,中方史料主要包括日渐被学界关注的国民政府针对日军细菌武器攻击的调查与应对,涉及战时防疫联合办事处、中央卫生署、省卫生处、防疫委员会、医疗防疫队和军方防疫大队等一系列国民政府防疫机构以及中国红十字会总会的相关档案,还有60余种近代报刊中关于抗战前后细菌战与传染病知识的科普与传播、日军具体投放细菌行为的报道,以及战时各地疫情与防疫信息等方面的内容;此外,20世纪50年代新中国审判日本战犯,获得日军甲一八五五部队等部官兵回忆投放细菌及从事人体实验罪行的供词,这些战犯口述笔供中的细菌战相关情报,具有较高的史料价值。

日方史料围绕日本细菌战作战指挥系统、细菌战战略思想、在中国相关地区的细菌武器攻击、以往研究较少涉及的两支重要的细菌部队(荣一六四部队和冈九四二〇部队)等核心问题,吸纳小川透、近食秀大、山内忠重等细菌部队军医发表的研究报告和学术论文,重新整理、翻译内海寿子、镰田信雄、三尾丰、千田英男、天野良治、沟渊俊美、鹤田兼敏、丸山茂等多名细菌部队老兵证言。其中细菌部队卫生防疫研究报告不仅揭示战时中国地区疫情传播的实相,也反映这些细菌部队的研究课题之侧重所在。尤其是从军事医学、微生物学角度去看,这几支细菌部队依据所在地区特点,"因地制宜"地开展相应研究,为后期作战做了较为充足的准备,由此不难窥见日军细菌战战略的意图和布局。

第三方史料,主要系统地介绍和引进苏联和俄罗斯有关生化战和细菌战的文献资料,包括苏联早期引进的细菌战研究著作、伯力审判材料、《真理报》所刊登关于伯力审判的内容、朝鲜战争中美军生化战报告及其与日本侵华生化战有关的材料、苏联和俄罗斯关于生化战的研究与引进成果、俄安全局档案分局2021年解密的日军生化战档案、俄国内对于解密材料的新闻报道等。这些资料呈现了苏联和俄罗斯在历史上与生化战和细菌战之间的关系,以及苏、俄军方及科学界对其认知、研究、防范的变化过程,为中国史学界提供了生化战和细菌战研究的另一视角。

"文献集"另一组成部分是课题组当下采集到的口述资料,即2018年前后在浙江衢州江山等县村对当地"烂脚老人"进行田野调查,形成的"日军细菌战创伤记忆口述调研实录"。依据老人证言和地方史志的对照,从时间序列和空间分布上分析,不难发现"烂脚病"的出现与日军细菌战之间有密切关联。在日军实施细菌战之前,衢州等地从未有过此病及相关记载,而在细菌战之后,此病在这些地区频繁出现,且出现病例最多的村落与日军曾经控制的浙赣铁路线高度重合。课题组保存了日本在华细菌战的底层受害者的声音,将受害者的个人记忆与文本文献有机结合,从而在证据链上达到最大程度的充分性、多样性和丰富性。

　　"文献集"得以顺利出版，首先感谢国家社科基金抗日战争研究专项工程和国家出版基金的支持，在编写和出版过程中得到抗日战争研究专项工程学术委员会各位专家的悉心指导，也感谢中央档案馆、中国第二历史档案馆、侵华日军南京大屠杀遇难同胞纪念馆和台北"国史馆"等合作单位的支持与帮助。课题组相信本系列图书的出版，或将有利于提升抗战时期细菌战与防疫战研究的深度与广度。

　　"文献集"全面揭露日本发动细菌战的罪行，并非为了渲染仇恨，而是为了维护人类尊严和世界和平，助力中华民族伟大复兴和人类命运共同体建设，以史为鉴，面向未来。兹值"文献集"出版前夕，爰申数语，敬以为序。

目　录

导　言 001

第一章　苏联早期引进的细菌战研究著作 014
　　一、萨尔托利主编的《细菌战》（节选）......... 014
　　二、苏联列宁国家图书馆主编的《关于出现细菌战可能性的报告》......... 033

第二章　日本侵略苏联战争准备及哈巴罗夫斯克审判的文件和材料 037
　　一、揭露日本反苏联战争计划与细菌战真相的档案文献 037
　　二、日本关东军细菌战原始罪证材料的图片 146

第三章　《真理报》刊登的哈巴罗夫斯克审判材料 178
　　一、《真理报》刊登与连载的哈巴罗夫斯克审判主要材料 178
　　二、《真理报》关于哈巴罗夫斯克审判的社论文章 187

第四章　苏联法官论哈巴罗夫斯克审判与细菌战 207
　　一、《细菌战——帝国主义侵略的罪恶工具》的概述 207
　　二、《细菌战——帝国主义侵略的罪恶工具》的译文 209

附录　朝鲜战争美军生化战报告相关材料简介和图集 *337*

　　一、《国际科学委员会针对在朝鲜和中国的细菌战事实的调查报告》 *337*

　　二、《文件集：停止美帝国主义者的细菌战》 *358*

　　三、《美帝国主义者针对朝鲜和中国人民的细菌战的文件》 *360*

　　四、《美国侵略者在朝鲜的细菌战——野蛮的反人类暴行》 *361*

　　五、《被美国战俘证实的细菌战文件材料集》 *365*

　　六、《关于中国和朝鲜的证据》 *370*

结　语 *374*

主要参考文献 *377*

后　记 *389*

导　言

　　生物武器和细菌战攻击战术是 20 世纪以来军事发展和医学进步的特殊产物,具有隐蔽性、秘密性、不可见性、大规模毁灭性、牵连性、灾殃性和反噬性等特点,是现当代战争史上一种极为卑劣、残忍的非传统、非典型作战方式。

　　一般而言,尽管人们普遍认为生物武器和细菌战是第一次世界大战至当代的战争手段,是基于医学、微生物学、细菌学和病毒学的前沿科学成果被应用并滥用到战争和屠戮中的结果,但也有一些学者认为,人类早在还未掌握细菌特性、无法控制病菌毒效的时候,就已经懂得利用死尸来进行原始细菌战了。根据俄罗斯学者苏博特尼茨基(M. B. Супотницкий)的研究,比如在蒙古帝国西征时期,蒙古军队就已经懂得将感染了鼠疫而死亡的鼠类(特别是土拨鼠)尸体作为细菌战的武器,利用重型投石机将其投射到欧洲人和阿拉伯人坚固的城堡之内,以期通过人为制造大规模瘟疫迫使守军战败和投降。而神圣罗马帝国①的皇帝腓特烈一世(Friedrich I,绰号"巴巴罗萨"[Barbarossa])也曾在一场战役中命令士兵用投石机向敌方的城内投射病亡之人的尸骸。类似利用人和动物的死尸进行原始细菌战的方式在中世纪的冷兵器战争或者早期的冷热兵器共存的战争当中时有发生,在史料文献中也有所记载。②

---

① Holy Roman Empire,相当于现今的德国等地。——编著者注

② *M. B. Супотницкий*:Биологическая война. Введение в эпидемиологию искусственных эпидемических процессов и биологических поражений, Москва:изд - во《Кафедра》,《Русская панорама》, 2013, С. 42 - 44.

当然，纵观军事史，正式将生物和化学武器应用在战役中，以及使用大量活体动物和人类进行细菌、生化研究实验的国家/阵营，当数在第二次世界大战前夜已经秘密展开大规模研究和准备细菌战的轴心国集团成员国——德国和日本，以及紧随其后的，战后通过秘密交易全面获取德、日生化战科研成果和技术的美国及其主导的西方阵营。①

目前为止，历史上唯一针对细菌战及其策划者的军事法庭审判，是苏联在 1949 年 12 月 25 至 30 日于滨海边疆区的哈巴罗夫斯克市②举行的针对指控原关东军高级将领犯下研究和使用细菌武器之严重罪行的审判（以下简称为哈巴罗夫斯克审判）。这不仅是东京远东国际军事法庭审判（以下简称为东京审判）对某些重大主要战犯审判的延续，也是针对日军细菌战要犯战争罪行和反人类罪行的重大公开庭审，更是苏联阵营和美国阵营国际政治和舆论斗争的角力场。苏联的目的，除了要公开审判和惩治已被苏联俘获的涉及细菌战的日本高级战犯及其所犯的帝国主义侵略罪行，批判日本帝国主义集团为求夺取世界霸权席位而不惜采用灭绝人性的细菌战等一系列反人类暴行，更是要揭示美国继德日法西斯集团而成为新的具有世界霸权野心国家的事实。例如美国为发动新的帝国主义战争，不惜在处置战后日本问题时故意为一些罪大恶极的战争策划者开脱和除罪（比如裕仁天皇和日本关东军的细菌战主导者，以及一系列的日本财阀组织），使其免于审判和惩罚，逍遥法外。其中就包括成功躲避苏联军方并暗中投靠美国的原七三一部队长官石井四郎等人。

这样，在朝鲜战争前夜充斥着紧张气氛、对抗、冲突，乃至大型战争一触即发的国际政治背景下，由苏联主导的哈巴罗夫斯克审判在揭示美国在东亚乃至全世界的侵略扩张意图之时，强调美国对日本细菌战暴行的包庇与日本当局策划、研究和实施细菌战本身同等丑恶，这就具有极其重要的政治

---

① *Г. Г. Громоздов и др.* (*ред.*): Бактериологическое оружие и защита от него, 2 - е издание, переработанное и дополненное, Москва: Ордена Трудового Красного Знамени Военное издательство Министерства Обороны СССР, 1971, С. 3 - 41.

② Хабаровск, 旧称伯力城。——编著者注

道义和宣传意义。尽管它不会也不可能被苏联的头号劲敌——美国，以及它领导下的西方国家阵营，还有被美国统治和支配的战后日本所认可和支持，但它在道义和法理上所造成的国际影响，特别是对日本帝国主义集团策划和实施细菌战过程中的破坏和平、发动侵略战争、反人类等严重罪行的清算，以及其后由中国和苏联等国主导的国际科学委员会对美军（联合国军）在朝鲜战争期间使用同日军类似的细菌战手段残害中国和朝鲜人民的罪行的控诉①，都树立了重要的历史典范，留下了深刻的启示。

简要来说，负责哈巴罗夫斯克审判的苏联法官审判团是以切尔特科夫（Д. Д. Чертков）军事司法少将为主审庭长、伊利尼茨基（М. Л. Ильницкий）司法中校为法官、沃罗比约夫（И. Г. Воробьёв）司法中校为法官助手，加上由相关的军官、司法军官、科学家、医生、专家学者、法医等组成的调查团和检控团，在苏联远东地区的哈巴罗夫斯克共同组成的军事法庭，对包括山田乙三、梶冢隆二、川岛清、西俊英、柄泽十三夫、尾上正男、佐藤俊二、高桥隆笃、平樱全作、三友一男、菊地则光、久留岛佑司等曾经主管、督导、服役于七三一部队、一〇〇部队等生化部队的 12 名高级军官进行军事审判和控罪。在此过程中，这些日本战犯被审问、盘问和追问了关于七三一部队和一〇〇部队及其支队的一些历史、运作情况，以及人体实验和细菌武器的研究、使用情况，法庭上苏联军官与调查组成员还出示了一系列被苏军缴获的文件材料作为证供。

在哈巴罗夫斯克审判作出判决的次年，即 1950 年，部分预审记录文件、证词、起诉书全文、主要庭审记录内容、判决书全文，以及一些相关的原始文件材料都被收录在《关于指控日军前军官准备和使用细菌武器案件的法庭

---

① *Международная Научная Комиссия（МНК）*（*ред.*）: Доклад Международной Научной комиссии по расследованию фактов бактериологической войны в Корее и Китае, Пекин，1952.

审判材料》(以下简称为《哈巴罗夫斯克审判材料》或《审判材料》) ①中,由苏联国家政治出版局出版发行。除了苏联官方的俄文版原版,同时出版的还有由苏联外国文书籍出版局出版的官方中文版②、英文版、德文版、日文版等版本。其中包括对日军细菌部队秘密从事的活人人体实验的罪名指控③,对中国、苏联等国及其所属种族实施细菌战的准备和行动④,相关的战犯审判记录,以及其他文件材料和图片等证据⑤,此外还有苏联专家的调查报告⑥等文献材料。

　　针对《哈巴罗夫斯克审判材料》所公布和披露的材料,曾参与庭审等相关工作的苏联军事司法法官拉金斯基(М. Ю. Рагинский)、罗真比里特(С. Я. Розенблит,也译为罗森布立特)、斯米尔诺夫(Л. Н. Смирнов)也于1950年以法学家的身份联合撰写并出版了一本名为《细菌战——帝国主义侵略的罪恶工具》⑦的经典著作。当时朝鲜战争已经开始,而以美国为首的"联合国军"亦已经赴朝鲜参战。该书是具有重大文献史料价值的当事人原著,是苏联斯大林时期最直接且扼要讲述日本军国主义者对细菌武器的研发和实施过程的著作。此外,该书也披露了以美国为首的西方帝国主义集团一方面纵容和无视日军细菌战罪行,另一方面又暗中将原日军部队的细菌战战犯、技术和资料为己所用的阴谋,并指出美国这种谋求以细菌战先发制人而使对手不战而败的战法,实际上也和美国本土主张细菌战的所谓科学家的

---

① Д. Д. Чертков, М. Л. Ильницкий, И. Г. Воробьёв и др. (ред.): Материалы судебного процесса по делу бывших военнослужащих японской армии, обвиняемых в подготовке и применении бактериологического оружия, Москва: Государственное издательство политической литературы, 1950. (далее — Материалы судебного процесса)

② 参见《前日本陆军军人因准备和使用细菌武器被控案审判材料》,莫斯科:外国文书籍出版局,1950。

③ Материалы судебного процесса, С. 5 – 23.

④ Материалы судебного процесса, С. 24 – 36.

⑤ Материалы судебного процесса, С. 37 – 392.

⑥ Материалы судебного процесса, С. 393 – 402.

⑦ М. Ю. Рагинский, С. Я. Розенблит, Л. Н. Смирнов: Бактериологическая война—преступное орудие империалистической агрессии, Москва: изд-во Академии Наук СССР, 1950.

倡议完全吻合。

　　一直以来，苏联对细菌战一直予以高度警惕和重视。早在 1958 年，苏联就已引进翻译了日本关于七三一特殊部队的作品——秋山浩的《特殊部队七三一》(1956 年东京日文版)①，该书不仅是证明日本关东军实施细菌战的重要参考史料，也在苏联引发了继哈巴罗夫斯克审判后苏联人民对日军暴行以及细菌战的关注。1985 年，拉金斯基主编的《在被告席受审的军国主义者——东京审判和哈巴罗夫斯克审判材料》问世，其主要内容是《哈巴罗夫斯克审判材料》的缩略版，不过也增加了一些新公布的材料和图片。② 这部作品同样引起了广泛的关注和影响。

　　从军事史和战争史的角度来看，可以说，细菌战理念的产生和深化发展，特别在第二次世界大战以来通过德国、日本、美国等国的研究实践和实战应用，已经从根本上改变了战争形态和战略思维。《细菌战——帝国主义侵略的罪恶工具》所披露的日军细菌战事实，在朝鲜战争中再次上演，采用细菌战攻击中国、朝鲜和苏联军民的罪人也从日本变成了美国。无论朝鲜战争发生时或者战后，美国官方喉舌及其官方学者和思想家都对细菌战矢口否认，不断声称和重申"没有证据"表明美军在朝鲜战场上实施了细菌战。对此，美国和其他西方国家的学者也有巨大分歧。恩迪科特(S. Endicott)和哈吉曼(E. Hagerman)认为，美国一直在研究细菌战并且将之大规模运用在朝鲜战争中，但一直研究日本关东军细菌战暴行以及强调美国"掩盖"了日本细菌战罪行的哈里斯(Sheldon H. Harris)却站在了维护美国威权和利益的立场上，不仅极力为美国开脱，甚至有意无意地表示美国对细菌战这种手段根本不感兴趣，尽管在第二次世界大战末期美国的细菌战实力甚至已经

---

① *Х. Акияма*: Особый отряд 731, перевод с японского *М. А. Гусева*, *В. А. Зломанова*, *А. Г. Рябкина*, *Н. Н. Тулинова*, Москва: изд - во Иностранной литературы, 1958.

② *М. Ю. Рагинский и др.* (*ред.*): Милитаристы на скамье подсудимых: по материалам Токийского и Хабаровского процессов, Москва: изд - во Юридическая Литература, 1985.

强于日本而不必向日本"研习"了。[1]

　　但不管如何，不可否认的是，国际科学委员会的调查报告和相关原始材料都充分表明美军的确在朝鲜战场上投放了鼠疫菌（或者染有鼠疫菌的跳蚤和虫类）、霍乱菌、伤寒菌和炭疽菌等危害性极强的病菌，这种用细菌杀戮和破坏食物来源的手段，其最终目的是要在战略上引起瘟疫和饥荒，迫使中国、朝鲜和苏联无法坚持作战。除了否认和无视，美国当局及相关学者都无法举出充分的证据去反驳中国、苏联、朝鲜等国拿出的文件和实物证据。[2]

　　值得一提的是，从历史事实和比较研究的角度来看，毫无疑问，美军实施细菌战的办法也和石井四郎部队细菌战的主要手段——用飞机空投细菌或者细菌病原体，以及利用水汽和雾化液体制造细菌雨，以期做到让载体无声无色，来躲避监察施放细菌的手段——是完全吻合的。曾为国际科学委员会成员的英国著名中国史和科技史专家李约瑟（Joseph Needham）也完全认可这一观点。[3] 当然早在1936年，苏联学者和亲苏的西方学者就将法国学者萨尔托利研究和预判细菌战的专著——《细菌战》（1935年巴黎法文版）引进和翻译到苏联，其中已经明确提到，纵观资产阶级国家的出版文献材料，在空气中引爆炮弹和航空炸弹，特别是以烟雾等传播媒介来散播细菌，被认为是最有效的实施细菌武器攻击的手段。他们的文献中也提到在敌方领土空投数以万计和十万计的培养过的带菌昆虫以传播细菌，或者利用牲

① 参见 S. Endicott, E. Hagerman: *The United States and Biological Warfare. Secrets from the Early Cold War and Korea*, Bloomington, Indiana: Indiana University Press, 1998, pp. 1 - 42, 48 - 199. T. Mangold, J. Goldberg: *Plague Wars. A True Story of Biological Warfare*, London, Basingstoke, Oxford: Macmillan, 1999, pp. 29 - 47. E. Corddy: *Chemical and Biological Warfare. A Comprehensive Survey for the Concerned Citizen*, New York: Springer-Verlag, 2002, pp. 228 - 236. 丹尼尔·巴伦布拉特:《轴心国日本的细菌战和种族灭绝行动解密》，叶明炜译，台北:出版者不详，2015，第203—212页。谢尔顿·哈里斯:《死亡工厂:1932—1945年日本细菌战与美国的掩盖》，王选、徐兵等译，上海:上海人民出版社，2022，第292—307、432—435页。

② *Н. А. Иванов, В. В. Богач*: Оружие вне закона. Кто готовит бактериологическую войну, Хабаровск: Книжное изд - во, 1989, С. 85 - 103.

③ 丹尼尔·巴伦布拉特:《轴心国日本的细菌战和种族灭绝行动解密》，第206—207页。

畜来传染马皮疽、鼻疽和炭疽的手段。[①] 而当时的英国著名资深传媒人、记者斯提德(Wickham Steed)就更加勇敢地在报章上披露纳粹德国军方的专家研究细菌攻击手段的内幕,特别是研究如何用飞机间接散布致命病菌到不同地区,以及采用人工降雨散播致命病菌的手段。[②]

　　由此可见,日本石井四郎部队及其支队研究和实施细菌战的主要思维和办法,实际上也是从西方帝国主义集团,特别是当时掌握先进机械科技、微生物学、化学和军事科学的纳粹德国借鉴和抄袭过去的,并非百分之百的"原创"。毫无疑问,从逻辑和历史事实来看,美国亦是利用了日本关东军细菌战的前沿科研成果,沿用原先的有效办法继续实验、实施细菌战和生化战。即使美国当局千方百计否认和避谈朝鲜战场上美军使用了细菌战的罪行和暴行,但众所周知,到了越南战争时期,美军确实故技重施,在越南境内的丛林空投喷洒落叶剂(橙剂,Agent Orange),造成树木急速枯萎和落叶,并污染土壤,令数以万计的人因二噁英中毒或患病而死,或者生下有基因缺陷的畸形儿,其影响至今仍然无法消除。尽管这已经是公认的事实,但美国还是对此支吾其辞,持暧昧姿态。时至当今,美军采用生化武器的案例,不论是在美国直接发动的侵略战争中,还是在挑起或局部干涉的区域战争和冲突中,都能得到充分印证,而且实在不胜枚举。

　　而在意识到生化战的发展趋势及其必然带来的后果之后,苏联及后来的俄罗斯不仅对生化战的前景予以特别关注,更是大力发展针对核辐射武器攻击、化学武器攻击、生物(细菌与病毒)武器攻击的军事防御实力。因此,苏联及后来的俄罗斯愈加积极发展防生化部队的战术和装备,同时积极

---

① *А. Сартори*，*Р. Сартори*：Бактериологическая война，перевод с французского *З. Орской* под редакцией и с предисловием проф. *Жана Эйффель*，Москва：Государственное военное издательство Наркомата Обороны Союза ССР，1936，С. 6－12.

② 转引自 *А. Сартори*，*Р. Сартори*：Бактериологическая война，С. 22－24。

发展用以应对西方国家可能发动生化攻击的防生化民防系统。① 值得一提的是，从细菌战流行并逐渐成为一种特殊作战方式之始，苏联方面就意识到这种攻击手段的残忍、反人类、不道德等恶劣性质，并不主张、认可和接受妄图以这种卑劣且滥杀无辜的行径改变和扭转战局的做法。②

　　回到哈巴罗夫斯克审判和日军细菌战本身，从总体上的国际形势来看，作为当时苏联官方出版的原始文献，《哈巴罗夫斯克审判材料》及其他相关文献给当时处于冷战初期的战后世界带来巨大的震撼。苏联通过哈巴罗夫斯克审判批判以美国为首的西方阵营，揭露其暗中包庇日本细菌战主犯石井四郎等人的阴谋行径，无疑具有超前的时代意义，也具有极为重要的史学研究价值。特别是由于细菌战本身的特殊性和复杂性，尤其是因为 1945 年 8 月，急速溃败和仓皇逃散的日本关东军在极短时间内大规模毁灭了他们的驻地、营房、设施和绝密文件材料，导致在研究过程中不可避免地碰到很多难以考证的问题和无法补全的空白。

　　正因为如此，20 世纪的下半叶至 21 世纪初，《哈巴罗夫斯克审判材料》及其他相关文献就成为极其重要且不可忽略的基础史料。当然，如果仅仅运用 1950 年出版的《哈巴罗夫斯克审判材料》和《细菌战——帝国主义侵略

① См. *Главное Военно - Медицинское управление Министерства Обороны Союза ССР*（*ГВМУМО СССР*）（*ред.*）：Защита от атомного, химического и бактериологического оружия. Пособие для санитарных инструкторов, Москва：Воениздат СССР, 1957, С. 48 - 129, 131 - 197. *Г. Ф. Баратов*：Защита населения в условиях применения атомного, химического и бактериологического оружия, под общей редакцией *И. П. Соколенко*, Киев：Государственное Медицинское издательство УССР, 1963, С. 128 - 259, 339 - 377. *Г. Г. Громоздов и др.*（*ред.*）：Бактериологическое оружие и защита от него, 2 - е издание, С. 48 - 49, 110 - 205. *А. Г. Бажинов*：Биологическое оружие и защита от него, 2 - е издание, переработанное и дополненное, Москва：изд - во Гражданская Оборона, 1971, С. 6 - 10, 28 - 50.

② *А. Сартори, Р. Сартори*：Бактериологическая война, С. 6 - 13, 15 - 19. *Военный Отдел Всесоюзной Библиотеки имени В. И. Ленина, Центральный фонд военных переводов*（*военный сектор*）（*ред.*）：О возможностях бактериологической войны, перевод № 16, Москва, 1936, С. 1 - 4. *М. Ю. Рагинский, С. Я. Розенблит, Л. Н. Смирнов*：Бактериологическая война—преступное орудие империалистической агрессии, С. 4 - 12.

的罪恶工具》等史料,也不足以从根本上提升日军细菌战史及相关领域的研究水平。不过,近年来国际形势和斗争的复杂化却客观上推动了俄罗斯在解密和公开日军细菌战核心史料方面的工作,以及对日本细菌战的研究。俄罗斯之所以突然公布大量涉及日本细菌战以及美国在其中扮演包庇者和内幕交易者角色的敏感解密文件材料,除了出于对第二次世界大战的相关历史纪念,也是和当前的国际政治环境密不可分的。如前所述,哈巴罗夫斯克审判有重要政治和军事历史意义,通过审判和惩罚日本策动细菌战的战犯,揭示了美国以包庇石井四郎等人换取日本细菌战绝密成果的阴谋,揭露了美国为了夺取世界绝对霸权、操控新世界秩序,不惜一切手段谋求以最小代价发动战争,打击潜在敌人。因此,在 2020 年以来国际形势走向复杂化和白热化的背景下,俄罗斯国防部不仅公布了美国的境外生化实验室及其生化战阴谋的绝密和机密材料[1],同时也由俄罗斯"历史的记忆"基金会在 2021年重新编辑出版了史料文献汇编——《哈巴罗夫斯克审判——文献的见证:档案文件汇编》[2]。更重要的是,俄罗斯一些重要的档案局和档案馆也同步公开了一系列涉及日本侵占中国东北地区以将其作为侵略苏联的战略布兵场、研究和准备细菌战、从事反对苏联的敌后渗透破坏活动的新解密档案史料。这些珍贵的档案史料都能够为研究哈巴罗夫斯克审判、日本侵略计划、美国的包庇和勾结、细菌战和生化战、20—21 世纪军事战争和国际关系史等领域提供新的素材和研究空间。

　　东京审判过程及其相关材料已经确切表明,日本帝国不仅一直准备反苏战争的宏观战略计划(包括上述提到的两次边境地区战争),更是于 1941

---

[1] См. Минобороны РФ считает, что США создали Covid‐19 как биологическое оружие. Статья о биологическом оружии США, включая Обезьянью оспу. URL: https://dzen.ru/a/Yuy5wVsDd1B9lo2P. Дата публикации: 5 августа 2022 г. Дата просмотра: 3 февраля 2023 г. URL: https://tvzvezda.ru/news/20223101725‐JxwhT.html. МО РФ опубликовало документы о реализации военно‐биологических программ США на Украине. Дата публикации: 10 марта 2022 г. Дата просмотра: 3 февраля 2023 г.

[2] Е. П. Малышева, Е. М. Цунаева, Л. Д. Шаповалова, А. И. Шишкин, С. В. Сливко и др. (ред.): Хабаровский процесс. Документальные свидетельства: сборник документов, Москва: Фонд «Историческая память», 2021.

年通过与德国政府的密谋协议,积极加强对苏战争准备。[①] 此外,根据《哈巴罗夫斯克审判材料》和《细菌战——帝国主义侵略的罪恶工具》,在审讯过程中,原关东军总司令山田乙三最终也承认一〇〇部队的主要任务并非实验室里的细菌科研工作,而是野外破坏,亦即针对农牧田地、牲口、自然水源实施细菌疫源投毒污染攻击。[②] 这些都客观证明了日本关东军在细菌战方面的宏观战略思维。

由此可见,石井四郎部队的存在不仅是为了更好实施类似关东军特种演习(日军官方文件简称为"关特演")的大规模侵苏战略计划,同时也是要强化对苏联远东边境地区自然生态常态化的细菌破坏。也就是说,关东军设立秘密细菌部队的其中一个重要的目的,就是要对苏联远东和西伯利亚地区的战略纵深后方发动大规模细菌攻击,而种种针对中国人和苏联人等的活人实验,以及在中国的细菌作战实验,也可以被看作日本关东军为应对日苏战争而事先反复准备的细菌战研究工作。当然,哈巴罗夫斯克审判材料也表明,在第二次世界大战后期,日本关东军细菌部队也有计划地使用被日军俘获的英美人种(盎格鲁-撒克逊人)进行活人实验,以研究他们的体质、对致命的传染疫病病菌的抵抗力,以及对抗极端气候环境的极限生存能力。[③] 显然,日本的目的也是妄图在强弩之末时孤注一掷,动用细菌战攻击美国本土,比如其设想过用特种潜艇和艇载战机释放装有鼠疫菌或鼠疫跳蚤的气球,使之随风飘散到南加利福尼亚沿海地区(另参见"夜樱花计划"[④])。

不言而喻,日军细菌部队的任务并非只是实现非传统方式的屠杀,事实上,日本的细菌战研究、准备和将之局部应用于实战的行径背后隐藏的是巨

[①] М. Ю. *Рагинский*, С. Я. *Розенблит*: Международный процесс главных японских военных преступников, С. 233 - 260. 拉金斯基、罗森布立特:《日本首要战犯的国际审判》,萨大为、李世楷、方蔼如、王庶译,北京:世界知识出版社,1955,第208—221、261—293页。

[②] Материалы судебного процесса, С. 40.

[③] Материалы судебного процесса,С. 265.

[④] "Weapons of Mass Destruction (WMD)",URL:https://www.globalsecurity.org/wmd/intro/bio _plague.htm,浏览日期:2023年2月6日。

大的战略阴谋。以上史料文献深刻表明,在长达 10 年的反苏战争准备阶段中,日本和伪满洲国当局采取了以下手段:招揽原俄罗斯帝国侨民和乌克兰匪帮成立反对苏联的军事武装组织(充当反苏战争时的先遣部队和向导)、强化反苏文宣工作、组建由潜行破坏者到苏联后方实施破坏的特战小组,等等。在以上的反苏敌对行动中,按照敌后奇袭破坏战术的构想和实践而组建特殊破坏小组这种作战手段,就直接和关东军的石井四郎细菌部队的作战计划和细菌战阴谋有关。① 结合其他文献材料来看,日军潜行敌后的破坏者曾在 1939 年 5 月至 8 月,在苏联、蒙古人民共和国联军与日本、"满洲国"之间的哈拉欣河战争(即哈勒欣河战争、诺门罕战争)中参加过奇袭实战,包括在蒙古地区的河流和草地投放细菌,以及动用"细菌兵突击敢死队"参战。②

　　1946—1949 年为哈巴罗夫斯克审判而准备的预审材料,是指苏联内务人民委员部哈巴罗夫斯克分局和机构审讯山田乙三、梶冢隆二、川岛清、西俊英、柄泽十三夫、尾上正男、佐藤俊二、高桥隆笃、平樱全作、三友一男、菊地则光、久留岛佑司等人的口供和笔供记录文件。这项准备工作早在 1946 年 8 月 8 日左右就已经秘密展开了,并且一直持续到 1949 年 12 月,也就是哈巴罗夫斯克审判召开的前夜。在这漫长的审讯和取证的背后,是苏联与日本军国主义分子以及包庇他们的美国的全方位的激烈斗争。而这一系列庞杂而详尽的绝密审讯文件所反映的事实,除了包括个别愿意招供和谢罪的供述,比如柄泽十三夫的多次供述③,更多的却是苏联司法军官和警务执法军官与这些日本战犯斗智、斗勇、斗法的过程。

　　譬如说,老谋深算的原关东军总司令山田乙三,就在初次审讯时摆出一副以身体不适、记忆力减退为借口的不合作姿态,一直对苏联军官提出的问

---

① 俄罗斯联邦安全局中央档案局 Показания генерал‐лейтенанта М. Миякэ. 9 февраля 1946 г. Москва. Показания полковника С. Асада. 11 февраля 1946 г. Москва.

② 俄罗斯联邦安全局中央档案局 Ф. К‐72, Оп. 1, Д. 43, Л. 142‐150.

③ 俄罗斯国家档案局 Ф. Р‐9492, Оп. 10с, Д. 147, Л. 370‐390.

题或答非所问，或敷衍回答。[①] 曾经主导广州细菌部队和南京细菌部队的前长官佐藤俊二更是故意给出一堆错乱和虚假的成员名单，以及倒错的部队名称和分布位置，企图混淆视听，让苏联的速记员和翻译员记下一堆虚假和错误的无效信息。[②] 对此，负责审讯的苏联军官为了撬开这些日本顽固分子的嘴巴，采用了迂回审问、反复审问、交叉审问等手段，利用他们口供中前后矛盾的内容，用事实揭穿了他们的诡辩和话术，最终迫使他们不得不承认自己参与谋划细菌战侵略战争的阴谋罪行，以及他们在细菌战过程中所犯下的反人类罪行。

鉴于上述各种情况，笔者认为有必要重新审视和充分利用苏联和俄罗斯的史料文献（包括已有的及最新公布的），从苏联和俄罗斯的角度探讨日本细菌战对苏联、东亚（远东）局势，乃至整个第二次世界大战战略形势的影响和它们之间的相互关系。笔者力求从纯历史学角度出发探讨日军研究和策动细菌战的真正战略意图和阴谋目的。例如，将日本准备和谋划发动细菌战的阴谋放在历史大背景中探讨。研究它和当时日本企图通过奴役和经营中国东北地区以实施侵略和肢解苏联、侵占苏联远东和西伯利亚地区的一系列侵略行动，以及与建立"大东亚共荣圈"之间的关系，还有它在国际政治形势中所扮演的角色和影响。特别是分析日本细菌战对第二次世界大战前后和期间日本与中国、苏联、美国及其他西方国家之间复杂关系的影响。

必须承认，由于这项工作涉及多种语言和各类复杂的历史信息，在研究、翻译、核对、考证那些用俄文拼写的、有可能出现漏字的日本人姓名，以及用不完全规范的俄文拼写的中国东北地区和朝鲜半岛地区的旧地名等方面，难免会有错误和不准确的地方。在一些存在争议、未能确定和核实的人名和地名方面，本书一律在俄文拼音原文后附上"音译"的标注，并在必要时加上适当的注解。而在翻译和使用特定历史名称时，笔者也尽可能兼顾以下两大原则：其一，忠于历史背景和事实、历史文本、历史名称、史料原文和

---

① 俄罗斯国立军事档案局 Ф. 451п, Оп. 20, Д. 51, Л. 24－30.

② 俄罗斯国立军事档案局 Ф. 451п, Оп. 20, Д. 62, Л. 1－12.

原意,而不加入个人见解和观点评述。对当代可能具有争议的名称则加上引号标示,当然带有引号的词组也可是基于原文设定,或者是用以凸显反义,以及表示强调内容的意思。其二,消除文本解读和专有名词上的歧义、误解和繁杂性。

第一章 苏联早期引进的细菌战研究著作

一、萨尔托利主编的《细菌战》（节选）

（一）《细菌战》的概述

20世纪30年代开始，德国和日本先后在欧洲、远东形成了发动扩张和侵略战争的策源地，与此同时，细菌战和生化战的技术日益受到主要大国的关注。对苏联来说，应对西方国家和"轴心国"有可能发动的细菌攻击，成为当时国防和军事的重要任务。

1935年，法国科学家亚·萨尔托利（A. Sartory/А. Сартори）和拉·萨尔托利（R. Sartory/Р. Сартори）撰写了《细菌战》一书并由艾菲尔（Ж. Эйффель）和奥尔斯卡娅（З. Орская）译成俄文。书中介绍了未来出现细菌战的前景，提出尽管受到多方的政治约束，但这仍是一个无法阻挡的趋势。针对这个情况，主要的应对工作包括对传染情况的卫生侦察、仔细维护水源、特别的卫生监督、禁止在未经卫生评估时取用水源和食物。作者强调细菌战具有突发性和广泛性，

萨尔托利主编的《细菌战》封面

鼠疫、伤寒和炭疽菌等细菌可以培养成细菌武器，而当时德国在这方面已有丰富的前沿研究成果和秘密实践经验。

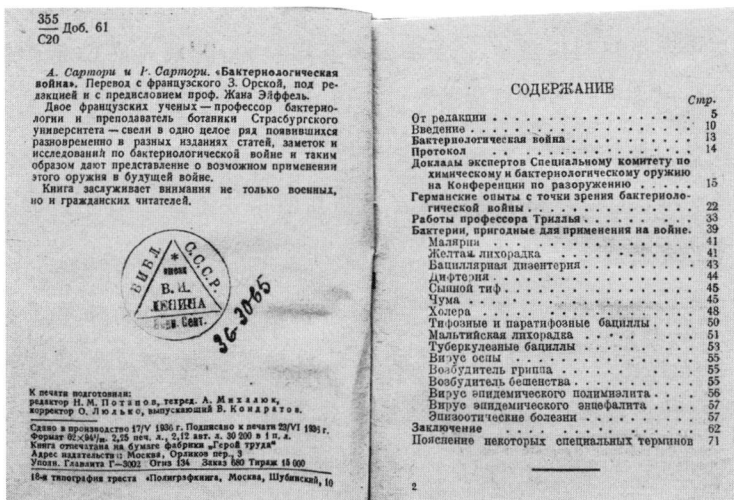

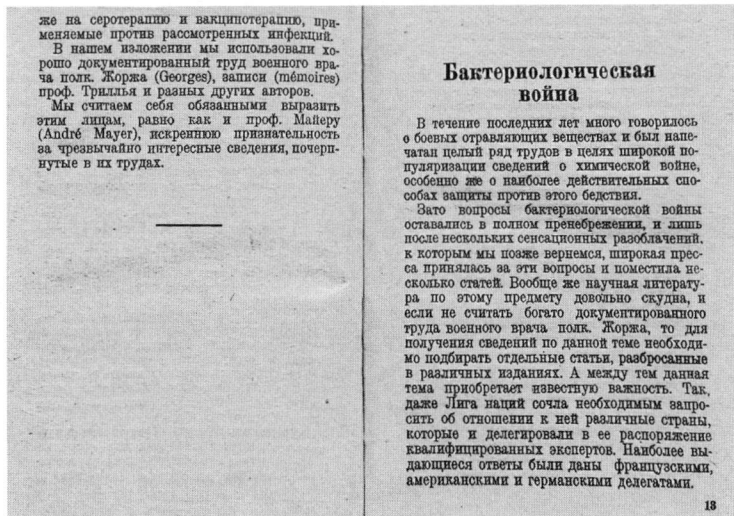

萨尔托利主编的《细菌战》（俄文版）部分内容

（二）《细菌战》的译文（节选）

编者的导论

帝国主义国家为了公然地准备战争，动员一切科学成就，寻找用来摧毁对方的最有力武器。近期，所有资产阶级国家的学院和实验室都热衷和加紧研究将细菌作为作战武器。苏联读者应当关注这本由萨尔托利撰写的小册子，它介绍了有关细菌武器在未来战争中准备应用方面的实战概要。在某些章节中萨尔托利还披露了在法国和英国境内，特别是在巴黎和伦敦的地铁里由德国专家从事的秘密实验。这些实验的目的就是要将微生物研制成细菌武器。斯提德（Г. У. Стид ／ H. W. Steed）对此的披露以及作者提供的相关文件，让人毫不怀疑地明白法西斯德国正在加紧研究以非人性的武器和手段发动战争的情况。

资产阶级国家的出版物对于使用细菌武器的话题一直都是讳莫如深的。大部分的资产阶级研究者完全承认以细菌武器发动细菌战的可能性，特别是引发由细菌等微生物造成的传染病，诸如鼠疫（чума）、马耳他热病（мальтийская лихорадка）、霍乱（холера）、土拉菌病/兔热病（туляремия）、鼻疽/马鼻疽（сап）、炭疽（сибирская язва）、伤寒热（брюшной тиф）及其他疾病。

综观资产阶级国家的出版文献，被认为最有效的实施细菌武器攻击的手段，是将炮弹和航空炸弹在空气中引爆，扩散细菌，特别是以烟雾和传播媒介来散播细菌。文献中也提到在敌方领土空投数以万计和十万计的培养过的带菌昆虫以传播细菌，或者利用牲畜来传染马皮疽和炭疽。

柯能（проф. Конен）教授确信，各个环节都可以成功实施，并且达到消灭敌方领土上有生力量的效果。同时，使用细菌武器的手段，也被认为可以对敌方的经济实力造成毁灭性打击。作为作战武器，细菌的广泛应用性也体现在其生物毒性的可塑性上。最可行的以细菌投毒的目的就是以细菌毒性引发人体的严重疾病并发症反应，这在苏联以外的发达国家都备受关注。

用受到细菌污染的罐子做成污染源，也是十分严重的攻击武器，特别是当罐子上没有标注腐蚀品和大量致死危险的使用警示标签时。因此，这些细菌也被认为是最好的投毒武器，可用来投放到敌人后方，或者故意将之作为战利品被敌方捕获，从而在敌军的后方隐秘投毒。

为了破除幻象、以正视听,展现使用细菌武器是绝对有可能性的,该书的作者们详细地聚焦于法国科学家特里利亚(Триллья)的实验。特里利亚特别关注其关于制造细菌雾(Бактериальный туман/Nuaga bactériologique)的科学实验,很明显,这是因为它具有发展细菌武器应用的最强的实效性。而在这些为了制造细菌雾的实验中,自然产生了研制作为反制手段的抗菌防护免疫手段的动机和相关研究。萨尔托利的书中就提出了这个务实而利益攸关的问题,并且定下了必须解决研制新型抗菌防毒面罩,以及用抗菌剂制造消毒雾的任务。

为了与细菌武器作斗争,必须有系统地深化科学研究、做好军队防疫卫生消毒的工作准备。萨尔托利强调,只有在完全缺失防疫手段的情况下,细菌战才会对己方军队造成重大伤亡。相反,如果某支军队着手发动细菌战,那么,很明显,它也同样具备充分的防疫手段和能力。

与细菌武器作斗争的最基本手段就是提早接种疫苗(针对军队中的人员和马匹)。及时和广泛地对军中的士兵和战马施以预防性的防疫针是对细菌战武器的强力防御手段。防疫的重要配套措施包括:

1) 行军实验室的卫生、传染病学侦察,研究工作,提前获知敌方将要采用的具体菌株。

2) 严格保护水源(水管站),同时消毒水源,在军中和民间建立与维护严格的食用规定。

3) 对民用和军用的罐头生产工厂采取特殊的卫生管制。

4) 未经行军实验室预先监测管制,严禁饮用不明来历的水源或者食用缴获的敌方战备储粮。

5) 持续努力强化军队和市民的卫生防疫意识和自觉,让军人和市民广泛认识到细菌战爆发的可能性以及对抗细菌战的有效办法(疫苗、特殊的饮食管制、防菌面罩、避菌所、卫生防护安全屋,等等)。

指挥官被赋予了特别重要的角色,他们的任务是要对付不寻常的细菌武器。

法国专家萨尔托利的书中呈现了帝国主义国家准备实施细菌战的行径

具有何等真切的威胁性，以及准备应对细菌武器的方案是具有何等必要性。

让·艾菲尔（Жан Эйффель）

1936 年 3 月 15 日

导　论

当《罗马协定》和伦敦会谈都以空泛的公约草案结束之时，我们认为已有必要去综合一些关于细菌战的想法和事实。我们在这本小册子中，除了引用类似《日内瓦议定书》（Женевский протокол）这样的官方文件，还引用了日内瓦会议的专家关于裁减军备的意见，并且会把斯提德所披露的内容独立安排在一个章节中。

为了阐述当代细菌学的最新观点，尤其是针对散布致病细菌源的问题，我们认为有必要研究引用特里利亚教授的优秀作品，以进一步解释这个问题。我们也进一步分类和列举了各种可以用来变成攻击武器的细菌，它们中有用来攻击人类的，也有用来攻击军队里有用途的动物的。本书也特别关注各种环境下细菌传染源的情况，特别是它们最容易的传播途径，以及用来对付它们的血清疗法和预防性疫苗接种。对此，我们的小书使用了军医乔治上校（военный врач полк. Жорж/Georges）的作品和特里利亚教授的回忆录、笔记等丰富的资料文献，同时我们也认为有必要介绍梅耶教授（проф. Майер/André Mayer）具有重大价值的研究作品。

细菌战

最近几年，越来越多的人谈及以投放微型粒子元素实施战争的手段，对此也出版了一系列关于普及化学战争的作品，也有作品是关于如何研制出有效的防御和反制手段的。然而，对于细菌战争的问题，就完全被忽略了，只有某些特别轰动的事件，才被媒体广泛报道并为一些文章记载，关于这些我们稍后谈及。当然，总体来说，如果不把军医乔治上校这一内容丰富的文献作品考虑在内，这个问题在科学文献方面也是非常贫乏的，若要在这个问题上进行更进一步的研究，就有必要收集已在各种刊物出版的其他单独文章。这个问题的重要性不言自明，国际联盟甚至还对各个国家的一些权威专家代表提出过类似的问题,其中法国、美国和德国代表们给出了最为特别的答复。在日内瓦出席会议的代表们经过讨论和争议,通过了以下议定书(《禁止在战争中使用窒息性、毒性或其他气体和细菌作战方法的议定书》,1925 年 6 月 17 日在日内瓦签署)。

议定书文本①

生效日期:对每一签署国自该国交存批准书之日起生效,加入自保存国政府通知之日起生效。

保存国政府:法国。

在下面签署的各全权代表以他们各自政府的名义:

鉴于在战争中使用窒息性、毒性或其他气体,以及使用一切类似的液体、物体或器具,受到文明世界舆论的正当的谴责;鉴于在世界上大多数国家缔结的条约中已经宣布禁止这种使用;为了使这项禁令被普遍接受为国际法的一部分,对各国良心和实践具有同样的约束。

兹宣告:

各缔约国如果尚未缔结禁止这种使用的条约,均接受这项禁令,各缔约国同意将这项禁令扩大到禁止使用细菌作战方法,并同意缔约国之间的关系按照本宣言的条款受到约束。各缔约国应尽一切努力促使其他国家加入本议定书。加入应通知法兰西共和国政府,由法国政府通知所有签署国和加入国,并自法兰西共和国政府通知之日起生效。

本议定书的法文本和英文本具有同等效力,应尽快批准,并应载明本日日期。本议定书的批准书应交存法兰西共和国政府,并由法国政府将批准书的交存通知各签署国和加入国。本议定书的批准书和加入书应保存在法兰西共和国政府档案库内。本议定书自各签署国交存其批准书之日起对该国生效,此后,该国同已交存批准书的其他国家的关系即受其约束。

---

① 苏联在 1928 年 4 月 5 日加入这个公约并宣布其生效,A. 萨尔托利和 P. 萨尔托利应该知道和不会否认这个事实。——原书译者注。

各全权代表在本议定书上签字以昭信守。

本议定书在 1925 年 6 月 17 日在日内瓦签署。签署国:奥地利、比利时、巴西、保加利亚、加拿大、智利、捷克斯洛伐克、丹麦、埃及、萨尔瓦多、爱沙尼亚、埃塞俄比亚(阿比西尼亚)、芬兰、法国、德国、希腊、印度、意大利、日本、拉脱维亚、立陶宛、荷兰、尼加拉瓜、挪威、波兰、葡萄牙、罗马尼亚、西班牙、瑞典、瑞士、泰国(暹罗)、土耳其、英国、美国、乌拉圭、巴拉圭、委内瑞拉、南斯拉夫(塞尔维亚、克罗地亚和斯洛文尼亚王国)。

签署日期:1925 年 6 月 17 日①

裁军会议上针对化学和生物武器的特别委员会专家报告

众所周知,裁军会议委派了独立的专家,发表了关于化学和细菌武器问题的详细报告。为了因应本书研究的框架,我们在此只是摘录描述了与细菌战内容有关的报告内容。迪诺拉教授(проф. ди-Ноля/di‐Nola)曾与梅耶教授和兹尔贝尔舒密特教授(проф. Зильбершмидт/Siberschmidt)共事,得以拿出大量最为关键的事实。上面提到的教授们首要关注的问题,就是对实施细菌战的研究,由此推演出十分具体的结论。他们指出,"这种细菌战研究必须严禁",但是,他们也认为,在实际层面上并不可能禁止任何一个国家从事这种研究,这是不可否认的事实。之后,专家们就提出了一个问题,那就是细菌战的特性将会以何种形式出现。以下我们就把他们针对此问题的观点和想法汇总罗列出来:

细菌战的问题是一种完全不同于化学战的问题。在化学战方面,我们已经领教过它的危害和教训。相反,细菌战对我们而言仍然非常陌生、充满不确定。我只能想象它将会出现的情况,它将会以何种方式被研究,以及我们可能以何种方式自卫以免受其侵害。我们知道什么是突然出现的流行传染病;我们也知道传染病是怎样出现和产生的,比

---

① 中译本参照 https://wenku. baidu. com/view/8280a66b25c52cc58bd6befa. html,浏览日期:2023 年 2 月 6 日。

如以病毒杆菌污染水源。这种传染病通常由艾伯特伤寒杆菌（бацилла Эберта）和霍乱（холерный вибрион）引起。一些传染病由媒介传播，这种带菌媒介可能是世上分布最广的动物，比如大老鼠（крыса，传播鼠疫［чума］），或者有刺针管的昆虫，比如蚊蚋（комар-анофелес，传播疟疾［малярия］）等。这样，我们对于原发的（突然出现的）传染病的传播途径是有一定概念的，但是对于这种由人为手段引发的用以专门对付人类的实验式传染病，我们的确是一无所知。进一步来说，我们并不能拿出充足的资料佐证，判断出可能出现的细菌战的规模和严重程度。

我们对于细菌病原和传染病本身的原理，仅仅是了解到不同疾病的感染周期和典型病征有所不同，在同等程度下个体对传染病所产生的反应不同。但进一步来说，细菌攻击的原理实际上是无法事先完全预判的，当然，其危险性亦取决于不同国家所处的地域和生活条件，比如在热带地区与在欧洲的条件就有很大的差异，而在不同的季节，以及受到其他不同因素的干扰，得出的结果也都是不尽相同的。

现在看看专家们随后对于细菌战的危险性的论述，他们指出：

若将注意力放在当前疫苗领域的前沿知识，我们并不认为国民在得到了预防针接种之后，就已经足以对抗敌方使用的传染病攻击，或者之后用同样的传染病去对付其他国家。综观所有传染病的原理，除了天花（оспа，很明显，天花是唯一一种可以完全用有效疫苗对抗的疫病），侵略者自身也会面临引发传染疫情的巨大危险。必须指出，倘若侵略国在敌人的国土上引发疫情，而侵略者随后占据这些领土，就会面临巨大的危险。侵略国的军队很可能会变成带病者，回到自身国家的后方和纵深传播疫病。如果防御方国家同样采用细菌武器回击，即使只是在败退过程中使用细菌武器，对于侵略方国家来说，这种疫情的危险性并不亚于处于防御方国家。这是因为传染病疫情并不只是在双方的交战前线散播，也会在被侵略国的核心地域传播。理论上说，使用细菌武器的前提是要尽可能让传染源远离攻击方国家，攻击方国家认为这个距离理应可以让其免受疫情波及,但实际上,人为引发的传染病疫情是不可能只被局限在交战前线地带的。

一个国家在对抗细菌战过程中最为有效的斗争手段,基于其国内的卫生水平,它具有决定性的巨大意义。在和平时期完善医疗服务系统是对抗细菌传播疫情最有效的武器。卫生防疫发展得越好,遭受细菌战危害的程度就越轻微。但是我们也不能断言,极为完善的医疗卫生系统就一定可以处理和解决人为触发的传染病疫情。

迪诺拉教授、梅耶教授和兹尔贝尔舒密特教授随后提出了下列问题:

实现细菌战需要得到哪些手段辅助?

他们认为,有可能,从一方面来看,可以通过细菌培养在实验室保存和提升细菌致病毒性。而从另一方面来看,侵略者也可以通过在人体和动物体上进行实验,拿到病理学的致病细菌和病毒毒性数据材料。举例来说,侵略者为了获得实验数据,会使用带有病毒和细菌的粪便、尿液、脓液和尸体。当然,也必须想到通过活体,比如昆虫和啮齿类动物来传播细菌的可能性,虱子可以用来传播斑疹伤寒(сыпной тиф),疟蚊可以用来传播疟疾,大老鼠能传播鼠疫和感染性黄疸病,以及其他疾病。

在研讨会上有专家问道:

是否有实现控制这些致病的材料?

其他专家答道:

实际上,这在目前情况下,在任何国家和任何条件下都是可行的。只要在某地出现了传染病疫情,在当地的医院和任何场所都可以获得和保存细菌病毒毒性的微生物培养样本。制造疫苗的实验室通常必须保存传染病菌、病毒的培养细菌和病毒苗样本,甚至具备能够提高它们的生物毒性的技术,因为细菌学研究本身就需要微生物培养源。同样,各国的实验室之间交换这些培养菌源也是十分常见的研究手段。显然,为了满足细菌学发展的需要,不能阻止和干预上述行为,也就不可能去限制研究致病培养菌源的活动情况的实验,毕竟再怎么说,这些研究都以人道目的优先。同样,不能禁止具体实验的交换机制,特别是用来对抗某种未知的危险情况的实验。因此,对我们而言,是很难实现针对细菌战研究的全面管控的。每个国家都理应有道德责任,对其国土上的细菌学研究工作负责。各国理应在其国土上建立严格和特殊的监查机制,管控从事细菌学研究的公立和私立的研究院。在这种监管秩序下,必要时,一旦出现涉及相关领域的责任问题,也可以问责。

正因为如此,世上大多数国家异口同声地以 1925 年 6 月 17 日的议定书呼吁禁绝细菌战。其结果就是细菌战的危险被提出来了,细菌战的可能性也被预先讨论过和下过定义。另一方面,虽然专家们花了很多时间去讨论制止细菌武器研发的手段,但也不得不承认实际操作层面上的巨大难度,甚至可以说是无法克服的困难。这个困难反映为在细菌学研究领域中如何设立监管系统的问题。

摧毁以病毒为手段的武器,似乎是不可能的,正如巴黎媒体中有人提到的:

> 在这种情况下,不仅有必要销毁所有将用于发射爆炸性武器的大炮、炸弹和飞机,还要将可能用于投放有毒化学品和微生物产品的介质全数消灭。

专家们的报告清楚表明,几乎不可能管控细菌学研究实验室。同样,在任何情况下,如果禁绝他们从事正当的研究,这对科学和全人类来说都是巨大的损害,特别是有些重要的实验恰恰要求生产高强度病原和庞大数量的微生物。

从细菌战视角观察德国的实验

英国《泰晤士报》前总主编斯提德在杂志《十九世纪》的 7 月刊中还披露了一些有意思的事实,其中令人印象颇深的是用于研究细菌战的德国实验。这引起了公众的强烈反响,很多人对这种想法感到瞠目结舌,让他们难以置信的是,竟然还有人在和平时期潜入别国的领土,企图远距离散播致病细菌感染源。这位英国媒体人斩钉截铁地宣称,在他的材料文献中有真正最原始的德国文件。可以证明自布吕宁(Брюнинг/ H. A. M. E. Brüning)出任总理以来,德国就开始在很多国家进行各种细菌实验了。斯提德还认为,这些实验的成功导致很多欧洲国家的大城市内出现了细菌培养源的散播,其扩散的距离仍有待核实。

斯提德是从哪些渠道获得这些罪证文件呢? 斯提德本人断言,他是从不愿意透露姓名的核心人物那里取得的,这个人声称这些文件来自德国军方的秘密部门,比如航空化学武器作战局(Luftgasangriff/отдел воздушно-химического нападения),并且曾经抄送至几个化工工厂。在这批文件中,最早的一份写于 1932 年 7 月,收件方是德国空军装备部的公司。从一方面来看,这份文件是对过去已展开工作的简短总结,而从另一方面来看,这份文件表明进行这些研究的思路和原因正是和上述问题吻合的。

在众多最为耐人寻味的事件中,有些事例特别值得关注。比如详细研究"黄色十字"(желтый крест)和其他种类的毒气(包括芥子气[иприт]在内)的工作,当然也有最令人感兴趣的东西:各种有针对性的研究,包括研究以各种不同方式投放病菌的方法,比如用飞机或者人工降雨。值得一提的是,德国已经研究过有毒物质的常态落体,以及对不同目标的作用,这些研究都有重要的实用价值。

上述提到的众多事实,最为有意思的在于实验和研究"黄色十字"这种有毒气体。我们最感兴趣的是他们所研究的以各种形态和方式,如通过飞机间接地把这种气体散布在不同地区的做法,以及以人工降雨的形式散播致命病菌的手段。这里需要指出的是,德国人在此阶段已经研究过针对不同的地区调整散落有毒物体的技术,而这些技术是很重要的。

斯提德所披露的文件显示,绝大部分的实验是在不同的城市里进行的,其中就提到了伦敦和巴黎。据他的资料,在1931年,一些德国的秘密特工就已在从事这种实验,毫无疑问,这些实验都指向了某种特殊目的。其中的专题内容就是着重研究巴黎地铁站出口的空气流动情况,以及站内过道的气流吸力情况。这些研究旨在营造用于散播和传播病原的最佳条件。

实验人员以此实验的过程为基础进一步研究液体落体的速度。姑且相信目前所取得的进展,这些后续的研究结果表明,最为有效的办法大概是运用最大剂量的液体,使其坠落的速度增加至最大值,并且最大限度降低其偏向值。另一方面,实验结果也清楚显示,用于引流含有培养菌落液体的管道的直径不应大于1厘米。用来保存微生物培养菌落的器皿应用玻璃材料制成,高2米,直径为11.4厘米。

这些实验满足了航空化学武器作战局的要求,并且是为制订空中攻击的方案而量身定制的。在法国境内的众多城市中,特别有可能成为未来的实验目标的包括:蒂翁维尔(Тионвиль)、梅斯(Мец)、斯特拉斯堡(Страсбург)、贝尔福(Бельфор)、南锡(Нанси)、布里埃(Бриэ)、凡尔登(Верден)、图勒(Туль)、埃皮纳勒(Эпиналь)、巴黎(Париж)、土伦(Тулон)、马赛(Марсель)、里昂(Лион)、阿弗尔(Гавр)、鲁昂(Руан)、夏纳(Канн)、南特(Нант)、克鲁梭(Крезо)、圣艾蒂安(Сент-Этьен)、鲁贝(Рубэ[Roubaix]),最后还有图尔昆(Туркуан[Tourcoing])。

英国记者斯提德手上的文件还有密码文书提到,旨在攻击巴黎和巴黎近郊的计划的全部细节已经详细审校。这样,尽管斯提德也许认为这些文件存在矛盾,并不是绝对的事实,但是,被披露的事实已经足够详尽了。在这份文件中,最为有意思的部分如下:

> 在众多目标当中,协和广场被描绘为实验和基础的零点。在这个基础的中心,是方尖碑,实验组在它后面埋设了几个容器,并且在周围布设了210条管道,容纳10亿微生物。

当然,德国人选用为实验用途的微生物是无害的。这是为细菌学家所熟知的奇迹微生物(микрококк чудесный/Micrococcus prodigiosus)或者神奇病菌(чудесная палочка/Bacillus prodigiosus)。这种形态的微生物的传播力很强,并且可以在鸡蛋壳类和淀粉质中进行观察。它的繁殖形态呈粉红色,随后被染上更深的颜色,比如可以变为血红色。实验人员以这些彩色粉末外貌特征区分不同的微生物,更易于查看这些实验客体的结果。当然,有助手从旁协助完成这些实验,在6小时后进行核查。1933年8月18日下午的2点47分进行了第一次实验。

协和广场并非唯一的实验场所,有其他关于研究内容的文件表明,共和国广场(Площадь Республики/Place de la République)也进行了类似的实验:

在正常风力条件下,在基础点(协和广场)方向完全能得到令人满意的结果,因为在受到控制的量杯里(杯面可能记录了被培养的菌种),培养了4231个微生物菌落。

第三个实验是在军事学院(Военная академия/École Militaire)进行的,但需要指出的是,这个实验达到的预期效果较小,结论也是残缺的。

至于在地铁方面,企图在苏法利诺地铁站(Сольферино)进行的实验,虽然受到了阻碍,但明显能看到气流吸力造成的影响。在巴斯特尔地铁站(Пастер)出口进行的实验结果全面达到了预期效果:

这表明空气吸力十分明显,而提升的空气温度(有利于微生物病菌),能确保产出95779种培养菌株。

1933年9月19日,一些实验已经接近完成阶段,它们有很多是在巴黎近郊的目标地点进行的。

当然,不可不提的是,这些进一步的实验也在柏林的坦佩尔霍夫(Темпельгоф)航空基地和机场进行。

针对上述这些实验的本质问题,斯提德作出以下结论:

德国文件所披露的基本事实告诉我们,德国空军武装力量的航空化学武器作战局自 1931 年就已经开始在巴黎和伦敦进行实验和研究，目的在于确认采取何种方式在地下铁路系统最容易散播和传染致死病菌或者有毒气体，或者同时投放细菌与毒气，以作为攻击的手段。

毫无疑问的是，柏林方面的实验，是为了直接支配在巴黎和伦敦进行的实验数据结果，也是为了研究如何优化柏林的防空措施，以应对可能发生的生化空袭。

就这些细菌实验来看，有意思的巧合情况亦有所发生。航空化学武器作战局在 1932 年 7 月底取得其第 9 号秘密特工的报告之后，《军事周刊》(Militär-Wochenblatt) 杂志的写手在 1932 年 8 月 18 日这一期就明确指出了这种新型突袭战略的必要性，而这种突袭手段是闪电式的，目的是要让敌人在物质条件上彻底无法组织防御。

随后发生的情况表明，上述披露的实验在欧洲引起了激烈的反响。柏林当局的官僚们装出一副惊恐万分的表情，而德国驻英国伦敦的大使馆则对此绝口不提，保持缄默。随后，法国《外交与政治邮报》(Correspondance Diplomatique et Politique) 却刊登了一篇文章，标题为《为重整军备而进行的恐怖宣传》，其作者对于一些媒体以上述口吻和内容揭示"德国危险"表示气愤，他认为阅读这些材料让人感到"威胁的印象高于其他感觉"。这本杂志从不吝啬去指责批评其他媒体，特别是那些"制造恐慌气氛和仇恨，而事实上给国际关系和各种利益关系制造事端和麻烦"的媒体。

这对披露者来说并不是什么严重的事。他在接受巴黎最大的报章集团（比如《马丁报》[Matin]）访谈时，冷静地回应这篇文章，声明如下：

无论什么时候，德国政府从来无法否认这个事实，那就是德国的特工已经进行和正在继续从事各种实验。特别是研究如何制造出对敌国人口产生毁灭性打击的武器，即给予空军最为恐怖的武器，比如微生物和剧毒。否认披上航空化学武器作战局和防御空中化学攻击名号外衣的德国秘密部门单位，以及其所从事的化学战的准备研究，是徒劳无功的。目前，这对伦敦、巴黎、纽约来说，已是一目了然了。

　　我确信我所掌握的这些原始材料，并且认为我是为了整个欧洲世界的利益曝光了这些文件的内幕。我可以回应你们的所有问题，除了一个，那就是我无法告诉你们关于我所掌握文件的最原始资料的来源，这是出于保守秘密的需要。不过，我可以告诉你们，当我被问到关于你们熟知的那些文件，首先我完全相信我的线人们提供的材料的可靠性。其次，对于这些文件深入而仔细的研究，让我更加确信自己的判断，确定这些文件材料的可信性。此后，我反复研究手上掌握的材料。当然，在法国，没有人能够忘记一个由我在1928年12月披露的重要事件的场景——德国的格勒纳（В. Грёнер/W. Groener）将军交给德国各党派主席的关于必须建造袖珍巡洋舰（карманный крейсер）的秘密指令书。此举可以在完全规避《凡尔赛和约》的条件下，给予德国建造海军，特别是建造目前最先进的快速舰艇的机会。

　　在进一步发布、分享我所掌握的德国双面人当局的恐怖证据之前，我决定先将它们分享给一些著名专家学者，以激发他们的使命感，继而邀请他们参与讨论。在深入研究了这些德国文件之后，他们都一致得出了以下结论："我们不能发誓确认这些文件的原始性，但也没有权力去质疑它们的真实性。"

　　与专家们商讨之后，我决定将部分文件公之于众，其他文件目前则并不为公众所知。同样，在与专家们商讨并得到他们的建议之后，我也得出了以下结论——德国的侵略威胁已经明确得到我所获得的新证据的支持，那么，与德国侵略威胁斗争的唯一办法，就是在国际上引起相关的认识和反响。如果不能激起全球国际社会对此的广泛认识和警惕，那么，德国研究细菌战的行径及其对欧洲世界的严重威胁是无法预防的。必须让全世界都意识到这个巨大的危险，特别要让巴黎、华盛顿、伦敦的民意给这个战争烙上耻辱印记。

　　此外，这次访谈也让一系列杰出科研人物关于生化战的重要问题的观点曝光，而媒体争相转载他们的观点。其中，近期最为热门的观点由任职于柏斯特尔学院（Институт Пастера）的特里利亚教授提出。他在研究微生物传染环境方面是享负盛名的权威。他的其中一个最有意思的报告指出，一种名为鸡霍乱（куриная холера）的疾病能够通过空气传播，在《周报》（Journal）杂志中，刊登了一个名叫里纳·舒德尔（Рене Сюдр）的人采访特里利亚教授的谈话内容。后者在回应关于细菌战爆发可能性的问题时，作出了以下答复：

> 细菌战的爆发是完全有可能的，但它的可能性受到很严重的限制。为了实现细菌战，需要集齐一系列条件的总和，而它们并不能经常同时出现和被满足。微生物在空气中存活的生命取决于大气压力、温度、湿度、大气电流、风速、化学条件等。如果这些条件都同时满足了，那么，就要看个体对抗传染病的抵抗力，这是有着同等重要性的因素。显然，微生物攻击手段的危险程度有可能在广泛的领域中出现。

特里利亚教授的观点基于一系列充分的事实，这也是他能够在自己针对气象条件如何对微生物发育和传播产生影响的研究中所能观察到的内容。这让我们认为，从细菌战的角度来看，这些科学问题都具有重大意义，因此，我们是不可能对特里利亚教授的重要研究视而不见的。

特里利亚教授的研究

让气象学家和传染病学家常常感到困扰，也迫使人们不得不反复思考的问题，在于传染的发展和气象因素之间到底有着何种联系。医学院的特里利亚教授1914年发表的报告就已经指出了空气是增强传播的主要因素，包括温度、湿度、大气压力、电磁波，以及风力。

后来，他研究了所有这些因素对微生物群落在空气中的形态产生的影响，并且着重关注研究它们在大气中的保存力、转化和传播。

1930年6月17日，特里利亚教授在医学院的研讨会上正式发布研究成果，证明了大气压力如何直接影响传染病病理。事实上，大气压力的变化会导致两个重要的结果，首先是改变空气湿度，或多或少会导致明显的可见或者不可见的水蒸气凝聚，再来就会产生沉降。

特里利亚指出：

急促的气压下降将会吸取土壤和物质中的气态养分，这些养分是动植物分解的产物，是空气中细菌病原存活和繁殖的必需品。这些含有促进细胞生长元素的气体十分有助于培养细菌乃至微量病毒性微生物。

这十分有趣地表明，在流感来临之时，高致死率符合这种条件——最大湿度遇上最低温度。传染病学的资料所表明的并不止于这些。比如，通过水源传播的疾病，如斑疹伤寒和其他肠道感染疾病，很明显和大气压力有很密切的关联性。巴列斯特尔医生（Dr. Balestre）解释此问题时，给出了十分明确的观察结果：通过研究 1906—1911 年在尼斯（Ницце）的伤寒案例，他表示（但是没有办法解释这一现象——原书编者注），致病率和致死率越高，大气压力越低。特里利亚教授的结论表明，如果要让空气变得有利于和有助于微生物的繁殖和传播，就必须首先确保空气湿度充足。其次，也必须让湿度转化成水滴，保障供养微生物的养分充足。特里利亚又指出，这些条件仍需要结合人口稠密、气候湿润、气温适合微生物生长等因素，这样，微生物才能获得充足的营养来维持繁殖链和传播链。正因为如此，合适的空气条件首先是保障微生物的生存和繁殖，保障它们所需要的营养，之后才会引起疫情。

特里利亚教授的另外一些有趣的实验是关于鸡霍乱通过空气传播，以及尝试以空气途径制成疫苗的实验。他从这些仍在进行中的复杂实验中了解到，满足上述湿度、温度和营养条件的空气，还会有利于致病的微生物传染源的长距离传播。为了进一步证明这些原理，他使用了鸡霍乱的传染源（steurella avicida）。这种微生物以其极小的体积而出名，很适合在空气中传播，其传染性（contagiocité）和速效性也很明显。特里利亚的实验解释了鸡霍乱传染的路径和程度，也对是否能在空气中制成防疫系统给出了一定的答案。他在 1931 年 11 月 10 日给医学院的报告中表示，病毒喷雾的传染性相关的研究，取决于鸡霍乱 24 小时培养的结果。他在这项研究中证实，在混有剂量不大的呼吸气体或者如清汤这样的营养物的大量潮湿的空气中，在不少于 2 分钟内的连续呼吸作用下，致死率可达到 100%。如果在 50 升的空气中混入 0.01 毫升的病毒培养液（即 1/5000000 的比例），30 秒也足够致命。结果表明，对于动物来说，正如直接注射病毒培养源那样，这样的空气，只要通过不可避免的呼吸过程吸入，就足以致命了。为了进一步解析这些现象，他提出以下建议：首先，可以思考一下，还原（几乎处于汽化状态）的微细水滴的功能让其瞬间充盈在肺部的肺泡之中。其次，也可以想想空气自身的作用和细菌毒性增加的关系。当然，最后，还应该考虑空气对于加速微生物繁殖的作用。

然而，在这些实验中，最值得点出的问题是鸡霍乱通过空气传播的情况。

特里利亚对这些研究并不十分满意，但仍然试图通过空气途径让动物获得充足的免疫力，只不过，他不再直接采用具有毒性的微生物，取而代之的是被弱化的菌种，以暖化和其他方式进行。1932 年 1 月 18 日，他又在科学院作了报告。其中指出，他观察到，在削弱毒性的条件下，实验过程中的老鼠接种了这种鸡霍乱的疫苗后，在几分钟内就获得了 10%-15% 的免疫力。在这个实验反复进行的过程中，一些情况还表明，其免疫力可持续一周左右。他认为，如果进行更加频密的实验，当时应用于实验和研究中的总共100 只老鼠，就可以获得 60%-80% 的免疫力。

特里利亚也曾经尝试让鸡获得免疫力。在这个案例中，用于实验的动物被置于两种研究方法之中，一种是在 5 天内分别接种雾化疫苗，另一种是立即接受雾化疫苗后再接种皮下注射疫苗。根据实验的结果，特里利亚作出以下结论：

　　　　被吸入的微生物要么保持其毒性，要么毒性减弱，可以在动物体内造成感染，或者形成免疫力。

在一些人的体内可以形成针对某些特定疾病的免疫力（尽管大多数传染病都有常态的关联性——原书编者注），比如，针对流行性感冒（грипп）、百日咳（коклюш）、白喉（дифтерит）、肺炎（пнемония）、麻疹（корь），以及其他。特里利亚在解释这个现象时提出了两个预设假说：其中一种免疫力是天然的，具有遗传性质，而另一种的免疫力是后来获得的，附加的。实验表明，可以通过接种由从病人呼出的空气或者经过弱化处理的病原体所制成的疫苗,获得相应等级的免疫力。因为微生物的毒性分为好几个级别,不同毒性的微生物能够支配(原文如此——编著者注)生成不同的细菌培育空气。如此作用下的结果表明,与微生物发展成传染病源的过程同时进行的,是在空气中应该会生成微生物不同类别的毒性及其减弱版本。

1933年4月25日,特里利亚演示了实验实证的过程,表明动物可以通过接种汽化疫苗来抵御鸡霍乱。为此,要让它们在数分钟内吸入相应的剂量不大的疫苗,或者含有经过毒性弱化的病菌培养源的气体。这些被吸入的病原体,对被实验的动物而言,保存了自身的形成免疫屏障的物质。而同时进行的实验表明,在同样的条件下,直接用呼吸器吸入病原体,会染疫致死。

我们接下来将更进一步谈及可以用于细菌战的具有威力的细菌。

适合应用于战争的细菌

我们将能够应用于战争的致病细菌分为两种类别:

第一种,用来感染人类的病菌,可以引发在军队中的人类疫情(эпидемия)。

第二种,用来感染动物牲口的病菌,引发动物疫病(эпизоотия)。

不言自明,敌军在采取上述两种方式时,都不是为了制造个别感染和毒力疲弱的效果,而是旨在引发真正的疫病,并且会在出其不意的情况下突然发动细菌攻击。要知道,敌人在最具决定意义的时刻发动细菌战攻击,不但可以在或长或短的时间内打断或者阻挠我军的行动,尤其会对已经开赴前线阵地据点的军队造成严重威胁,而且局势有可能会瞬间变得危急和不利于我方。这种攻击型疫情也能够严重破坏我方的后援供给,或者摧毁作战后方的补给基地。如此一来,在众多不同种类的致病细菌中,应当挑选出一些有可能在实战过程中摧毁敌人的病菌。

我们在这里将会罗列一系列可能应用于军事攻击的病菌,比如黄热病(желтая лихорадка)、痢疾(дизентерия)、白喉(дифтерит)、斑疹伤寒(сыпной тиф)、鼠疫(чума)、霍乱(холера)、伤寒热(брюшной тиф)、副伤寒(паратиф)、猩红热(скарлатина)、天花(оспа)、肺结核(туберкулез)、流感(грипп)、大流感

（инфлюэнца）和疟疾（малярия）。上述这些疫病都是用来攻击和感染人类的，而用来攻击和感染动物而引起动物疫病的，我们特别谈到鼻疽（сап）、炭疽（сибирская язва）和口蹄病（ящур）。

我们在此将会扼要讲述一系列最主要的微生物原理，特别是按照其获得和培养的难易程度、传染源稳定性、可以作为传染工具介质的情况，以及最后的传染力度进行描述。我们的目的是找出对抗这些感染的方法。

二、苏联列宁国家图书馆主编的《关于出现细菌战可能性的报告》

（一）《关于出现细菌战可能性的报告》的概述

针对 1935 年法国科学家萨尔托利主编的《细菌战》的内容，苏联科学家展开了研究和分析，并于 1936 年将之翻译成俄文。同年，苏联军方授权相关学者通过列宁国家图书馆军事编译组编写了一份《关于出现细菌战可能性的报告》（以下简称为《细菌战的可能性》），以应对将来可能面临的细菌战攻击。这份报告开宗明义地揭示了细菌战将会在未来发生的战争中占有重要地位，作为非常规交战的攻击手段之一，其在当时并未具备成熟的技术水平。细菌战通过散布微生物制造大范围感染，实施针对目标国家的广泛战略影响。培养和制造细菌武器的过程，主要依靠实验室，具有轻便、快速、隐秘的特性。但这些研究在当时存在较大的困难和限制，特别是在制造疾病感染的传染链方面，需要很多合适的条件和媒介。细菌的生长周期和环境气温都是具有决定意义的条件，而实验室的条件未必完全与真实的自然条件相符。

要制造真正大规模的感染，用几个已被感染的人去传播或许足矣。但感染性的强弱将会左右最终的效果。其他因素如气温、气压、气候和空气流动等都会对传染效果的强弱造成影响，因此需要通过严谨的研究，考察人体免疫力以及其他环境因素来测试传染力。鼠疫的感染方式也取决于环境因素。采取细菌攻击的手法，主要是通过飞机空投细菌弹实施，或者投放在水源和食物中。而细菌战的实施也将会以随机和不可预知的方式实现。制造传染源中心，以及其带来的恐惧情绪，对精神和心理会造成较大的威胁。作为防守方，应该着重研究对付细菌战的疫苗和药品。

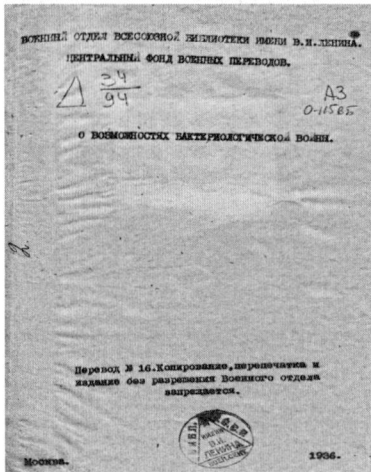

《细菌战的可能性》封面　　　　　　　　《细菌战的可能性》第 1 页

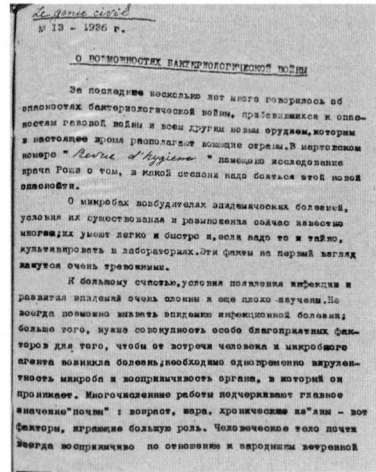

（二）《细菌战的可能性》的译文

列宁国家图书馆军事组，军事材料翻译中央档案库

《细菌战的可能性》

第 16 号翻译，未经军事组批准不得复制、重印和出版。莫斯科，1936 年。

第 13 号 1936 年

细菌战的可能性

最近几年越来越多人谈到细菌战的危险性，并且与毒气战及其他当前作战的国家所使用的新型武器的危险性相提并论，3 月的法国《卫生评论》刊登了医生罗莎（Роша）探讨关于这些新威胁应有的恐惧程度的文章。

关于传播疫病的细菌病原，目前已对其生存与繁殖有较为充分的认知：人们可以轻易、快速，以及在必要时秘密地在实验室培养繁殖它们。乍看之下，这些事实是十分令人恐惧的。

极为幸运的是，事实上，引起感染和促成传染的条件是复杂的，且尚未被充分研究。更不用说，并不是任何时候都可能引起疫病的感染和传染。此外，为了通过接触途径让人和细菌媒介接触，使其染病，也必须保证一定的数量和特殊的有利因素，细菌也必须同时具备足够的感染性和对器官的致病性。很多研究强调，最主要的致病温床包括较高的年龄、较高的气温、具有持续时间的损害。这些因素都扮演了很重要的角色。人体基本上对通过气流和自然感染的水痘、天花、麻疹等疾病的病原体没有抵抗力，但是实验室研究情况表明，班疹伤寒杆菌（тифозные бациллы）和霍乱菌（холерные вибрионы）很难在人群中造成传染。

也许，为了达到引发传染病的目的，需要有足量的致病菌落个体。但这里掺入了新的因素——传染性，它的成因和要素对我们来说仍然未被充分考虑到。传染病的散播范围的确受到诸多因素影响，比如气温的炎热和寒冷程度、大气气压、空气的粒子交换、气候，等等。它们的作用目前仍然很难分清楚，还需要考察特定的个人因自身免疫力能够对抗感染源，而或多或少保持健康的情况。例如，在并不带有原本传染病病原体的带菌者的健康个体的血液中，出现由艾伯特班疹伤寒杆菌引起的班疹伤寒病原体所导致的发热炎症的情况。

此外，现在举别的例子来看，鼠疫其实是比以前更加难以传播的，无论是在大老鼠之间，还是在人群中。比如，淋巴腺鼠疫（бубонная чума）以老鼠作为传播途径，将更难引发大型疫情。这种介质对于投放的敌人来说，特别是敌方区域的纵深地带，同样是十分危险的，并且会引发同等严重的传染病。曾经在原始野外和沼泽地区流行的沼泽热病（болотная лихорадка）在法国几乎已经消失，只是存在于记忆中了。可以确定的是，只有在特定的感染条件下，传染病才会在人群当中引起传染疫情。这个唯一的情况，就是人们所说的投毒，让两组截然不同的个体接受艾伯特伤寒菌培养源的侵害，并且彼此传播伤寒疫病。

企图人为引发在动物界各种动物之间传播的地域性传染病（эпизоотия）也并不罕见，比如让兔子在澳大利亚全境乱窜，又或者用大老鼠传播病毒。当然，这也不是万试万灵的。意外逃过一劫的老鼠具有足够的防疫能力，面对用以引起传染病的新型微生物产品，能够抵抗其造成的后果，正如无法以造成大量农作物死亡的蝗虫达成传染疫病的目的。

回到细菌战的主题，进攻方可能通过飞机往敌方领土空投一定数量的破坏性微生物培养菌落，但这不是特别危险，特别是用炸弹投放的话。而在某些情况下，在水中的传染可能会有致命的严重结果。这里也有必要提到对食品的污染，很明显，对食品罐头的盒子、罐子或箱子进行污染是很有作用的。最后要谈到的，是可能出现的针对动物的隐秘和直接的传染，特别是用鼻疽去传染马匹。但毫无疑问，所有这些手段都并不容易把传染病传播给人体。

该书的作者提出了一个结论，那就是细菌战只会是偶然和进攻性的。在某程度上，他的结论认为应该综合考虑各种有利于这种战争的因素。一旦造成多个疫情感染中心，就会造成危险的恐慌，并且更多是在心理层面引发严重的不良后果。

因此，应当认清这种事实并稳住自己，不应高估和夸大危险程度；也不应该在防御计划中轻视和忘记重点。相反，应当检查相应机构的工作，包括实验室、由高级细菌学家和传染病学家组成的团队、疫苗和抗病毒血清库存。必须知道，虽然微生物的危险程度在实战中并不那么可怕，但它的威胁将会在未来增大，现在就必须研究反制它的预防措施。

第二章 日本侵略苏联战争准备及哈巴罗夫斯克审判的文件和材料

一、揭露日本反苏联战争计划与细菌战真相的档案文献

1949 年 12 月底的哈巴罗夫斯克审判对 12 位参与主导、从事和实施细菌战的日军战犯作出了强制劳改的判决。然而,哈巴罗夫斯克审判并不是国际军事法庭审判,而是东京远东国际军事法庭的延伸,为的是再次启动新的国际法庭,对包括裕仁天皇和石井四郎在内的全部日本战犯进行审判,具有特殊性和地方性。而又因为细菌战和生化战的特殊的作战方式和伦理问题,哈巴罗夫斯克审判的内容相对比较敏感和秘密,因此很多内容至今仍然未公之于众。除了前文提到的《起诉书》、部分庭审记录、《判决书》,1950 年出版的《审判材料》(俄文版。另有中文、日文、朝文、德文和英文等苏联官方版本)增加了举证和材料的介绍。举证部分包括对被起诉和受审的原日军军官的单独审讯材料口供、一些日军官方文件的副本、律师辩护陈词等。

当时,《真理报》已经刊登了官方版本的《起诉书》《审讯过程》《结案书》《判决书》以及审讯文件,内容和《审判材料》相差无几。而在新增加的审讯口供方面,除了对 12 位受审的日本战犯进行预先审问,同时也对一些被俘虏的日本中下级官兵(作为污点证人)进行审问。

1985 年,曾参与哈巴罗夫斯克审判的拉金斯基法官编纂了一部名为《在被告席受审的军国主义者——东京审判和哈巴罗夫斯克审判材料》的档案文献集。主要内容大部分来自《真理报》刊登的材料以及 1950 年出版的《审

判材料》,包括《起诉书》《审讯过程》《结案书》《判决书》以及审讯文件摘要的简化版本,并新增了一些插图。本章选译内容撷取自《在被告席受审的军国主义者——东京审判和哈巴罗夫斯克审判材料》的第174—354页。

(一)《三宅光治的笔供》

日军原关东军参谋长和"关特演"行动总参谋长官中将三宅光治的笔供

1946年2月9日

日本军事集团在数十年的时间段里决定了日本政府的对外政策和国内政策,是所有日军发动的军事战争计划的策划者。而我就是日本军方的代表。

我在1880[①]年出生于日本三重县(город Сироко, округ Хондо),在我19岁的青年时期就已开始在日军服役,在1904—1905年我以中尉军衔参加了俄罗斯—日本战争,任日军第三师团第三三步兵联队的排长,参与在一系列城市,如亚瑟港[②](Порт Артур)、盖州(Кайпин)、大石桥(Дашицяо)、海城(Хайчен)、鞍山(Аньшань)、辽阳(Ляоянь)、沈阳(Мукден)[③]的战斗。

1910年我从东京的军事学院毕业。1913年在日本军部服役,起初任职于动员部,之后又任军部机要秘书。1918年陆军省[④]的陆军大臣(一些文献也作陆相)田中义一(Танака)下令命我出访英国收集有关各种新式武器的秘密资料。

3个月后,日本政府又派我到维也纳出差,之后又到达布达佩斯,我在布达佩斯一直担任监督奥地利和匈牙利执行和平条约的管控委员会的日本代表,大约一直到1922年。返回日本后我在军队里先后担任一系列的军官领导职务。

在1928年7月我被任命为关东军参谋长,负责为日本在"满洲"地区的

---

① 一说1881年出生。——编著者著

② 亚瑟港,阿尔图尔港,即旅顺港。——编著者注

③ 奉天。——编著者注

④ 俄文直译为军部。——编著者注

政策给予意见和评价。我必须承认，我应当为这些政策的一系列后果负上全责。

日本政府及其军事战争集团在逾100年之久的时间里一直在谋划建立由日本主导的"大东亚体系"。在日本国内这被称为是为建立"东亚民族相互繁荣的范围"①（"сфера взаимного процветания народов восточной Азии"），以及为了维护在这个范围体系内的"新秩序"意识形态（идеология 《Нового порядка》）的庄严性而奋斗。

在上世纪末，日本在优先加速吞并中国、"满洲"②和外蒙古的时候，就已开始在中国境内建立其影响势力了。与此同时，日本也决定将整个东亚剥离于美国、英国、俄罗斯的影响范围之外，首当其冲就是要消除俄罗斯在东亚的影响力。于是，1904 年，日本海军就袭击了俄罗斯的要塞亚瑟港，随即甚至敢于对俄罗斯开战。在此战争中，正如我前面提到，我是有份参战的。

在 1918 年，日本也寄望于利用苏维埃政权刚刚建立不久的虚弱状态，企图在苏维埃远东地区展开其侵占计划，攻占了滨海地区、符拉迪沃斯托克、外贝加尔地区。

在日军被苏维埃红军从远东地区赶走之后，日本亦从未放弃其侵略计划，反而加紧准备反对苏联的战争。

日本的这一系列侵略战争的准备阶段如下：1931 年占领"满洲"、1937 与德国和意大利签署所谓的《反共产国际协定》（《Антикоминтерновский пакт》），然后这些国家再于 1940 年缔结《德意日三国同盟条约》（《Тройственный союз》），继而在 1941 年建立它们之间的军事同盟。

"满洲"地区是为日本进攻苏联的战略布兵场，因此在日本制定反对苏联的战争计划和准备中，日军侵占"满洲"一事是最具有决定意义的一步。

1928 年我抵达亚瑟港并出任关东军参谋长，关东军总司令中将村冈长

---

① 即"大东亚共荣圈"。——编著者注

② 原文如此。这里的"满洲"指中国东北地区以及在伪满洲国境内的民族划分系统中被识别为"满洲人"的人群。——编著者注

太郎（Мураока）命令我当即投入制定我军侵占"满洲"地区的军事作战计划。

然而，应当指出，在我抵达亚瑟港之前，制定这项计划的工作就已经展开了，因为我从前任者原关东军参谋长少将斋藤恒（Сайто）那里取得了这份计划的部分初级材料。

到了1931年7月，在我的督导下，侵占"满洲"地区的计划已经处于完备状态了。同月，日本参谋总长金谷范三将军（Каная Ханзо）批准确立这项计划。随后，剩下的问题，只不过是如何找到一个合理的借口发动战事。

为了制造这种借口，关东军的部队在南满铁路挑起了一系列事端，并且在日本的宣传上把罪责归咎于中国军队的士兵。

1931年9月18日，关东军总司令本庄繁（Сигэру Хонджо）中将下令手下的日军部队进犯"满洲"地区。在下达命令之后，本庄繁通过关东军参谋长金谷范三将军请求天皇陛下给予其部队增援。

日本天皇于是就下令将必要数量的军队派往"满洲"增援。

自1931年9月至1932年5月，执行我所制定的方案，即在进行了更为完善的战备准备的关东军将所有中国军队驱除出"满洲"地区之外，消灭了"满洲"地区的游击队反抗力量的主力。

在完成侵占"满洲"的行动后，随之出现的问题，不仅体现在巩固日本占领军后方的任务之上，还体现在日本参谋本部和关东军参谋部必须提前深入思考研判这个问题之上。

早在制定侵占"满洲"的计划之时，我和关东军总司令本庄繁中将就已经想到了一个主意——在"满洲"地区建立大量名为"协和会"（Кио－Ва－Кай，《содружество наций》①）的国家政治行政机关。

在战事结束后不久，我们的想法就付诸实现了。1932年7月25日，在新京市②举行了建立上述组织的典礼。

当时，我本人已经不在"满洲"地区了，因为在1932年5月战事结束不久

---

① 俄文意为民族融合会。——编著者注
② 长春。——编著者注

之后，我就从关东军参谋长的职位调到日本陆军省的兵员调动部（运输部）任职。

然而，我还是继续关心"协和会"的事务，并且一直和该组织保持着直接联系。

"协和会"的会长张景惠（Чжан－Цзи－Куй）同时也是"满洲国"政府的国务总理大臣，在"协和会"的工作问题上我也时常给他必要的指示，并从他那里获悉有意思的情报。

1940年10月，当我已经回到日军后备系统待命时，张景惠以及关东军的前参谋副长秦彦三郎（Хата/Hata，Hikosaburō）少将给我寄了一堆信件，当中建议我回到"满洲国"出任"协和会"的领导人。

根据这些建议，我特意拜访了日本的陆军省副相阿南惟几（Анами/Anami Korechika）中将，他也建议我出任"协和会"的中央本部长，为的是扩展这个组织的工作，致力于强化日本在"满洲"地区施加的影响力。我同意了这个建议。

1940年12月我抵达新京，在"协和会"的中央参谋部出任中央本部长。

这个团体广泛遍布"满洲"境内的大城市和乡镇居民点，且都建有其分部机构，而在一些单位和企业里也设有这个团体的代表办事处。"协和会"的成员大约有45000人。

"协和会"的任务体现在吸纳"满洲"当地居民与日本人紧密协作，从心灵上教化这些"满洲"当地人，使他们在骨子里就仇恨苏联、美国、英国和中国。

"协和会"作为一个国家政治机构，通过它的成员来负责监控和分派"满洲国"的政府部门以及工业企业的工作。几乎所有的政府部门和工业企业组织的主管和官员都是"协和会"的成员，他们在执行任务时也基于我从"协和会"中央参谋部下达的意见和精神。

在"满洲国"的工业和农业方面，"协和会"的主要任务就是要保障供应日本军事需要的工业产品、原材料和粮食的最大产量。"协和会"在执行具体任务期间会严格监察生产部门的工作情况，同时也广泛通过鼓动情绪和宣传的手段来刺激生产劳作。

"协和会"的其中一项基本工作方式，就是在"满洲"平民社会中进行煽动和宣传。"协和会"在广泛宣传必须与日本协作的思想的同时，也极度致力于压制反对日本的民意。

"协和会"优先以反抗共产国际的旗号来宣传仇视苏联的意识形态。"协和会"的出版局在这个主题上也出版了大量的各类文学作品和海报。

"协和会"也进行大量工作去识别那些支持共产党、支持国民党，或者单纯就是表达反日情绪的人士。"协和会"的成员会将这些反日人士的相关资料送到"满洲国"的警察局和宪兵队那里，再由他们实施抓捕。

"协和会"的核心工作是动员组织成员进行军事准备，以应对必然将要和苏联爆发的战争。

"协和会"里面的所有年轻人都应当在日军教官的指导下接受军事训练。为此，在"满洲"境内的城市和居民点都成立了"协和会"特殊小队，每个小队有200人，当中的训练课目包括如何使用各类枪械武器进行射击、如何使用和投掷手榴弹，以及作战时的战术运用。

此外，也会从"协和会"的成员中抽调一些人来组成所谓的民间自卫队，这些由志愿者组成的自卫队为警察、防空袭防化学攻击部队、高射炮兵部队、通讯兵部队提供协助。在"协和会"接受军事训练的总共有大约40万人。

所有的这些在"协和会"的机构里受训的人，都被灌输要从心底里对苏联报以誓不两立的仇恨情绪，并且誓要针对苏联实施武装斗争。

从"协和会"筹划组织反苏战争的人员情况来看，动员侨居在"满洲"地区的白色俄罗斯军民就受到了特殊的关注。"协和会"的序列中计有约4000名白色俄罗斯分子。

实际上，作为"协和会"中央参谋部的长官，该会的所有具体事务都是由我一手操办的。我根据关东军司令部和参谋部的命令展开我自己的工作，而"协和会"也和"满洲国"境内各地的监狱建立了联系。这些命令主要是关于如何开展蛊惑活动与宣传工作、对"协和会"成员进行军训，以及动员"满洲"地区的平民去建造军事防御设施。

因此，我每年都会为整个"协和会"制定任务方案，其中详细写明了必须落实完成的工作。经由我批准的方案将会由"协和会"的各个地方机关严格落实和执行。

为了进一步完善落实指令的执行，在由我操办的"满洲国"全境的"协和会"大会上，所有该会的地方组织主管都会出席参与，而我在自己的演说中宣布落实对"协和会"成员进行军训和对"满洲"平民进行宣传的相关任务事项。

除此之外，我在担任"协和会"中央参谋部总参谋长之时，也到"满洲"境内中央城市和地方各县市巡访，并在当地主持督导会议及"协和会"的成员会议。我的演说词也经常被刊登在"满洲"的各大报章上。

我也不止一次通过无线电台进行演讲，号召"满洲"的平民尽可能以最大限度和强度工作，以保障日本有能够发动战争的可能性。

为了组织、培养"协和会"的地方组织长官，"协和会"的中央参谋部在1938年就办了一系列特殊的年度培训班，经常培训逾百名成员，而其中过半成员为日本人。我本人是这些课程的总负责人。

在这些课程的培养方案中，必修课包括学习日本的意识形态、"协和会"的工作方式，还有军事准备的训练。在这些课程中，对受训者学习的反苏工作事务尤其受到特殊关注，目的是要让他们向底下的"满洲"平民教化、灌输渗入心灵的仇恨苏联的情感。

我执行日本政府下达的命令，在将"满洲"打造成日本进犯苏联的战略发兵场，以及在领导"协和会"之际，主要工作除了要动员当地市民参战，也要动员"协和会"成员参与到建造防御碉堡工事的工作上。

根据关东军参谋部的指令，"协和会"的成员也要参与建造军工厂的设施、军用机场、高速公路，以及其他军事建筑物设施的工作。

在德国入侵苏联之后，在"满洲"地区的军事准备工作进行得尤其如火如荼。

由于早前日本和德国已经建立了军事同盟，日本人就已经制定了名为关东军特种演习的特殊反苏战争计划。

在 1941 年 12 月底，我了解到"关特演"计划的具体情况。当时关东军参谋部的第四课往"协和会"中央参谋部发送了一份文件，其中提到为了实施"关特演"计划我们就必须给关东军参谋部辖下的职能部门输送 30000 名劳工充当建造军事作战设施的劳动力。

这项指令得到了执行。其后，除了执行日本政府已经给我下达的命令，我也决定主动让"协和会"发起策动反苏联战争的准备。

1944 年，我下令"协和会"的地方团体组建"千步团"①突袭小组，负责潜入苏军后方进行破坏活动和恐怖袭击。

1944 年的 7 月或者 8 月，"协和会"成员领导会议通过了在各乡镇分部中成立"千步团"突袭小组的决定。并且招揽"协和会"各分部中最为激进、政治可靠和工作出色的成员加入这些突击小组。每个突袭小组由 15—30 人组成，参与"千步团"突袭小组的总人数达到 3000—4000 人。突袭小组完全受日本军官的领导，处于严格的保密状态，接受特殊军事训练。

我对"千步团"突袭小组下达了两项最主要的任务：其一，对该组织内部的成员和"满洲"普通民众进行监视，以查具有反日倾向的人士；其二，组织人员，准备到红军的后方实施爆破行动。

根据我的计划，"千步团"突袭小组在日本-苏联战争开始后应当在苏联红军的大后方活动，并在那里实施针对铁路和公路的爆炸破坏、纵火烧毁军事武器库、刺杀苏联军官和士兵，以及从事间谍活动，收集军事作战类的情报并立即上报日军指挥部。

"千步团"突袭小组成员的武器和爆炸品的供给，应当根据他们所属的日军部队指挥部来实施和保障，并视这些小组的任务情况加以配给。小组成员亦应从所属日军部队指挥部那里拿到关于其作战任务的更加详尽的命令，并且保持与所属部队指挥部的正常通讯。

1945 年 7 月 18 日，我被传召到关东军参谋部，关东军总司令山田乙三将军当着关东军参谋长秦彦三郎(Хата)中将的面对我表示当时已经到了日

---

① 日文原名称为千步团，俄文音译《Сенподан》，俄文翻译意为远程潜行偷袭分队。——编著者注

本针对苏联发动战争的时候,为此"协和会"应当准备好让"千步团"突袭小组投入积极的作战行动。

利用1945年7月25日召开"协和会"年度大会的机会,我在大会工作结束后又主持了"协和会"地方主管的秘密会议,让他们了解到已经收到的上峰指令,并在他们面前布置基于这份指令内容的一系列应当完成的任务。

具体来说,我给所有"协和会"地方分部的主管都下达了命令,要求他们各自动员在其分部里的"千步团"突袭小组,准备执行在红军后方实施破坏活动的任务,我让其在得到所在地方部队指挥部的允许授权后,执行他们的任务和活动。

我个人很难说清楚"千步团"突袭小组实际上执行了哪些任务,因为在战事开始之后,由于苏军的快速突进,我就已经无法和他们取得联系了。

这样,我承认,作为在"满洲国"的日本政府代表,我全力参与了日本反对苏联战争的准备工作。

我对以下行为负有责任:在出任关东军参谋长时就制定了日军侵占"满洲"地区的计划,之后又直接指挥了关东军侵占"满洲"地区的军事行动。继而,我在任职"协和会"中央本部长期间对"满洲"平民实施洗脑教化,对其心灵灌输仇恨苏联、美国、英国的情绪,并且让手下的成员积极筹备反对上述国家的战争。

笔供为我本人所写——三宅光治(Миякэ Мицухару)

笔供审讯员　反间谍局军官 普京采夫少校(Путинцев)

军中翻译军官　库哈列夫斯基少尉(Кухаревский)

由日文翻译成俄文

军中翻译军官　库哈列夫斯基少尉(Кухаревский)［签名］

——出自俄罗斯联邦安全局中央档案局档案资料

（二）《哈巴罗夫斯克审判起诉书》

因前日本陆军军人山田乙三、梶冢隆二、高桥隆笃、川岛清、西俊英、柄泽十三夫、尾上正男、佐藤俊二、平樱全作、三友一男、菊地则光及久留岛佑司犯有准备和使用细菌武器罪,犯下苏联最高苏维埃主席团于1943年4月19日法令第一条上所定罪行一案而提出的起诉书。

多年以来,帝国主义的日本曾是远东方面侵略势力的主要策源地。帝国主义日本的当权集团与希特勒德国和法西斯意大利一起结成罪恶阴谋联盟,并且曾经策划、发动并进行侵略战争,反对各爱好和平的国家人民,目的是要与希特勒德国共同建立世界统治。

这些侵略战争的目的,就是要建立所谓的"大东亚共荣圈",也就是建立一个由日本统治的殖民地国家。日本力求用强力掠夺邻近的各爱好和平国家的广大领土,目的是要建立这样的殖民地国家,换言之,日本帝国主义者怀有极端强烈的扩张意图。

日本当权集团的侵略野心的巨大程度,从日本政府的主要领导人的多次公开声明中便可以看出。

日本主要战犯之一,也就是日本军国主义侵略集团的"思想家"桥本金五郎（Хасимото Кингоро）在1942年1月5日的《太阳大日本》报中发表的一篇标题为"大东亚帝国共荣圈"的文章中写到,这个"共荣圈"范围应包括下列国家:"日本、'满洲'、中国、苏联远东地区、马来亚,荷属东印度、英属印度、阿富汗、澳大利亚、新西兰、夏威夷、菲律宾,以及太平洋和印度洋的诸岛。"

在那个按照日本天皇的特令而设立的由日本首相直接管辖的"总体战研究院"所规定的各种计划和方案内,所谓"大东亚"帝国的版图也恰恰是这样预先制定的。

日本帝国主义者的一切罪恶计划中,都把侵略苏联看作主要的任务。日本军阀实行侵略的战略计划中,通常把苏联叫作"头号目标"。

他们在日本居民中间曾经广泛宣传以反苏联为导向的掠夺战事。这种宣传,在那些受到日本政府情报部门管制的所有日本刊物中都出现过。

为了实现其罪恶计划，日本执政集团早就采取过多次侵略行动：

1931 年，日军武装力量挑起了所谓"沈阳事件"①，随即入侵"满洲"，并将之侵占；

1937 年，日军挑起了所谓的"卢沟桥事件"，随即大举入侵中国内地；

1938 年，日本军阀在哈桑湖地区（озера Хасан）对苏联实施侵犯，但被苏军击溃；

1939 年，日本帝国主义者在哈拉欣河地区（река Халхин—Гол）侵犯苏联的友邦蒙古人民共和国，但日军也被蒙古人民共和国和苏联的武装力量联合击溃；

1941 年末，日本军阀把日本卷进第二次世界大战，并且站在希特勒德国方面作战。

直到后来苏联军队对集中在"满洲"的日本主要军事突击力量关东军进行了决定性的歼灭打击，才促使日本向同盟国投降。之后，日本的侵略才告停止。

有关日本帝国主义侵略的各个事件，已经在东京举行的针对日本主要战犯集团的国际审判中审判过了。国际军事法庭确定了日本当权集团与希特勒德国共同策划、发动、实施一系列侵略战争，也核实了日本统治集团多年来一直在积极准备大规模的反苏侵略战争。军事法庭承认了日本于 1938 年在哈桑湖地区及 1939 年在哈拉欣河地区发动的两次反苏侵略战争皆为事实。同时，军事法庭又确认了帝国主义日本与希特勒德国以及法西斯意大利缔结的军事同盟，是出于反和平与反人类的罪恶阴谋，亦为事实。

军事法庭同样确定了日本的战争罪，即从根本上违反战争法则和惯例的事实，其特征就是日本军阀曾经以残暴手段对待战俘及日军占领区中的和平居民。

而本案件的预审结果也已经查明日本帝国主义者为了最大限度达到其侵略战争目的，在策划和准备其反对苏联及反对其他国家的侵略战争时，曾经刻意大规模准备细菌武器，并在局部的战争上已经采用了细菌武器这种

---

① 即九一八事变。——编著者注

针对人类的有极大毁灭性的罪恶工具。

建立特殊部队以准备和进行细菌战

预审结果查明，在日军侵占"满洲"地区不久之后，日军参谋本部和日本陆军省就在"满洲"境内建立了一个细菌实验所，并将其划入日本关东军建制内。该实验研究所由日本著名的细菌战思想家，其后晋升为军医中将的石井四郎（Исии Сиро）主导。该实验所的相关部队专门研究用烈性传染病菌进行攻势的细菌战实施方法。

据前日军军医少将，被告川岛清供称：按照天皇裕仁的秘密命令诏书，在1935—1936年，日本参谋本部和陆军省已经在"满洲"境内成立两个极端机密的部队，其职能是准备和进行细菌战活动。

为保守秘密起见，他们就将其中一个以石井四郎主导的实验所为基础而建立的部队命名为"关东军防疫给水部队"；另一个部队则叫作"关东军兽疫预防部队"。1941年，在希特勒德国开始进犯苏联后，这两个军队机关就用加密代号称为"七三一部队"和"一〇〇部队"。七三一部队是由石井四郎指挥的。而一〇〇部队由军兽医少将若松有次郎（Вакамацу Юджиро）主导。

这两支部队编制都配有充足的细菌学专家，包括很多日本著名细菌学家，而他们直接指导手下的科学技术人员。单七三一部队内部就大约有3000名工作人员。从这一点来说，就足以证明这两个细菌部队工作的巨大规模了。

日本统帅部（大本营，下文不再括注——编著者注）曾经拨出巨额款项供上述部队使用，用以制造细菌战武器。例如，为了展开七三一部队的军事科研活动，在1939年，日本统帅部特别在距离哈尔滨20公里远的平房站（станция Пинфань）一带，建成了一座大型军用市镇，其中设有许多实验室和办事室，储存有大量原料用品。出于严守秘密的目的，日本人在该市镇周围划定了一个禁区。而该部队还有自己的航空队，并在安达车站（станция Аньда）附近设立了一个特殊打靶场①。

---

① 即实验田。——编著者注

一〇〇部队设在新京以南十公里的孟家屯（Могатон），也拥有广阔的房舍、特种设备和大片土地以供该部队使用。

七三一部队与一〇〇部队辖下分设有许多交由日本关东军各部队和各兵团指挥的支队，这些支队的驻地位置都设在与苏联毗邻的边境战略地区（案卷第 14 卷，第 29 页）。

各支队的主要任务就是要求各细菌部队准备细菌武器，确保在实际战争中能够运用由这些部队制造出来的细菌武器。

细菌部队及其辖下的支队均直接受日本关东军总司令统辖。

对于这一点，除了有各证人和被告的供述证词证实之外，还有原日本关东军总司令梅津美治郎（Умедзу Иосидзиро）在 1940 年 12 月 2 日发布下达的关于建立和安排七三一部队辖下的 4 个新支队的命令可以作为佐证，而这个绝密文件是在 1945 年由苏军在"满洲"缴获的（案卷第 15 卷，第 3 页）。

继梅津美治郎之后任日本关东军总司令的人，就是目前作为本案被告的山田乙三。他也在供述中证实了细菌部队都是直接受到他统辖的（案卷第 18 卷，第 383 页）。

受审战犯山田乙三在说明七三一部队的任务时供称：

> [……] 七三一部队成立的目的就是准备细菌战，主要是用来反对苏联，同时也反对蒙古人民共和国和中国。（案卷第 18 卷，第 382 页）

根据山田乙三的供述，日本准备的细菌战也要用来反对其他国家（案卷第 18 卷，第 383 页）。

山田乙三还供称，一〇〇部队的工作就是制造细菌武器，供细菌战所用（案卷第 18 卷，第 382 页）。

此外，一〇〇部队还"[……] 负责进行军事破坏活动，也就是用病菌去传染牧场、牲畜和蓄水池。在这方面，一〇〇部队的工作是与关东军司令部情报侦探部有密切联系的[……]"（案卷第 18 卷，第 171 页）。

前日本关东军兽医处长，现为受审战犯的军兽医中将高桥隆笃（Такахаси Такаацу）也供称：

"兽疫部队"（эпизоотический отряд）的任务是准备、进行细菌战和敌后军事破坏活动。（案卷第 11 卷，第 54 页）

在上述两支部队及其他各支队中，曾经有计划地进行细菌学研究，为的是确定可以用作细菌武器的最有效的细菌种类，并且寻求大批量生产此种细菌的方法，继而研究运用方法：如何使用这些细菌去消灭大量敌对国人民，以及传染牲畜、庄稼，对敌对国造成经济损害。

七三一部队内部共设有 8 个部，其中只有一个部（第三部）负责给水和防疫事宜。但就在第三部的生产作坊内，也制造名叫"石井四郎式飞机炸弹"（авиабомба системы Исии）的特殊细菌炸弹壳。这些炸弹是用来从飞机上散播染有鼠疫的跳蚤的（案卷第 2 卷，第 263 页）。

七三一部队其余的各个部，其工作内容完全是关于准备和实施细菌战的。

预审材料证实，该部队第一部专为进行细菌战而设，其工作是研究和培养鼠疫菌、霍乱菌、坏疽菌、炭疽热菌、伤寒菌、副伤寒菌及其他病菌，以便在细菌战中加以使用。

在此种研究过程中，他不仅用活体动物做实验，更是利用活人进行实验。为了达到这个目的，他设立了一个能容下 300—400 人的内部监狱。

第二部，即所谓的实验部，负责在实验田的条件下及在实战的战斗环境内实验细菌武器。

第二部管辖了一个特种航空队，配备的飞机上都有仪器装配，同时也管辖设立在安达火车站附近的实验田。该分部下面设有一个实验室专门培育与繁殖鼠疫寄生虫跳蚤，以供散布鼠疫所用。

第二部也专门制造散布细菌的特种武器：自来水笔式、手杖式投掷器及瓷质飞机航空炸弹等。从日军档案中发现的别动队武器列表上可以看出，日本人曾经把自来水笔式投掷器作为一种武器（案卷第 16 卷，第 16 页）。

另一个分部叫教育部，该部门的工作是培训日军战斗分队和特别行动队，将他们打造成善于使用细菌战武器的专业人才。

为了大量培养、制造足够供应细菌战所需的细菌，七三一部队内设有一个制造部(俄文原文：生产部)。根据该部门的前主管，被告战犯川岛青的供述，这个制造部就是大规模出产各种细菌的"工厂"。

该部门有强大的仪器装备，其辖下的两个课都能独立生产细菌。第一课有以下基本设备：4 个制造细菌营养浆液的大锅炉，每个容量为 1 吨；营养浆液消毒器 14 个，每个长 3 米，直径 1.5 米。每个消毒器内可容纳 30 个由七三一部队长官石井四郎发明的特种培养器。第一课分队内有两个用于冷却细菌营养浆液的房间。每个房间内能同时容纳 100 个培养器。该课内还有 5 个温度调节器，总共可容纳 620 个石井四郎式培养器。

第二课内有大锅炉 2 组，每个锅炉的容量为 2 吨，还有 8 个消毒器，每个消毒器内可容 60 个培养器，此外还有其他设备。

第四部内还有用来保存现成"产品"的特种冷藏器。

根据关于七三一部队用于培养细菌的主要设备的生产能力的材料，法庭检验委员会考证确认：在总共不超过几天的一个生产周期内，仅七三一部队就能用这种装备生产出不少于 3 亿兆的微生物。法庭检验委员指出，若按生产期限来判断，其细菌产量应该是非常大的。

这种强大的细菌生产量，就使七三一部队和一〇〇部队人员要用公斤来计算他们所培养出的细菌胶状体。这也就说明，为什么各被告战犯在口供中说用公斤来计算细菌数量，需要指出的是，他们这里所指的重量，是直接从营养浆液浮面上取出的乳浆状浓细菌体的重量。

例如，在说明七三一部队的生产能力时，被告战犯川岛清供称：

[……]按照生产设备及其生产能力来说，该制造部每月能培养制造出 300 公斤鼠疫细菌。(案卷第 3 卷，第 317 页)

另一被告柄泽十三夫同样供称：

[……]细菌制造部出产能力[……]在全部设备都动用起来的时候[……]每月能出产 300 公斤鼠疫细菌。(案卷第 4 卷，第 286 页)

根据预审材料证实以及检验委员会确定：所有这些大量生产的传染病菌，包括鼠疫菌、霍乱菌、伤寒菌及其他病菌在内的菌种，都是用来制造细菌武器,以此消灭大量平民生命的。

七三一部队及其各支队中,也大规模养育跳蚤,以便使其感染细菌,变成致病的媒介。为了繁殖和传染跳蚤,曾使用过老鼠及其他鼠类动物。而搜捕鼠类动物的工作,不仅由细菌部队各分管单位的人员负责,也由关东军各部队所指定的专门队伍负责。

单是七三一部队内部就有4500个用鼠类血液繁殖跳蚤的孵育机器。从这一点来说,就可知道日军细菌部队培养跳蚤数量的巨大规模了。

按照各被告战犯的供述,这种孵育器可以在短时间内培养出几公斤染有鼠疫的跳蚤。而按照检验专家的计算,这几公斤的重量就相当于数以千万计的专门用作细菌武器的跳蚤。

关于繁殖跳蚤的巨大规模,还可以由以下事实佐证:据证人森田(Морита)供述,仅是在海拉尔第五四三支队内,在1945年夏季就同时养育了大约13000只老鼠(案卷第2卷,第239页)。

预审材料证实,还有另外两支日本细菌部队的存在,它们是1941—1943年由被告军医少将佐藤俊二在华中和华南地区指挥过的曾用加密暗号来称呼的"波"字部队(《Нами》)和"荣"字部队(《Эй》),它们也同样进行过细菌战准备工作。

根据被告战犯佐藤俊二供述,"荣"字部队就拥有大量培养细菌的能力,足以供细菌战之用。

根据法庭医学检验委员会证明,从生产能力和活动性质来说,七三一部队和一〇〇部队的功能,都是为了积极进行细菌战。(案卷第9卷,第155页)。

根据被告战犯山田乙三供述,日军"[……]在使用细菌武器的方法上,曾经批准并采取了如下三种主要方法:从飞机上散布细菌、投掷细菌炸弹,以及进行对敌的特种军事破坏[……]"(案卷第18卷,第131页)

从日本帝国主义者的计划来看,那些经过特殊装置改造的飞机,以及受过特殊训练的战斗部队、破坏别动队匪徒,其任务就是在前线和敌后大量散布染有鼠疫、霍乱、伤寒、鼻疽、炭疽热及其他烈性传染疾病的致命细菌,并且用一切可能的办法去污染居民点、蓄水池、湖泊、水井、庄稼和牲畜等。日本帝国主义者的罪恶计划是打算利用致命细菌之迅速繁殖的特性,蓄意向敌方的军中和敌方的和平居民区散布鼠疫、霍乱等传染病,由此引起恐怖的瘟疫,继而让数百万人染疫和惨死。他们就是如此顽固地采用这种不仅对交战国双方的居民,而且对中立国都能造成极大危害的残忍武器。

在活人身上进行罪恶的实验

为了检验细菌武器的杀伤力,日军曾经采用了最基本的方法,就是系统地和大规模地用活人来进行惨无人道的罪恶实验。

日军的这种罪恶实验,曾经施之于参加抗日运动的中国爱国分子以及苏联公民身上,这些被选中的人,都是被日本宪兵机关判处死刑,并且确定要用残酷手段加以"消灭"的。

预审材料证实,日本细菌部队人员拿活人进行罪恶实验,继而将他们残酷杀害的行为,都是经过日本关东军总司令的认可和同意的。

被告战犯山田乙三供述,他曾经准许采用活人进行实验。

山田乙三供称:

> 我[⋯⋯]曾经准许人们去进行此种实验,因而我在事实上也就是批准了强行杀害那些中国人、俄罗斯人、"满洲"本地人,他们都是由我所管辖的关东宪兵队机关以及各日本军事特遣团送去接受实验的[⋯⋯](案卷第18卷,第174页)

作为证人接受审讯的古都良雄(Фуруичи Ёсио),供出了关于在活人身上进行伤寒病传染实验的情形。

他供称:

> [⋯⋯]大约在1943年初,我奉七三一部队第一部的部长官田部井和(Табеи)的命令,初次参加对该部队监狱内被囚者进行的传染伤寒病菌的实验。我预先准备了1公升混有伤寒病菌的甜水,然后把这1公升甜水用普通水冲淡,就分给约50名被囚的中国人喝下。根据我所记得的内容,他们都是战俘,其中只有几个人事先接受过预防伤寒病菌的疫

苗针剂注射。（案卷第 5 卷，第 308 页）

被告战犯川岛清在被审问关于七三一部队第一部活动情形时供称：

[……] 在七三一部队中，日军广泛地拿活人来做实验，以检验各种致命细菌效用。被用来做这种实验的"材料"，就是日本反间谍机关确定要加以消灭的中国爱国分子和俄罗斯人。（案卷第 3 卷，第 59 页）

[……] 七三一部队内设有拘禁被囚人士的特殊监狱，其中所有要用来进行实验的被囚者均被严格看管和隔绝，而为了保守秘密起见，本部队的工作人员通常都把他们叫作"圆滚木头"（бревно）。（案卷第 3 卷，第 146 页）

在模拟近似实际战斗环境的野外条件下，也就是在特殊装备的打靶场实验田中，也同样用活人来进行惨无人道的实验。日军先把被禁闭者逐一绑在实验田内的铁柱子上，然后拿他们进行实验，以检查各种细菌炸弹的效能。

被告战犯柄泽十三夫供称：

[……] 我两次到安达火车站的实验田那里，亲身参与过在野外条件下用活人来进行检验细菌武器作用的实验。第一次是在 1943 年年末，当时有 10 人被押送到实验田，他们都被绑在事先已经插在土壤里的柱子上，每根柱子各相隔 5 米。然后，主导实验的人就在距离被实验者 50 米以外的地方，用引爆装置引爆了一枚开花炸弹。结果就有几个被实验者被弹片炸伤。而我事后才知道，他们当即就逐个被传染了炭疽热，因为这枚炸弹内部填装的正是这种病菌 [……]

我第二次到实验田参加实验，是在 1944 年春季。当时被押送来 10 个人，也和第一次一样，都被绑在柱子上。然后在距离被实验者约 10 米的地方引爆了一颗装有鼠疫细菌的炸弹。（案卷第 4 卷，第 42 页）

另一个曾经在安达火车站附近的实验田参加过这种罪恶实验的被告战犯西俊英供称：

[……] 1945 年 1 月间，我曾经在安达火车站附近的七三一部队实

验田亲自看过在那里进行的实验。当时由该部队的第二分部长官碇常重中佐（Икари）协同该部的科学研究人员二木秀雄（Футаки）一起，选了10个中国战俘，在其身上进行坏疽病传染的实验。这10个被俘的中国人被绑在各相距10—20米不等的柱子上，然后他们就用电力起爆器引爆了一枚炸弹。结果这10个人都被带有气性坏疽菌的榴弹破片和霰弹颗粒伤害，他们全都由此染病并且在一个星期后在极度痛苦的折磨下死去了。（案卷第7卷，第113页）

那些因为细菌实验惨死的受害者的尸体，就被拿到七三一部队监狱旁边的特制的焚尸炉里焚化殆尽。

本案受审的各个证人和被告战犯，都供出了所有在七三一部队特设的监狱和刑场被当作"实验材料"的受害者们所遭受的各种残酷拷打、暴刑和侮辱的事实。

证人仓原（Куракадзу）供述：

[……]在每一层楼上都有几个供实验用的房间，中部有几个小型牢房，那里关押着即将接受实验的人。正如军曹长田坂（Тасака）告诉我的，这些就是该部队内所谓的"木头"了[……]我记得很清楚，这个监狱里除了关押中国人之外，还拘禁俄罗斯人。在一间小牢房里，我看见有一些中国妇人[……]关在牢房的人被带上脚镣[……]有3个中国人已经失去手指，其余的人只剩下手指骨头。吉村寿人（Иосимура）向我解释说，这是他对他们进行了冻伤实验的结果。（案卷第2卷，第371页）

作为证人受审的前日本"保护院"（лагерь Хогоин）①的副主任山岸健二（又名山岸研二，Ямагиси）供称：

[……]我记不清所有被发送到七三一部队里接受消灭的那些人的具体姓名。不过我至今还记得几个人[……]其中一个是苏军士兵杰

---

① 俄文版 лагерь Хогоин 的翻译将之解释为集中营。——编著者注

姆琴科(Демченко)，他顽固地拒绝供出关于苏联的任何情报消息。于是，我就批准对他施加肉刑。审讯人拷打过他，把他的脚手捆绑住吊在屋梁上。但杰姆琴科始终没有招供。那时，我便决定将他送去消灭，所以就把他发送到七三一部队里去了。（案卷第 2 卷，第 174 页）

证人饭岛(Идзима)也供出了把关押在"保护院"集中营中的苏联人送去七三一部队接受消灭的事实。

[……]我有几次把约 40 名苏联公民从"保护院"集中营遣送至七三一部队受死。他们在遭受过实验之后都死掉了[……]（案卷第 6 卷，第 242 页）

凡是落入七三一部队手中的被监禁者，都必然不断受到惨无人道的实验折磨，一直到他们死去为止。

被告战犯川岛清供述：

要是被实验者在经历过致命细菌传染之后又痊愈的话，那他也不能避免遭受接二连三的实验，直到这个被实验者最终因传染病死掉为止。为了研究各种治疗法，有时对已经遭受传染的被实验人也会加以治疗，并且给他们吃正常的饭食，等到他们身体完全复原之后，再把他们送去做另一种实验，用另一种病菌传染他们。无论如何，从来都是没有一个人能活着走出这个杀人工厂[……]（案卷第 3 卷，第 60 页）

日本宪兵队机关和日本驻"满洲"各军事特遣团通常都会根据它们所接到的命令，以及它们与各个细菌部队长官商定好的手续，把被囚禁的中国人、"满洲"本地人、苏联公民送到各个细菌部队里去，以作为"研究"之用的所谓"特别材料"。为保守秘密起见，宪兵队在正式文件上用了一个专有名词，叫作"特殊输送"。

前"满洲国"军宪兵署的日本顾问，证人橘武夫(Тачибана Такео)供称：

[……]有一种被抓去审讯的人，按照我统辖的宪兵署特务部的原

则,是应当加以消灭掉的。这种人就是［……］游击队员、激进反对日本"驻满"当局的分子等。这些被捕的人并没有提交法庭审讯,因为我们总是直接把他们送到七三一细菌部队接受毁灭［……］(案卷第6卷,第95页)

另一个证人,前哈尔滨日本宪兵队司令的副官木村(Кимура)在受审时供称:有一次他当场听到七三一部队长官石井四郎在同哈尔滨宪兵队司令春日馨(Kacyra Kaopy)谈话时表示,他相信以后也将会和先前一样获得用作"实验"用途的被捕人(案卷第2卷,第194页)。

苏联军队在"满洲"的日本政军档案中缴获的日本宪兵队官方文件证实:自1939年起,以及之后的一段时期,日方经常对被监禁者采用所谓"特殊输送"的办法。其中有一份文件,是关东军宪兵队司令城仓义卫(Сирокура/Shirokura Yoshie)少将于1939年颁发的第224号命令,其内容是要把30个被监禁者通过"特殊输送"送去石井四郎的部队(案卷第17卷,第35—38页)。

被告战犯川岛清也证实了曾经发生过大批消灭被监禁者的事实,他供称:

> 每年都有500—600名被囚人士被送去七三一部队。我曾经亲眼看见,这支部队的第一分部工作人员从宪兵队方面领回一批批的被囚者。(案卷第3卷,第59页)

> ［……］基于我在该部队所负责的相关职务,而得知的相关消息,我可以说,在七三一部队中,每年大约至少有600人因实验而死去。(案卷第3卷,第146页)

> 纵观本部队驻守在平房火车站附近的5年之内,也就是1940—1945年,至少有3000人因这个杀人工厂而感染致命细菌再遭到消灭。至于在1940年之前究竟有多少人因此而被消灭,那我也不知道。(案卷第三卷,第60—61页)

一〇〇部队也犯过相同的罪行,该部队第二部第六课就曾经专门从事活人实验。

前一〇〇部队实验员，证人畑木章（Хатаки Акира）在述及该部队的军事研究活动时供称：

> ［……］关东军一〇〇部队名义上称为兽疫预防部队，但其实它就是一支细菌部队，因为它的工作是专门繁殖和培养传播鼻疽、炭疽热、牛瘟等兽疫的病菌。一〇〇部队中曾用家畜和活人来检验细菌的效能。所以，这支部队内既专门养马匹、乳牛及其他牲畜，也单独拘禁一些活人，我之所以知道这些是因为我亲自看见过。（案卷第 13 卷，第 111 页）

另一个证人，前一〇〇 部队的兽医福住光由（Фукузуми Мицуёси）供称：

> ［……］一〇〇部队是由许多细菌学工作员、化学家、兽医学家和农艺家组建起来的一个实验工作团队。这个部队内进行的全部工作，都是旨在准备反对苏联的特种破坏性细菌战。该部队及各个支队人员曾经进行的一种科学研究工作 ［……］ 就是专门探求如何大量使用各种细菌和烈性毒药，以达到大规模歼灭人和牲畜的目的。
>
> ［……］为了确切知道这种毒药的效力，就曾经用动物和活人进行实验 ［……］（案卷第 13 卷，第 48 页）

前一〇〇部队杂役员，被告战犯三友一男军曹在供述时表示，有许多被监禁者，就是经他亲手施行的残暴实验而最终死亡的。（案卷第 12 卷，第 192 页）。

三友一男供称：

> ［……］曾经有过这样一件事。1944 年 8 月，该部队在两个星期内对一个俄罗斯人做过各种各样的实验。他的身体已经变得消瘦不堪，后松井经孝（Мацуи）下令用注射氰化钾的办法把这个俄罗斯人毒死 ［……］

我假装要给这个俄罗斯人治疗，实际上是给他注射了一针氰化钾。之后，他便立即死掉了。当时我是在单人牢房内注射这剂药针的[……]

1944年9月初，有一个宪兵当着我的面，在牲畜掩埋场上把两个俄罗斯人给枪毙了，后就地掩埋在那里。这两人是奉中岛（Накадзима）中尉命令而被枪毙的。至于枪毙他们的原因，正是因为他们的身体已经衰弱不堪，再也不能用来进行实验了。（案卷第12卷，第149页）

除了用被监禁者进行传染鼠疫和其他烈性传染病的罪恶实验，七三一部队还广泛进行过冰冻、急冻活人四肢的残忍实验，也就是强迫那些被监禁者把双手双脚放在特殊的冰箱冷冻柜里，直到四肢被完全冻僵为止。

证人古都良雄供称：

[……]一群戴上脚镣的俄罗斯人、"满洲"本地人、中国人、蒙古人，每个批次有2—16人不等，被押到严寒的露天旷野地里，日本士兵就用枪杆威吓他们，要他们把裸露的手（有时一只手，有时一双手）放进水桶里，然后强迫他们把浸湿了的裸露的手暴露在极为寒冷冰冻的空气中，接受10分钟至2小时的冻僵实验，这个时间也是视乎天气的温度如何而设定的。当他们的手被完全冻伤之后，再把他们带回监狱实验室里去。（案卷第5卷，第317页）

此种罪恶实验的结果，多半是使被实验者的四肢严重腐烂，而最终被割去四肢，直至死去。此种实验的目的，就是探求在日本将来实施反苏军事行动时医治四肢冻伤的办法。

在侵华战争中使用细菌武器的情况

日本帝国主义者曾一方面准备着大规模的细菌战，而另一方面，在1940年间，他们在发动对华侵略战争的部分地区，就已经使用了细菌武器。

1940年夏季，由七三一部队队长石井四郎率领的一支特种细菌远征队，就被派往华中战区。七三一部队的飞机在宁波一带把染有鼠疫菌的跳蚤散播到中国军人驻地和平民区，结果那里发生了鼠疫流行疫情（案卷第3卷，第

73 页）。

被告战犯柄泽十三夫在被审问关于组织上述远征队情形时供称：

[……] 1940 年下半年，我收到长官铃木（Судзуки）少佐的直接命令，要准备 70 公斤伤寒菌和 50 公斤霍乱菌。当时铃木少佐向我解释说，准备细菌的事情，是该部队长官石井四郎将军命令他去做的，因为石井四郎将军正准备率领一个特种远征队，这支部队将采用细菌武器攻击中国军队 [……] 我执行了这个命令。同时，我从第二部方面打听到，第二部为石井四郎将军远征队培养了 5 公斤染有鼠疫的跳蚤，用来散布鼠疫。1940 年 9 月，石井四郎将军带了部队内其他分部的军官到了汉口，同年 12 月返回了本部队。根据那些随同石井四郎将军到过汉口的军官归队后的谈话内容，他们使用染有鼠疫的跳蚤制造疫情之举已经奏效。散布跳蚤引起了鼠疫。参加过那次远征队的野畸（Нодзаки）少佐曾经拿出一份中国报纸给我看，报纸上有一篇文章指出宁波一带发生了鼠疫。接着，该文的作者作出正确结论，说引起这次鼠疫的肇事者正是日本人，因为有人亲眼看到，有一架日本飞机飞过该区域的上空时，曾在不太高的空中扔下了什么东西。我读过这篇文章。

（案卷第 4 卷，第 43 页）

被告战犯西俊英在七三一部队内曾经亲眼见过关于日本细菌部队攻击中国军队的绝密纪实新闻片，他供述说：

[……] 银幕上放映了如下几个镜头：把一些特种器皿挂在几架飞机下面，马上在字幕中就说明这些器皿内装的是用于传染鼠疫的跳蚤 [……] 有架飞机是飞在敌区上空时被拍摄的。那里的地面上显现有中国军队在移动，并且还有一个村庄。

西俊英往下又供述银幕上有细菌攻击实施和结束的情形：

当那架飞机回到军用飞机场时，接着银幕上就现出"任务完成"的字样。石井四郎和碇常重从飞机里走出来。接着便放映出"结果"二字。银幕上也出现一张中国报纸上的文章及其日语译文。中国报纸上写道：宁波一带发生了强烈的鼠疫。（案卷第 7 卷，第 58 页）

关于这个已被证实的输送特种远征队到华中战区执行特殊细菌战任务的事实材料，除了以上所引用的被告战犯柄泽十三夫和西俊英的供词之外，还有在日本关东军档案中所发现的文件。其中就有原日本关东军总司令梅津美治郎于 1940 年 7 月 25 日颁发的《丙字第 659 号命令》，他命令关东军野战铁道司令官负责将七三一部队的一队人员和特种秘密货物运往华中地区。还有关东军野战铁道司令官草场辰巳中将（Кусаба/Kusaba Tatsumi）为执行上述命令而于 1940 年 7 月 26 日所发出的《第 178 号命令》，该命令的内容也特别强调这批货物是极端秘密的，因此提出不要把这些货物的名称公开写在输送表单之上，而只是指明了平房站—哈尔滨—沈阳—山海关—天津的输送路线（案卷第 15 卷，第 35—39 页）。

1941 年，从七三一部队中又派出了一支远征特别行动队到华中的常德地区。在此次远征行动中，日军战机也在当地散播了用于传染鼠疫的跳蚤。

1942 年，当日军从华中某个战区撤退时，七三一部队又组织了一次特种远征破坏行动。

被告战犯柄泽十三夫在供述关于这次远征别动队的准备情形时说道：

[……]由石井四郎将军率领的远征别动队，是在 1942 年的年中出发的，它的任务是对付中国军队。

[……]在这次远征特别行动队出发之前，我们按照铃木少佐的命令，在我本人主持下，准备了 130 公斤的副伤寒菌和炭疽热菌，作为这次远征队执行作战任务之用。据我所知，在这次远征特殊任务中也使用过跳蚤作为传染疫病的媒介物[……]为了进行这次远征特殊任务，石井四郎将军也亲自率领了一支远征特别行动队到当时日军正在撤退的中国中部地区。该远征队的队员们乘日军撤退之际，在行将放弃的区域内散布了细菌，好让进攻的中国军人染上传染疫病。（案卷第 4 卷，第 44 页）

另一个被告战犯川岛清也完全证实了被告战犯柄泽十三夫的上述供词，川岛清供称：

> ［……］1942年7月，在事先加以准备之后，远征别动队就分成几批开赴华中地区［……］这次使用细菌武器的方法是地面传染法。也就是按照军事破坏活动原则向该地区散布病菌［……］
>
> 中国军队的进攻部队进入传染区之后，就会立即受到这些细菌武器的袭击。

正如前日军第十三军团参谋部侦察情报课长，证人三品隆行（Мисина Такаюки）的口供所证实："荣"字细菌部队的人员也参加过这次军事行动（案卷第6卷，第307页）。

加紧准备针对苏联的细菌战

1941年间，从希特勒背信弃义进犯苏联的时候开始，日本军阀集团就已经开始蓄谋伺机参加反对苏联的战争，于是就在"满洲"加紧扩张，以及建立专门的细菌部队及其支队，为进行细菌战做科学研究的准备。

按照"关东军特殊演练"计划（即1941年夏季批准的日军作战行动开展的演习，为进犯苏联的军事计划核心），七三一部队和一〇〇部队曾经对其军官和士官组织了专门的特殊训练，目的是要让他们掌握和擅用细菌武器的操作使用法。

被告战犯，前关东军兽医部长官高桥隆笃中将供称：

> 自从"关特演"作战计划颁发之后，驻守"满洲"的各个日军部队的参谋部内都组织了兽疫部队。这些部队的长官都是从一〇〇部队内派来的军事细菌学专科医生［……］这些部队都是由日本陆军参谋本部的第一作战部主导成立的［……］兽疫部队的任务，就是准备和进行针对苏联的细菌战和破坏活动［……］（案卷第11卷，第53—54页）

被告战犯川岛清在谈及关于日本在1941年间加紧准备细菌战的情况时供称：

[······]1941 年夏季,正当德国反对苏联的战争爆发之后,有一次我去见石井四郎将军时,本部队内两个分部的长官村上隆(Мураками)中佐和太田澄(Оота Акира)①大佐也在场。石井四郎将军说到必须加强队内工作,并对我们宣读了日军参谋总长的命令,在命令的内容上要求我们加紧研究鼠疫细菌,以它作为细菌战武器。该命令中还特别指出,必须大量培养跳蚤作为散布鼠疫的媒介物。(案卷第 3 卷,第 28—29 页)

前七三一部队的训练部长官,被告战犯西俊英也在谈及日本在希特勒德国进犯苏联之际对细菌战方面的准备情形时,作了以下供述:

[······]正当 1941 年希特勒德国进犯苏联,以及驻守"满洲"的关东军集结在苏联边境的时候,七三一部队内部的关于创造最有效的细菌攻击武器的科学研究工作,已经大体上取得成果。至于部队内往后的军事科研活动,则是致力于完善大量生产细菌过程,以及改进散播细菌的方法。当时已经确定了鼠疫细菌是最有效的攻击武器。(案卷第 7 卷,第 124 页)

为了准备进行细菌战争,七三一部队和一〇〇部队于 1942 年还特别侦察过苏联边境地区。在更早以前,一〇〇部队奉日本关东军司令部的命令,曾经常派遣细菌战特别行动队到苏联边界附近活动,特别行动队在若干年内曾经把毒菌散布到边境的各个湖泊和池塘里,包括三河区(Трёхречие)一带的湖泊池塘,以达到军事破坏的目的。

这些事实,也已经为被告战犯平樱全作、三友一男,以及证人吉川(Ёсикава)等人的供词所证明(案卷第 12 卷,第 94、192 页;第 13 卷,第 57—58 页)。

1944 年 9 月,一〇〇部队在安达火车站附近七三一部队靶场实验田举行了实验细菌武器效力的所谓演习,当时亦有关东军司令部的代表们到场

---

① Оота Акира 也作大田澄,其拼音也作 Оота Суми、Оота Киёси 或者 Оота Киоси。

参与和观摩。

此次演习的参加者之一，证人福住光由供称：

> ［……］为了探求大量使用细菌的方法，我们是用特别装置和飞机在特殊的靶场实验田上进行实验的。这种大规模的实验就被称为"演习"。此种特种演习于1944年9月就在安达火车站附近的实验田进行过［……］实验用品是300只牛和羊。那次实验取得了圆满的结果，因为全部牲畜都中毒倒毙了。关东军司令部代表们特意乘飞机前来观摩过这种特殊演习。（案卷第13卷，第49页）

到了1945年，七三一部队和一〇〇部队及其各支队都在特别加紧第二阶段的反苏细菌战争准备。

被告战犯西俊英在谈及这个问题时供称：

> ［……］1945年5月，当我亲自向石井四郎将军作报告时，他对我特别强调，命令我必须加紧生产细菌材料，首先就是要加紧培养鼠疫菌。据他所说，按照当前局势发展情形来看，随时都有可能和有必要动用细菌去攻击敌人。（案卷第7卷，第130页）

由于有了这种指示，七三一部队总队及其所有支队都在加紧捕捉老鼠与饲养鼠类，以供繁殖跳蚤，以及使跳蚤染上鼠疫之用。于是，为达到此目的，在该部队的各个支队，乃至在各军队中都成立了专门的诱捕老鼠队（案卷第10卷，第30、176、193页；第2卷，第168页）。

在同一时期内，该部队的实验工作也加紧了，也换了新型的设备，目的就是要大幅增加细菌生产能力，以及储存大量已生产的细菌材料。

前日本关东军总司令山田乙三在被审问关于他所管辖的那些细菌部队，以及这些细菌部队的实际生产潜能时供称：它们的生产能力极为强大，单是"七三一部队在必要时就能用自己的武器保证日军能够进行细菌战"（案卷第2卷，第6页）。

＊　　＊　　＊

苏联及其武装力量打破了帝国主义日本当权集团企图发动细菌战争的

罪恶阴谋。

苏联军队进入"满洲"境内后，给了敌人神速且沉重的打击，使其一蹶不振，并在极短期间内就粉碎了作为日军主力的关东军，继而以此迫使帝国主义日本无条件投降。

被告战犯山田乙三供称：

[……]苏联加入了反对日本的作战行动，以及苏军迅速深入"满洲"腹地，遂使我们失去了使用细菌武器来反对苏联以及其他国家的可能性［……］（案卷第 18 卷，第 133 页）

在日本宣布投降的前夜，日军统帅部为了消灭罪迹，下令把各细菌部队及其辖下的支队的全部建筑物、装备和文件等统统毁灭了。

＊　　　＊　　　＊

由此可见，预审结果已经证实：七三一部队和一〇〇部队这两支细菌部队的实际作战行动，是由日军参谋本部以及关东军总司令指导的细菌实战准备工作和应用行动。这些活动乃帝国主义日本当权集团的整个罪恶阴谋计划中的一个组成部分。

这同样也确凿地证实了：日本军阀集团为了实现自己的罪恶计划，不惜犯下任何罪行，包括直接在活人身上进行惨无人道的实验，以及用强迫传染致命细菌的办法惨烈地虐杀数以千计的被囚禁者。

各受审的被告战犯的罪状

本案中每一名受审的被告战犯的具体罪状如下：

（一）山田乙三（Ямада Отозоо），自 1944 年起至日军投降之时为止，担任日本关东军总司令，且直接统辖过七三一部队和一〇〇部队这两个特种细菌部队准备和实施细菌战争的活动。

在此期间，山田乙三本人直接或者命令司令部负责的军官巡视上述部队，多次听取各个部队的长官的报告，极力设法使此种部队经常处于备战状态。

被告战犯山田乙三通过实地视察，以及通过阅读细菌部队指挥官的报告,得以熟知它们对活人进行罪恶实验的情形,却纵容和鼓励这种暴行。因此,山田乙三应当对以传染致命细菌法杀害数以千计人命的野蛮屠杀行为负责。

被告战犯山田乙三在陈述他本人在领导七三一部队方面的工作时供称:

> 七三一部队是直接由作为关东军总司令的我统辖的下属。对于七三一部队的战术领导,即解决一切有关细菌武器生产和使用方面的问题,都是由我负责通盘主导的。这也就是说:若然一旦到了必须使用细菌武器去攻击敌军时,只有我能全权下达这种作战命令,因为七三一部队是受我统辖的一支特种部队。(案卷第 18 卷,第 383 页)

在同等范围内,一〇〇细菌部队也属于被告战犯山田乙三的统辖范围内的部队(案卷第 18 卷,第 392 页)。

(二)梶冢隆二(Кадзицука Рюдзи),自 1939 年担任关东军军医部长官时开始,便直接指挥积极准备细菌战争的七三一部队的工作。梶冢隆二是研究细菌武器使用法的策划人之一。

早在 1931 年,梶冢隆二就积极拥护细菌战争思想家之一——石井四郎的主张,也就是致力于加紧研究在实战中应用细菌武器的思维。

1934—1936 年,被告战犯梶冢隆二任职日本陆军省医务局长,曾经积极参加七三一部队的组建工作,并且招揽了相当数量的专家,将其配备至该部队工作,同时也极力促成任命石井四郎为七三一部队长官一事。

在作为被告战犯受审时,梶冢隆二承认了他十分熟悉七三一部队及其各个支队的全盘科研作战活动,即从对活人进行罪恶实验到在实战中使用细菌武器的一系列事实。

梶冢隆二供称:

> 当时,我很熟悉七三一部队内部的工作,其目的就是要探求最有效的细菌武器及其使用方法,因此就经常有对活人进行实验的情形。我知道七三一部队在 1941—1942 年曾经使用了细菌武器攻击中国军队与

平民的事实［……］

当时,该细菌部队,以及由我所领导的关东军辖下的医务队已进行细菌战的充分准备。(案卷第 1 卷,第 115、119 —121 页)

尽管梶冢隆二矢口否认他曾经亲身参加过准备反苏细菌战方面的实际工作活动,但他在这方面的罪行已经由被告战犯山田乙三、高桥隆笃,以及证人河野信雄(Кавано Нобукацу)等人的供词完全揭穿了(案卷第 2 卷,第49—63 页;第 18 卷,第 427 页)。

(三)高桥隆笃(Такахаси Такаацу),自 1941 年起至日本投降之时为止,担任日本关东军兽医部长,直接领导过一〇〇部队的军事科研和作战活动,积极参加了准备细菌战的工作。

被告战犯高桥隆笃在陈述他本人在一〇〇部队的活动情况及作用时供称:

我指导过旨在反对苏联的细菌战和细菌破坏活动的准备工作。

我曾经命令并亲身监督过一〇〇部队内部培养鼻疽菌、炭疽热菌、牛瘟菌和斑驳病菌等病菌的工作,目的是要用这些细菌去进行反苏的细菌战和细菌破坏活动。(案卷第 11 卷,第 117 页)

被告战犯高桥隆笃在指导一〇〇部队工作时,经常鼓吹细菌武器是一种最有效的战争工具(案卷第 11 卷,第 113、117—120 页)。

(四)川岛清(Кавасима Киоси),自 1941 年起至 1943 年为止,担任七三一部队的制造部长官,组织过大规模制造细菌武器的工作。

被告战犯川岛清亲身参加过该部队内部使用大量活人身体进行"研究"和"实验"的罪恶行为。

被告战犯川岛清对这一点供认不讳:

我确切地承认,我们当时在活人身上进行实验以及用毒菌把他们大批害死,这的确是一种反人类的野蛮罪行。(案卷第 3 卷,第 147 页)

1942 年,被告战犯川岛清曾经参加细菌战应用的行动,在远征特别行动队出发到中国中部战区进行细菌战的时候,他负责给远征别动队提供战斗工具和细菌武器(案卷第 3 卷,第 141、145—147 页)。

(五) 西俊英(Ниси Тосихидэ),1943 年 1 月—1945 年担任七三一部队驻孙吴县(Суньу)六七三支队的长官,曾经领导过该支队的细菌战的全盘准备工作,以保证七三一部队有必要的能够持续生产细菌武器的材料。

自 1944 年 7 月起,被告战犯西俊英兼任七三一部队内所谓教育部长官职务,主持过专门培养细菌战特别行动队骨干成员的工作。

被告战犯西俊英亲身参加过对活人进行残忍罪恶实验的案件。

1945 年,正当苏军部队逼近时,被告战犯西俊英为了掩盖所犯下的罪行,就烧毁了他所领导的六七三支队的全部办公房舍和档案库房的档案文件(案卷第 7 卷,第 108、112 —115 页)。

(六) 柄泽十三夫(Карасава Томио),1943—1945 年担任七三一部队制造部的第一课长官,曾经积极组织过大规模生产细菌武器的活动。

1940—1942 年,被告柄泽十三夫曾经极力生产和准备细菌战争所用的材料,以供应七三一部队两次派往中国中部的特种远征特别行动队的细菌武器使用和作战。

1943—1944 年,被告战犯柄泽十三夫直接参与过利用被监禁者的活体进行致命细菌实验的罪恶勾当(案卷第 4 卷,第 158、162—165 页)。

(七) 尾上正男,1943 年 10 月—1945 年担任七三一部队六四三支队的长官,直接领导该部队的细菌战科研准备工作,目的是通过多方研究实验,探求最有效的战斗细菌武器以及能够大批制造生产它们方法。

尾上正男供述道:

[……]我当时知道,七三一部队内部工作是从事研究并且大量制造细菌武器,专门在对苏联发动细菌战时使用 [……]

我所领导的六四三支队中曾经从事的工作,是培养鼠类以及繁殖传染鼠疫的跳蚤,之后就将这些跳蚤送往七三一部队用以制造细菌武器。(案卷第 8 卷,第 102 页)

该支队内所设立的训练部,经常由被告战犯尾上正男直接领导、培养进行细菌战的专业精英干部。

1945年,被告战犯尾上正男为了掩藏准备细菌战的各种罪行证据,销毁了该支队内所有的设备与全部档案文献(案卷第8卷,第98、102—104页)。

(八)佐藤俊二,1941—1943年担任"波"字部队以及"荣"字部队的长官。自1944年起担任关东军第五军团的军医课长官,曾指导过七三一部队六四三支部的工作。

被告战犯佐藤俊二在领导"波"字部队和"荣"字部队时,曾积极参加过研究与生产细菌武器。

被告战犯佐藤俊二后来担任第五军团军医部长官时,也曾积极帮助和支持六四三支部的扩大细菌生产的工作,并发布特殊命令责成第五军团各部队为该支队诱捕鼠类。

佐藤俊二作为被告受审时供称:

> 我在担任"荣"字部队长官时［……］曾经领导过本部队研究细菌,以及大量生产细菌武器的工作。为了达成这个目的,南京"荣"字部队配置有大量器械、招募了各种细菌学专家,因此能够大规模培养致命细菌。
>
> ［……］教育部在我的领导下,每年培养出约300名细菌学家,作为准备细菌战的必需骨干。(案卷第9卷,第150、154—157页)

佐藤俊二的罪状除了由他本人供认,也由被告尾上正男、证人三品隆行和其他人的供词加以揭露(案卷第2卷,第251页;第17卷,第59—64页)。

(九)平樱全作(Хиразакура Дзенсаку),1942年7月至日本投降时,曾在一〇〇部队中任职工作员,积极参与研究和大量制造用于进犯苏联的细菌武器。

1942—1944年,被告战犯平樱全作曾经率领一〇〇部队辖下的各个侦察破坏小队,多次参加专门的反苏侦察活动,目的是探求在反苏细菌战框架下的最有效细菌武器使用方法。在同一时期,他曾经屡次潜行至苏联边界一带,特别是在三河区,往各个蓄水池内施投毒药,以实现军事破坏活动(案卷第 18 卷,第 89、93—96 页)。

(十)三友一男(Митомо Кадзуо),1941 年 4 月—1944 年,在一〇〇部队内充当工作员(军曹),曾积极参加过生产致命细菌,目的是对苏联进行细菌战和军事破坏活动。

被告战犯三友一男曾亲自参与对被监禁者试验诸多细菌武器性能的实验,最后用残忍手段将他们杀害。

1943 年 7—8 月,被告战犯三友一男作为一〇〇部队侦察破坏小队的一员,参加过在三河区进行的反苏军事破坏活动(案卷第 12 卷,第 187、191—193 页)。

(十一)菊地则光(Кикучи Норимицу),1943 年 4 月—1945 年 8 月为七三一部队六四三支队队员。1944 年 2 月—1945 年 2 月,菊地则光是该支队第一部实验员,培养伤寒菌与赤痢菌,以此形式参加过研究细菌武器的工作。1945 年 6 月,菊地则光在七三一部队的细菌战人员培训班中接受过补充训练。

这些事实,已经由菊地则光本人的供词,以及证人斋藤正辉(Сайто Масатеру)、冈田光重(Окада Мицусиге)等人的供词所证实(案卷第 19 卷,第 11—15 页、第 25—27 页)。

(十二)久留岛佑司(Курусима Юдзи),在 1944 年 10 月受过专门训练之后,随即到七三一部队一六二支队内服役,在该支队任职第一部的医务实验员,参加过培养霍乱菌和伤寒菌等工作。

久留岛佑司本人供认,他曾经知悉七三一部队准备进行细菌战和制造细菌武器的事实(案卷第 20 卷,第 11—16 页)。

本案各受审被告战犯山田乙三、高桥隆笃、柄泽十三夫、川岛清、尾上正男、西俊英、平樱全作、佐藤俊二、三友一男、菊地则光、久留岛佑司等对于被指控的各项罪状均已完全招认。

受审的被告战犯梶冢隆二只承认一部分的罪状。

本案各名受审被告战犯的罪状,除各由他们本人供认,也已经得到许多证人的供词,并由文件证据、法庭医学检验委员会的结论所判明。

根据如上所述,现在对下列诸战犯:

(一)山田乙三,1881 年生,籍贯东京市,陆军大将,前日本关东军总司令;

(二)梶冢隆二,1888 年生,籍贯田尻町(город Тадзири),医生兼细菌学家,军医中将,前日本关东军医务课长官;

(三)高桥隆笃,1888 年生,籍贯秋田郡,百合县,本庄市(префектура Акита, уезд Юри, город Хондзё),化学家兼生物学家,军兽医中将,前日本关东军兽医课长官;

(四)川岛清,1893 年生,籍贯千叶郡,山武县,莲沼村(префектура Чиба, уезд Саниму, деревня Хасунума),医生兼细菌学家,军医少将,前日本关东军七三一部队制造部长官;

(五)西俊英,1904 年生,籍贯鹿儿岛郡,萨摩县,樋胁村(префектура Кагосима, уезд Сацума, село Хиваки),医生兼细菌学家,军医中佐,前日本关东军七三一部队教育部长官;

(六)柄泽十三夫,1911 年生,籍贯长野郡,小县县,丰里村(префектура Нагано, уезд Чисагата, деревня Тёосато),医生兼细菌学家,军医少佐,前日本关东军七三一部队制造部下辖的分课长官;

(七)尾上正男,1910 年生,籍贯鹿儿岛郡,出水县,米津町(префектура Кагосима, уезд Идзуми, город Комэноцу),医生兼细菌学家,军医少佐,前日本关东军七三一部队下辖的六四三支队长官;

(八)佐藤俊二,1896 年生,籍贯爱知郡,丰桥市(префектура Аичи, город Тоёхаси),医生兼细菌学家,军医少将,前日本关东军第五军团军医部长官;

(九)平樱全作,1916 年生,籍贯石川郡,金泽市(префектура Исикава, город Каназава),兽医,军中兽医中尉,前日本关东军第一〇〇部队工作员;

(十)三友一男,1924 年生,籍贯埼玉郡,秩父县,原野村(префектура Сайтама, уезд Чичибу, деревня Харая),上士官(军曹),前日本关东军一〇〇部队工作员;

（十一）菊地则光，1922 年生，籍贯爱媛郡（префектура Эхиме），9 年级毕业生，上等兵，前日本关东军七三一部队六四三支队医务实习员；

（十二）久留岛佑司，1923 年生，籍贯香川郡，小豆县，苗羽村（префектура Кагава，уезд Сёодзу，деревня Hoo），8 年级毕业生，前日本关东军七三一部队一六二支队医务实验员。

提出如下控告：

山田乙三、梶冢隆二、高桥隆笃以及佐藤俊二身任日军领导职位，主持过日军特殊细菌部队的工作活动，并刻意促使此种活动集中和导向于从事制造细菌武器的方向，谋求以之准备细菌战反对苏联和其他国家。

由此可见，上述四名受审的被告战犯积极参与过为实现日本帝国主义而由当权集团发动的侵略战争，以及制造用以大批屠杀和平居民的细菌武器的罪恶计划。

此外，被告战犯山田乙三、梶冢隆二、高桥隆笃三人曾亲自准许对活人进行惨无人道的罪恶实验，结果造成至少 300 人惨遭杀害。被告战犯佐藤俊二曾经指挥"波"字部队和"荣"字部队，亲身领导过这两支部队生产细菌武器的工作。

山田乙三、梶冢隆二、高桥隆笃、佐藤俊二犯有苏联最高苏维埃主席团在 1943 年 4 月 19 日颁布的法令第一条所定之罪。

川岛清、柄泽十三夫、西俊英、尾上正男和平樱全作在为专门准备与进行细菌战而成立的日军特殊细菌部队中担任军职和负责具体的操作职务，积极参加研究与制造用以大量杀人的细菌武器的工作。

被告战犯川岛清、柄泽十三夫曾经积极参与对华的细菌战争，而平樱全作曾经积极参与对苏的细菌破坏活动。

此外，川岛清、柄泽十三夫、西俊英还亲身参加过对活人进行的惨无人道的罪恶实验。

上列诸人犯有苏联最高苏维埃主席团在 1943 年 4 月 19 日颁布的法令第一条所定之罪。

三友一男、菊地则光及久留岛佑司在为专门准备与进行细菌战而成立的日军特殊细菌部队内部充任工作员,参与过该部队制造以大批屠杀人命为目的之细菌武器的罪恶行径。

此外,三友一男又曾经亲身参加对活人进行的惨无人道的实验,犯下残害人命的罪行,并且也亲身参与了对苏的细菌破坏活动。

上列诸人犯有苏联最高苏维埃主席团在 1943 年 4 月 19 日颁布的法令第一条所定之罪。

所有以上各名被告战犯均应受到军事法庭审判。

滨海军区军事检察官上校法官　别列佐夫斯基(A. Березовский)

1949 年 12 月 16 日

(三)《山田乙三的审讯笔录》

被告战犯山田乙三的审讯记录文件页

1949 年 12 月 6 日

哈巴罗夫斯克市

被告受审时用日语作供,由翻译员茨维罗夫翻译。翻译员已被告知如有故意错译之举,将会按照《俄罗斯苏维埃联邦社会主义共和国刑法》第 95 条承担罪责。

茨维罗夫

问题:你已经明了 1949 年 12 月 5 日的决议上依据苏联最高苏维埃主席团 1943 年 4 月 19 日颁布的法令的第一条向你宣布的那些罪状之实质内容吗?

回答:我明了 1949 年 12 月 5 日的决议上依据苏联最高苏维埃主席团 1943 年 4 月 19 日颁布的法令的第一条向我所宣布的罪状。

问题:你承认你犯了 1949 年 12 月 5 日的决议上依据苏联最高苏维埃主席团 1943 年 4 月 19 日颁布的法令的第一条向你宣布的罪状吗?

回答：是的，我完全承认我犯下了 1949 年 12 月 5 日的决议上依据苏联最高苏维埃主席团 1943 年 4 月 19 日颁布的法令的第一条向我宣布的各条罪状。

问题：你具体承认你犯了什么罪呢？

回答：我首先承认我所犯的罪是我自 1944 年起至日本投降那天为止，始终以关东军总司令的职权直接领导我所管辖的七三一和一〇〇细菌部队。为了迎合作战需要，需要研究细菌武器的最有效的使用办法，以及进行大批生产细菌武器的工作。换句话说，我承认我所犯的罪是：我直接领导过准备细菌战的工作，旨在反对苏联、中国、蒙古人民共和国、英国、美国及其他国家。我同样应当承认，这种准备工作主要是用来反对苏联。七三一部队和一〇〇部队这两支细菌部队及其各支队正分布在临近苏联边境的地方。

我作为日本关东军总司令领导过准备细菌战的实际行动，其具体表现如下：

当我来到"满洲"就任关东军总司令一职时，我就从关东军司令部医务处长官梶冢隆二和兽医处长官高桥隆于 1944 年 7 月向我报告的内容得知，受我管辖的七三一部队和一〇〇部队这两支细菌部队都是负责研究和大量制造生产细菌武器的。

不久之后，我亲自巡视了七三一部队，以便监督该部队准备细菌武器的工作。我是在 1944 年 8 月巡视七三一部队的，当时我考察了这支部队内部研究和大量制造细菌武器的工作情况。并且在我考察该部队工作时，我见到大量生产细菌并且将之变为细菌武器的巨大工作规模，实在感到惊奇。在我视察了这些工作之后，便嘉许了他们的工作，也就批准了要继续进行这一工作。所以，在我担任关东军总司令期间，七三一部队和一〇〇部队是经由我批准去继续研究最有效的细菌武器，以及大批生产作为战斗武器的致命细菌的。我经常从我的部属方面得到关于这种工作进行情形的报告，所以我能够一直知道准备细菌战的全部情况。向我作这种报告的，有刚才我所供述的医务处长官和兽医处长官，有七三一部队长官，以及关东军参谋部内的那些与七三一部队和一〇〇部队准备细菌战活动有直接关系的属员。

至于有关战术上运用细菌武器的问题,则是由关东军的参谋长和作战部相关军事人员向我作报告的。

既然我熟知这两支部队的工作情形,就以总司令的权力采取一切必要办法,以保证它们具备常态作战的准备。

1945 年 6 月,我命令关东军参谋部长官田村正(Тамура Тадаси)大佐去视察了七三一部队的工作。这次视察是因为必须采取适当的办法来增加细菌武器生产量。关于这次巡视的结果,田村正向我作了一个详细的报告。

我听取了七三一部队长官向我所作的报告之后,就以关东军总司令的名义批准了使用细菌武器的两种最有效手段。

1944 年 11 月,七三一部队长官北野政次(Китано Масадзи)向我作过一次报告,当时在座的有参谋长官笠原行雄(Касахара Юкио,也作笠原幸雄)、作战部长松村知胜(Мацумура Томокацу)中将和作战部参谋宫田(Мията)中佐①。北野政次的报告是在关东军参谋部内作的。他向我报告时就把染有鼠疫的跳蚤用作细菌武器的种种实验结果作了一个综合的说明。北野政次在作报告时还拿出关于实验结果的各种图表加以说明,同时也放映了用跳蚤做传染鼠疫实验的特制影片。

我对这个报告表示赞许,于是北野政次所提出的鼠疫跳蚤使用法就被批准成为一种实际使用细菌武器的方法了。

同年② 7 月末,我阅读了当时七三一部队长官石井四郎将军所作的书面报告,其中就具体说明了"石井四郎式细菌炸弹"的性能及其使用方法。这个报告也经得我认可和批准,使其正式成为实施细菌战的有效方法。

1945 年春,在最有效的细菌武器使用方法的相关研究工作得以完成之后,我又收到了日本陆军省要求大幅度增加细菌武器生产量的训令。于是我就采取了一切必要措施,以实现这个训令要求达到的结果。

---

① 即竹田宫亲王(принц Такеда)。——编著者注

② 即 1944 年。——编著者注

我记得，当时我命令第一部的长官松村知胜根据所奉训令，在作战部方面设法保证增加各种细菌的产量。同时我又命令招募必要数量的细菌学专家军官前去支援七三一部队，并且保证该部队有必需的设备运作。

至于一〇〇部队内准备细菌战的工作，我应当说，该部队负责进行军事破坏活动，即在牧场、牲畜和蓄水池传染病菌。在这方面，一〇〇部队的工作是与关东军司令部侦察情报部有密切关系的。就一〇〇部队的一般任务来看，我知道该部队从事的工作是制造细菌武器以及研究此种武器使用方法。

但是，关于这种工作的具体情形，我均不会知道，因为所有这些问题，都是由我的部下，即关东军侦察情报部直接管理的。例如，我就不记得有人向我作过关于在与苏联毗邻的北兴安省地区（Северо—Хинганская провинция）进行细菌战侦察破坏活动的情形的报告。我可以供认，这一切工作都是按关东军司令部的指示进行的，所以我并不否认我应该对这种工作负有责任。毕竟这种行动是发生在我任职关东军总司令期间。我也并不否认，同样是以准备细菌战为宗旨和任务的一〇〇部队，也确实研究过进行军事破坏措施的具体方法，并且曾积极准备用这种破坏措施去反对苏联。因为从该部队的实际任务及其直接行动来看，正是如此，但我对这方面的详细情节均不清楚，并不知晓。

七三一部队为了检验本部队内所产细菌武器的效力性能，曾在实验室内以及接近于实际战斗环境的野外条件下，对活人进行了使用此种武器的实验。在野外条件下进行的实验，是由七三一部队在安达火车站附近的一个有特种装置的实验田上进行的。从北野政次和田村正两人的报告中，我知道了他们曾经用活人进行实验。此外，从我亲自看过的影片中，也同样可以知道关于细菌武器效能的实验是在活人身上进行一事。1944 年 11 月，我从北野政次的报告中知道了在安达站实验田那里拿活人来充当实验对象。1945 年 6 月，我从田村正的报告中也知道了接受实验的人是一些被关在七三一部队内部特殊监狱的人。

在活人身上进行实验一事，原是由我的前任梅津美治郎大将或者植田谦吉（Уэда Кэнкити）大将批准的。在这一点上，我承认我的罪过是，我明知道有对活人进行实验的事实，却准许下属去进行这种实验，因此我在事实上也就是批准了由我所管辖的关东宪兵队机关及各日本军事特遣团的行径——把中国人、俄罗斯人和"满洲"本地人送去接受实验，并遭到强行杀害。

把被监禁的人送去接受实验，或者说"特殊输送"之举，也是由我的前任植田谦吉或者梅津美治郎批准的。但我也没有废除这个批准令，所以原定的"特殊输送"手续在我任职期间也继续生效。我不知道究竟有多少人因为遭受这种实验而死，因为那时我没有查问过这一点。

关于培养使用细菌武器的专业干部这一层事实，我应当说，七三一部队和一〇〇部队内确实有培养过这样的干部人才。这些干部受过训练之后就被分派到上述部队的各支队以及关东军各部队和兵团服役。一到作战的时候，这些干部人员就应当立即去建立实际使用细菌武器的细菌战斗部队。我不知道究竟训练出来了多少这样的干部，但我认为他们的人数完全足以应付实际开展细菌战的需要。

1945 年 8 月，在军事行动开始之后，为了掩蔽准备细菌战的痕迹，我命令下属把七三一细菌部队、一〇〇细菌部队及其各支队统统解散。而相关部队人员都被撤到朝鲜去了。

问题：按照当时的预定计划，在军事行动开始时，究竟要怎样具体使用细菌武器去对付苏联呢？

回答：使用细菌武器问题，原来并没有包括在总作战计划之内。但因当时已在实施使用细菌武器的准备工作，所以这种问题曾经在参谋部的作战部内部会议研究过。

当时，作为关东军总司令，我个人认为，在与苏联发生军事冲突时使用细菌武器的办法，就是用飞机在苏军后方区域散播传染病菌，以及按照一〇〇部队的作战路线进行军事破坏活动。

如果当时没有与苏方发生军事冲突，那么细菌武器可能就会被用以反对美国及其他国家。

山田乙三在哈巴罗夫斯克审判公审期间的受审照片

问题：建立第九七和第三步兵联队的目的是什么呢？

回答：我根本不知道在我指挥的部队里有这两个联队。

问题：在1945年，重新任命石井四郎为七三一部队的长官是出于何种目的呢？

回答：七三一部队是由石井四郎一手创立的，所以1945年他又被任命为该部队的长官。我个人认为，重新任命石井四郎为七三一部队长官，这是与当时必须加紧各支细菌部队工作和任务有直接联系的，并且也是由于必须执行日本陆军省下达的必须扩大细菌武器生产的训令［……］

关于本案，我再没有什么话可以供述，我所说的话在文件页中都被正确记录下来，并且也聆听了翻译员用日语宣读的版本。

山田乙三

审讯人员：

军事检察官　巴真科（Базенко）中校法官

哈巴罗夫斯克边疆区内务部总局警官　哥伊赫曼（Гойхман）大尉

翻译员　茨维罗夫（Цвиров）

审讯时滨海军区军事检察官别列佐夫斯基上校法官（Березовский）在场

监审

（四）《梶冢隆二的审讯笔录》

被告战犯梶冢隆二的审讯记录文件页

1949 年 12 月 6 日

哈巴罗夫斯克市

受审时由翻译员布尔霍维金诺夫翻译。翻译员已被告知如有故意错译之举，将会按照《俄罗斯苏维埃联邦社会主义共和国刑法》第 95 条承担罪责。

布尔霍维金诺夫

问题：现在向你宣布的决议，是说明你因 1949 年 12 月 5 日的决议上依据苏联最高苏维埃主席团 1943 年 4 月 19 日颁布的法令的第一条所定之罪名而被列为受审被告。你是否明了你所犯的罪状？

回答：是的，我对此已经明白了。

问题：你承认你犯了 1949 年 12 月 5 日的决议上向你宣读的罪行吗？

回答：我承认我犯了向我宣布的上述罪状，但是我不承认当中说我直接领导过七三一部队内部的有关制造、实验和使用细菌武器的工作，因为这些工作是由七三一部队的长官石井四郎和北野政次两人直接领导的。

问题：你具体承认你犯了什么罪呢？

回答：我具体承认我所犯的罪是：我从 1931 年起就赞成和支持石井四郎将军关于日本必须准备细菌战的观点。1934—1937 年，在我主管日本陆军省医务局野战卫生部时又积极参与了在关东军建制内涉及细菌战的相关工作——成立一个专门研究细菌武器及防疫事宜的部队，也就是七三一部队，并且调拨相关的专家去充实这个部队的实力，同时也促成任命那位细菌战思想家——石井四郎，担任七三一部队的长官。1939 年 12 月—1945 年 8 月，在我担任关东军军医部长官时，我在总体上领导了七三一部队内的科学研究工作，其中包括各方面的研究，以及培养细菌、研究昆虫类传染病菌、研究各种稀有并鲜有研究的传染病、探求医治和预防传染病的最有效手段与方法。

我同样承认，七三一部队内所进行的科学研究工作，不只是为了防止传染病，而且更是为了研究、制造与实验细菌武器。只不过，在制造、实验和实际使用细菌武器方面的责任，应由七三一部队的直接领导者石井四郎和北野政次二人所承担。在这方面，石井四郎和北野政次都是遵循关东军参谋部辖下的作战部及日军参谋本部的指令而行事。

我当时知道，七三一部队内部工作和实验，旨在研究和试验细菌武器的性能，以及探求那些医治和预防流行病的方法。这些实验都是利用活人活体进行的。

关于细菌武器实验的结果，以及七三一部队在 1940—1942 年实际使用细菌武器攻击中国军民的情况，也都是由七三一部队长官北野政次向我口头报告的。关于探求和医治流行疫病的最有效手段和方法、研究不明来历的传染病的实验，以及关于冻伤实验等情况，则是由七三一部队长官石井四郎和北野政次定期以书面形式向我作报告。

1940 年，我直接参加了在毗邻苏联边境的海林（Хайлин）、林口（Линьхоу）、孙吴（Суньу）和海拉尔（Хайлар）四处成立七三一部队辖下的四个支队的筹办工作，致力于完备该部队及其各支队的各种设备和其他技术资料，以及培养从事细菌战的骨干人员等工作。

同时我承认，日本准备细菌战的军事工作主要是为了反对苏联、蒙古人民共和国、中国，也有反对英国和美国的意图。

问题：请你据你所了解的情况说说关于七三一部队内部所进行的冻伤实验。

回答：据我所知，七三一部队内部进行的冻伤实验，其目的是要找到医治冻伤的最有效手段和方法。七三一部队长官曾向我作过关于此种实验结果的书面报告，当中指出冻伤实验是在动物身上进行的。

问题：现在给你宣读 1949 年 10 月 23 日由证人大泽松雄（Оосава Мацуо）作出的供词，以及在 1949 年 12 月 5 日由证人古都良雄（Фуруичи Ёсио）作出的证词，他们都说七三一部队内部的冻伤实验是在活人身上进行的。你能证实这两个证人的供词吗？

回答：刚才念给我听过的大泽松雄和古都良雄关于七三一部队在活人身上进行冻伤实验的供词，我不能否认，因为七三一部队内部确实做过冻伤实验，而且证人古都良雄所供述的那个曾任七三一部队第一部科学工作员的吉村寿人（Иосимура）[①]，曾书面向我报告过他所进行的冻伤实验及其结果。但吉村寿人所作的报告中没有说到这种实验是在活人身上进行的。

问题：可见你参与过七三一部队及其各支队的建立与筹组工作，并以它们专门研究、制造和实验这种主要旨在针对苏联、蒙古人民共和国和中国，以及针对英国和美国作战时用的细菌武器。你曾知道七三一部队内部有在活人身上实验细菌武器的事实，而你也培养过细菌战干部，对吗？

回答：对的，正是这样。

文件页中被记录下来的我所说的话都是正确的，并用日语念给我听过。

梶冢隆二

审讯人员：

军事检察官　卡昌（Качан）中校法官

哈巴罗夫斯克边疆区内务部总局警官　巴普科夫（Папков）中校

翻译员　布尔霍维金诺夫（Болховитинов）

（五）《高桥隆笃的审讯笔录》
被告战犯高桥隆笃受审记录

1949 年 12 月 6 日

哈巴罗夫斯克

受审时由翻译员普罗塔索夫翻译。翻译员已被预先告知如有故意错译之举，将会按照《俄罗斯苏维埃联邦社会主义共和国刑法》第 95 条承担罪责。

普罗塔索夫

[①] 俄文版此处为 Иосимура，也有一些俄文文献拼作 Ёсимура Хисато。——编著者注

问题：向你宣布的决议是说明你犯了苏联最高苏维埃主席团 1943 年 4 月 19 日颁布的法令的第一条所定之刑事罪。罪状实质已在向你宣布的决议上写明了。你承认自己有罪吗？

回答：是的，我完全承认我犯了苏联最高苏维埃主席团 1943 年 4 月 19 日颁布的法令的第一条所定之罪状。的确，我在 1941 年起到 1945 年 8 月日本投降之日担任关东军兽医部长官期间，积极参加过关东军准备对苏联进行的细菌战和军事破坏的工作。

关于准备细菌战的计划，我是在 1941 年 9 月的一次会议上从关东军总司令梅津美治郎的口中知道的。

我在关东军准备进行细菌战和军事破坏方面的活动，体现于我在领导一〇〇部队的实际工作时，曾下令该部队大批制造细菌武器，其中包括能引起鼻疽、炭疽热、牛瘟、羊痘和斑驳病等烈性传染病的细菌。

我曾经监督一〇〇部队执行此种大批制造细菌武器的任务。为此目的，我大约每月到访一〇〇部队一次，亲自检查该部队在制造细菌武器方面执行我的命令的情况。此外，关于这类问题，我还经常听取一〇〇部队长官若松有次郎的口头报告。

为了增加细菌武器产量，1943 年 12 月，经关东军参谋部情报二课的认可，并且根据我下的令，一〇〇部队第二部内设立了第六课，其任务是大批出产细菌武器［……］

为了研究和大量制造细菌武器，一〇〇部队根据我的指令，曾用牲畜进行过各种实验。

1942 年夏季，按照我的指令，由一〇〇部队科学工作人井田清（Ида Киёси）率领该部队别动队在三河地区得尔布干河（река Дербул）一带进行过传染牲畜的实验，目的是要在最近似苏联国境的气候条件下检验细菌武器的效能。

1945 年 3 月，根据我的命令，在安达站附近的七三一部队实验田上进行过用烈性传染病传染牲畜的实验。从一〇〇部队长官若松有次郎的报告中，我知道这次实验得到了圆满的结果，所有接受实验的 10 头母牛都倒毙了。1944 年 3 月，由我下令并经关东军参谋部第二课（情报课）认可，从一〇〇部队抽调一部分人员组成了一支特别行动队,随后就由中尉平樱全作率领,潜赴北兴安省地区去,为的就是要侦察道路、夏冬牧场、蓄水池及居民的牲畜数量,以便准备反苏的细菌破坏活动。这个特别行动队的任务是由关东军总司令通过作战命令下达的。

平樱全作在执行这个命令时,曾经两次向我作过关于工作情况的报告。第一次报告是 1944 年 9 月在一〇〇部队长若松有次郎的办公室内作的,他在报告中说到他所收集的关于北兴安省的居民牲畜数目以及牧场、蓄水泊、道路、畜群所在地等实际材料。

平樱全作第二次向我作报告是在 1943 年 3 月我的办公室里。当时他按照地图把该地的夏冬牧场、蓄水池、道路情形及居民的牲畜数目等都报告给我听了。

平樱全作别动队的任务,除了侦察活动之外,还要准备大量牲畜:500 只羊、100 头牛、90 匹马,以便将来让这些牲畜染上烈性传染病并投放到苏军的后方。

当平樱全作向我作第二次报告时,我曾经会同一〇〇部队科学工作员雄坂(Осака)、井田清以及该部队的长官若松有次郎商量,究竟应用哪种细菌传染北兴安省家畜。当时拟定了传染牲畜的如下手段:针对牛类,就用七三一部队的飞机去散播炭疽热菌和牛瘟菌,同时也决定了只用这种手段传染当地居民在牧场上放养的牲畜。至于马匹,则用炭疽热菌去传染。

对于平樱全作在 1945 年所采购的那批牲畜,后来我们决定用以下方式实施传染:对羊注射羊痘菌,对牛就让其染上牛瘟菌,对马就传染炭疽热。凡是染上瘟疫的牛、羊和马都被送到各处,让其跑到苏军活动的区域内。至于当时我们所计划的详细办法,由于时间过去很久了,现在我都不记得了。

问题:除了一〇〇部队外,关东军内还有什么兽医部队曾经参与准备对苏联进行细菌战和破坏的活动呢?

回答:一〇〇部队有两个支队,一个驻扎在大连(Дайрен),一个驻扎在拉古(Рако)。此外,1947 年 7 月,在每个军团内还成立了军团兽疫部队,分布在克山(Кокузан)、东安(Тоан)、鸡宁(Кэйнэё)、东宁(Тонэй)等城市内。所有这些兽疫部队都预先被训练成特种部队,使用细菌武器反对苏联。

问题：这些部队中的细菌学专门干部是由谁负责训练的呢？

回答：一〇〇部队各支队长官，以及各兽疫部队长官均由细菌学医生担任；这些部队内的其余人员是一些没有细菌学知识的兽医。为了培养新的细菌学家和重新训练原有的专家，所有这些部队中的人员都在一〇〇部队内受过专门训练。

问题：关于你所管辖的一〇〇部队内对活人进行的那些实验情形，你都知道些什么呢？

回答：关于这一点，我在1949年12月24日受审时听到证人口供记录后才知道。虽然我个人原来不知道那里采用了活人身体进行实验，但我也不能推卸、摆脱自己的责任，因为一〇〇部队原是我管辖的部队。

问题：你什么时候向前关东军总司令山田乙三报告过一〇〇部队活动的情形？你所报告的内容又是什么呢？

回答：关于一〇〇部队内部研究与制造细菌武器的工作，我向山田乙三将军作过三次报告。

我第一次向山田乙三将军报告是在1944年7月，也就是当他以新任总司令的职务正式接见我之后的数天后。我向他报告了一〇〇部队秘密制造细菌武器的情形。其中，我向他说明了一〇〇部队第二部第六课各分班内大量培养牛瘟菌、羊痘菌、鼻疽菌和锈菌的工作情况。同时我还向山田乙三报告了一〇〇部队内部所生产的细菌数量。

我第二次向山田乙三报告是在1944年11月。在我报告时，列席者有参谋长笠原行雄、参谋副长池田纯久（Икеда）、第二课（情报课）长官笹井（Сасаи）、一〇〇部队的指挥官若松有次郎，大概还有第一课（高级参谋）的长官松村知胜中将。我报告了由中尉平樱全作率领的一〇〇部队的特别行动队在北兴安省地区研究传染牲畜可能性的工作结果。山田乙三在聆听我这份报告时没有提出任何意见，所以我认为他是认可了我这个报告。

1945年2月，我向山田乙三将军作了第三次报告，内容是关于一〇〇部队内制造细菌武器的工作情况。我这次报告作得很简短，只是通报了该部队照旧工作，没有任何变更。山田乙三对于我的这个报告也没有提出什么特别的指示。

问题：一〇〇部队的经费是由什么地方供给以及怎样供给的呢？

回答：该部队经费有两种来源：一部分是日本陆军省拨给该部队人员的给养费，另一部分是日本陆军省拨给关东军制造防疫药品的费用。

研究和生产细菌武器的款项，是按照关东军秘密经费开支流程，由第二课（情报课）发给的。

问题：此种经费总共发了多少呢？

回答：我记得很清楚，从 1944 年 4 月 1 日至 1945 年 4 月 1 日，日本陆军省拨给一〇〇部队的人员给养费和防疫药品制造经费共计 60 万日元。在同一时间内，由关东军司令部（参谋部）第二课（情报课）拨给的研究和生产细菌武器经费，共计 100 万日元。但是给我们的这个数目并没有设置限制，这样，在必要时就可按需要增拨款额。至于在 1944 年以前究竟发了多少钱，此刻我已记不起来了。

问题：关于七三一部队内部的准备细菌战情形，你知道一些什么？

回答：1949 年 9 月，前任关东军总司令梅津美治郎在关东军司令部（参谋部）内的一次部处长（部课长）会议上宣布，日本帝国统帅部参谋本部下达了一道命令，要求关东军准备进行细菌战。梅津美治郎在这次会议上就命令七三一部队长官石井四郎开始大批培养传染病媒介物。从那时起，我就知道七三一部队在准备细菌战。

问题：七三一部队内准备细菌战的实际工作是由谁领导的呢？

回答：1941 年 9 月 9 日，总司令梅津美治郎把领导和监督七三一部队准备细菌战实际工作的责任，下达给关东军军医部长官梶冢隆二，由其负责。

我所说的话都被正确记录下来，并且用日语念给我听过了。

高桥隆笃

审讯人员：

军事检察官　安东诺夫（Антонов）中校法官

哈巴罗夫斯克边疆区内务部总局工作员　塞洛夫（Серов）大尉

翻译员　普罗塔索夫（Протасов）

（六）《川岛清的审讯笔录》

被告战犯川岛清受审记录

1949 年 12 月 6 日

哈巴罗夫斯克

受审时由翻译员普利亚琴科翻译。翻译员已被预先告知如有故意错译之举，将会按照《俄罗斯苏维埃联邦社会主义共和国刑法》第 95 条承担罪责处分。

普拉琴科

问题：向你宣布的决议是说明你犯了苏联最高苏维埃主席团 1943 年 4 月 19 日颁布的法令的第一条所定之罪。你承认自己犯了这种罪吗？

回答：1949 年 12 月 5 日决议上所提出的罪状实质，我都明白了。我完全承认我犯了罪，而按照向我宣布的罪状实质来说，我承认：我 1941—1943 年是在七三一部队内服役供职，期间我担任过总务部、第一部①、制造部、第三部②的长官。

关东军七三一部队曾经从事研究细菌武器，我也曾积极参加过大量培养制造用作战争武器用途的传染病病菌的工作。我承认七三一部队准备过用以反对苏联和中国的细菌战武器。

七三一部队员额共约 3000 人，其中包括军官、士兵和雇员。该部队的很大一部分人员是受过专门的细菌学训练的，他们把自己的知识用来进行科学研究和实验工作，目的是要制造出新式细菌武器，并且大量生产这种武器，作为积极进攻的手段。

七三一部队里有足以大批制造细菌战武器的必要装备，所以它能充分满足关东军在生产和使用细菌武器方面的需要。七三一部队内下设几个部，关于各部的任务情况，我在前几次受审时已经说明过了。各部内从事的

---

① 原文如此，但此处指的是第一部，是八个部中排序第二个部门，川岛清并未于此供职。——编著者注

② 原文如此，但此处指的是第三部，是八个部中排序第四个部门，负责研制生产细菌炸弹，而负责细菌核心研究生产的是第四部，川岛清在第四部供职。——编著者注

工作是研究各种可供战时使用的新型传染病媒介物,也研究能够长期保存细菌和增强细菌耐力的方法,以及提高细菌产量的可能性。

我在1941年4月—6月兼管总务部,任务是分配干部、管理财政、规划本部队各项工作,而且还掌管七三一部队附设的监狱里的被囚犯人的供给事宜。当时我通过由我所管辖的总务部与日军宪兵部维持联络,以便经常从那里领到犯人,作为强迫传染致命细菌实验的对象。

我于1941—1943年负责领导的第四部(制造部)①,实际上是该部队中制造传染病细菌的工厂。制造部里装备了培养细菌的良好仪器,让我们每月能够生产出约300公斤的净鼠疫菌,或者500—600公斤的净炭疽热菌,又或者是800—900公斤的净伤寒菌、副伤寒菌或痢疾菌,或者1000公斤的净霍乱菌。事实上,并不是每个月都会培养制造出如此数量的细菌,因为这种数量是计划供给战时消耗的。实际上,制造部所培养制造出来的细菌数量,只是足够供应部队内的日常工作需要。

为了检验所制造的各种细菌武器的效能,以及探求医治传染病的方法,七三一部队经常用活人,也就是被监禁的中国人和俄罗斯人来进行实验。这些人都是由驻"满洲"的日本宪兵机关专门送来接受实验的。

七三一部队内设有一个监狱,专门用来囚禁这些用作实验的被捕者,监狱设在部队驻地内,受实验者被严格与外界隔离开来,本部队工作人员称他们是"圆滚木头"。对受实验者的这种称呼,是我从七三一部队长官石井四郎将军口中多次听到过的。

在实验室内用活人作对象的实验,是由第一部进行的。

1942年春季,我兼任第一部长官职务有一个月的时间。

第一部从事防疫方面的科学研究工作,但其主要任务是准备最有效的细菌战武器,并用那些被囚禁在由该部管辖的监狱内的活人检验研究所得的最终成果。

当我担任第一部的长官时,我在上述的时间内领导过该部门的工作,旨

---

① 原文如此,此处指的制造部即细菌制造部(第四部),是八个部中排序第五个部门,真正从事核心研究生产的是第四部。——编著者注

在执行其研究细菌武器的任务。

除了在第一部各实验室内用活人进行实验外，还在七三一部队各实验田上的近似作战情况的环境下，拿活人进行过实验。有一次，我也参加过对活人进行实验的工作。

1941年6月，我同本部队的人员一起在安达站附近的实验田上参与了检查鼠疫跳蚤炸弹效能的实验。这次的实验对象是10—15个被绑在柱子上的犯人，要测试细菌飞机炸弹的威力。当时从飞机上投下了10多枚炸弹。

我作为总务部的长官参加了这次实验，目的是要检查监督这种实验工作中的组织情况，以及查看在该问题上我部人员如何执行由我以七三一部队长官名义起草的命令的情况。同时，我之所以对这次实验感兴趣，还因为我是制造部的长官。然而，实际领导这次实验的指挥官是第二部的长官太田澄大佐。

由于我在该部队内职务关系，根据我所知道的材料，我可以说，七三一部队内每年因烈性传染病实验而死去的囚犯，大约不下600人。

1942年间，七三一部队奉关东军司令部命令，派遣了一支约有100人的特别行动探险队，前往华中的浙赣战区使用细菌武器攻击中国军队。参加这次远征的有第一部、第二部和第四部的工作人员。我从制造部内部派去了8个人。根据石井四郎将军的命令，我吩咐制造部制造并准备了约130公斤的副伤寒菌和炭疽热菌，以供该远征队使用。此外，第一部人员还携带了由他们培养制造的若干罐霍乱菌和鼠疫菌，并由他们在南京的"荣"字部队内就地培养成所需的必要数量。第二部人员携带有充分数量的染有鼠疫的跳蚤。

我知道，该远程探险队的任务已顺利完成。

除此之外，七三一部队又于1941年间在常德市（город Чандэ）一带使用过细菌武器攻击中国军队。1940年，该部队的远征队也在宁波（Нимбо）地区施放细菌武器攻击中国军队。我身为该部队的其中一名长官，也亲身参加过由本部队长官石井四郎将军召集，以及从1942年夏天起，改由北野政次将军召集的多次会议，在会议上我们讨论过有关研究和制造储备细菌战物料，以及在战时实际使用这些细菌物料的问题。

我承认，我既然领导过七三一部队内大量制造作为战争武器的细菌物料的生产,并且也临时兼任了从事各种新式细菌武器科学研究工作的第一部的长官职务,这样我也就犯了危害人类的罪行。

我承认,我们当时用强迫传染烈性传染病的方法,在活人身上实验细菌武器的效能(我本人也参加了这些实验),以及用致命病菌大批毒死受实验者。这些都是野蛮和罪恶的行为。

我承认那个先后由石井四郎将军和北野政次将军领导的七三一部队,本来就是罪恶的组织[……]既然我参加过这一组织,所以我现在甘受惩治。

问题:你还有什么话用来补充你的供词吗?

回答:我在以前各次受审时都老老实实供述了七三一部队活动的情形,并且详细说明了我在这支部队供职期间所担任的工作及其性质。我诚心想要帮助预审机关揭露七三一部队的罪恶性质,并且我完全客观地说明了我所知道的事实。所以,我对我的口供再没有什么话可以补充了。也许我还没有把七三一部队的罪恶活动中的某些事实供述出来,这是因为时间过去了很久,这些情形我已经记不起来了。

我所说的话都被正确记录,并且用日语念给我听过。

川岛清

审讯人员:

军事检察官　布斯洛维奇中校法官(Буслович)

哈巴罗夫斯克边疆区内务部总局工作员　布拉维大尉(Браве)

翻译员　普利亚琴科(Пляченко)

(七)《西俊英的审讯笔录》

被告战犯西俊英受审记录

1949 年 12 月 6 日
哈巴罗夫斯克

受审时由翻译员拉曼诺夫翻译。翻译员已被预先告知如有故意错译之举,将会按照《俄罗斯苏维埃联邦社会主义共和国刑法》第 95 条承担罪责处分。

拉曼诺夫

问题：向你宣布的决议是说明你犯了苏联最高苏维埃主席团1943年4月19日颁布的法令的第一条所定之罪。你承认自己犯了这种罪吗？

回答：是，我完全承认我犯了1949年12月6日决议上依据苏联最高苏维埃主席团1943年4月19日颁布的法令第一条向我宣布的罪状，并且我想说出以下的情形：

真的，从1943年1月起到我被停时（1945年8月）为止，我在关东军七三一部队内历任六七三支队长和该部队教育部长官的职务。

我积极参与过执行七三一部队所负基本任务的工作，即为反苏联、反蒙古人民共和国的战争准备细菌武器，研究进行此种细菌战的方法及培养进行细菌战的干部工作人员。

我自从到七三一部队供职之时就很清楚地知道，七三一部队及其驻守在孙吴、海拉尔、林口、海林的各支队是在制造细菌战武器，因为那时我已亲自看过本部队第一部、第二部和第四部的陈列标本、工作程序及图表，见过七三一部队司令部总务部特别房间内保存的秘密材料。

1943年1月至1944年7月，以及后来1945年6月到同年8月，我领导了七三一部队屯驻在孙吴的六七三支队，这个支队专门饲养白鼠、老鼠、豚鼠，以及捕捉鼠类、培养跳蚤。

所有这些东西都被送到731部队内去，用以制造已经被采用为日军兵器的细菌武器，以便进行细菌战。

1945年3月起，由于日军在南洋一带遭到挫折，以及准备反对苏联的战争的缘故，根据七三一部队长官石井四郎中将按关东军战略作战计划所下达的命令，孙吴支队的工作也如同七三一部队的全部工作一样，大幅度加紧了。

特别是养育老鼠、搜捕老鼠和培养跳蚤，并随后送往七三一部队的工作，也加强起来，因为采用带有鼠疫的跳蚤散播鼠疫细菌，已被认为是进行细菌战的最有效手段。

1945年8月11日—12日，由于苏联军队已发起进攻，为了掩蔽日本关东军内部制造细菌战武器，以及七三一部队中由我领导的六七三支队参与此种罪行的事实，我就命令把本支队的所有公务房屋、住宅、设备、材料和文件等统统烧毁了。为了达成同样的目的，1945 年 8 月 14 日，按照我的命令，给本支队全体人员（120 人）每人发一剂毒药，勒令他们在遇到被苏军俘虏的危险时即刻服毒自尽 [……]

1944 年 7 月至 1945 年 8 月（即到受俘之日为止），我担任七三一部队的教育部长官时，曾经培养过一批干部，并将这些细菌学干部分配给本部队及各支队，以备进行细菌侵略战争之用。

培养精英干部的办法是由教育部开办各种训练班和短期班，并且为在日本新招收到的七三一部队工作的科研人员（主要是 17—18 岁的青年）开办一年期的讲习班。

凡是直接招募进入本部队的，或者从远方招进本部队工作的人，均要先在教育部辖下的训练班接受 7 天的训练和训示；然后再由教育部给每人一个鉴定，决定他能否在本部队内工作。

在进行训示时，尤其着重要求受训者保守部队工作的秘密。

我担任七三一部队教育部长官期间，经过训示和考核的共有军官 15 名，自愿雇员 60 名，兵士 150 名。

1944 年 9 月间，由于训练班的医务人员即将毕业，为了检查七三一部队各支队内训练干部的工作情形，我就同前七三一部队长官北野政次军医少将一起到本部队及其各支队巡视了一次。

由于我在该部队内所负责工作的性质及职位关系，我知道那里以强迫方式对俄罗斯人和中国人（其中也有关押在该部队特设监狱内的战俘）传染致命细菌，并以此检验细菌武器效能的相关事实。这些人都是由宪兵队机关和各日本军事特遣团押送到本部队的。

该部队在一整年内都会进行这种实验，当那些人被迫遭细菌传染而死亡时，就被送去一个特设的焚尸炉焚化殆尽。

例如，据我所知，1945 年 1 月—3 月，在这座监狱内对俄罗斯人和中国人做过传染斑疹伤寒的实验；1944 年 10 月，在安达站实验田上对 5 名中国战俘作过传染鼠疫（用感染鼠疫的跳蚤）的实验；1943 年冬季，在该部队内对俄罗斯人和中国人进行过冻伤四肢的实验(关于这次实验情形,我看过实验者所写的报告书,并且看过特制的影片)。

此外,1945年1月,我亲身参加了对10个中国战俘进行的传染坏疽病的实验。实验的目的是探查在零下20摄氏度的严寒天气下可否运用坏疽病进行传染。

这次实验的程序如下:把10个中国战俘绑在柱子上,距离装有坏疽菌的开花弹有10—20米。

为了不让这些人立即被炸弹炸死,我们就用特殊的金属板和厚棉被遮掩他们的颈部和背部,而把他们的双脚和臀部裸露在外面。电门一开,炸弹就爆炸了,有坏疽菌的霰弹破片散落在被实验者所在的草坪上。结果就是全体被实验者的脚和臀部都受了伤,而他们在经历了7天的极为惨烈的痛苦后都死掉了。

我还知道日军曾经有两次实际上使用了由七三一部队研制的细菌武器的事实。

(一)日军于1939年在哈拉欣河(река Халхин—Гол)地区进攻苏、蒙两国军队时曾经使用过伤寒菌、副伤寒菌和赤痢菌等细菌武器,方法是把这些病菌投散在交战区的哈拉欣河里。

(二)1940年5月—7月,由石井四郎中将率领的七三一部队特别远征队在中国中部的宁波一带使用过鼠疫病菌攻击中国军队,方法是用飞机散播鼠疫跳蚤。

这些消息是我从教育部的保险柜内发现的文件中知道的,文件上写明了远征队队员担负使用致命细菌的任务。此外,我亲眼看到过日军在战区投掷细菌地点拍摄了用以证实使用细菌武器有效的影片。

根据以上所供述一切内容,我承认七三一部队及其孙吴支队内所进行的实际工作,都是为了准备将其应用在主要攻击苏联和蒙古人民共和国的细菌战当中。

我明白,当时为战争做的准备必定会在平民当中引起无数的伤亡牺牲,我也意识到这种细菌武器,以及在活人身上强行进行细菌传染实验的办法,是惨无人道的罪恶行为。

关于本案件,我再也没有什么话可供述了,我说过的话都被正确地记录,并且由日语翻译官拉曼诺夫读给我听过。

西俊英

审讯人员:

军事检察官　波哥德少校法官(Богод)

哈巴罗夫斯克边疆区内务部总局工作员　尼基京少校(Никитин)

翻译员　拉曼诺夫(Г. Г. Ламанов)

(八)《柄泽十三夫的审讯笔录》

被告战犯柄泽十三夫受审记录

1949 年 12 月 6 日

哈巴罗夫斯克市

审讯时由翻译员巴荷摩夫翻译,翻译员曾经被告知关于《俄罗斯苏维埃联邦社会主义共和国刑法》第 95 条所规定的刑责处分。

巴荷摩夫

问题:在 1949 年 12 月 5 日的决议上宣布你已犯了苏联最高苏维埃主席团 1943 年 4 月 19 日颁布的法令第一条所定的罪状。你承认你犯下了这种罪行吗?

回答:我完全承认我犯下了苏联最高苏维埃主席团 1943 年 4 月 19 日颁布的法令第一条所定的罪名。

真的,1939—1944 年我在屯驻在"满洲"的日本关东军七三一部队内任职,这个部队积极研究过如何大批量生产细菌,以及将此种细菌作为细菌战武器的最完善的方法。

为了达成让该部队准备细菌战的任务,部队内经常把日本宪兵队机关送到七三一部队要消灭的那些人,强行用来进行传染流行病的实验。

1940—1942 年，七三一部队派过两次特别远征探险队使用细菌武器攻击中国人民［……］

问题：你承认你具体犯了什么罪行呢？

回答：我承认我具体所犯的罪行，就是我在一个长久时期，也就是自 1939 年 12 月到 1944 年 8 月，在一个罪恶组织——七三一部队内任职，起初我是普通工作人员，后来担任所属课内的课长，从 1942 年末，或者从 1943 年初开始，我担任该部队第四部（制造部）的部长。

我开始领导的那个课和后来领导的那个部，曾经按需要的程度大批培养过伤寒、副伤寒、霍乱、鼠疫及炭疽热等病菌，以供实际使用，也就是供给七三一部队在安达站附近的实验田的野外条件下进行的细菌实验所用，同时也用于战争中作为细菌武器去攻击中国人民。

我身为一个细菌学医生，在大量生产细菌时是知道这些细菌是用来消灭人命的。但当时我认为这是作为日军军官应该承担的职责，所以我就尽力去执行上级长官命令我执行的任务。

当我在该部队内工作期间，在我管辖下工作的军官、士官及雇员有 50—70 人，并且我们有大量培养细菌的一切必要的设备［……］

由我所领导的那个部运用全部设备每月能培养如下数量的某一种细菌：鼠疫菌 100 公斤、炭疽热菌 200 公斤、伤寒菌 300 公斤、"A"类副伤寒菌 300 公斤，霍乱菌 330 公斤、赤痢菌 300 公斤。

1940 年下半年内，由我主导的一组人曾经培养出 70 公斤伤寒菌和 50 公斤霍乱菌，供给由七三一部队的另一部分工作人员所组成的，由前部队长官石井四郎将军率领的到中国中部一带的特别远征探险队使用。除了伤寒菌和霍乱菌，该远征队还使用过染有鼠疫的跳蚤去攻击中国军队。

1942 年年中，我所主导的那个部制造和准备了 130 公斤的"A"类副伤菌和炭疽热菌，供给同样由石井四郎将军率领的到中国中部地区的远征探险队，以供旨在反对中国军队的细菌战使用。根据现时向我宣布过的各位证人的供述，我才知道这次远征队还带了伤寒菌，但我自己对此已经记不清楚了。

石井四郎将军在 1940 年及 1942 年曾经率领远征队出击，其目的就是要在具体的实战环境下,进行探求大量散播细菌方法的实验,但其实这也就是把细菌实际用作战争武器去攻击中国军队了。石井四郎将军的远征队在1940年使用了鼠疫跳蚤,结果在散播此种跳蚤的地区内引起了鼠疫,关于这点,我在1949年10月22日受审时已经详尽陈述过了。至于之后一次使用上述各种细菌时是否达到了既定目的,那我就不知道了。

由我领导培制出的各种细菌,曾经在安达站附近的本部队特设实验田上用来进行实验,目的是要探求在野外条件下传播细菌的方法。在进行这种实验时,就是把被称为"木头"的活人作为实验对象的。

我在该部队供职期间,原本已经知道该部队内设一个专门拘禁被实验者的监狱,这些人在遭受实验之后都是必然会被消灭的。

当时,在安达站实验田上进行了有系统的实验。我参加过这样的实验两次,第一次是在1943年年末,第二次是在1944年春。

在两次实验时,每次都是把10个样貌似中国人的被实验者押到实验田上,在未进行实验之前,就先将他们捆绑在插在地上的柱子上,然后就将装有细菌的炸弹在他们身旁引爆。就我所说的这两次实验中,第一次实验的结果是成功让一部分被实验者染上了炭疽热,我事后听说,这些人都死掉了。

两次实验我都亲自来到了安达站实验田,为的是要在实验时就地考察我所培养的各种细菌的效能［……］

此外,我还知道,七三一部队内同时又在实验室条件下进行了系统的活人实验。在这里是强行让被实验者染上各种病菌,然后就观察这些受实验者的病状,以求研究出最有效的传染病媒介物。

这些直接在活人身上进行的实验加速完成了该部队的任务,也就是研究由最厉害的细菌武器大量传染活人的方法。

日军统帅部准备实施细菌战时,也曾极力设法提升细菌生产能力。正因为如此,在1944年就开始有新的设备从日本运到七三一部队。根据该部队的第四部前长官太田澄告诉我的内容,这种新设备比较完善,能够以连续生产的方法培养细菌。

同年,我奉该部队的前长官北野正次的命令,亲自到过孙吴、海拉尔、海林和林口的各支队,目的是要实地研究可否在这些支队内部装备大批量培养细菌的机械设备。北野政次将军在我出发前给我如下指示:在各支队内建立起培养细菌的工作是必要的,一方面是为了提高细菌生产能力,另一方面是在本部队内设备遭到敌军飞机炸坏时,不至于使细菌生产工作陷于停滞。

于是,我根据得出的结论,在同年运送了一些设备到孙吴、海林和林口的诸支队,但我不知道它们究竟是些什么设备,也不知道这些设备是否在那里装备并运用起来。

我常常以细菌学医生及培养细菌专家的身份参加该部队内由军官和科学工作人员召开的会议,在会议上我作过关于大量培养细菌和利用精制营养液等办法的报告。

为了提高我部下工作人员的熟练程度,我曾经给他们上过课,1940 年年初,我又在本部队新招收雇员的训练班中担任过细菌学教员。

问题:你还想用什么话来补充你的口供吗?

回答:我完全明白七三一部队是个罪恶的组织,它制造过以国际公法所禁用的野蛮手段去消灭人命的武器。

既然我在本部队内工作期间参加过这一罪恶工作,那么我也就犯了危害人类的罪行,因此我应当受到惩罚。

我了解到这点,所以我从开始受审时,就已极力想诚恳和客观地揭露该部队的罪恶活动以及我个人在当中的角色。

我再没有什么话可以补充我的口供了,因为在预审过程中,我已把我所知道的一切,即表明该部队内部所犯罪行的事实,都供述出来了。

我供述的话都已被正确地记录,俄文审讯记录的日语翻译版已给我了。

柄泽十三夫

审讯人员:

军事检察官　布斯洛维奇中校法官(Буслович)

哈巴罗夫斯克边疆区内务部总局工作员　伊万诺夫中校(Иванов)

翻译员　巴荷摩夫(М. Я. Пахомов)

（九）《尾上正男的审讯笔录》

被告战犯尾上正男受审记录

1949 年 12 月 6 日

哈巴罗夫斯克市

审讯时由翻译员古尔杨诺夫翻译，翻译员曾经被告知了关于《俄罗斯苏维埃联邦社会主义共和国刑法》第 95 条上所规定［针对作虚假证供与虚假翻译而面对］的刑责罪名。

古尔杨诺夫

问题：在 1949 年 12 月 5 日的决议上宣布你已犯了苏联最高苏维埃主席团在 1943 年 4 月 19 日颁布的法令第一条所定的罪状。你承认你犯下了这种罪行吗？

回答：我对向我宣布的罪状内容表示明了。我承认我所犯的罪状，是在我领导的六四三支队内部曾经训练过细菌实验员干部。当时，我在该支队供职期间总共培养了 160 人。该支队内也曾经繁殖和搜捕过鼠类（豚鼠、白老鼠）和家兔，这些动物都被送去七三一部队司令部，用以生产细菌武器和进行研究名为"孙吴疟疾"的出血热病①（лихорадка《Сонго》）的实验。此外，六四三支队还繁殖过跳蚤，这种跳蚤也被送去七三一部队，并让其染上鼠疫菌，使其成为一种细菌武器。本支队第一部曾经用灰老鼠进行过研究工作，目的是要找到繁殖鼠疫跳蚤的最有效办法，但这一工作没有取得什么成果，所以后来只是在白老鼠身上繁殖跳蚤。根据七三一部队指挥官军医中将石井四郎的指令，我于 1945 年 8 月 13 日把六四三支队各种材料、设备和文件一概烧毁，只留下密码（код）和 20—25 克的跳蚤，并由我派人送去七三一部队司令部。但我并不知道当时七三一部队司令部下令烧毁该支队的文件究竟是什么目的。而当时，我知道七三一部队曾经从事研究和大批生产细菌

---

① 俄文版是 лихорадка《Сонго》，中文版和日文版称为"孙吴疟疾"。——编著者注

武器,如鼠疫菌、炭疽热菌及其他致命病菌,这些病菌都是拿活人进行实验的。因此,部队内设有内部监狱和供实验用的一个实验田。1944 年春季,我同七三一部队的总务部长官一起坐飞机到实验田,目的是要参加用活人来测试细菌武器的实验,但该部队长官却不知因为什么原因而取消了这次实验,于是第二天我就返回了部队司令部。

至于向我宣布的罪状上说第五军团军医部长军医少将佐藤俊二根据我的建议发出过一道命令,也就是责成各部队指挥官和各军医院院长组织捕鼠工作,继而把捕获的老鼠送到六四三支队,我并不承认这一项指控罪名,因为我并没有向佐藤俊二将军提出过这种请求。

问题:七三一部队制造细菌武器的目的是什么呢?

回答:七三一部队大批制造细菌武器的目的是要将这种武器用于战争,至于使用这种武器究竟是要反对日本的哪一个敌人,我对此不清楚〔……〕

问题:六四三支队及其内部设备,以及它所进行的各种工作,都是军事秘密吗?

回答:我认为支队本身及其设备,以及它所进行的工作,都不是军事秘密。

问题:那么,你认为繁殖跳蚤和鼠类都不是秘密吗?

回答:不,并不是这样的。支队内繁殖跳蚤一事是秘密的,至于繁殖鼠类,我认为这不是秘密事情。

问题:你还想用什么话来补充你的供词吗?

回答:我再没有什么话可以补充我的供词了。

审讯记录经翻译官古尔扬诺夫用日语念给我听过,我所供述的话都被正确记录,特此签字为凭。

尾上正男

审讯人员:

军事检察官布庶也夫中校法官(Бушуев)

哈巴罗夫斯克边疆区内务部总局工作员　福尔申科少校(Фурсенко)

翻译员　古尔扬诺夫(Гурьянов)

（十）《佐藤俊二的审讯笔录》（一）

佐藤俊二的审讯记录文件页

1948 年 6 月 21 日

哈巴罗夫斯克市

　　我是内务部辖下的哈巴罗夫斯克边疆区第 45 号特别机关的长官杰尼索夫少校，我在翻译普利亚琴科的协助下，对前关东军第五军团军医部长官佐藤俊二军医少将进行审讯。

　　佐藤俊二，1896 年生人，日本血统人士，于爱知郡（префектура Аичи）的丰桥市（город Тоиохаси）的军医家庭中出生。其总体教育背景如下：受过医学专业方向的高等教育，毕业于东京军事医科学院（陆军军医学校），已婚人士，无党派人士，之前尚未被审判。自 1932 年在日军服役，1945 年 8 月 19 日于中国长春铁路（当时在"满洲国"境内）的横道河子火车站（станция Хандаохэцзы）被俘虏。

　　佐藤俊二已被事先告知《俄罗斯苏维埃联邦社会主义共和国刑法》第 95 条对作虚假证词所规定的相关刑责。（签名）

　　普利亚琴科已被事先告知《俄罗斯苏维埃联邦社会主义共和国刑法》第 95 条对作不实翻译而规定的相关刑责。（签名）

　　问题：你希望用哪种语言作证供？

　　回答：我希望用母语日语并通过翻译普利亚琴科的协助作供。

　　问题：你在哪里、什么时候完成了哪一种高等医科学历？

　　回答：我作为爱知郡丰桥市的居民，在中学毕业之后，在 1916 年考入了大阪医学院（Осакский медицинский институт，大阪卫戍病院）①，并于 1923 年毕业。

　　问题：你在大阪市（Ocaka）医学院修的专业是什么？

――――――――――――

① 此处直译为大阪医学院。――编著者注

回答：我在修读医学院课程至毕业时并没有确切的医学专业，因为日本的医学院并不以专科培养医生，而是要求他们学习全科。

问题：你从医学院毕业后在什么地方实习？

回答：从医学院毕业后我没有工作，而是直接就在1923年加入了日军，具体是驻扎在大阪市的第八步兵联队，以联队军医的职务服役。

问题：是什么原因驱使你参军？

回答：并没有什么特殊的原因驱使我参军。我父亲就是一名军医，所以我也决定成为军医，并且自愿申请加入军队。

问题：你加入军队后有在什么地方继续学习吗？

回答：是的，在加入军队后，我两次进修更高程度的军医资格课程。第一次是1923年8月—1924年7月，我在位于东京的军事医科学院（陆军军医学校）①进修学习，我在那里一年间听完了军医概论课。第二次进修是在1925年4月—1928年3月，期间我从中尉晋升至大尉。在此期间我花了两年时间②从事病理学的相关研究工作。

问题：请你详细说说在东京军事医科学院（陆军军医学校）的研修情况。

回答：我是作为年轻军医进入军事医科学院（陆军军医学校）研修军医课程的，但不包括高等医学课程。在整个修业期间，我并没有针对某个特定的专业进行专门的研修，虽然在军事医科学院（陆军军医学校）设有不同的科系，比如外科系、内科系、皮肤传染病学系、细菌学系等，供修读两年期以上的军医学员研习。我本人继续研习我本来的科目，也就是说1926—1928年我在大阪医学院（大阪医科大学）修习病理学。

问题：你在大阪医学院研习病理学的哪些具体问题？

回答：我研究的问题是实验性淀粉样变的转化，根据研究的结果我还写成了题为《关于实验性淀粉样变的转化》的学位论文，用来申请医学博士，并且在1930年取得了学位。

---

① 俄文原文为 Военно—медицинская академия г. Токио，直译是东京军事医科学院。——编著者注
② 原文如此。——编著者注

问题：1928 年 3 月之后你在日军哪支部队服役？

回答：1928 年 3 月，我完成了大阪医学院的研究工作之后，就回到了驻扎在大阪的第八步兵联队继续服役，担任联队军医。1929 年 3 月我被调往驻扎在筱山市（Сасаяма）的第七〇步兵联队，继续担任军医，直到 1930 年 8 月。之后，我被调往大阪军医院（大阪卫戍病院）的内科部，担任医生。1933 年 2 月，军医院派我到驻扎在"满洲"境内的热河地区的第六联队的卫生医疗队出差，其间我参与了军事行动。之后，我在"满洲"的时候，于 1933 年 7 月收到来自日本陆军省队的命令，而我被任命为东京的军事医科学院（陆军军医学校）的讲师，也就是在这个时候，我经由大阪返回东京。

问题：你在军事医科学院（陆军军医学校）讲授什么内容？

回答：我在军事医科学院（陆军军医学校）讲授病理学的内容。

问题：你当时了解细菌学部以及它的具体研究工作吗？

回答：我无法回答这个问题，因为我的研究工作和细菌学研究没有半点关系。我只记得，该学部的研究员之中的主任的姓名，当时是平野林大佐（Хирано Хаяси，音译），而在平野林大佐之前担任主任的是梶冢隆二大佐，现在他已是中将了，也和我同时被关在这个战俘营。

需要提及的是，1938 年我生病了，并且有一年时间没有工作，因此病理学部就任命了平井中佐（Хираи，音译）取代我的工作。

问题：在军事医科学院（陆军军医学校）之后，你被派到哪里服役供职？

回答：我在军事医科学院（陆军军医学校）工作到 1941 年 11 月，当时我已经拥有军医大佐的军衔，之后我就被派到华南的广州市（город Кантон）邻近地区，任职广州防疫给水队的指挥官。

问题：你能够以什么理由解释一下，你身为病理学家，是以何种专业领域被任命到那支部队工作的？

回答：我对回答这个问题感到十分为难，因为当时的命令书的任命内容中并没有提及任命的缘由，我认为，这可能是因为当时的科研人员中并没有能够胜任这个工作的细菌学家吧。

问题：你是从谁的手上接受这支位于广州市的防疫给水队的长官一

职的？

回答：我是从佐佐木高行（Сасаки Такаюки，音译）军医大佐的手上接过广州防疫给水队长官一职的。

问题：广州防疫给水队直属于谁管辖？

回答：由我指挥的广州防疫给水队归由日军南支派遣军团的总司令酒井隆（Сакаи Такаси）中将统辖，至于归谁直接指挥的问题，这支部队当时是由军医少将田中巖（Танака Ивао）统辖的派遣军团卫生组负责管辖。

问题：广州防疫给水队的工作包括什么内容？

回答：该部队的工作主要是各项防疫抗疫工作，应对在日军占领区的日军官兵和当地居民之间扩散传播的疫病。而鉴于水源是传播疾病的主要来源，该部队全力从事水源的净化工作，此外，该部队也生产预防疫病的疫苗，给日军官兵和当地居民广泛接种。

问题：请你说说你主导的广州防疫给水队的架构。

回答：1941年11月—1943年2月，我在广州任职防疫给水队长官时，该部队由1200人组成，其中60人为具有军官背景的军医。该部队的组成部分如下：一、给水部，二、细菌学部，三、教育部，四、病理学部，五、药物部。

给水部的长官是军医大尉冈村浩三（Окамуро Козо，音译）。给水部的任务是给饮用水过滤和消毒，然后再将干净的饮用水交到各部队饮用，同时也在出现疫情的时候负责部队和平民的防疫措施。

细菌学部的长官是军医少佐沟上三郎（Мизоками Сабуро，音译）。细菌学部的工作主要是在出现疫病时研究水、排泄物、尿液和血液中的细菌群落。除此之外，细菌学部也负责生产预防针疫苗，具体来说，这些疫苗是用来针对华南地区常发的霍乱疫情的。

教育部的长官是军医大尉山口（Ямагучи Масамичи）。教育部的任务是对该部队的人员及其他部队的医疗人员传授预防传染疫病和给水手段领域的知识。此外，教育部也为各部队单位的医疗人员定期举办聚会，期间讲解治疗各类传染疫病的最新方法，也讨论使用过滤装置的方法等。

病理学部的长官是军医少佐物江（Моное Тосио，音译）。病理学部主要从事解剖工作，对因传染病致死的士兵尸体进行尸检和解剖研究。同时也研究与疟疾传播相关的问题。

药物学部的长官是军事药品科少佐石野（Исино Кинзо，音译）。药物学部负责贮藏药品和卫生医用品，以及分发药品到各军队单位的工作，同时也从事改良药品和卫生用品的相关研究工作。除此之外，药物学部也从事化学分析工作，对在水中发现的有毒物质以及其他有害的化学物进行化验。

我指挥的这支部队在一些城市都设有支部，比如黄埔（Хуанпу）、香港（Гонконг）、汕头（Сватоу）、石岐（Шичи），以及距离广州市6公里外的国立中山大学①的原址。

我难以说清楚主导这些支部机构的军官们的姓名，因为支部长官经常轮换工作地点，我无法准确回忆他们的名字。

在众多曾在我所在的广州这支部队服役的军官之中，我只能记得以下几人（人名均为音译——编著者注）：

军医大尉大冢（Ооцука），供职于给水部。

军医中尉门梶川（Кадзикава）、矢岛（Ядзима）、旗上（Хатагами）、富田（Томита）供职于细菌学部。

还有军事药品部少尉冈田（Окада），是一名细菌学家。

军医少尉熊仓（Кумакура）是给水领域的专家。

军医少尉田村（Тамура）也是一名细菌学家。

军中卫生部大尉熊仓（Кумакура）是我的副官。

而对于上述列举的人曾经工作的单位和地点，我并不清楚，也无法说什么具体的内容。

问题：广州防疫给水部队的番号是什么？

回答：该部队的番号是八六〇四，一般被称作"南'支那'派遣军团八六

---

① 此处的俄文原文为 Университет им. Сун Ят—Сена（Чжун—Шань），即中山大学。——编著者注

〇四号部队",代号为"波"(《Нами》)①。

　　问题:你是以何种手段与哈尔滨的防疫给水部队保持联系和交流经验的?

　　回答:由我指挥的防疫给水部队与哈尔滨的类似部队并没有任何联系,我也从未从该部队获得什么帮助。在我任内,哈尔滨部队的长官石井四郎少将从未到访过我部队,而我也从未出访哈尔滨。

　　问题:你在广州服役之后又被调任到何处?

　　回答:1943年2月我被调任到驻扎在南京市的中支防疫部队,担任该部队的长官。这支部队的番号为一六四四,代号为"荣"(《Эй》)②。较早前这支部队名为"多摩"(《Тама》)③,但我到任时这个代号已经不再使用了。该部队归"支那"派遣军总司令畑俊六(Хата Сюнроку)上将统辖,而在具体的作战序列上直属于支那派遣军参谋部军医部的长官桃井直干(Момои Наомики)中将。

　　问题:你从谁的手上接任南京防疫给水部队的长官?

　　回答:我是从太田澄军医大佐手中接过一六四四"荣"字部队的指挥权。

　　问题:太田澄军医大佐对你说过什么关于该部队过往工作的情况? 有没有提及他的计划及当时正在进行的工作?

　　回答:在我与太田澄军医大佐工作交接时,他告诉我关于南京防疫给水部队工作的总体架构部分,也谈及他手下的人员,以及当时的工作。但我不记得他具体对我说了些什么,总体来说,南京部队和广州部队的工作大同小异,所以他就没有什么特别新颖的内容可说了。

　　问题:请你详细说说一六四四"荣"字部队的架构和组织,以及工作内容。

　　回答:一六四四"荣"字部队有大约2200名工作人员,其中有110人是军

---

① 此处的俄文原文为《Нами》,其解释为 Волна,意为海浪或者波浪。——编著者注
② 俄文原文为《Эй》,俄文翻译注解为 расцвет,意为繁荣。——编著者注
③ 此处为音译。

医系统的军官。

该部队的总部位于南京市,下辖 12 个支队,分别位于上海(Шанхай)、苏州(Сучжоу)、金华(Цзынхуа)、南京(Нанкин)、安庆(Анькин)、九江(Цзюцзян)、南昌(Нанчан)、汉口(Ханькоу)、蒲州(Пэйчжоу)①、沙市(Шаши)、荆门(Синмин)②、杭州(Ханьчжоу)③。这些分部都由日军军医系统的军官统辖,编制包括 2—3 名军官以及约 30 名副级军官和卫生系统的士兵。

该部队的总部由以下分部组成:第一部是总务部,第二部是细菌学部,第三部是内科部,第四部是病理学部,第五部是药物部,第六部是教育部,第七部是防疫部。

总务部的长官是军医中佐小野寺义男(Онодэра Иосио)。该部门负责总务工作和人事调配工作。

细菌部的长官是少佐椎名(Сиина Томи,音译)④。该部门的工作是针对各种已发现的细菌进行研究,同时也研究引发传染病的细菌。此外,该部门也从事对抗传染病的疫苗生产工作。

内科部的长官也由军医少佐椎名⑤兼任。该部门的编制内有一所小型医院,大约有 20 个床位,用来治疗日陆军省队中感染传染病的士兵。

病理部的长官是军医少佐粟屋一步(Авая Итпо/Awaya Itpo)⑥,病理部的工作内容是研究病理概论和疟疾。药物部的长官是药品科少佐山内忠重(Ямаучи Тадасиге/Yamauchi Tadashige)⑦。该部门从事各种化学研究,负

---

① 据俄文拼音 Пэйчжоу,在相关地图上查无此地,疑为蒲圻和岳州之并写。——编著者注

② 据俄文拼音 Синмин,在相关地图上查无此地,疑为当阳地区。——编著者注

③ 参见《栄 1644 部队》,URL:https://www.oshietegensan.com/war－history/war－history_h/5908,访问时间 2023 年 1 月 28 日。

④ 参见同上。日本资料无明确记述该部门的长官,只提到有一名部员名为小川透。因此此处按照原文使用音译,日本资料查无此人。

⑤ 参见同上。日本资料查无此人。

⑥ 参见同上。口供有误,根据日本资料,此人应在总务部服役。日本资料显示病理部长官为近食秀大中佐。

⑦ 参见同上。原文 Ямагучи Тадасиге 有误,应为 Ямаучи Тадасиге/Yamauchi Tadashige。

责该部队的药物供给。

　　教育部的长官是须田军医（Suda①）大尉。其任务包括对普通士兵的总体培训，以及对抗传染病所采取措施的培训、为日军衔生部队的官兵开设关于防疫和供应干净食水的特殊课程。

　　防疫部的长官是军医中尉在村（Аримура，音译）②。该部门的工作包括发生疫情时对日占区的日军官兵和当地居民采取防疫措施。该部门同样从事水资源过滤和供应饮用水给日军各单位的工作。

　　至于该部队各分支的长官，我只记得以下这些人：

　　一、上海（Шанхай）——安藤千史雄（Андоо Сеншио，音译）③军医中佐。

　　二、苏州（Сучжоу）——山下（Ямасита，音译）④军医少佐。

　　三、金华（Цзынхуа）——山下嘉明（Ямасита Ёсиаки/YamashitaYoshia-ki，音译）⑤军医少佐。

　　四、九江（Цзюцзян）——佐贝（Сакаи Чюрио，音译）⑥军医少佐。

---

① 参见《荣1644部队》。此口供的俄文拼音原文为Накаячи，无法正常译出且在日本资料中查无此人。

② 参见同上。此处使用音译，日本资料查无此人，根据《荣1644部队》，防疫部的长官是大河内雅夫军医大佐。

③ 参见同上。此处按照原文音译，日本资料查无此人。根据日本资料，第一支部——上海支队（秘密代号为"富士部队"），支队长官为渡辺中佐、羽山良雄。支队成员包括福井三七夫。下辖宁波分遣队（秘密代号为"立山队"）。

④ 参见同上。此处按照原文音译，日本资料未能查证。另外，根据日本资料，第一支部——苏州支队（秘密代号为"黑部部队"），长官和成员不详。

⑤ 参见同上。俄文拼音原文Ямасита Эй和日本资料有出入，应为Ямасита Ёсиаки/YamashitaY-oshiaki。另外，根据日本资料，第三支部——金华支队（秘密代号为"千曲部队"），长官为山下嘉明，成员不详，1942年随二二师团移动至杭州。金华支队下设给水班、病理班、修理班、庶务室、经理室、理化学试验室、内务班（二班、军属班）。下辖分遣队包括：义乌分遣队（队长是高山中尉）、湖州分遣队、嘉兴分遣队（秘密代号为"妻女队"）。——编著者注

⑥ 参见同上。此处按照原文音译，日本资料查无此人。根据日本资料，第一二支部——九江支队（秘密代号为"'桧'一六四四部队矢作部队"），支队长是大隈军医少佐，防疫课长是齐藤七郎军医中佐。

五、汉口——军医吉冈（Иосиока Сооичи，音译）①中佐。

六、蒲州——军医清水（Симидзу，音译）②大尉。

七、南昌——军医中田（Наката，音译）③大尉。

八、荆门——军医熊本（Кумамото，音译）④少佐。

九、沙市——军医少佐岩崎（Ивасаки，音译）⑤。

而其他三个分支的长官姓名，我已经不记得了。

这些分支的工作是进行防疫工作，协助其辖区的日军抗击传染病的侵扰。而所有分支的工作都归一六四四"荣"字部队总部统辖，并且受作为一六四四"荣"字部队长官，即我本人监督主导。

除了上述列举的人员，我还记得以下曾在一六四四"荣"字部队服役工作的人：

须田（Суда）军医大尉——该部队总部的人员⑥。

黑川正身（Курокава）军医中尉——细菌学部的人员⑦。

---

① 参见《荣1644部队》。日本资料显示他实为杭州支队的长官之一，可见佐藤俊二有故意让口供错乱之嫌。根据日本资料，第一一支部——汉口支队（秘密代号为"利根部队"），长官和成员不详。另外，佐藤俊二没有供出的第三支部——杭州支队（秘密代号为"原一六四四部队千曲部队"），支队长包括吉冈军医少佐、太田澄军医少佐、山下嘉明军医大尉、山本军医大尉。支队成员包括岩佐军医中尉、肥冢喜一等。下设有给水班、病理班、庶务室、理化学试验室。1940年当时所辖下的分遣队在湖州、嘉兴。

② 参见同上。此处按照原文音译，日本资料查无此人。根据日本资料，第一三支部——岳州、蒲圻支队，长官和成员不详。

③ 参见同上。此处按照原文音译，日本资料查无此人。根据日本资料，南昌分遣队（别名"足柄队"）隶属于第一二支部——九江支队（秘密代号为"'桧'一六四四部队矢作部队"），长官和成员不详。

④ 参见同上。此处按照原文音译，日本资料查无此人。第一四支部——当阳支队的长官和成员不详。此外，根据日本资料，其中只见军医少佐大隈（Ookuma），他曾为第一二支部——九江支队的长官。

⑤ 参见同上。此处按照原文音译，日本资料有出入。根据日本资料，第一五支部——宜昌、沙市支队，秘密代号为"十胜部队"，长官和成员不详。岩崎敏雄军医少佐则曾在病理部服役，后来曾任某部或某课的主管长官。

⑥ 参见同上。实为教育部的长官。

⑦ 参见同上。实为研究药物和病理，未知是否涉及细菌学研究。

山内忠重（Ямаучи）军医中尉——细菌学部的人员①。

该部队由我主导的所有特殊工作，都直接受到"支那"派遣军参谋部军医部长官桃井直干（Момои Наомики）少将的领导。而当时日军"支那"派遣军的总司令为畑俊六（Хата Сюнроку）上将。

然而，由于1943年年底的日军架构改组，我指挥的部队及所有驻扎在南京的部队都由上海的第一三军团总司令下村定（Симомура Садаму）中将指挥，他后来被升为上将。

问题：你是否清楚你所列举人士的最后服役所在地？

回答：对于我以前的部下的最后具体服役地点，我什么都无法说出，因为在我被调到"满洲"之后，我就没有见过他们了。

问题：一六四四"荣"字部队中有谁是跟随长官太田澄大佐一起调动的？具体是谁？

回答：没有，我不记得有谁与长官太田澄大佐一起调动以及调到什么地方去了。

问题：请你说说一六四四"荣"字部队在制造预防针疫苗以及其他细菌物质方面的生产效能情况吧。

回答：一六四四"荣"字部队制造以下疫苗：霍乱、斑疹伤寒、副伤寒、鼠疫。为了生产这些疫苗，该部队配备了相应的培养细菌设备，用来制造疫苗。

至于生产疫苗的数量，我现在无法记得了，但总体来说，该部队在良好的培养细菌工作条件下，可以在一天内生产出5公斤的其中一种疫苗。

问题：从部队的内部文件以及你与太田澄大佐的对话中，你了解到了关于1941—1942年石井四郎少将参访一六四四"荣"字部队的什么信息？

回答：我对这些参访一无所知，也从未在和任何人的谈话中听到关于石井四郎少将参访一六四四"荣"字部队一事。

问题：你对由一六四四"荣"字部队在中国中部地区实施的军事行动有何了解？

---

① 参见《荣1644部队》。实为研究药物和病理，未知是否涉及细菌学研究。

回答：我对此也是一无所知，并且认为这是无中生有，不可能发生的事。

问题：石井四郎少将到访过你们的防疫给水部队多少次？谁陪同？

回答：在我任内，石井四郎少将从来没有访问过南京部队。

问题：你是如何与石井四郎少将保持联系的？从哈尔滨防疫给水队中获得过什么帮助？

回答：我与石井四郎少将没有任何联系。无论在物质方面还是在建议方面，我部都没有得到过哈尔滨防疫给水队的援助。

问题：请你说说由你指挥的部队是如何准备细菌战的？该部队在使用细菌武器方面进行过哪些实验？

回答：由我指挥的一六四四"荣"字部队没有做任何细菌战的准备工作，也没有从事与准备细菌战武器相关的任何实验。

问题：你们的部队是如何试验已预先生产出来的防疫针疫苗的？

回答：在生产疫苗方面是有特定的规则的，并且适用于生产制造的过程，至于试验新型疫苗方面，在批量生产之前会拿动物做实验，特别是兔子（кролик）、仓鼠（морская свинка）、小老鼠（мышь）等。

问题：你是在什么时候被调离一六四四"荣"字部队的？

回答：1944 年 2 月底我接到上峰的调令，被任命为驻扎在"满洲"的第五军团参谋部军医部的指挥官，并于 1944 年 3 月到任，当时参谋部位于东安市，而在 1944 年 5 月该部队的参谋部迁至牡丹江市（Муданьцзян）附近的爱河火车站（станция Эхо）屯驻。而在同年我被擢升为军医少将。

问题：谁从你手上接管南京部队？

回答：我把南京防疫给水部队的事务转交军医大佐近野寿男（Чикано Тосио/Chikano Toshio）①接管，他的名字我已经不记得了②。

问题：第五军团参谋部军医部与七三一部队（哈尔滨防疫给水队）的牡丹江支队保持着何种关系？

---

① 参见《荣 1644 部队》。近野寿男的俄文音译 Чихано 不准确，应为 Чикано Тосио/Chikano Toshio。
② 此处明显在撒谎。——编著者注

回答：我任第五军团参谋部军医部的长官一直到 1945 年 8 月 10 日，第五军团与七三一部队的牡丹江防疫给水支队没有任何关系，牡丹江支队也从未到过第五军团的驻地。

1945 年 8 月 10 日，由于与苏联之间的军事行动已经开始，驻扎在海林火车站（станция Хайлинь）的七三一部队的"丹子支队"（Данципский филиал），番号我已忘记了，就被划归第五军团军医部的序列。

问题：你本人到访过七三一部队的"丹子支队"吗？

回答：是的，我在 1945 年 8 月 12 日到访过七三一部队的"丹子支队"。

问题：谁是该支队的长官？

回答：该支队的长官是一位军医少佐，姓名我就不记得了。

问题：请你说说七三一部队的"丹子支队"的工作内容。

回答：我无法描述该支队工作的细节内容，因为在 1945 年 8 月 12 日的参访并未使我深入了解该支队的工作细节。我只能说该支队从事对抗传染疫病的防疫工作。8 月 12 日之后我就没有任何机会参访该支队了，因为当时的交战前线已经推进至牡丹江市，而在 8 月 16 日，第五军团参谋队也撤退到横道河子火车站（станция Хандаохэцзы），到 8 月 19 日，我与第五军团的其他将军们一起向牡丹江市的苏军指挥部投降，成为俘虏。

问题：请你说说你所知道的关于日本的细菌战准备以及实际使用细菌武器的情况。

回答：我对此一无所知，什么都无法说出。

我已聆听了用日语版本宣读的审讯文件页，当中的内容和我的供述相符。

佐藤俊二

审讯员　哈巴罗夫斯克边疆区内务部人员杰尼索夫少校（Денисов）

翻译员　普利亚琴科（Пляченко）

核证员　哈巴罗夫斯克边疆区内务部人员萨莫伊连科中尉（Самойленко）

——出自俄罗斯国立军事档案局

（十一）《佐藤俊二的审讯笔录》（二）

被告战犯佐藤俊二受审记录

1949 年 12 月 6 日

哈巴罗夫斯克市

审讯时由翻译员科尔尼洛夫翻译，翻译员曾经被告知关于《俄罗斯苏维埃联邦社会主义共和国刑法》第 95 条所规定的刑责处分。

科尔尼洛夫

问题：在 1949 年 12 月 5 日的决议上宣布你已犯了苏联最高苏维埃主席团在 1943 年 4 月 19 日颁布的法令第一条所定的罪状。你明白你所犯的各条罪状的实质吗？你承认你犯了向你宣布的罪状吗？

回答：向我宣布的各条罪状实质，我都明白。我完全承认我犯了苏联最高苏维埃主席团 1943 年 4 月 19 日颁布的法令第一条所定的罪状。我的罪过，就是我从 1941 年 12 月到 1943 年 2 月确实领导过广州"波"字八六〇四部队，随后从 1943 年 2 月至 1944 年 3 月我又领导过南京"荣"字一六四四部队。这两支部队都曾研究和大批生产过用于攻击中国军民的致命细菌 [……] 南京"荣"字一六四四部队与关东军七三一细菌部队曾于日军作战时期直接参加过用细菌武器攻击中国军队及当地居民的行动 [……]

我在担任"荣"字一六四四部队的长官时曾领导本部队研究大量生产细菌武器的科研和制造工作。为了这个目的，南京"荣"字一六四四部队装置有大量器械，配备有各种细菌学专家，因而能大规模培养致命细菌。的确，南京"荣"字一六四四部队内所设的教育部，在我的领导下，每年培养出 300 名细菌学专家干部，以满足进行细菌战的需要。自从我于 1944 年 3 月任日本关东军第五军团军医部长官，我就积极地帮助和支持七三一部队辖下的六四三支队以扩大细菌材料的生产。为了达成这个目的，我在 1945 年 5 月给第五军团各部队下了一道专门的命令，要求它们搜捕为生产细菌武器所必需的鼠类，以便送往七三一部队辖下的六四三支队。

问题：请你确定、说明一下南京"荣"字一六四四部队的生产能力究竟有多大，以及该部队内的技术装备情形为何。

回答：南京"荣"字一六四四部队在培养致命细菌方面的生产能力为每一生产周期内产量总计可达 10 公斤。为了能够产出这一数量的细菌，"荣"字一六四四部队内有如下的技术设备："石井四郎式培养器"约 200 个，孵育室（容积：5×5×3 公尺）一所，管式营养液消毒器（直径 1.5 公尺，长 2.5 公尺）两个，孵育器 40—50 个，蒸气灭菌器 40—50 个，科赫式锅炉（котёл Koxa）40—50 个。此外还有蒸馏营养液的大玻璃蒸馏器，但这种蒸馏器究竟有多少，我此刻记不清楚了。

我供述的话都被正确记录，审讯记录用日语念给我听过。

佐藤俊二

审讯人员：

军事检察官　布庶也夫中校法官（Бушуев）

哈巴罗夫斯克边疆区内务部总局工作员　亚格勒兹科夫少校（Агрызков）

翻译员　科尔尼洛夫（Корнилов）

（十二）《平樱全作的审讯笔录》

被告战犯平樱全作受审记录

1949 年 12 月 6 日
哈巴罗夫斯克市

审讯时由翻译员叶尔根翻译，翻译员曾经被告知，如有故意错译之举，即应按照《俄罗斯苏维埃联邦社会主义共和国刑法》第 95 条所规定的刑责处分治罪。

叶尔根

　　问题：念给你听过的决议，是宣布你已犯下了苏联最高苏维埃主席团在1943年4月19日颁布的法令第一条所定的罪状。你明白你的罪状的实质吗？你承认你犯了这些罪行吗？

　　回答：是的，我完全承认我犯了苏联最高苏维埃主席团在1943年4月19日颁布的法令第一条所定的罪，并且我想把我的罪状实质供述如下：

　　从1943年6月到1945年8月，我确实在关东军一〇〇部队内供职，该部队的基本任务，除了防疫措施之外，还有准备运用在反对苏联的细菌战中的进攻武器。

　　在一〇〇部队内任职的细菌学家、化学家、兽医等，都曾从事培养各种细菌、研究细菌特性、探求大规模传染牲畜和人的方法。为了达成这个目的，一〇〇部队曾经采用活人和牲畜进行过检验细菌与毒药效能的实验。

　　我身为兽医，曾经以科学工作者的资格，起初在该部队第二部第一课内工作，之后在1943年12月成立的第二部第六课内研究过鼻疽菌和炭疽热菌的作用，并且从事繁殖这种细菌，我也研究过在细菌战中使用此种细菌的一切可能方法。

　　为此目的，我于1942年7—8月参加了在三河区进行的所谓"夏季演习"的远征探险队。这支远征队要考察临近可能发生军事行动的区域，也就是在毗邻苏联边境地带的野外条件下使用炭疽热菌和鼻疽菌的可能性。在这次远征期间，进行过用鼻疽菌在得尔布干河和各蓄水池进行传染的实验，以及在田地与草场用炭疽热菌进行传染的实验。我们在行军实验室内培养过供此种需要的微生物，并用马、羊、豚鼠等实验过这种微生物。

　　从1944年6月起，我同一〇〇部队的一批科学工作人员在北兴安河活动过一段时间，并且遵照关东军司令部的命令，在那里搜集了各种情报，也就是调查了毗邻苏联及蒙古人民共和国的各地区的居民之牲畜数量，确定过这些牲畜的情况，夏季和冬季牧场的所在地，收割牧草的地段，道路和蓄水池的情况等。日军统帅部之所以需要这种情报，就是为了一旦与苏联作战时，能够大量传染牲畜，借此进行细菌破坏活动。

　　1944年6月—9月，我在这一特别行动班之中执行浅尾（Acao）大尉所下达的单独任务，而后，自1944年9月到被停之日（1945年8月）为止，我负责领导这个特别行动班，因为浅尾已经被从该班调走了。

一〇〇部队长官若松有次郎少将曾经告诉我，一旦发生战争，日本空军就会根据我所收集的情报，在毗邻苏、蒙边境的各区域内散播鼻疽、炭疽热、牛瘟等细菌，以便传染牲畜。

关于本班人员所进行的工作情形，我向若松有次郎少将作过两次书面报告，并且每次都附有地形图，图上标明侦察得到的消息（如蓄水池、牧场、牲畜情况等）。同时，我还向关东军兽医处长高桥隆笃中将作过一次关于这个问题的口头报告。

此外，我又曾经把本班工作情形通知海拉尔军事特遣团团长天野勇（Амано）中佐，根据若松有次郎少将告诉我的内容，他原来知悉本特别行动班的工作目的和任务。据我所知道的情况，天野勇中佐在呈给关东军司令部的报告书中十分赞赏我们的工作。

除了上述工作，我于1945年夏季又奉若松有次郎少将的命令向北兴安省居民采购了500只羊、100头牛和90匹马，一共花了80000日元的费用。

根据若松有次郎中将告诉我的内容，一旦与苏联发生战事，就会使这批牲畜染上炭疽热、鼻疽、牛瘟和羊痘等病症，并出于军事破坏目的将之投放到苏军后方，借此引起烈性流行疫病。我还知道，为了这个目的，将会用飞机把上述必要数量的各种病菌运到我所采购的那批牲畜的活动地域，并由几个军事破坏分队把这些细菌传染到牲畜身上去。

同时，我还承认我犯下过以下罪行，就是当我在北兴安省时曾经奉若松有次郎少将的命令采购了一些牲畜（10头黄牛），作为1945年早春在南岗河（река Южный Хангол）一带进行实验之用的材料。据参加这次实验的山口（Ямагучи）少佐告诉我的说法，在进行这次所谓"冬季演习"的实验时，检查了牛瘟菌和羊痘菌在冬季气候下的效能，其办法就是把这种病菌撒到雪地上和雪地上的饲料上。这次实验是在预定计划要对蒙古人民共和国进行细菌破坏活动的特定条件下进行的，因为众所周知，那里的牲畜在冬令时节是靠野外草料饲养的。

此外,1943 年夏季,为了确定毒死马匹所需要的毒药(氰化钾、马前霜碱等)的分量,我奉第二部长官穗坂(Хасака)的命令,曾经选用关东军部队内的40—50 匹马进行过实验。实验结果是有 10 匹马倒毙了。至于这种实验究竟为了什么目的,我不知道,但根据我推测,这应该是要研究进行军事破坏时使用毒药的手段。

我再没有什么话可以供述了,我的话都被正确记录下来,并且用日语念给我听过,特此签字为凭。

平樱全作

审讯人员:

军事检察官　波哥德少校法官(Богод)

哈巴罗夫斯克边疆区内务部总局工作员　纳扎罗夫中尉(Назаров)

翻译员　叶尔根(Елгин)

(十三)《三友一男的审讯笔录》

被告战犯三友一男受审记录

1949 年 12 月 6 日
哈巴罗夫斯克市

审讯时由翻译员叶尔根翻译,翻译员曾被告知,如有故意错译之举,即应按照《俄罗斯苏维埃联邦社会主义共和国刑法》第 95 条所规定的刑责处分治罪。

叶尔根

问题:向你宣布的罪状,是宣布你已犯下了苏联最高苏维埃主席团 1943 年 4 月 19 日颁布的法令第一条所定的罪名。你承认你犯了这些罪行吗?

回答:我明了 1949 年 12 月 5 日决议中依据苏联最高苏维埃主席团 1943 年 4 月 19 日颁布的法令第一条向我宣布的罪状的实质,并且完全承认自己犯下了这种罪。

问题：你具体承认你犯了什么罪呢？

回答：我承认我所犯的罪是我在 1941 年 4 月间自愿参加专门培养炭疽热、鼻疽、牛瘟、羊痘等病菌的关东军第一〇〇部队的工作，并且我明知培养此种病菌是专门为了进行反苏战争的，但我仍然积极参加了一〇〇部队特种实验室内的培养此种细菌的工作。

我进入该部队后，曾经主持过炭疽热菌和鼻疽菌培养法训练班，用专门由我看管的孵育器培育过此种病菌。当我在该部队工作期间，即从 1941 年 4 月起到 1944 年 10 月止，我始终都是干这件事情的。

此外，我又多次参加过用动物和活人来检测我所培养出的致命细菌效能的实验，以备日军统帅部在反苏战事时使用这种细菌。例如 1942 年 7 月—8 月，我协同一〇〇部队一批人员到三河区行动过，当时我们把鼻疽菌投放在得尔布干河里，把炭疽热菌投到蓄水池内，以实验此种细菌的强韧性。这一特别行动班是由一〇〇部队第二部部长村本（Мурамото）少佐率领的。我也亲自培养过鼻疽菌和炭疽热菌，以供本班人员在得尔布干河和各蓄水池内作实验之用。这种实验是在 [……] 与苏联交界的额尔古纳河（река Аргунь）支流得尔布干河里进行的。

1944 年 8 月—9 月，由科学工作员松井经孝（Мацуи Цунэтака）指导，一〇〇部队场所内用 7—8 个被捕的俄罗斯人和中国人进行过实验，在他们身上检验过毒药效能，方法就是把我放上了毒药的食物发给这些被捕者吃。

1944 年 8 月末，我遵照松井经孝的指示把 1 克左右海洛因（героин）放到一碗稀饭里，然后就把这碗稀饭送给一个被捕的中国人吃下，他吃下之后 30 分钟就失去知觉了，再经 15—16 个钟头后就死掉了。我们投下这个海洛因分量时，已经明知这是致命的分量，但对于这人的死活，我们是漠不关心的。

我对某些被捕者每人进行过 5—6 次实验，目的是要检验朝鲜的"朝颜"（корейский вьюк）、海洛因、"巴克塔尔"（бактал）和蓖麻青（зерень касторника）等毒药的效能。有个被捕的俄罗斯人在经受实验之后，身体虚弱得已经再不能进行实验了。松井经孝叫我给他注射一针氰化钾将他毒死。注射之后,这人马上就死掉了。

其次,有3个被捕者经我进行实验后,就由宪兵当我的面把他们枪毙了[……]

问题:你还想用什么话来补充你的口供吗?

回答:我再没有什么话可以补充了。我所供出的话都被正确记录,经翻译官叶尔根用日语念给我听过,特签字为凭。

三友一男

审讯人员:

军事检察官 安东诺夫少校法官(Антонов)

哈巴罗夫斯克边疆区内务部总局工作员 波伊科上尉(Бойко)

翻译员 叶尔根(Елгин)

(十四)《菊地则光的审讯笔录》

被告战犯菊地则光受审记录

1949 年 12 月 6 日

哈巴罗夫斯克市

审讯时由翻译员颇鲁扬诺夫翻译,翻译员曾经被告知过关于《俄罗斯苏维埃联邦社会主义共和国刑法》第 95 条所规定的刑责处分。

颇鲁扬诺夫

问题:向你宣布的罪状决议上是认定你已犯下了苏联最高苏维埃主席团在 1943 年 4 月 19 日颁布的法令第一条所定的罪名。这一罪状的实质已经向你说明过了。你承认你犯了这些罪行吗?

回答:就苏联最高苏维埃主席团在 1943 年 4 月 19 日颁布的法令第一条向我宣布的罪状内容,我承认自己有罪。

问题:你承认你具体犯了什么罪呢?

回答:我承认我所犯的罪是:我从 1943 年 4 月到被俘之日为止在七三一部队六四三支队供职期间,从事培养伤寒、副伤寒、赤痢及结核等细菌,以便研究这些细菌的属性及其引起疫病的效能。我在培养细菌时研究过细菌赖以繁殖的营养液，目的是要制造出一种能使细菌迅速繁殖起来并能更长久保存其活力的营养液。

同时我还想找到更快地制造细菌营养液的方法。我从事培养细菌和研究细菌营养液的目的，是一旦得到上级下达的命令，我本人以及整个第一部①都能够以很快的速度大量培养生产细菌。

我知道日本关东军是出于发动攻打苏联的细菌战的目的而筹建七三一部队及其六四三支队的，六四三支队正是为了协助七三一部队从事细菌战的实施准备，而我在该支队的第一部的研究工作 [……] 也是被指定为准备实施细菌战。进一步来说，我也亲自参与了这种细菌战的准备工作，因此我承认自己犯了罪。

我所犯下的罪恶，并非出于我自己的本意，而是我奉直属的上级长官的命令。我不得不执行这些命令，因为我将会因为违抗命令而受到惩处。

问题：你还想用什么话来补充你的口供吗？

回答：我再没有什么话可以补充了。我所供出的话都被正确记录，并用日语念给我听过。

菊地则光

审讯人员：

军事检察官　安东诺夫中校法官（Антонов）

哈巴罗夫斯克边疆区内务部总局工作员　布兰诺夫上尉（Буланов）

翻译员　颇鲁扬诺夫（Полуянов）

---

① 基础研究部。——编著者注

（十五）《久留岛佑司的审讯笔录》

被告战犯久留岛佑司受审记录

1949 年 12 月 6 日
哈巴罗夫斯克市

审讯时由翻译员斯托罗日科夫翻译，翻译员已被告知，一旦给出虚假翻译，将按照《俄罗斯苏维埃联邦社会主义共和国刑法》第 95 条所规定的刑责处分治罪。

斯托罗日科夫

问题：向你宣布的控告决议，是基于苏联最高苏维埃主席团在 1943 年 4 月 19 日颁布的法令第一条所定之罪状。你明白你被起诉的罪状的实质吗？你承认你犯了这些罪行吗？

回答：我明白我犯了苏联最高苏维埃主席团在 1943 年 4 月 19 日颁布的法令第一条所定的罪状，并且完全承认自己有罪。

具体的犯罪内容供述如下：

事实上，在应征加入日军，以及经受第九七步兵联队的一般士兵训练战备之后，我在 1944 年 4 月被派到驻守在林口（Линькоу）的七三一部队辖下的一六二支队服役。

我到达这个支队之后很快便得知了这支部队的工作性质，也被预先告知了关于七三一部队的秘密工作，我了解到，尽管七三一部队在正式体制上是负责从事给水和防疫，但实际上这支部队不仅从事培养和繁殖高危、具有传染性的烈性疫病（诸如伤寒、副伤寒、霍乱、鼠疫和其他疫病）的细菌，同时也为此目的相应地繁殖跳蚤和鼠类生物。

我在一六二支队附设的卫生员训练班进行为时 6 个月的学习期间，同其他受训人一起在第一部部长细屋（Хосоя）少佐领导下特别研究过细菌学。

训练班毕业后，我就和一批军人由下士官兵头义舛（Хиодо Иоситаке）率领，被派到七三一部队参加细菌弹的实验。这种实验叫作"演习"。

　　我在七三一部队内的时期,有次出发实验时听见本部队人员说,这里大批培养的烈性传染病菌是用来以强迫手段在本部队内所拘禁的俄罗斯人和中国人身上进行实验的。

　　同时我又听到,说我必须参加实验,目的是要查明用飞机散播跳蚤以将细菌传染到地上生物的效力。

　　1944年10月6日—30日,我在吴屯(Утон)附近参加过这种演习,当时我在实验工作人员的住宅外面担任守卫。

　　此外,当飞机掷下的装有跳蚤的瓷器弹爆炸后,我也去计算过,究竟有多少跳蚤落到摆在2平方千米地面上的那些箱子内。

　　1944年11月2日,我又被调回一六二支队,被派到第一部细菌实验室内担任实验见习生。

　　在这里,我在军曹官丰(Кан Ютака)和第一部长官军医少佐细屋的领导下,曾经从事把结核菌、伤寒菌和副伤寒菌放置到营养液中、准备实验仪器、调剂培养细菌时孵化器内的温度及其他工作。

　　另外,我又有两次(每次7天)到外面捕捉过田鼠。我总共捕获了约300只田鼠,然后就将之送到七三一部队用来生产细菌武器。

　　我承认我所犯的罪就是,我在七三一部队及其一六二支队中的全部实际活动,都是参加制造用来大量杀人的细菌武器,但是我请求你们注意到,我在参与这种罪行时,只不过是尽可能按照日军统帅部的命令而行事。

　　我的供词都被正确地记录,并用日语念给我听过。

久留岛佑司

审讯人员:

军事检察官　波哥德少校法官(Богод)

哈巴罗夫斯克边疆区内务部总局工作员　康诺诺夫上尉(Кононов)

翻译员　斯托罗日科夫(Сторожков)

（十六）《松村知胜的审讯证供》（一）

证人松村知胜受审记录

1949 年 10 月 27 日
哈巴罗夫斯克市

我是苏联内务部哈巴罗夫斯克边疆区办事处工作员科尔沙可夫上尉（Корсаков），负责审讯证人松村知胜。他是日本人，于 1899 出生于东京，日本国籍，受过高等教育，1945 年被俘后担任过关东军司令部参谋副长职务，前日军少将，已婚，妻子为松村秀子，父亲系职员。

证人曾被预先告知，如有伪造供述之处，即应当按照《俄罗斯苏维埃联邦社会主义共和国刑法》第 95 条治罪。

松村知胜

问题：你愿意用哪国语言来供述？

回答：我愿意用日本国语言来供述。

问题：审问你的时候由翻译员巴荷摩夫翻译，你不反对吗？

回答：我不反对。他说的日本话，我听得很明白。

翻译员曾被预先告知过关于《俄罗斯苏维埃联邦社会主义共和国刑法》第 95 条所规定的刑责处分。

巴荷摩夫

问题：请你说明你在日军中的服役经过。

回答：1928 年，我在日本陆军大学毕业后，就在第三四步兵联队里当了一年的排长。

1929 年我被派到日军参谋本部工作，我在那里担任的工作是：自 1929 年到 1932 年 12 月在第一部的军队人事部任职，1932—1936 年春，我奉参谋本部的命令出国考察。回国后，1936 年我又在陆军大学担任过一年的战史讲师。

自 1937 年到 1939 年 10 月,我又在军队人事部任职,之后,从 1939 年 10 月到 1941 年 10 月,又在战史部工作,起初当工作员,后任该部部长。

1941 年 10 月—1943 年 8 月,我在日军参谋本部第二情报侦探部担任第五俄罗斯国课的课长。1943 年 8 月,陆军大臣任命我出任关东军司令部第一作战部部长,这一职务我一直担任到 1945 年 3 月。从 1945 年 3 月到 1945 年 8 月日本投降为止,我担任关东军司令部第二参谋副长。

问题:关于"满洲"境内设置有细菌部队一事,你知道一些什么情况?

回答:我很清楚地知道关东军建制内有过两支细菌部队,第一支叫作七三一部队,第二支叫作一〇〇部队。

问题:石井四郎中将领导的七三一部队在何种程度上受到关东军司令部的管辖?

回答:石井四郎中将主导的七三一部队是受关东军总司令(以前为梅津美治郎,以后是山田乙三)直接统辖的,该部队内进行的全部工作都是由关东军司令部直接领导的。

问题:关东军总司令山田乙三大将和关东军司令部方面对这支部队活动的领导究竟表现在什么地方呢?

回答:关东军总司令经由本司令部军医部长梶冢隆二中将实际督导七三一部队的活动,因而首先关东军司令部要对该部队的活动负责。

问题:七三一部队进行的反苏细菌战准备工作表现在什么地方呢?

回答:这一准备细菌战武器的工作体现在七三一部队专门从事研究使用鼠疫、霍乱、伤寒及其他传染病细菌的方法。为达到此目的,该部队设有专门进行实验和培养细菌的组织。

此外,七三一部队在牡丹江、海拉尔、孙吴和东安四处设有支队,那里同样也进行了培养和细菌实验工作。

问题:你身为前关东军司令部作战部长兼参谋副长,与七三一部队曾经有过什么关系呢?

回答:我与七三一部队的关系,就是我曾经负责替那些获准到该部队所在地访问的人办理通行证。若要到七三一部队所在地,就必须经总司令山田乙三本人的批准。而直接签发通行证一事,是由我所领导的作战部的副部长竹田宫亲王,即宫田中佐负责。到过该部队的人都要把通行证带回并交还给竹田宫。

问题:请你说说,关东军司令部的军医部长和兽医部长向什么人汇报关于分内工作中的最重要的情况呢?

回答:军医部长梶冢隆二中将和兽医部长高桥隆笃中将是直接向总司令山田乙三报告关于其分内工作中的最重要的事情的。

问题:关东军总司令山田乙三经常去视察石井四郎的部队吗?

回答:我记得很清楚,总司令于1944年7月抵达"满洲"后不久,就到访了驻哈尔滨的石井四郎的部队,视察过该部队的工作。但山田乙三在返回长春(新京)之后,并没有对任何人叙述过他那次视察的详细情况,所以关于这方面的情形,我也丝毫不知道。

问题:关于销毁七三一部队和一〇〇部队各实验室的情况,你都知道哪些呢?

回答:1945年8月9日或10日,总司令山田乙三鉴于[苏联针对日本关东军的]军事行动业已开始,便决定把培养细菌的一切实验室和贵重设备完全销毁,免得这些科学实验室落到苏军的手中。关于消除上述的部队编制,并将该部队人员撤往汉城(京城,Сеул)①,即朝鲜半岛南部的命令,是由我的部属草地(Кусадзи)大佐拟定的。当天,这道命令就由总司令山田乙三签署,并送交至七三一部队和一〇〇的队长官手上执行了。

石井四郎中将和若松有次郎少将根据总司令的命令,在当地工兵队的协助下,才将这两支部队曾经所在的建筑物炸毁和破坏。

问题:这两支细菌部队的所有实验室设备品也一同运到朝鲜了吗?

回答:这个问题,我却是很难回答的,因为在通讯中并没有说到这一点,加上关东军司令部也并未接到这两支部队撤退的结果报告。大概来说,七三一部队和一〇〇部队中的最贵重的细菌实验仪器是运往朝鲜南部去了。

---

① 今首尔。——编著者注

我供述的话都被正确记录下来,记录的内容用日语念给我听过,特此签字为凭。

松村知胜

审讯人员:

哈巴罗夫斯克边疆区内务部总局工作员　科尔沙可夫上尉(Корсаков)

翻译员　巴荷摩夫(Пахомов)

(十七)《松村知胜的审讯证供》(二)

证人松村知胜受审记录

1949 年 11 月 16 日
哈巴罗夫斯克市

证人曾被预先告知,如有伪造供述之处,即应当按照《俄罗斯苏维埃联邦社会主义共和国刑法》第 95 条治罪。

松村知胜

受审时由翻译员普利亚琴科翻译,翻译员曾被预先告知过关于《俄罗斯苏维埃联邦社会主义共和国刑法》第 95 条所规定的刑责处分。

普利亚琴科

问题:七三一部队是什么时候成立的呢?

回答:石井四郎将军所主持的这个部队大概是 1934 年成立的,驻扎地点在哈尔滨。

问题:为什么七三一部队建立在"满洲"境内呢?

回答:七三一部队是一个研究和制造细菌武器的大联合制造厂,它之所以被建立在"满洲"境内,是出于战略上的打算。因为当时日本准备对苏联发动战争,而这支部队的全部活动就是准备针对苏联的细菌战。其次,凡是属于该部队的有关建立及研究细菌武器工作所需要的经费,都被列入关东军的非常军事预算之内。因为这笔预算不必向国会报销,这就使得那些坐在国会里面而不谙军事问题的人无从得知该部队的活动内情。

问题：七三一部队在准备针对苏联的细菌战方面，采取过一些什么组织上的措施呢？

回答：针对苏联的细菌战准备工作体现在七三一部队曾经从事研究鼠疫、炭疽热、霍乱、伤寒及其他病菌的使用方法。为了达成此种目的，七三一部队内设有一些专门实验和培养细菌的机构。同时，七三一部队还组织了编制内的自己的支队。关于这些支队的情形，我已在 1949 年 10 月 27 日供述过了。至于七三一部队各支队内进行了什么工作，我并不知道。

问题：究竟是用什么人进行实验的呢？

回答：根据田村正大佐告诉我的内容，七三一部队内部是用原为中国人民革命军的士兵和游击队员的活体进行实验。

问题：你从什么地方知道石井四郎的部队进行过研究细菌和培制细菌的科学研究工作？

回答：1943 年 8 月，前任的关东军司令部作战部长田村善友（Tамура Ёситоми）少将向我交代手续时，曾经告诉我说，石井四郎的部队在进行研究细菌武器及其使用方法的科学研究工作。1944 年夏季（月份我记不清楚了），我从我的下属人员宫田中佐口中最终知道了七三一部队在进行这种工作，因为宫田中佐是由我按照参谋长笠原行雄中将指示派到石井四郎部队去检查流行疫病细菌特种炸弹的生产情况的。此外，从我经手转呈至关东军总司令的一些报告中（关于这些报告，我往下再供述），我也知道了七三一部队内生产细菌武器的情形。

问题：按照 1945 年的生产情况，七三一部队能否保证关东军取得必需数量的细菌武器呢？

回答：据关东军司令部作战部收到的材料，以及宫田中佐的报告来看，就 1945 年的生产情况来看，七三一部队已经能够大批培养出各种流行病病菌，其供给数量足够作为细菌武器之用途。当时已在加紧研究特殊炸弹，将之作为使用细菌武器方面的一种最有效的手段。

问题：你在自己的战略计划中曾经预先谋划要在反对苏联的战争中使

用细菌武器吗？

回答：在拟制战略作战计划时，我并没有预先谋划要使用细菌武器，但若要执行日本帝国统帅部计划在反对苏联的战争中使用细菌武器的命令，那么也一定会动用当时所有的细菌武器，因为当时石井四郎的部队对此已有充分准备。

问题：当时预谋具体怎样使用细菌进行反对苏联的战争呢？

回答：当时预谋使用细菌进行反苏战争的办法，是由飞机投掷细菌航空炸弹以及直接散播细菌。至于其他可能在反对苏联的战争中使用的细菌武器的方法，我就不知道了。

问题：关东军司令部对七三一部队活动的领导体现在哪些地方呢？

回答：我在 1949 年 10 月 27 日受审时已供述过了：石井四郎中将所主持的七三一部队是关东军总司令直接掌管的部队，该部队内的全部工作都是在关东军司令部直接领导下进行的。

对于关东军总司令梅津美治郎，以及后来的从 1944 年 7 月起继任的总司令山田乙三对七三一部队活动的领导，在战略方面的问题是经由我所主管的作战部实现的，而关于科学技术的问题则是经过关东军司令部军医部长官梶冢隆二将军实现的。凡是有关细菌学方面的科学技术研究问题、培养细菌学干部的问题，以及防疫和给水的问题，都在军医部长的管辖范围之内。

问题：你所主管的作战部在哪种问题上具体领导过该部队？

回答：关东军司令部作战部在研究和制造细菌武器问题方面具体领导过七三一部队。

问题：关于七三一部队的活动情况，总司令究竟收到了哪些报告，而又根据这些报告做了何种决定呢？

回答：据我此刻所记得的内容，关东军总司令收到的这种报告共有两份。第一份是该部队长石井四郎发出的关于从飞机上用特种装置散播细菌的方法的报告，这个报告是 1943 年下半年收到的。

当时的关东军总司令梅津美治郎大将阅览了石井四郎将军在报告中所

提出的方法后,就认为这种方法所能产生的效能很低,同时他也指出,要是以这种方法运用细菌武器,那我们便不免要在人员和技术方面蒙受很大的损失,因为我们不能保证自己的军队不会受到传染。总司令梅津美治郎当即指示参谋长笠原行雄下令该部队长官石井四郎,要求他另行研制一种更有效的细菌武器使用法。

大约经过一年之后,总司令收到了关于细菌武器的新型使用方法的报告。在这个报告中,石井四郎中将说他已制定了使用细菌武器的新方法,也就是从空中投掷装有传染病病菌的特制陶瓷质炸弹。总司令梅津美治郎对于这个报告没有作出任何指示,他把这份文件一直保存到1944年7月离任总司令一职时。我从工作实践中知道,如果总司令对呈给他的某一份报告不加任何指示,那就是说他同意该报告中所提出的办法。

这次也是如此。梅津美治郎认为在反对苏联的战争中采用这种细菌武器的使用方法是最适当的。

1944年7月,山田乙三大将接任关东军总司令一职时,他的前任梅津美治郎将这一文件给他看过,并把石井四郎部队的活动情况告诉了他。当这份文件交给我保存的时候,山田乙三也没有给予任何指示。这就是说,该报告中所提出的办法,也就是这种从飞机上投掷装有细菌的特种陶瓷质炸弹的细菌武器的使用办法,山田乙三也是表示赞同的。

由于当时七三一部队尚不能保证关东军有足够的细菌武器,所以自从山田乙三就任总司令一职时起,石井四郎部队就遵照陆军省下达的要求提高细菌武器出产量的训令,而大力扩充其生产规模。得到新的实验设备后,细菌武器的生产量就增加了。山田乙三到达"满洲"后不久,就于1944年8月去巡视七三一部队,并直接检查了该部队的工作,这绝不是偶然的。

问题:究竟是什么时候收到陆军省关于提高细菌武器生产量的训令的呢?

回答:陆军省关于提高细菌武器生产量的训令,是1944年5月,即在山田乙三就任前,已经下达到关东军司令部的。而且,虽然我不能断定,但我觉得陆军省的训令不仅是要求保证关东军有充足的细菌武器,而且要保证在太平洋上作战的日军有充足的细菌武器。

问题：关东军司令部领导人员中有谁视察过七三一部队？视察的目的为何？

回答：关东军总司令山田乙三和司令部军官宫田中佐亲自视察过七三一部队，其视察目的我已在前面的供述中说过了［……］

问题：1945 年 8 月 9 日或 10 日总司令在颁发的命令中只是说到要销毁七三一部队［的设施］，抑或还包括有关该部队的其他事物呢？

回答：1945 年 8 月 9 日或 10 日总司令在颁发的命令中除了说要炸毁七三一部队和一〇〇部队的基础设施外，还说到要把这两支部队的人员和贵重设备撤到朝鲜南部去。根据这道命令，关东军中的测绘部队也撤到后方纵深去了。

问题：为什么七三一部队和一〇〇部队内的贵重设备要迁运到朝鲜呢？

回答：当时朝鲜南部是最安全的地方，况且驻朝鲜的部队是听命于关东军总司令指挥的，我们并未预料到朝鲜会被敌军占领。

问题：关东军究竟是责成其中的哪些部队去销毁七三一部队［的设施］的呢？

回答：当上级下令毁灭七三一部队的设施时，驻守在哈尔滨地区的是宇部四雄（Убэ/Ube Yotsuo）少将指挥的混成旅团，所以实行炸毁该部队基础楼房设施的想必就是该混成旅团的工兵队，但我不能确定这点，因为命令上没有明确规定由哪个部队负责毁灭七三一部队的营房。

我的证词都得到了正确的记录，记录文件页用日语念给我听过，我证实这些记录是正确的。

松村知胜

审讯人员：

哈巴罗夫斯克边疆区内务部总局工作员　科尔沙可夫上尉（Корсаков）

翻译员　普利亚琴科（Пляченко）

（十八）《设立平房特殊军事区域命令》

档案第 869 号，第 32—32 页。

《法令汇集增补包》中的文件，第 31 页。　　　　　　　　　　译自日文

关东军司令部第一部。

第 1539 号训令。

1938 年 6 月 30 日。

关东军参谋长。

关于在平房附近设立特殊军事区域

兹奉命知照，本问题已作如下决定：

第 32 页。

一、平房石井部队房屋（围墙以内），均指定为特殊军事建筑物。

二、依据《"满洲国"军机保护法施行规则》，附件要图上所标明甲号（《КО》）地段应认定为第三种区域的甲号地段。上述规则的禁止事项均适用于该地段。

三、在附件要图上所标明乙号（《ОЦУ》）地段内，禁止建造二层以上之新房屋。

四、对民用航空（"满洲"航空株式会社《Мансю》）指定有航空线及禁航地带。

五、甲号地段和乙号地段境界以及禁止事项由"满洲国"治安部宣布之，军事建筑物所在地区由防卫司令官宣布之。

六、本训令只通知直接有关的各部队；不得作任何公布。

附件省略

译者：一等翻译员苏制历史学博士

颇得巴洛娃（Подпалова）

（十九）《"特殊输送"的要点》

档案第 864 号，第 245—246 页。

关东宪兵队司令部第一课 1943 年《各种通函包》中存件。

此类文件均系有关组织问题、人员补充及训练问题等。

译自日文

极秘

副本

第 245 页。

关东军宪兵队司令部

特殊重要案件部（日文为特种情报部）第 120 号。

1943 年 3 月 20 日。

知阅人：藤重（Фудзисиге）（私章）

原五郎（Хара Горо）（私章）

石井（Исии）（私章）

宪兵队司令部警务部长。

关于"特殊输送"的注意提醒事项①

兹奉命通报，本问题虽应按 1938 年 1 月 26 日关东军宪兵司令部警务部第 58 号文件处置，但在选定应派犯人时希望参照下面附件所定标准办理。

发送：关东宪兵队各队长（包括各个独立分队长，除了第八六支队队长和教导队队长）。

译者：一等翻译员，苏制历史学博士

颇得巴洛娃

---

① 在俄文版中"特殊输送"的原文是《Особые отправки》《Токуи—ацукаи》）。——编著者注

附件

类别	罪状性质	履历	品格	我们的评估	其他
同谍侦察分子（破坏分子）	依其罪行程度可以预料该犯被提交法庭审判时必处死刑或无期徒刑或者			无敌我方吸收和调派回去工作有价值的人	
	曾经充当间谍或破坏分子曾次潜入"满洲国"境内和直至被拘捕时为止始终从事这种活动者		怀有亲苏或反日心理者	无敌我方吸收和调派回去工作有价值的人	
	依其罪行程度可以预料该犯被提交法庭审判时将被处短期监禁后即可释放者		怀有亲苏或反日心理者	并无悔悟表示而有严重犯罪行为的严重危险人士	
		住所不定又无亲族的游民,鸦片中毒者		毫无感化希望者	
	以前进行过此种活动者	当过游击队员或者做过有此种工作的活动者			
	与其他种类秘密活动有关者,或者因参加机密事项故其继续生存极度不利于军队与国家者				
	与应当判处"特殊输送"的犯人持有相同思想者				
思想犯（民族运动犯和共产运动犯）	依其罪行可以预料该犯被提交法庭审判时必处死刑或无期徒刑者				
	与其他种类密事活动有关者,或者因参加机密事项故其继续生存极度不利于军队与国家者				罪情显轻,但不适宜将其释放者
备考	各宪兵队队长依照上述标准来确定怎样处理某一犯人时,应当根据"满洲国"内部情况,周密考虑到其对国政、社会、社会道德将有何影响,把这一切都估量清楚之后,便可以坚决地向有关东宪兵队司令官申请援引"特殊输送"办法。				

译者：一等翻译员，苏制历史学博士　顾得巴洛娃

（二十）《关东军宪兵队第 224 号作战命令》

档案第 845 号，第 45—47 页。

平野宪兵队（жандармская часть Хирано）《阵中日志》（1939 年 7 月 17
日—9 月 19 日）

译自日文
秘

第 45 页。

星期二　晴

8 月 8 日。

（＊前 9 行因与本案无关，译时从略。——原书译者注）

关于"特殊输送"时护送事宜的命令。

关东军宪兵队第 224 号作战命令

关东军宪兵队命令。

8 月 8 日 16 时。

关东军宪兵队司令部。

（一）依据关东宪兵队作战命令第 222 号所派第二批"特殊输送"人员约 90
名，于 8 月 9 日抵达山海关站（станция Шаньхайгуань）。到达山海关站后即派一
辆列车用客运车厢输送，客车于 8 月 10 日 11 时 15 分由山海关站出发（客车车厢
挂在山海关—沈阳线列车上）。13 日零时 13 分抵达孙吴站（станция Суньу）。

（二）山海关至孙吴站之间负责沿途护卫前一任务之职责由锦州
（Цзиньчжоу）宪兵队队长担任。

被输送人员中除留下 60 名送达目的地之外，其余诸人在到达哈尔滨站
时即交付石井四郎部队长[①]。为此，须事先将应当交付石井四郎部队长的人

[①] 俄文版没有着重标注的字体或者记号，中文版是底下加点的着重标注，此处以粗体字以示着
　　重。——编著者注。

员区分出来,以免在交付时发生延误。

第 46 页。

前述的被输送人员应由承德(Чэндэ)宪兵队派出军官一名,平野的部队(отряд Хирано)派出下士官兵 25 名,关东军宪兵队教导队派出卫生下士官 1 名负责护送。另由锦州宪兵队派翻译一名随行。

(三)承德宪兵队队长派承德宪兵分队柴尾(Сибао)大尉,平野部队长派下士官兵 25 名(内有曹长 1 名),关东军宪兵队教导队长派卫生下士官 1 名,所派诸人均须于 8 月 9 日内到达山海关,听候锦州宪兵队队长的指挥。

(四)哈尔滨宪兵队队长须与石井四郎部队长官取得密切联系,保证在哈尔滨站及之后的沿途中竭力防范外国间谍侦探,并采取必要监督办法。

(五)平野部队及关东宪兵队教导队所派人员之路费,一概由关东军宪兵队司令部支给。

(六)其他事项即依据关东军宪兵队第 222 号作战命令办理。

关东军宪兵队司令官城仓义卫(Сирокура)少将

平野宪兵队第 1 号作战命令

命令。

8 月 8 日 17 时。

关东军宪兵队教导队。

(一)依据关东宪兵队第 222 号作战命令所派第二批"特殊输送"①应按关东军宪兵队第 224 号作战命令第一项办理。

第 47 页。

(二)平野的部队应派出一部分人员保证第二批"特殊输送"。

(三)稻邑曹长(Инамура)率宪兵 24 名(名单见附件)及卫生下士官一

---

① 俄文版的原文是《специальная перевозка》。——编著者注。

名火速从新京(长春，Синьцзин)出发，到达山海关后，听命于锦州宪兵队队长的指挥。

出发前在关东军宪兵队司令部领取刑具(脚镣 81 具、手铐 52 具、捕绳 40 根、护送绳 25 根)，并在沈阳宪兵队队内领取手铐 30 具、护送绳 40 根，携带前往。

(四)路上给养按"满洲"暂行供给条例第五表另增一半，由关东军宪兵队司令部支给。

(五)其他事项遵照关东宪兵队第 222 号作战命令办理。

平野宪兵部队长官平野大尉

译者：一等翻译员，苏制历史学博士

颇得巴洛娃

(二十一)《挺进游击战法》

第 140 号，第 33、49 页。

军事破坏活动战文件。

牡丹江日本军事特遣团所存关于横道河子(Хандаохэцзы)"白俄队"文件包中的文件。

翻译自日文

极秘

第 33 页。

帝国统帅部(大本营)陆军第二部。

1944 年 1 月 20 日。

由哈尔滨军事特遣团复印。

印记：

牡丹江日本军事特遣团①。

1944 年 2 月 20 日

收到。

收件第 1008 号

《挺进游击战法》
（俄文版名称：《奇袭破坏作战战术》②）

第三章
行动实施

第 49 页。

第 83 条。在确定秘密行动的实行时机的时候，应当估计到目标情况、接近目标的条件，以及行动结束后退走所需要的时间。此外必须利用敌人警戒最薄弱的地点。

在进行秘密攻击动作时可以使用钾素［化学品］③、细菌，或者使用带有钟表式爆炸装置的炸药，作为歼灭敌方人员的手段。对于物质器材，则应视其种类如何，来确定要么用带有钟表式爆炸装置的计时炸弹作爆炸攻击，要么纵火焚烧，要么用其他破坏手段加以毁坏。此外，还应在进行此种破坏动作的同时，进行有针对性而巧妙的带有破坏作用的宣传活动，以期扰乱敌方士气。行动完毕后，最好不要留下痕迹，以免敌方可能断定此种行动是由我方军事破坏队所实施的。如无法做到这一点，则必须在第一次行动中就力求达到最大的效果。

译者：一等翻译员，苏制历史学博士
颇得巴洛娃

---

① 俄文版的原文是《Муданьцзянская ЯВМ》——编著者注。

② 俄文版的原文直译为：《奇袭破坏作战战术》（《Тактика рейдовой диверсионной войны》）。——编著者注

③ 俄文版的原文是《химикалий》，意为化学物质，同 химикат。中文版的原文是"钾素"。——编著者注

（二十二）《关东军甲字作战命令第 398 号》

档案第 830 号，第 922 页，第 925 页。

1940 年作战命令包中的文件。关东军宪兵队司令部存件之一。

第 933 页。

译自日文

极秘

关东军作战命令甲字第 398 号（№ 398/1－KO）之一

（＊下边盖有命令发送人私章"原"。——原书译者注）

印记：

收到
知阅人：
关东宪兵队司令官　竹内（Такэути）（私章）
总务部长　　　　　菊地（Кикути）（私章）
课长　　　　　　　本田（Хонда）（私章）
主事　　　　　　　金泽（Канадзава）（私章）
执事　　　　　　　（私章缺）
警务部长　　　　　长友（Нагатомо）（私章）
干事　　　　　　　都筑（Цудзуки）（私章）
总务部军官　　　　古佐野（Фусано）（私章）
警务部军官　　　　小井（Кои）（私章）

关东军命令

新京军司令部。12 月 2 日 12 时。

（一）另外记录的所列各部应重新编制并听命于本司令管辖。

（＊第 2 至第 16 各条略去未译。——原书译者注）

第 925 页。

（十七）命令关东军防给水部长官将下列部队布置于以下地点：

牡丹江支队——海林。

林口支队——林口。

孙吴支队——孙吴。

海拉尔支队——海拉尔。

关东军司令官梅津美治郎大将

第 925 页。

译者所加的注释：

（一）在"关东军防疫给水部长"诸字上用铅笔批有如下几字："哈尔滨的石井四郎部队（加茂部队）（отряд《Камо》）。"

（二）在 4 个被列出的支队上面划了一横，用红铅笔写有"再重新组编"字样。

（三）命令末另黏附有一纸条，上面用墨水写有如下字样："原已认为必须加强哈尔滨石井四郎部队（关东军防疫给水部，另名加茂部队）作为一支特种部队，并使它在其他地方设立支队。这次已在四个地方设立了支队（有三个宪兵被派去工作）。"

译者：一等翻译员，苏制历史学博士

颇得巴洛娃

（二十三）《关东军丙字作战命令第 659 号》

档案第 830 号，第 256 页，第 925 页。

1940 年作战命令包中的文件。关东军宪兵队司令部存件之一。

第 256 页。

译自日文

极秘

关东军作战命令丙字第 659 号（№ 659—ХЭЙ）

（＊下盖有命令发送人私章"户田"[Тода]。——原书译者注）

印记：

1940 年 7 月收到	
知阅人：	
关东宪兵队司令官	（私章缺）
总务部长	菊地（Кикути）（私章）
课长	松浦（Мацуура）（私章）
主事	本田（Хонда）（私章）
执事	（私章缺）
警务部长	（私章缺）
干事	金泽（Канадзава）（私章）

关东军作战命令

新京(长春)军司令部。7 月 25 日 17 时。

着令关东军野战铁道司令官根据另外所载一览表将奈良部队（воинская часть《Нара》）器材沿铁道输送。

关东军总司令梅津美治郎中将

通报：

加茂部队；第一、二、三独立警卫队；关东宪兵队司令部；关东军司令部各部；征"支那"日军北"支那"军司令部；征"支那"日军总司令部。

(命令左上方附有用红墨水写的字条[译文见下面]，字条上角盖有关东军宪兵队司令部工作员"本田"的私章。——原书译者注)

字条内容译文：

将哈尔滨奈良部队官兵 40 名及所带器材于 7 月 30 日—8 月 6 日由哈尔滨运到上海一事的命令。

译者：一等翻译员，苏制历史学博士
颇得巴洛娃

(二十四)《关东军野战铁道司令部后勤命令第 178 号》

档案第 830 号，第 245 页，第 246 页。

1940 年作战命令包中的文件。

关东军宪兵队司令部存件之一。

第 245 页。

译自日文
极秘

关东军野战铁道司令部后勤命令第 178 号

关东军作战命令丙字第 659 号(№ 659—ХЭЙ)

(＊ 下边盖有命令发送人私章"佐藤"[Сато]。——原书译者注)

印记：

1940 年 7 月收到
知阅人：
关东宪兵队司令官　　　　（私章缺）
总务部长　　　　　　　　（私章缺）
课长　　　　　　　　　　（私章缺）
主事　　　　　　　　本田（Хонда）（私章）
执事　　　　　　　　　　（私章缺）
警务部长　　　　　　　　（私章缺）
干事　　　　　　　　　　（私章缺）

关东军野战铁道司令部命令

新京　　　7 月 26 日 11 时

着令哈尔滨、沈阳、锦州各分部长根据附件所载输送一览表，着手计划并实行输送奈良部队。沿途给养由各该分部供给。

关东军野战铁道司令官草场辰巳中将

下达法：印刷传送。

报告关东军司令部。

通报：

征"支那"日军总司令部；北"支那"日军司令部；奈良部队；第一、第二、第三独立警卫队；旅大卫戍军；关东宪兵队司令部；第二野战铁道部；海运管理局；海运管理局大连分局及其驻沈阳代办处。

（＊命令上黏附有用红墨水写的字条［译文见下面］。——原书译者注）

字条内容译文：

依据关东军作战命令丙字第 659 号所拟定的输送一览表，所输送的是驻在哈尔滨的奈良部队（平房坪井部队之一部）佐级以下官兵共 40 名及其所携带的武器（秘密武器和工具）；行程是山海关—天津—上海。

译者：一等翻译员，苏制历史学博士

颇得巴洛娃

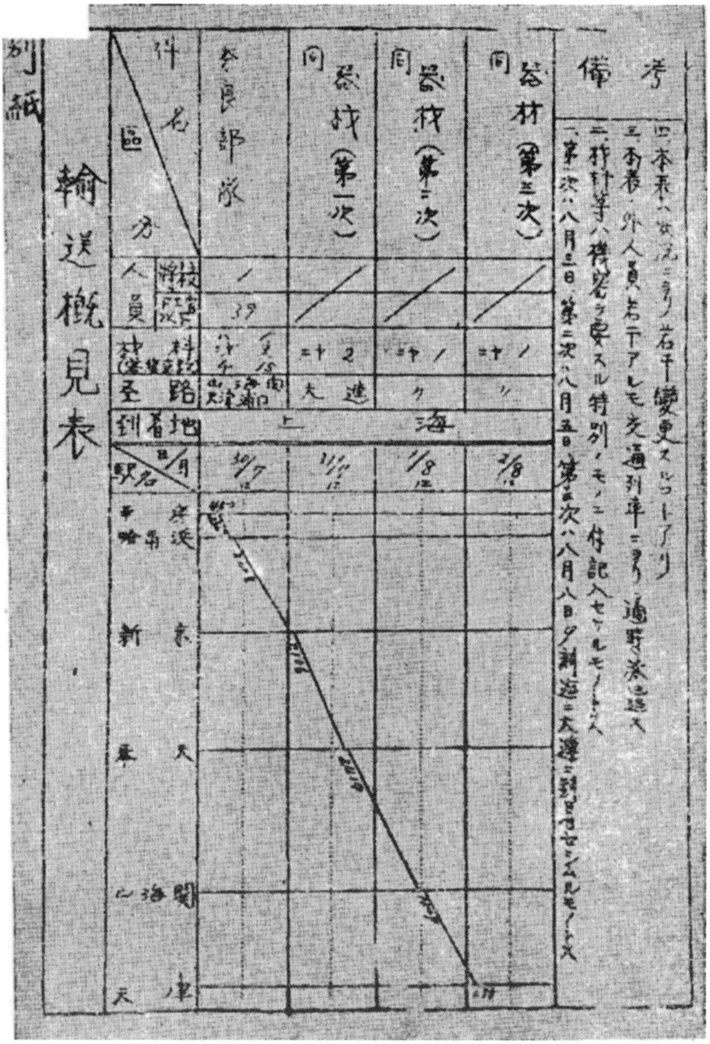

日军“特殊输送”时刻表

（二十五）《关东军特种情报部（苏联官方中文版为侦探部）海拉尔支部报告》

档案第 19 号，第 2 页，第 10 页。

1945 年间情形及工作状况报告包中的文件。

摘自满洲里站日本军事特遣团（ЯВМ）档案存件。

译自日文

第 2 页。

关东军特种情报部海拉尔支部

（＊即海拉尔日本军事特遣团［Хайларская ЯВМ］——原书译者注）

1945 年 3 月 26 日。

（＊下边盖有本报告发送人私章"天野"——原书译者注）

译自日文

军事极秘

关于关东军特种情报部长初度巡视的工作报告

（＊第 1—6 条因与本案无关，译时从略。——原书译者注）

第 10 页。

第七条。特别行动班工作

特别行动班系依据 1944 年 3 月关东军总司令作战命令由新京一〇〇部队所派出，现时该特别行动班在班长率领下极为热心地积极执行其所负职任。

（＊第八条从略。——原书译者注）

海拉尔支部长天野勇（Амано Исаму）。1945 年 3 月 26 日

译者：一等翻译员，苏制历史学博士

颇得巴洛娃

（二十六）《1946 年 8 月 29 日东京法庭》（节录）

在东京举行的远东国际军事法庭 1946 年 8 月 29 日庭审速记节录

［⋯⋯］萨顿①先生：其次，控诉方又提出第 1706 号文件作为证据。这文件就是《调查日本战犯在南京所作罪行的总结报告书》。报告书由南京地方法院检察长编制。

法庭主席：该文件已按普通手续接收。

法庭秘书：控诉方第 1706 号文件将注明为第 327 号起诉文件。

（然后，控诉方第 327 号文件便被接受为一种证据）。

萨顿先生：经法庭准许，现在我只宣读这份文件中的一部分［⋯⋯］

萨顿先生［宣读文件］：

关于其他种种残忍行为的详情。敌方"多摩"部队把俘获的平民运送到医学实验室试验传染毒血清的效能。这支部队是最秘密的组织之一。该部队所杀害的人数是无法确切查明的。

法庭主席：您不想再提供给我们一些关于所谓在实验室内试验毒血清效能的证据吗？

这要算是一种完全新奇的事情，我们至今还没听到过这点。难道你就只说到这里为止吗？

萨顿先生：此刻我们不想拿出关于本问题的补充证据［⋯⋯］

　　　　　　　　　　　　　　　　　　　证实节录正确者：

　　　　　　　　　　　　　　远东国际军事法庭苏方秘书处主任

　　　　　　　　　　　　维诺格拉朵夫（Н. Виноградов）上校法官

---

① 原文为 Саттон，英文名和俄文规范拼音为 D. N. Sutton/Д. Н. Сэттон。——编著者注

（二十七）日军《俘虏审讯要领》

档案第 48 号，第 90 页，第 112—113、124—126 页。

"秘密工作员工作指南（第一部分）"资料包中的文件。

来自牡丹江日本军事特遣团（Муданьцзянская ЯВМ）的档案。

译自日文

极秘

参谋本部军事调查部。

满洲第 471 部队（часть № 471—МАНСЮ）复写。

印记：

牡丹江日本军事特遣团。

1945 年 6 月 14 日收到。

收件第 9 号。

秘密战勤务工作指南

第 112 页。

附录。

俘虏审讯要领

第 113 页。

总　则

第一条。本大纲上所定审讯系以收集情报为目的，但审讯罪犯一事不包含在内。

第二条。对于敌方被俘军人、投诚的士兵、被获敌方间谍、非法越境者、被迫着陆敌机及被迫停泊我方海岸的敌舰人员、先前系我方军人而在被敌方俘虏后逃出者、近期被我军占领的占领区中的居民，以及从敌人势力范围内逃出的居民等，除特殊问题外，均用预审及审讯军人俘虏方法实行审讯。

第 125 页。

第六十二条。有的时候，因为受制于一些情况，而更加适合动用刑讯拷问，但这也经常会引起有害的结果。因此，在用刑之前，必须谨慎思考是否有必要实施拷打。采取拷打方式的同时必须考虑这是否会对我方带来恶劣后果。

第六十三条。造成物理层面上肉体伤害的刑讯拷打，应当如此实施并持续不间断，直到受审犯人感到如实招供是免于受苦的唯一出路。

从效率方面的观点来看，动用刑讯相对有利于加速迫使那些意志力薄弱的受审犯人招供实情，但其风险在于受审者可能为了免除受苦，反而迎合审问者的引导作供，从而歪曲了真相。

对于意志坚定的受审者而言，用刑可能还将强化他们的反抗意志，并在刑讯过后更加仇恨日本。

第六十四条。对于意志薄弱的受审者而言，使用拷打方式的场合一般是他们在罪证充分的情况仍然不配合坦白实情，同时又能确认对其用刑能够让其从实招供。

第六十五条。必须采用容易实施的拷打方法，为的是不至于怜悯受刑人所遭受的刑罚之苦，亦不至于在实施拷打过后留下明显的伤口和疤痕。但是，倘若必须让受审者有即将丧失生命的恐惧感，则可以无视对受审者造成的伤害，但要确保审讯得以继续进行。

可以举出下列各种拷打办法：

（一）强迫受审者挺直坐着，丝毫不能移动。

（二）在各手指间离手指根近距离处各夹上一支铅笔，然后用细绳索把各手指头尖缠拢，再来回绞动这些手指。

（三）让受审者脸面朝天（双脚稍微垫高一些），然后把水同时灌到他的鼻子和口里去。

（四）把受审者侧倾按倒在地板上，然后用脚去踩他的踝骨。

（五）把受审者放在一个很低的顶板下，使他站着时不能伸直腰。

第六十六条。一旦受审犯人偶然受伤，就必须从大局考虑，以及考虑这是否符合我国的利益,而这一切取决于审问者的全权责任。

第六十七条。对于在酷刑拷打下得出的口供,应当继续加以甄别,考察这些口供内容是否受审犯人出于极度力图免受拷打的心态,而故意迎合审讯者意旨编造出来的。在这些情况下必须有某种用以印证其口供的证据。

第126页。

第六十八条。在实施拷打后,务必说服受过拷打的人,使其以为这种拷打只不过是正常程序,并且出于自尊心和名誉心等心理的考虑,而不愿对外诉说其经受的酷刑。对于那些不愿意保持缄默的人,就要按照上面的指示内容,将他们所遭受的酷刑作为偶然受伤的情况去处理。

第六十九条。关于实行拷打办法一事,除施刑者外,其他任何无关人员都不应当知道。决不能让其他俘虏知道。务必设法使其呻吟声不被旁人听到。

(＊其余原文,译时从略。——原书译者注)。

译者:一等翻译员,苏制历史学博士

颇得巴洛娃

二、日本关东军细菌战原始罪证材料的图片[①]

ДОКУМЕНТАЛЬНЫЕ ДОКАЗАТЕЛЬСТВА

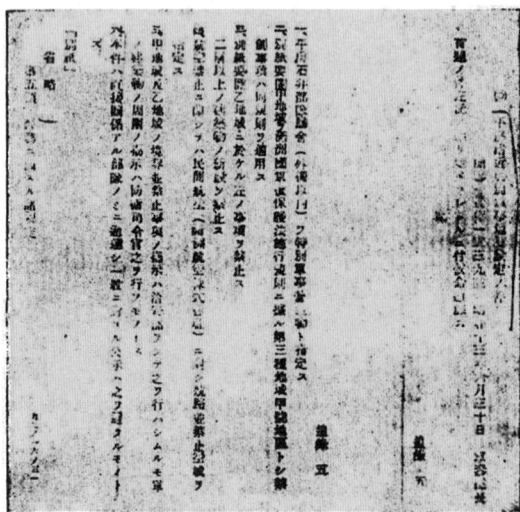

Директива штаба Квантунской армии
«Об установлении особой военной зоны в районе Пинфань»
Арх. дело № 859, стр. 31—32.

日本关东军参谋本部关于在平房地区建立特殊军事地区的命令

---

① 摘自《前日本陆军军人因准备和使用细菌武器被控案审判材料》（莫斯科 1950 年俄文版），第
153—233 页，以及《在被告席受审的军国主义者——东京审判和哈巴罗夫斯克审判材料》（莫斯科
1985 年俄文版），第 202—210 页。

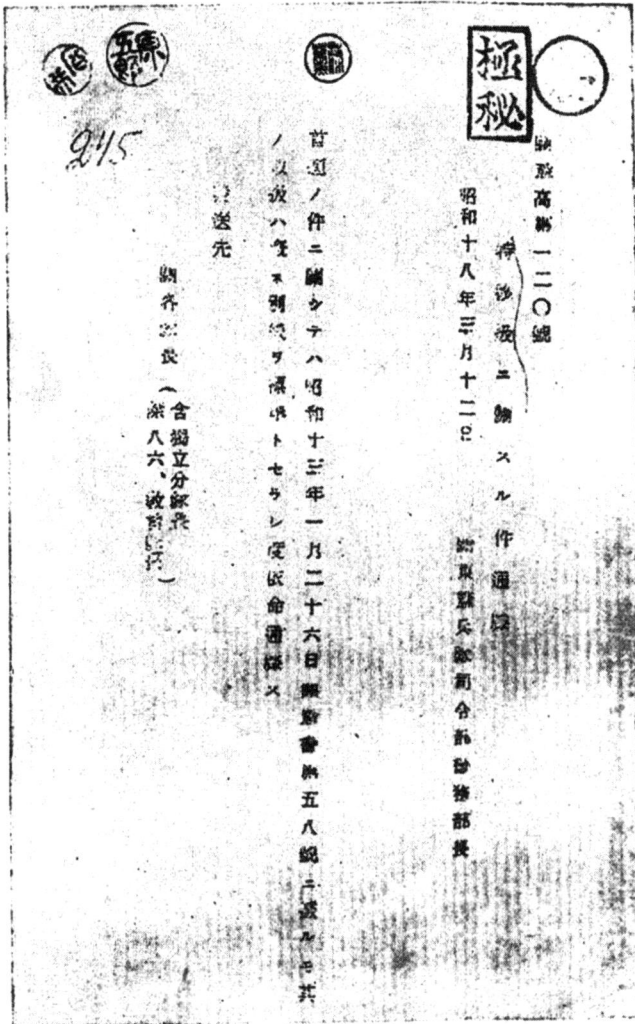

Уведомление начальника отдела полицейской службы
штаба квантунской жандармерии о категориях лиц,
направляемых в порядке «особых отправок» (спецотправок).
Арх. дело № 834, стр. 245.

日本关东军宪兵队司令参谋部警务部长官关于实施"特殊输送"对象挑选行动的提示命令

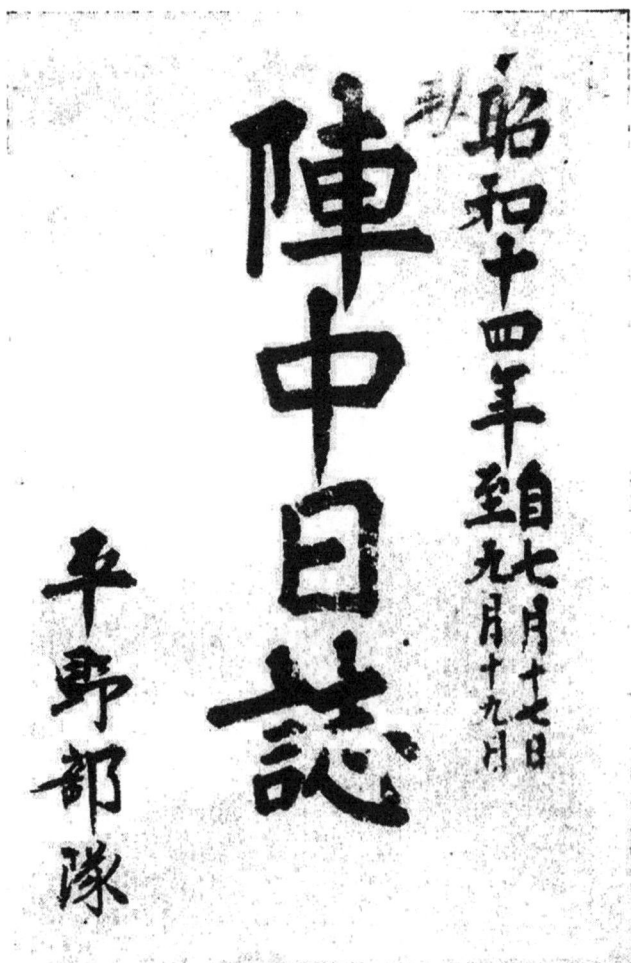

Служебный дневник жандармской части Хирано
с 17 июля по 19 сентября 1939 года (массовая «особая отправка»).
Заглавный лист.

Арх. дело № 845.

日本平野宪兵队的作战日记封面（大规模"特殊输送"，1939 年 7 月 17 日- 9 月 19 日）

Оперативный приказ № 224 квантунской жандармерии
о массовой «особой отправке», стр. 1.

Арх. дело № 845, стр. 45.

日本关东军宪兵队第 224 号作战行动命令关于大规模"特殊输送"内容的第 1 页

何特殊輸送人員ハ約八十名トシ八州

九月山海關驛ヨリ奉山海關ヨリ

輸送ハ各車一輌トシ八月十日十一時

十五分山海關驛發（山海關奉天間

救急列車ニ連結）句十三時零時十三分

二、錦州憲兵隊長ハ前項山海關驛ヨリ

保吳驛長ハ前項山海關驛ヨリ

蘇吳間輸送ノ護身ヲ担任スヘシ

但シ護送人員中一名ヲ隊ク地ハ

哈爾賓驛ニ於テ石井部隊長ニ交付

對スルモノトス

石井部隊長ニ交付

人員ヲ區分シ交井ニ當リ意識ナキヲ

日本关东军宪兵队第 224 号作战行动命令关于大规模"特殊输送"内容的第 2 页

Оперативный приказ № 224 квантунской жандармерии
о массовой «особой отправке», стр. 3.

Арх. дело № 845, стр. 46.

日本关东军宪兵队第 224 号作战行动命令关于大规模"特殊输送"内容的第 3 页

Оперативный приказ № 224 квантунской жандармерии
о массовой «особой отправке»
и оперативный приказ № 1 по отряду Хирано.
Арх. дело № 845, стр. 46 — продолжение.

日本关东军宪兵队第 224 号作战行动命令关于大规模"特殊输送"内容以及给平野部队下达的第 1 号作战命令

Оперативный приказ № 1 по отряду Хирано
о массовой «особой отправке».

Арх. дело № 845, стр. 47.

日本平野部队关于大规模"特殊输送"的第 1 号作战命令之一

四、給與ハ臨満第五表五割増渡切トシ憲
兵隊司令部ヨリ支給ス
五、其ノ他ノ事項ニ關シテハ闘憲作命第
二三二號ニ據ルヘシ

平野部隊長　平野大尉

別紙

憲兵曹長　川口英一
同　平野喜平
同　萩原繁
同　沼沢正之
同　本川正治
憲兵伍長　滝口満治

Оперативный приказ № 1 по отряду Хирано
о массовой «особой отправке».

Арх. дело № 845, стр. 47 — продолжение.

12 Судебный процесс

日本平野部队关于大规模"特殊输送"的第 1 号作战命令之二

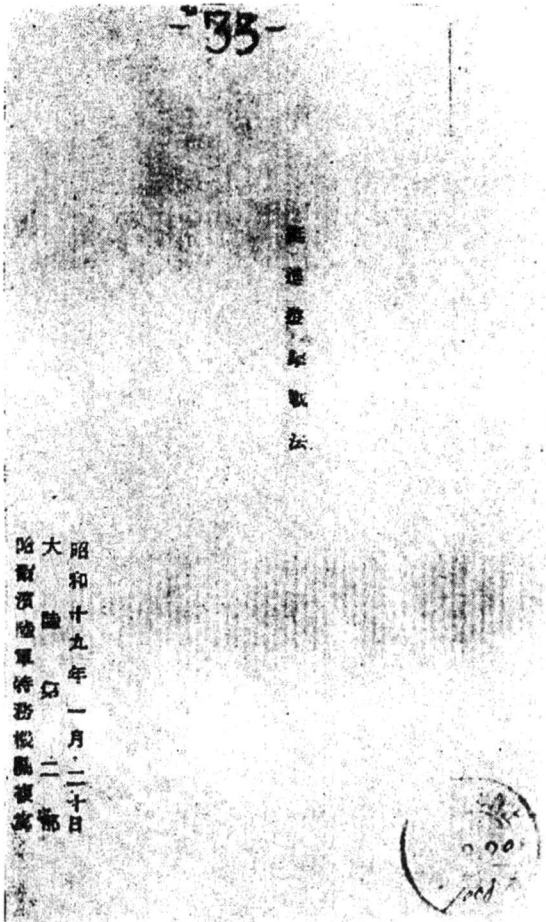

Тактика рейдовой диверсионной войны. Заглавный лист.
Арх. дело № 140, стр. 33.

《奇袭破坏作战战术》(《挺进游击战法》)封面

Тактика рейдовой диверсионной войны. Статья 83.

Арх. дело № 140, стр. 49.

《奇袭破坏作战战术》中的第 83 条指示

Оперативный приказ Квантунской армии № 398/1-KO.
Арх. дело № 830, стр. 922.

日本关东军甲字第 398 号作战命令

6

新設

關東軍防疫給水部本部長ハ左ノ諸部隊ヲ夫々下記ノ地ニ駐屯セシムヘシ

牡丹江支部　海林

林口支部　林口

孫呉支部　孫呉

海拉爾支部　海拉爾

關東軍司令官梅津大將

6

Оперативный приказ Квантунской армии № 398/1-КО.
Пункт 17 приказа (перечень филиалов отряда № 731).
Арх. дело № 830, стр. 525.

日本关东军甲字第 398 号作战命令的第 17 条（七三一部队支队名单）

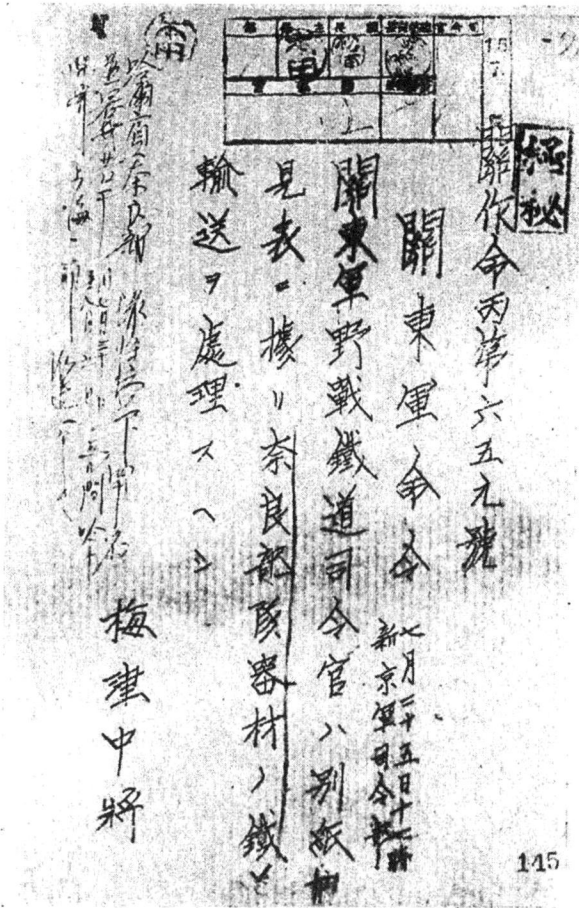

Оперативный приказ Квантунской армии № 659-Хэй.

Арх. дело № 830, стр. 256.

13*

日本关东军丙字第 659 号作战命令

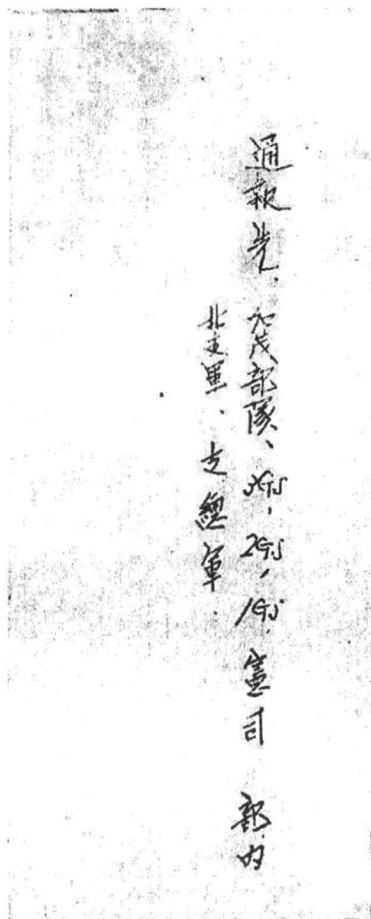

Список частей, информированных
о приказе Квантунской армии № 659-Хэй.
Арх. дело № 830, стр. 256—продолжение.

日本关东军丙字第 659 号作战命令的下达部队名列

1

極秘

關鐵司後命第一七八號 (關作命丙第六五九號)

關東軍野戰鐵道司令部命令　新京

一　哈爾賓、奉天、錦州各支部長ハ奈良部隊ノ輸送ヲ別紙惱見表ニ據リ計畫、處理スヘシ

二　本命ニ關連開ノ給養ニ付クヘン

關東軍野戰鐵道司令官　豐嶋中將

下志夫

印刷送付

關東軍野戰鐵道司令官　豐嶋中將

Приказ № 178 Управления полевой железной дороги
Квантунской армии.

Арх. дело № 830, стр. 245.

日本关东军陆军铁道部的第 178 号命令

Наклейка к приказу № 178 Управления
полевой железной дороги Квантунской армии.
арх. дело № 830, стр. 245.

日本关东军陆军铁道部的第 178 号命令的封签

Страница 246.
Приложение　　ГРАФИК ПЕРЕВОЗКИ

Что перевозится		Часть «Нара»	Материалы части «Нара» (1-я партия)	Материалы части «Нара» (2-я партия)	Материалы части «Нара» (3-я партия)
Личный состав	Офицеры	1	—	—	—
	Унтер-офицеры и солдаты . . .	39	—	—	—
Грузы (тип и количество вагонов) . . .		«Ха»-1 «Ния»-3 «Тн»-15	«Ния»-2	«Ния»-1	«Ния»-1
Маршрут		Шаньхайгуань — Тяньцзин — Пукоу	Дайрен	Дайрен	Дайрен

МЕСТО ПРИБЫТИЯ Месяц и число Название станции	ШАНХАЙ			
	30/7 12	31/7 12	1/8 12	2/8 12
Пинфань . . .	4.50			
Харбин	23.52			
Синьцзин . . .		26.08		
Мукден		21.06		
Шаньхайгуань			24.17	
Тяньцзин . . .			18.07	1.39

ПРИМЕЧАНИЯ: 1. 1-я партия должна прибыть в Дайрен к 3 августа, 2-я—к 5 августа, 3-я — к вечеру 8 августа.
　　2. Груз представляет собою особые материалы, требующие секретности, вследствие чего его название в график не вписано.
　　3. Кроме перечисленного в таблице личного состава следует ещё некоторое количество лиц, но они будут своевременно командированы по железной дороге.
　　4. В зависимости от обстановки в настоящем графике могут производиться необходимые изменения.

Перевела: Старший переводчик кандидат исторических наук
подпись: *(ПОДПАЛОВА)*.

14 Судебный процесс　　　　209

日军"特殊输送"时刻表（俄文翻译）

Отчёт о работе ЯВМ в Хайларе. Сообщение начальника Хайларской
ЯВМ об экспедиционной группе отряда № 100. Заглавный лист.
Арх. дело № 19, стр. 2.

14*

海拉尔日军军事特遣团工作纪要（图为其长官就一〇〇部队特种探险
远征队事宜下达的工作指示文件的封面）

Пункт 7 отчёта о работе начальника ЯВМ
в Хайларе (об отряде № 100).
Арх. дело № 19, стр. 10.

海拉尔日军军事特遣团工作纪要的第 7 点（关于一〇〇部队）

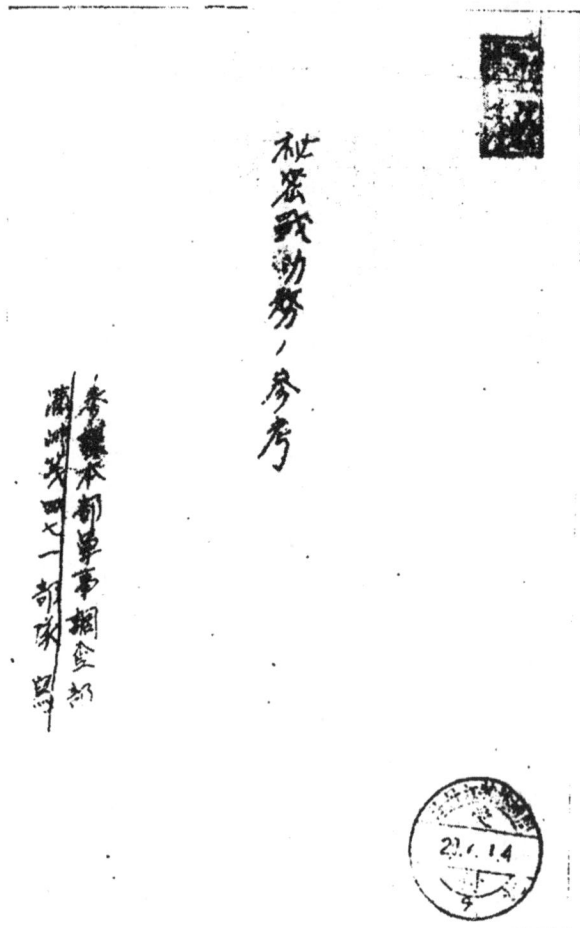

Руководство по службе секретной войны. Заглавный лист.
Арх. дело № 48, стр. 90.

日军实施秘密特种作战计划文件的封面

54

俘虜ノ訊問要領

附録

Основные положения допроса военнопленных. Подзаголовок.
Арх. дело № 48, стр. 112.

《俘虏审讯要领》首页

Ст. 1 и 2 положения о допросе военнопленных.
Арх. дело № 48, стр. 113.

《俘虏审讯要领》第 1—2 条指令（总则）

Ст. 62 положения о допросе военнопленных.
Арх. дело № 48, стр. 124.

《俘虏审讯要领》第 62 条指令

Ст. 63, 64, 65 положения о допросе военнопленных.
Арх. дело № 48, стр. 125.

15 Судебный процесс

《俘虏审讯要领》第 63—65 条指令

Примеры пыток и ст. 66 и 67 положения о допросе военнопленных.
Арх. дело № 76, стр. 12п — продолжение.

《俘虏审讯要领》第 66—67 条指令（用刑办法）

七三一特殊部队主部的营房

Схема расположения особого отряда № 731, скрывавшегося под вывеской „Главной базы управления по водоснабжению и профилактике частей Квантунской армии"

хаси (исследование чумы). 11. Секционный зал (помещение для патологоанатомических вскрытий). 12. Печь для сжигания трупов. 13. Виварий спецгруппы. 14. Комната крови. 15. Конюшни. 16. Группа Ногути (исследование риккетсий). 17. Группа инженерных работ. 18. Газораспределительная камера. 19. Газгольдер. 20. Караульное помещение.

2-й отдел.

21. Метеогруппа. 22. Авиагруппа. 23. Ангары. 24. Радиогруппа. 25. Группа Ягисава (исследование растений). 26. Взлетно-посадочная полоса. 27. Гаражи.

3-й отдел.

28. Транспортная группа.

Отдел материального снабжения.

30. Блок „ро" (хранилище вакцины, стерильные холодильные камеры и термокамеры, термокамеры высокой температуры, канцелярия, гараж).

31—38. Административно-хозяйственные помещения. (Объектов под номерами 39—49 на схеме нет, так как они находились в Харбине).

Учебный отдел.

50—59. Учебные и административно-хозяйственные органы и помещения.

„Деревня Того".

60. Синтоистский храм. 61—71, 73—74. Жилые и хозяйственно-бытовые помещения для сотрудников отряда. 72. Газовая камера. 75. Ограждения из колючей проволоки. 76. Земляной вал. Ров без воды. Ток высокого напряжения. 77. Земляной вал. Ров без воды.

Схема восстановлена на основании аэрофотосъемки, произведенной в августе 1940 г. Схему выполнил бывший сотрудник военно-топографической группы исследовательского отдела хозяйственного управления отряда № 731 Тадзио Иосида.

Пояснения к схеме

Хозяйственное управление. 1-й отдел, 4-й отдел. Лечебный отдел. Центральный коридор.

1-й этаж. 4-й отдел. Группы: Карасава (производство бактерий); Асахина (исследование сыпного тифа и производство вакцины).

2-й этаж. 1-й отдел. Группы: Иосимура (исследование обморожения); Минато (исследование холеры); Эдзима (исследование дизентерии); Оота (исследование сибирской язвы); Окамото и Исикава (исследование патогенеза); Утими (исследование сыворотки крови).

3-й этаж. 1-й отдел. Группы: Танабэ (исследование тифа); Футака (исследование туберкулеза); Кусами (фармакологические исследования).

Под цифрами

1. 1-й этаж. Лечебница, административно-хозяйственные органы.

2-й этаж. „Выставочная комната" (образцы различных частей человеческого тела, отражающие результаты „исследований"), конференц-зал, „комната усопших", кабинет начальника отряда, бухгалтерия, канцелярия, плановый отдел.

2. 1-й этаж. Почта, телеграф, административно-хозяйственные органы, библиотека. 2-й этаж. Классы для практических занятий.

3. Книгохранилище. 4. Группа Танака (исследование насекомых). 5. Группа Иосимура (исследование обморожения), холодильная камера. 6. Хозяйственные помещения. 7. Группа Арита (рентгеновская съемка). 8. „Бревна". 9. Группа Касахара (исследование вирусов). 10. Группа Така-

七三一特殊部队主部的营房平面图（附俄文注解）（出自拉金斯基主编：《在被告席受审的军国主义者——东京审判和哈巴罗夫斯克审判材料》，第 300—301 页）

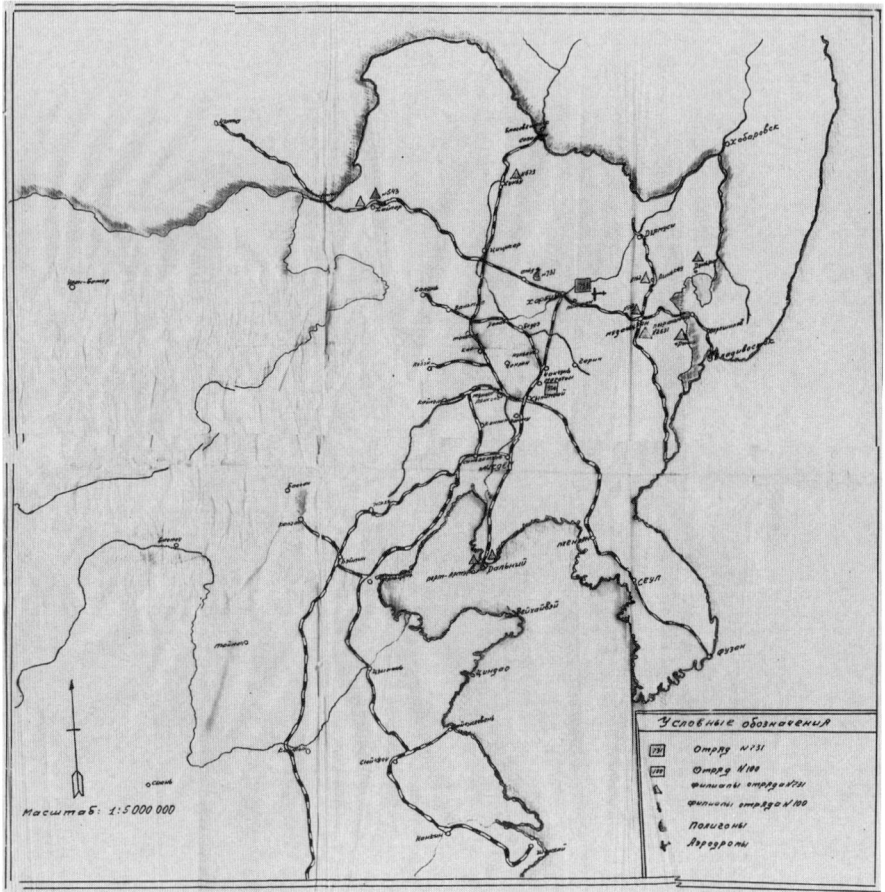

苏联绘制的 1945 年日本关东军七三一部队和一〇〇部队及其支部在"满洲"地区的分布示意图（出自《哈巴罗夫斯克审判——文献的见证：档案文件汇编》）

Военные преступники генералы Умэдзу (слева) и Ямада — бывшие главнокомандующие Квантунской группировкой войск. Первый из них санкционировал деятельность отряда № 731 в составе своих войск в 1933 г.; оба генерала осуществляли непосредственное руководство

原关东军总司令梅津美治郎大将(左)和山田乙三大将(两人都直接督导七三一部队的筹建和运作,对石井四郎部队研究、准备、实施细菌战的种种恶行起直接指导作用)

受审的日军细菌战战犯

辩护律师团

法庭主席法官宣读判决书

苏联方调查团成员

苏联主审法官团

庭审现场的翻译组

第三章 《真理报》刊登的哈巴罗夫斯克审判材料

一、《真理报》刊登与连载的哈巴罗夫斯克审判主要材料

1949 年 12 月 24 日—1950 年 1 月 1 日,苏联主要报纸对于针对日本战犯就细菌战和生化战组织的哈巴罗夫斯克审判进行了同步的新闻报道与评论。苏联《真理报》即日刊登了《对前日本军官案件的起诉书》(12 月 24 日—25 日)、《审讯过程》(12 月 25 日—31 日)、《惨绝人寰的暴行》[①](12 月 29 日,社评)、《法庭之外》[②](12 月 30 日,社评)、《对帝国主义者的新打击》[③](12 月 31 日,社评)、《结案书》(12 月 31 日)、《律师辩词》(摘录)、《判决书》(1949 年 12 月 31 日—1950 年 1 月 1 日)。1950 年出版的《关于指控日军前军官准备和使用细菌武器案件的法庭审判材料》(以下简称为《审判材料》)刊印了 12 月 24 日—25 日刊登的《对前日本军官案件的起诉书》[④](以下简称为《起诉

---

① 《Правда》, 29 декабря 1949 г.

② 《Правда》, 30 декабря 1949 г.

③ 《Правда》, 31 декабря 1949 г.

④ Материалы судебного процесса, С. 5 - 36. 《Правда》, 24 декабря 1949 г. , Л. 4, 25 декабря 1949 г. , Л. 4.

书》)两部分的全文和庭审记录①、《国家审判长结案书》②全文和《判决书》③
的相关原文内容。

哈巴罗夫斯克审判《起诉书》是召开苏联哈巴罗夫斯克庭审的起始文
件,其根据 1943 年 4 月 19 日苏联最高苏维埃主席团通过的法令,对山田乙
三、梶冢隆二、川岛清、西俊英、柄泽十三夫、尾上正男、佐藤俊二、高桥隆笃、
平樱全作、三友一男、菊地则光、久留岛佑司提出了准备和实施细菌战的控
罪。而将日军细菌战的历史背景与日本帝国主义扩张及日本和德国、意大
利的轴心国关系加以结合,可知日本的目的是建立"大东亚共荣圈"和征服、
支配东亚诸国。日本先后对中国、蒙古国和苏联发动攻击,而细菌战的准备
和实施,也属于日本参谋本部考虑的隐蔽作战方式。在日本攻下中国东北
和建立伪满洲国之后,日军就开始在伪满洲国境内建立七三一和一〇〇部
队,以防疫和供水为名,从事秘密的细菌战和生化战研究。在 20 世纪 30 年
代,七三一和一〇〇部队已经发展得比较成熟。到了日本侵华战争扩大化
之后,1939 年,日本又在南京和广州建立了辅助七三一部队的一六四四和八
六〇四部队,试图将细菌战的实验和应用扩大化。《起诉书》还着重于日军
在细菌战中以活人实验、特殊输送等方面的指控,其中提到了七三一和一〇
〇部队经常秘密抓捕俄罗斯人、"满洲人"、中国人和蒙古人作为实验对象,
以细菌和其他化学、物理方式将其杀害。这些手段是为了针对中国和苏联
实施细菌和生化攻击所做的准备。日本对中国实施局部细菌战的实验和攻
击始于 1940 年,在 1941 和 1942 年达到顶峰,尤以宁波、常德、浙赣细菌
战为代表。而针对苏联的细菌战与日本关东军的军事演习和准备,即
1941 年的"关特演"有密切关系,其由七三一和一〇〇部队主导。然而,
日军在 1939 年的哈拉欣河战役中也秘密地使用了生化战武器。自
1942 至 1944 年,日本关东军在中国东北(伪满洲国)积极进行实验及细

---

① Материалы судебного процесса, С. 234 – 392.《Правда》, 26 декабря 1949 г., Л. 4, 27 декабря
　　1949 г., Л. 4. 28 декабря 1949 г., Л. 4. 29 декабря 1949 г., Л. 4. 30 декабря 1949 г., Л. 4.
② Материалы судебного процесса, С. 403 – 465.《Правда》, 31 декабря 1949 г., Л. 2 – 5.
③ Материалы судебного процесса, С. 523 – 536.《Правда》, 31 декабря 1949 г., Л. 5 – 6.

菌战研究和演练。即使是到了 1945 年 5 月，七三一和一〇〇部队仍然继续强化相关研究工作，试图通过细菌战对苏联实施孤注一掷的攻击。因此，《起诉书》对山田乙三、梶冢隆二、川岛清、西俊英、柄泽十三夫、尾上正男、佐藤俊二、高桥隆笃、平樱全作、三友一男、菊地则光、久留岛佑司提出控诉和审判。

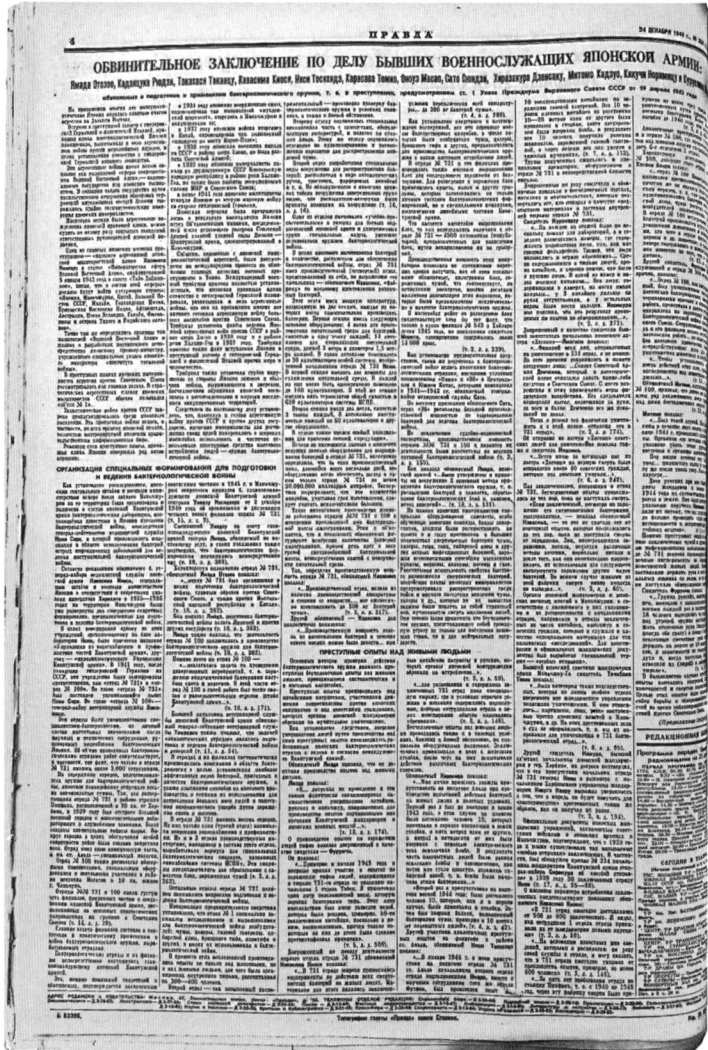

《真理报》刊登的哈巴罗夫斯克审判《起诉书》之一

ПРАВДА

ОБВИНИТЕЛЬНОЕ ЗАКЛЮЧЕНИЕ ПО ДЕЛУ БЫВШИХ ВОЕННОСЛУЖАЩИХ ЯПОНСКОЙ АРМИИ:

《真理报》刊登的哈巴罗夫斯克审判《起诉书》之二

　　《审讯过程》是对山田乙三、梶冢隆二、川岛清、西俊英、柄泽十三夫、尾上正男、佐藤俊二、高桥隆笃、平樱全作、三友一男、菊地则光、久留岛佑司等12名日本战犯就《起诉书》的原则和内容进行庭审和盘问，主要内容集中在揭示七三一和一〇〇等部队不为人知的背景和目的，以及核实他们具体的作战内容、行动纲领以及实验过程。并且传召了一些被苏军俘虏的日军下级官兵作为污点证人以提供更加详细的信息。总体上，受制于苏联的巨大压力，受审的12名日本战犯认罪和供述态度良好，对于基本事实和罪证有相对概括的供述，但在一些核心内容上，却不愿透露更多具体的细节，特别是关于细菌战的战略战术实施方面的内容高度碎片化。而污点证人供述的内容则在某程度上可以弥补这些不足。

《真理报》刊登的哈巴罗夫斯克审判《审判过程》（节选）之一

4 **ПРАВДА**

СУДЕБНЫЙ ПРОЦЕСС

по делу бывших военнослужащих японской армии, обвиняемых в подготовке и применении бактериологического оружия

Допрос свидетеля Хотта

Допрос свидетелей Озеки Сигео, Сайто и Кувабара

Заключение судебно-медицинской экспертизы

Допрос свидетелей Хатаки и Мисина Такаюки

Допрос свидетелей Сегоси Кеньичи и Сасаки Носуко

Огромный размах движения сторонников мира

Предотвратить интриги поджигателей войны в Финляндии

ИЗ ЗАЛА СУДА
От собственного корреспондента «Правды»

《真理报》刊登的哈巴罗夫斯克审判《审判过程》(节选)之二

哈巴罗夫斯克审判《结案书》由苏联法官斯米尔诺夫宣读，确认了五点事实——庭审意义、日本帝国主义者为准备和实施细菌战而设立的特殊形态组织、活人实验的罪行、针对中国和蒙古人民共和国准备及实施的细菌战攻击、在苏联和蒙古人民共和国境内从事的针对苏联的细菌战破坏行动，并做出了分析和结论。扼要来说，苏联法官综合了五天的举证、盘问、审判和辩论的内容，判决受审的 12 位日本战犯实际上直接或间接地主导、参与日军细菌战在战略和战术上的科学研究和实战应用。日军细菌战的主要针对目标是中国、苏联和蒙古人民共和国，但也有计划和准备对美国和英国实施细菌、生化攻击。活人实验以及以违反国际公约的非人道方式进行细菌战来残害中国、苏联和蒙古人民的情况被举证和认定，符合事实。于是《判决书》判处 12 位受审的日本战犯强制劳动改造。

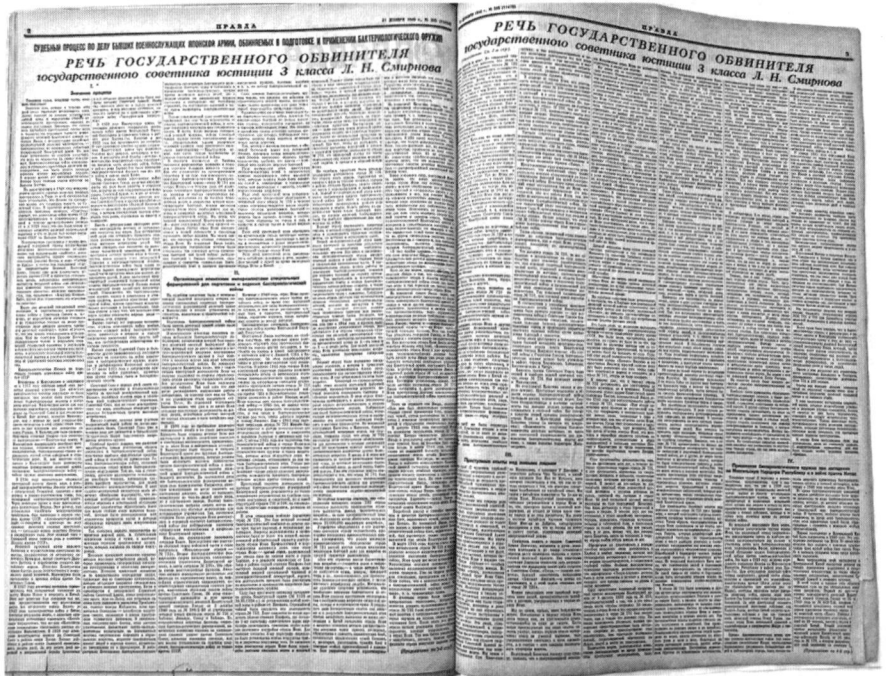

《真理报》刊登的哈巴罗夫斯克审判《判决书》之一

《真理报》刊登的哈巴罗夫斯克审判《判决书》之二

《真理报》刊登的哈巴罗夫斯克审判《辩护词》和《被告的最后陈词》（节选）

6

СУДЕБНЫЙ ПРОЦЕСС
по делу бывших военнослужащих японской армии, обвиняемых в подготовке и применении бактериологического оружия

(Окончание. Начало на 5 стр.)

Подсудимый Митомо в своем последнем слове заявил:

— В то время, когда я работал в отряде № 100, я не осознавал всей глубины своих злодеяний. Прожив четыре года здесь, в Советском Союзе, и особенно в эти дни на суде я глубоко прочувствовал всю тяжесть совершенных мною преступлений. Я впервые узнал правду о Советском Союзе, узнал советских людей, убедился, как они гуманны и благородны. Я понял всю свою ответственность. Я раскаиваюсь в своем участии в злодеяниях.

Следующим выступил подсудимый Такахаси.

— Я впервые узнал Советский Союз только после того, — говорит он, — как сам воочию увидел, как живет эта страна. То, о чем говорил в своем последнем слове подсудимый Кавасима о советской стране, — совершенно справедливо. Я полностью с ним согласен. Я благодарю за предоставление мне защитника, за слова, которые он нашел сказать в мою защиту, в защиту меня — преступника. Осознав всю глубину, всю тяжесть своих преступлений, я хочу просить суд о смягчении наказания.

В своем последнем слове подсудимый Кикучи сказал:

— С раннего детства меня учили быть преданным японскому императору. Я думал, что своей работой послужу на пользу своему народу. Но меня обманули. И здесь, за четыре года пребывания в Советском Союзе, благодаря теплому, человеческому отношению к японским военнопленным со стороны советских властей, я понял, как был обманут, ка-

ким ложным и неправильным было мое воспитание. Я убедился воочию во всей правоте Советского Союза. В моей душе произошел перелом, след от которого останется на всю жизнь. Сожалею, что на скамье подсудимых не сидят все главные преступники, главные организаторы и вдохновители бактериологической войны. Я преисполнен к ним чувства ненависти и отвращении.

Затем выступил подсудимый Курусима. Он заявил:

— Я сознаю тяжесть своей вины, тяжесть своих преступлений, совершенных мною, как сотрудником филиала отряда № 731. Я сейчас чувствую бесконечную ненависть к японской военщине, которая втянула меня в злодейское дело — участие в подготовке бактериологической войны. Меня с детства воспитывали в обстановке прогнившей идеологии. В заключение я хочу сказать, что здесь, в Советском Союзе, ко мне, как и к другим военнопленным, относились без расовой дискриминации. Я теперь не тот Курусима, каким был четыре года тому назад.

Подсудимый Ниси заявил: — Ничего добавить к тому, что я здесь говорил, не имею. Жду справедливого приговора Советского суда.

Последним выступил подсудимый Оноуэ.

— Как на предварительном следствии, так и на суде я искренне признал свое участие в тех злодеяниях, которые были мною совершены в отряде № 731. Я еще раз раскаиваюсь в этих преступлениях.

Заслушав последние слова обвиняемых, суд удалился на совещание для вынесения приговора.

ПРИГОВОР *
бывшим военнослужащим японской армии, обвиняемым в подготовке и применении бактериологического оружия

ХАБАРОВСК, 30 декабря. (ТАСС). Сегодня на вечернем заседании Военный трибунал Приморского военного округа вынес приговор бывшим военнослужащим японской армии, обвиняемым в подготовке и применении бактериологического оружия.

Суд приговорил: подсудимых Ямада,

Кадзицука, Такахаси и Кавасима к 25 годам исправительно-трудовых лагерей; подсудимых Сато и Карасава — к 20 годам; Ниси — к 18 годам; Митомо — к 15 годам; Оноуэ — к 12 годам; Хиразакура — к 10 годам; Курусима — к 3 годам и Кикучи — к 2 годам исправительно-трудовых лагерей.

Присутствующими в зале суда представителями трудящихся Хабаровска приговор встречен с огромным удовлетворением.

---

* Текст приговора будет опубликован в последующих номерах газеты.

《真理报》刊登的哈巴罗夫斯克审判《判决书》（节录）

二、《真理报》关于哈巴罗夫斯克审判的社论文章

（一）《惨绝人寰的暴行》

1. 概述

《真理报》刊载的苏联记者马耶夫斯基（В. Маевский）撰写的社评《惨绝人寰的暴行》，其第一部分对哈巴罗夫斯克审判做了宏观的背景介绍，提到了日本细菌战的基本情况、受审的日本战犯和潜逃的日本高级军官，以及七三一和一○○等部队的基本情况（包括细菌战准备、活人实验、三次在中国境内的细菌攻击等）。日本的侵略是帝国主义性质的，细菌战也是属于其建立大日本帝国的实施手段之一。第二部分就谈到了哈巴罗夫斯克审判的政治和历史意义，尤其揭示了在冷战初期美国和英国帝国主义者对待日本侵略和细菌战的诡异态度和做法，特别是包庇以石井四郎为首的一系列细菌部队的头号核心战犯，并且企图招揽这些原日军细菌战军官，从事对付中国、苏联和朝鲜的政治军事阴谋。美国当局的很多生物学家也继续投身细菌战和生化武器研究工作，积极响应和参与美帝国主义的新一轮侵略扩张计划。

社评文章《惨绝人寰的暴行》全文

2. 译文全文

在哈巴罗夫斯克进行的针对原日军军官的审判，正在揭露出一幅满是由日本军国主义者犯下的惨不忍睹的暴行的图画。

根据受审战犯的供述而补充的指控其犯罪事实的材料，无可辩驳地证实了日本裕仁天皇和日军总参谋本部秘密命令日本关东军最高司令部负责研究和实施细菌战。

这个丑恶的计划先是在原关东军最高司令梅津美治郎的督导下进行，后来就交由目前被指控和受审的山田乙三负责展开。他们在"满洲国"的土地上根据上级的最新指示紧张地进行着技术和设备的完备工作，以发展和完善研究细菌战的死亡工厂。在裕仁天皇的密令以及日本陆军省、首相东条英机等人的特别严密监管之下，在这些日军最为隐秘的部队中进行着强化的研究工作，以研发出可以杀灭数百万人的大杀伤力武器。受审的日本战犯以完全泯灭人性的冷漠暴戾心态去表述他们如何进行那些特殊实验；怎样去散播鼠疫、霍乱、气性坏疽、斑疹伤寒、炭疽等细菌；怎样去使用各种特殊武器；他们的军官成员又是如何去实施细菌战的。在细菌战部队里进行了丧尽天良的野蛮的活人实验，其结果是数以千计的中国人、俄罗斯人、蒙古人，甚至是美国人受尽苦难折磨，成为牺牲品。

日本政策毫无节制地资助这些吃人魔鬼进行所谓的"科学研究"，日本国内从事罪恶的细菌战研究的著名的领头精神领袖之一石井四郎中将军医，也直接参与其中，他是擅长研究生产致死杆菌的创新者。这个计划也备受日本法西斯头目荒木贞夫（Араки）的青睐和推崇。

1940 年，石井四郎主导的日本细菌野外实验选择了在中国的宁波地区实施，手段是用飞机空投带有鼠疫菌的跳蚤到指定地点，结果引发了鼠疫传染病。次年（1941 年——编著者注）他们又以同样的行动方式在常德引发了瘟疫。1942 年，在日军的一次撤退期间，日军参谋本部特别命令七三一部队组织一系列的野外实验，使用了细菌武器，目的是要在中国军队进驻方向地区的土地上引发疫病传染。

受审的战犯西俊英对此供认不讳。他指出"日本武士"曾在哈拉欣河战争进攻蒙古人民共和国的时候使用了细菌武器。日本军国主义者最重要的任务就是谋划大规模批量使用细菌武器攻击苏联。为此，关东军参谋部特别命令组建一〇〇部队，不止一次派出破坏小队，以散播细菌的方式污染苏联边界附近水源。1942年，日军细菌战部队在苏联远东边境地区进行了严密的侦察，为日后实施细菌战作准备。"日本武士"一直等待着到希特勒德国在西面（指德国及其欧洲盟国侵略苏联的战争——编著者注）取得全面胜利之时，立即从东面进犯苏联国土。

日本帝国主义战争集团原本的这些计划，都因为苏联在斯大林格勒战役中所取得的历史性胜利而被粉碎。不言自明的是，这并不意味着当时日本就此放弃了进犯苏联的企图，而是继续考虑一个适合和有利于进攻的时机。日本几乎每时每刻都在谋划反苏战争，包括细菌战。1945年5月，日军的细菌死亡工厂特别活跃地运作。七三一部队的指挥官石井四郎对他的部下表示："在任何时候都能够针对敌人采取必要的细菌战攻势了。"

受审的被告山田乙三和柄泽十三夫承认，在谋划发动细菌战的过程中并不只是为了攻击苏联、中国、蒙古人民共和国，也是要用来攻击美国和英国。日本战争集团的这些计划，在苏联武装力量击败有百万大军的日本关东军之后，遭到全面而根本的挫败。山田乙三表示："苏联加入反对日本的战争，苏军以最快速度突入'满洲国'的纵深，让我们（日军）丧失了以实施细菌战反对苏联和其他国家的可能机会。"苏军的决定性打击造成的结果，就是让日本被迫全面投降。就这样，苏联人民凝聚起来的英雄实力将数以百万计的人民从日本军国主义者的野蛮毁灭性屠戮威胁下拯救出来了。

日本战犯的所作所为，与他们"血脉相连"的匪帮兄弟——希特勒德国的食人妖魔，实际上是一模一样的。他们都有着基于极端种族理论的残忍的法西斯政权，同时也有虚妄丑恶的建立世界性霸权和控制世界的野心。日本侵略者当然是有明确的建立世界性帝国的方案，以及发动极大规模的侵略战争的方案。这个侵略方案规划了日本军国主义者如何侵占苏联的远东地区、中国、"满洲"地区、朝鲜半岛，以及南部的亚洲-太平洋国家。日本战争集团由日本帝国的主人，也就是日本垄断财阀集团/财团（дзайбац）的极度专权建立,为了达成其处心积虑的目的,而不惜让亚洲各国人民血流成河,尸积如山。日本人民中的民主力量被绞杀、被压迫驱赶,不得不转入地下工作。

很自然,在通过第二次世界大战摧毁日本帝国主义之后,主要的任务就是日本的去武装化,以及消除能够造成日本军国主义和侵略行径死灰复燃的众多先决条件,将日本重新改造成爱好和平的民主国家。正因为如此,这些任务早在 1945 年 7 月 26 日的《波茨坦公告》(Потсдамская декларация)就已经提出写明了。尽管美国接受了《波茨坦公告》,却要尽一切之能事千方百计地破坏执行《波茨坦公告》。

从一开始,美国对日本的占据方式,就是让原来阵营的日本军国主义者重新当政,这些新当政者本质上和在哈巴罗夫斯克法庭受审的战犯别无二致。日复一日,日本-美国反动势力针对日本工人阶级,以及民主党派和团体的攻击行径越来越强势、肆无忌惮。在世人面前昭然若揭的是,在美国审判美国共产党的同时,日本也发生了向日本共产党首领扔炸弹的恐怖行径;而当美国法西斯分子伴随着新战争的病态信仰出现时,在日本同样进行着将法西战犯从日本战犯名单中移除出去的行径,比如大川周明(Сюмэй Окава),而让他们参与到政治竞争当中。

这无可争辩的事实,也反映在美国和日本垄断财阀之间的联系上。他们就是为加快日本的重新军事化而服务的,协助美国将日本变成美国在远东战区的屯兵场。由美国占领者建立的政权与以吉田茂(Иосида)为首的日本集团企图重燃日本人民推翻和否认战败的反转情绪,组织行事下作的团体反对苏联。《波茨坦公告》写明:"欺骗及错误领导日本人民使其妄欲征服世界者之威权及势力,必须永久剔除。"美国帝国主义者和日本的反动分子再次勾搭成奸,蒙蔽日本国民,加速利用日本人民,甚至不惜把日本人民当作俎上肉,去实施由英国-美国帝国主义集团准备充分的新战争。

美英侵略计划的组织者和献计者甚至还打算为正在哈巴罗夫斯克法庭受审的日本侵略者战犯充当辩护人。美国合众社(Юнайтед Пресс)的新闻报道表明,麦克阿瑟美军总部的官方发言人表示他们的化学小组或许已经进行过"全面调查",并且声称"完全没有及任何表明日军曾经使用过细菌武器的迹象"。

极为荒谬可笑的是,美军总部的人员一直在搜刮日本的金条,甚至连东京湾的海床也翻遍了,至今还是什么都没有找到。也许早在东京法庭审判日本头号战犯期间,时任美国首席检察官的季南(Кинен)就已经表示过,有一系列已发掘的资料是存在某些疑点的。但美国当局并没有在意这些疑点,而是放任自流。在他们眼中,甚至看不到被日军细菌战虐杀的美军战俘的身影。更有甚者,麦克阿瑟的总部还释放、完全赦免了其中一个日军细菌战的组织者和核心人员——石井四郎中将。

就连这些显而易见的事实都视而不见,难道还有比这种近视眼更加严重的吗?早在 1948 年 2 月,《华盛顿邮报》(Вашингтон пост)就报道了这个新闻,在美国首都不远处有一座用于研制细菌武器的实验站——德特里克营房(Кемп Детрик)。1947 年秋季,正值第二次世界大战结束的两年后,为了建造这个实验站,还特意造了一片实验田,目的就是要进行空投传染源的实验。已故的美国前国防部长詹姆斯·福莱斯特(Д. Форрестол)曾经卓有远见地指出:"继续进行细菌战领域的研究是很有必要的,这是为了让美国可以在将来运用细菌战。"

这就是为何必须进行哈巴罗夫斯克审判的根本原因。这并不只是为审判由法西斯政权催生的日本战犯集团而设的法庭,这更是审判一切谋划新的反人类战争的黑暗势力的法庭。它给全世界和平与进步的支持者传达了一个信息:"要时刻警惕!必须粉碎新战争的侵略计划!"

(二) 1949 年 12 月 27 日《来自法庭的消息》

1. 概述

《真理报》记者马雷金(В. Малыгин)的社评《来自法庭的消息》记述了 12 月 26 日和 29 日的庭审情况概要。其中包括一些细节问题,比如庭审大厅座无虚席,苏联红军士兵把守和警戒的场面,受审的日本战犯相继被押送到受审席的情况。文中列举了相关的数据,以及审判过程中盘问到的关于日军细菌战反对苏联和中国及相关民族的战略和阴谋内容。作者认为,哈巴罗夫斯克审判是对西方以美国和英国为首的帝国主义势力的迎头痛击，特别是自东京审判以来美国对日本战犯公然偏袒和包庇，这是苏联采取主动，对从事特殊的细菌作战研究和应用的相关日本战犯的起诉和审判，具有重大的政治和军事意义。

логических средств для диверсионных целей.

Прокурор: Подсудимый Ямада, это «Наставление» было разработано подчиненным... и тем самым принудили империалистическую Японию к безоговорочной капитуляции...

... были негативы фотографий в список смертников, подвергнутых этой операции.

На этом вечернее заседание закончилось.

ИЗ ЗАЛА СУДА

От корреспондента «Правды»

Вчера в Хабаровске начался суд над японскими военными преступниками, обвиняемыми в подготовке и применении бактериологического оружия.

На скамье подсудимых генералы и офицеры Квантунской армии, атаманы разбойничьего отряда японской военщины.

Зал судебного заседания заполнен рабочими и служащими города Хабаровска, солдатами и офицерами Советской Армии. Они с напряженным вниманием слушают обвинительное заключение, раскрывающее картины чудовищных преступлений, совершенных подсудимыми против человечества. Через потоки крови, через трупы миллионов людей рассчитывали проложить себе дорогу к мировому господству угодившие на скамью подсудимых людоеды в генеральских и офицерских мундирах. Собираясь в грабительский поход по чужим землям, они заменяли «непобедимый» самурайский меч баллонами с ядом и другими мерзкими средствами истребления людей. Верные логике всех «завоевателей мира», они решили опустошить землю, уничтожить всё живое на ней.

С выражением негодования, гнева и отвращения смотрят сотни глаз на скамью подсудимых, где, ежась от страха перед наступившим возмездием, втянув головы в плечи, как бы боясь быть узнанными, сидят неподвижно, с оловянными лицами человеческие выродки, потерявшие право называться людьми. Бесчеловечность и жестокость их планов могут быть сравнимы только со злодеяниями гитлеровских палачей Майданека и Освенцима да с планами их современных подражателей — проповедников новой агрессивной войны.

Трудно сдерживаемый ропот возмущения раздается в зале, когда председатель суда читает то место обвинительного заключения, где сказано, что группы диверсантов с микробами чумы, холеры, тифа, сибирской язвы уже прокрадывались к нашей границе, заражали водоемы, чтобы посеять смерть. Нас, наших детей, матерей и жен, миролюбивые народы Монгольской народной республики и Китая они намечали первыми объектами своих дьявольских авантюр. Сидящий рядом со мной партизан времени японской интервенции на Дальнем Востоке, потрясенный только что слышанным, взволнованно говорит:

— Они выполнили бы свои замыслы. Я их хорошо знаю.

В зале в разных местах раздаются приглушенные возгласы:

— Подумать страшно, что ждало людей.

— Во-время Советская Армия отрубила голову этому чудовищу.

В первый и во второй день процесса допрошено четверо подсудимых. Непосредственные участники и руководители подготовки и применения бактериологического оружия обстоятельно, со знанием дела рассказывают о структуре секретных отрядов, об оборудовании, о технологическом процессе производства смертоносных бацилл. Подсудимый Кавасима смотрит поверх очков, поглаживая ладонью кончик носа, в микрофон, не прерывно иглает и с подобострастными деталями рассказывает о своем ремесле убийцы. Трудно прочесть что-либо на его неподвижном масляном лице. Когда он рассказывает суду о производстве микробов, впечатление создается такое, словно он докладывает на специальном производственном оборудовании отряда № 731. Он подробно говорит обо всем сложном производственном оборудовании отряда № 731.

— Сколько можно произвести бацилл в месяц при таком оборудовании? — спрашивает государственный обвинитель.

— При максимальном использовании производственных мощностей можно было произвести бактерий чумы 300 килограммов, тифа — 800 — 900 килограммов, столько же паратифа и дизентерии, около 600 килограммов сибирской язвы, около одной тонны холеры.

Испытания воздействия бацилл на людей производились в тюрьме, в полевых условиях на специальном полигоне. Людей, подозреваемых в связи с партизанами, в антияпонских настроениях, в симпатиях к Советскому Союзу, схватывала харбинская жандармерия, которая подчинялась командованию Квантунской армии, и секретным транспортом поставляла их в тюрьму отряда № 731. Надо было испытать, как действуют микробы на людей разных возрастов и полов. И вампиры тащили в свои страшные застенки стариков, детей, женщин. Надо было выяснить иммунитет к заразным болезням людей, относящихся к разным национальностям. Поэтому разбойники травили русских, монголов, китайцев.

Присутствующие на судебном заседании ни на минуту не сомневаются в том, что посаженные на скамью подсудимых бандиты осуществили бы свой чудовищный план,

принесли бы миллионам людей мучительную смерть. В зале — бывшие партизаны, пограничники, участники боев у Хасана и Халхин-Гола, которые лицом к лицу сталкивались с японскими захватчиками, знают их зверские повадки. Жители Хабаровска были жертвами и свидетелями разбоя, какой чинили самураи в наших городах и селах в годы интервенции, и они припоминают то ужасное время, когда вооруженные бандиты за той же шайкы, какую представляют подсудимые, рыскали по нашей земле, как соравнялись с цели иль, разрушали, жгли, насиловали, убивали.

Движимые своей звериной страстью к уничтожению, японские милитаристы постоянно совершенствовали орудия разбоя. Смертоносные бациллы и яды были взяты ими на вооружение как одно из средств выполнения авантюристических планов захвата чужих земель, установления мирового господства. Они уже испытывали бактериологическое оружие в войне с китайским народом. Специальные экспедиции со снарядами, начиненными блохами и бациллами, действовали в Центральном Китае и в пограничных с СССР районах.

Однако человеконенавистнические планы японских милитаристов были сорваны. Советский Союз, стремясь положить конец второй мировой войне и обеспечить мир во всем мире, нанес сокрушающий удар по японским агрессорам. Палачи не только не успели пустить в действие бомбы с бациллами, но и унести свои мерзкие хищ погромщиков. «Завоеватели мира» в качестве пленных были доставлены на наш берег советскими воинами.

На Токийском процессе по делу главных японских военных преступников была раскрыта лишь часть злодеяний японской военщины. Американские претенденты на применение орудий массового истребления предприняли все возможное, чтобы смягчить вину японских военных преступников.

Обвинительное заключение и показания подсудимых выбивают карты из рук у защитников разнузданной японской военщины. На судебном следствии подсудимые признали себя виновными в предъявленных им обвинениях. Тягчайшие преступления сидящих на скамье подсудимых подтверждены неопровержимыми документами и свидетельскими показаниями.

В. МАЛЫГИН.
г. Хабаровск, 26 декабря.

...ква, 47, Ленинградское шоссе, улица «Правды», д. 24. ТЕЛЕФОНЫ ОТДЕЛОВ РЕДАКЦИИ: Справочное бюро — Д 3-30-68; Партийно... Д 3-37-50; Стран народной демократии — Д 3-35-46; Писем — Д 3-15-69; Местных корреспондентов — Д 3-15-47; Информации — Д 3-15-80; Д 3-10-91; Науки и техники — Д 3-35-33; Критики и библиографии — Д 3-91-95; Пресс-бюро — Д 3-30-99; Секретариата — Д 3-15-64; Отдела объявлений...

1949 年 12 月 27 日《来自法庭的消息》

2. 译文全文

昨天（1949 年 12 月 26 日），在哈巴罗夫斯克的法庭开始了针对被指控从事研究和使用细菌武器的日本战犯的审判。在被告受审席中坐着日本关东军的将领和军官，他们是日军系统中丑恶部队的核心人物。前来听审的还有哈巴罗夫斯克市的工人和劳动者,以及苏军的军官和士兵,他们紧张而全神贯注地聆听着起诉陈词结论,当中揭示的如梦魇般可怕的画面,是由受审的日军战犯们所犯下的十恶不赦的罪恶暴行。用血流成河、尸体如山来形容他们所犯下的暴行,一点都不为过。的确,他们妄图建立的通往世界霸权的道路,正是以数以百万计的受害者的尸骸和亡灵堆砌出来的,这也正是被告席上那些披着将军和军官制服的吃人妖魔的所作所为。这些不配被称为人的妖魔,在抢掠别国领土的过程中,只是把手上号称不可战胜的武士刀,换成了装有剧毒的气球和其他极为丑恶的杀人武器而已。他们笃信征服全世界的思维逻辑,而决定去扫清别国的领土,杀光别国的人民。

在法庭上,数百名旁听者将极度憎恨、愤怒、厌恶的目光投射到被告席上被审判的战犯身上。而这些面目狰狞的人类之耻辱,不配被称为人的战犯们,僵硬地坐在被告席上,如同在惧怕已经到来的惩罚,不敢正目视人,仿佛害怕被识破身份。他们密谋的计划,其灭绝人性和残忍程度,足以与之相提并论的,恐怕只有希特勒德国的战犯们在迈丹涅克(Майданек)和奥斯威辛(Освенцим)的罪行,当然,还有当代的仿效者——信奉新的大型战争的信徒(指美国和英国——编著者注)的所作所为。

当法庭审判长宣读控诉词,提到日本破坏者小队早就试过带着鼠疫菌、霍乱菌、伤寒菌、炭疽菌偷渡到我国(即苏联——编著者注)边境,投毒于食水水源,以散播死亡的种子的时候,整个大厅的人员和听审公众都难以压住怒火,低声谴责着这些战犯的暴行。正是这些魔鬼般的野心家将苏联、蒙古人民共和国、中国的孩童、女性、爱好和平的人民视为首要的打击目标。在我身旁,坐着一位老游击队战士,他曾经在日本干涉入侵远东时和日军作过斗争,在听完上述内容后他震怒地说:"我很清楚,他们早就很想这样做了。"

在大厅的不同角落都传出低声的呼应:"想想人们在此命运下的结果,都感到后怕;还好苏军及时砍下了这头丑恶怪物的头颅。"

庭审的第一天和第二天一共审问了四名被告战犯,他们具体地直接参与和主导了细菌武器的研究和应用。从相关的档案文件透露的资料可以知道这些极秘密部队的组织架构和生产致死杆菌的技术工序。受审的战犯川岛清戴着滑落到鼻子末端的眼镜看了看,在扬声器前不停重复,飞速说着关于他自己杀人艺术的细节。从他肥肉横生的僵硬的脸上,很难解读出什么有用的信息。他告诉法庭细菌生产情况时,给人的印象就像在什么特别会议上发表报告一样。他很详细地说了关于七三一部队复杂的生产设备的情况。当时,苏联国家审判长问他:"用这些设备在一个月内能生产多少杆菌?"他说:"在最大限度使用这些设备的动力时,理论上是可以生产出300公斤鼠疫菌、800公斤伤寒菌、900公斤副伤寒菌和痢疾菌、约600公斤炭疽菌以及1吨霍乱菌。"

用杆菌进行人体实验是在监狱和具有野外条件的实验田上进行的。那些被日军用作实验对象的人,有的是被怀疑和中国游击队战士私自联络的嫌疑人,也有抱有抗日情绪的人、同情苏联的人,他们被哈尔滨的日军宪兵部队(Жандармерия)抓获,随后用秘密的交通工具运到七三一部队的监狱里。日军需要实验的东西,是细菌在不同种族、不同年纪、不同性别的人群的身体中的破坏作用。所以,日本的强盗们才会如此毒害俄罗斯人、蒙古人和中国人。

前来听审的群众,每时每刻都深信不疑地听着坐在被告席中被审判的强盗战犯们及其想要实现杀害数以百万计人民,使其在极大的痛苦中死去的邪恶计划。苏联的老游击队员、边防军士兵、参与过哈桑湖战争(бои у Хасана,张鼓峰战争——编著者注)和哈拉欣河战争(бои у Халхин-Гола,即诺门罕战争——编著者注)的苏军士兵,因熟知这些受审的日本侵略者的反人类恶行,都以怒目凝视他们。哈巴罗夫斯克市民作为日本入侵的受害者和亲历见证者,早就深知日本入侵的恐怖。在十四国武装干涉苏联的时候,也正是这些以武士自居的日本盗匪侵犯了苏联的城市和乡村。和目前受审的日本战犯一样,他们都想侵略苏联的领土,旨在把苏联的远东地区夷为平地,然后烧杀抢掠,无恶不作,毁灭苏联人的家园,奴役苏联人。

出于其日益膨胀的怪兽野心,日本军国主义者一直在改良他们的恶毒武器。他们把致死的杆菌应用在军事作战武器之中,使其成为用来实施阴谋计划、入侵别国领土,继而建立世界霸权的一种利器。这些日本恶匪早已在侵华战争之时对中国人民实验过细菌武器,并且在华中地区以及中苏边境地区进行过一系列的通过引爆装有细菌跳蚤和杆菌的炸弹而散播疾病的野外实验。

然而,日本军国主义者反人类的阴谋计划最终被粉碎了。为了加速终结第二次世界大战,捍卫全世界的和平,苏联决定对日本侵略者施以毁灭性打击。日军战犯们非但未能在正面战场上使用其装有致死杆菌的炸弹,同时也无法掩盖其丑恶的野兽灵魂。苏军士兵制止了这些妄图征服世界的狂魔的计划,将他们关进了战俘营。

在东京审判日本头号战犯的过程,只是揭露了日本战争狂魔集团惊天罪恶的很小一部分,因为美国野心家为了继续使用大规模杀伤性武器而不惜一切代价减免日本战犯的罪行。

控罪书和战犯的供述强有力地剥夺了包庇极端灭绝人性的日本战犯纵恶者手上的免死金牌。在庭审过程中日本战犯坦白自己被指控的罪行。无可反驳的文件和证据都确切证实了坐在被告席上的日本战犯所犯下的种种极为丧尽天良和骇人听闻的罪行。

(三) 1949 年 12 月 30 日《来自法庭的消息》

1. 概述

马雷金在 12 月 30 日的《来自法庭的消息》文章中谈到 12 月 29 日的主要审判内容,包括一些盘问的细节和文献数据。焦点集中在简述七三一部队如何在伪装下建立特殊供应、输送程序和活人人体实验的俘虏监狱,如何诱骗被俘获的中国人和俄罗斯人等到日军细菌部队已经准备好的手术台和实验室,进行惨无人道的活人实验。在翻译的同步传译下,法庭主审的苏联法官和法学家、专家代表团,以及旁听的军人、学者等,无一不陷入凝固了的沉默,无一不为这些反人类的恶行、暴行所震惊。然而,受审的日本战犯却面不改色地继续讲述那些极其恶心、恐怖的一幕幕,包括令人毛骨悚然的活人实验过程、投放细菌的手段以及制造细菌炸弹的相关内容。1944 年,七三一部队进行的细菌研究实际是石井四郎等人为配合日本关东军企图发起大规模鼠疫战略攻击而积极研发各种可能性方案和手段。日军在细菌战实施方面，可以说是无差别攻击，当一位前日军士兵忆述如何用已被病菌污染的粮食进行细菌战实验的情况时，在场的人都感到难以想象。

1949 年 12 月 30 日《来自法庭的消息》

2. 译文全文

对被指控准备和实施细菌战的日本战犯的审问环节已经结束。根据被告人的审问结果，他们必须承认日军参谋本部所犯下的灭绝人性的罪行。

在庭审期间，被审问的曾任职七三一部队细菌生产分队的军医柄泽十三夫少佐，描述了其中一次灭绝人性的发生在野外空旷地方的活体实验。在一个很大的实验田广场中，竖立了若干根嵌入泥土的柱子，每根柱子相距 5 米左右，柱上捆绑了 10 个人。为了在他们当中散播用来实验的细菌，就在距离这些人 50 米开外的地上安放了一个装有炭疽菌的大炸弹。一切都准备就绪之后，日军就撤离实验田，通过电力遥控装置引爆炸弹。一段时间后，日军的卫生兵就会回来对实验田进行消毒，而被实验的活体也被日军从柱子上放下带回监狱。之后，受审的军官供述，这些感染了炭疽菌的人，都死了。

整个法庭大厅瞬间陷入了寂静，陪同听审的随员脑海里涌现出一幅又一幅的恐怖画面,仿佛亲眼看到这些日军吃人魔头在切割和肢解这些受害者。在听到更多骇人听闻的惨状时,数以百计的法庭随员都对受审的日本战犯投以愤恨的目光。

公诉人提醒受审的日本战犯,作为职业医生,应该有最起码的医德和很高程度的人道主义关怀去怜悯世人,无论如何也应当拒绝进行这些惨无人道的实验。受审的日本军官说道:"从医生的角度来看,在我看来,被迫这么做是无比糟糕的事。但是,我在东京医学院学习医学时,是日本军部的奖学金资助生,所以我就必须无条件服从和执行上级的命令。"

在哈尔滨市不远处有一座建筑物,在高高的混凝土防御墙之外,布满了带钩的铁丝网,这里是日军的实验监狱,无数的男人、女人、老人和孩童被输送到这里。他们只要被送进这厚厚的围墙内的监狱,就意味着再也没有机会从这个大门走出去了。这个死亡工厂里有很多被不为人知的秘密掩盖的受害者被害的过程,只有持有关东军最高司令部特别签发的特殊证件的人员才可出入这些办公场所和生产工场。

细菌部队自第二次世界大战初就已开始这些极为疯狂的行径。除了制造炸弹,他们也研制特殊的含有杆菌的糖果,可以用来自动传播杆菌。关东军司令部也在计划和研究以细菌炸弹实施轰炸的计划,用来对苏联的城市发动细菌战袭击,包括符拉迪沃斯托克、伏罗希洛夫、哈巴罗夫斯克、赤塔、布拉戈维申斯克。日军针对苏联的细菌战攻击,不仅已经划定了实施细菌战的地域范围,也建立了以散播致命杆菌为任务的军事破坏小队。

1944年8月,七三一部队归入关东军司令山田乙三的直属指挥系统之下,山田乙三对七三一部队的事务感到满意。作为研究细菌者的主要策划者,山田乙三身材短小,面如土色,他的老脸上长着和老鼠一样的一双小眼睛。戴着口罩的慈祥模样背后掩盖的,是巨型妖兽的凶恶嘴脸。当时,山田乙三历任日军的师团长(十二师团)、关东军第三团司令官、日本参谋本部通信课长和总务部长,以及军校的教官和校长等职位。并曾兼任日本参谋本部第三部部长。他亲自在关押被俘中国人的监狱中教导年轻一代的日本士兵进行嗜血的刺刀搏斗训练。在他的督导下，整个被关东军铁蹄践踏过的中国城市和村庄都遍布数以千计的中国无辜平民的尸骸。

　　有一次，这一位极具威望，有着高级军衔的关东军高级司令官在听完了七三一部队司令的报告之后，亲自下达了命令，要求七三一部队加快生产细菌炸弹。而现在，当法庭要求他将这些事情如实交代时，他却避重就轻，闪烁其词，坐立不安地在扬声器前以反问的口吻重复说着"控罪"。是的，他是承认自己有罪，在他的督导下日军的确在谋划和实施细菌战，这是为了计划和准备以大杀伤力细菌武器消灭平民。但他一直振振有词地强调他只不过在奉命行事，作为关东军高级司令官的他也是无法拒绝上级的命令的，并以日军总参谋本部的命令为托词，企图以此减轻针对他本人的控罪。

　　被告战犯西俊英在回答主审法官提出的关于他们最后担任的军事职务的问题时，竟然还胆敢趾高气昂地以日军的语气高喊他是七三一部队的教育部的长官。大厅里陪审的全员听后，顿时哄堂大笑，尽管他们都在努力忍受和压抑着满腔怒火。这些日军细菌部队是如此的冥顽不灵，而为首的头目更是一个不折不扣的恶匪。这个被审的战犯在闪烁其词地陈词时透露了他曾经主管了其中一个负责制造杆菌的部门，但他也刻意混淆科研教学和实践之间的概念。他确实是非常巧言令色，能言善辩，把自己包装成很可怜和谦逊的样子，经常以恳求的姿态鞠躬，假装自己很感恩法庭让他有机会在此发表关于他所热爱的事业的言论。在回答问题时也经常以简短的俄语"Да，правильно"（是，正确）、"Именно так"（正是如此）作答。他的供述表明，他主管的部门不仅教育和训练被调往和加入七三一部队的杂役人员，更教育和训练相关的军官和副官。

　　战犯石井四郎在缺席的情况下仍被列入受审名单，他是其中一位最主要的日军细菌战策划者。这个顶着教授头衔的恶匪是为日军服务的日本科学界顶尖人员的典型例子。在庭审期间也有具有科学博士头衔的受审战犯，如川岛清、佐藤俊二、梶冢隆二，以及穿将军制服的医生，像西俊英和他的上级同行，他们能教学生学什么样的东西？他们教学生如何研制致死杆菌,如何将它们传播到人身上,比如用针头注射细菌毒液等手段去掩饰其反人类的科学。

一位像死不悔改的年轻人一样的人站到扬声器前,这正是平樱全作。这个恶匪在和苏联接壤的边境地带从事侦察活动,以及负责供水和输送杆菌。这里也有一个类似的人——战犯三友一男,1924年生人,腿短肥胖,相貌丑恶和堕落。他很具体地供述了自己做过的事:"曾经学习过细菌战和破坏行动的实施方法,主要从事培养炭疽病菌以及进行活人细菌实验,有时也负责用细菌污染水源。"当公诉人问他:"如何试验细菌毒性?"他说:"暗中将细菌掺入食物中给受试者吃。谁还能活着,就把谁杀死。"他们就是这样灭绝人性的无情战犯,对他们来说,杀人就如同切菜一样简单平常。

现在,已经全面清晰地描绘出这幅由日本帝国主义者及其所谓的实验构成的罪恶之画。前来法庭大厅出席审判的人们都十分认可苏军在消灭日本军国主义者方面的功勋。

(四)《对帝国主义者的新打击》

1. 概述

马雷金1949年12月31日的社评《对帝国主义者的新打击》是写在哈巴罗夫斯克审判结束后的评论文章。其中集中谈及哈巴罗夫斯克审判的政治、军事、历史和意识形态意义,认为哈巴罗夫斯克军事法庭对犯罪者作出了正义的判决,宣示了苏联不会容忍这种惨绝人寰的以大规模摧毁人民生命财产为目的的细菌战。文中简略回顾了历史和庭审内容,包括日本走上军国主义扩张和入侵、加入轴心国一同进行世界范围的政治军事扩张的背景,在侵略期间的种种暴行,细菌战研究和应用。最后影射美国不仅接手了日军的细菌战科研技术资料,也接手了日本帝国主义的惨无人道的扩张,这预示美国将会成为危害世界和平、为达扩张侵略目的而不择手段使用细菌武器的帝国主义国家。

Новый удар по империалистическим агрессорам!

От собственного корреспондента «Правды»

В. МАЛЫГИН.

г. Хабаровск, 30 декабря.

《对帝国主义者的新打击》全文

2. 译文全文

今天在辩护律师发言和被告人辩词发表之后,被控诉的战犯都承认了自己犯下的反人类罪行。

审判已经终结。在法庭面前受审的只有小部分的反和平的阴谋家战犯,其他大部分帮凶被筹划新的战争的帝国主义集团包庇。军事法庭对丑恶的战犯作出了公正的判决,这些罪犯企图以细菌战去消灭数百万人的生命。

日本帝国主义者计划和准备实施细菌战,是整个反对爱好和平人民的丑恶阴谋计划的一部分。众所周知,数十年以来,日本帝国主义成为远东主要的战争策源地。日本帝国主义尖锐的侵略计划首先是对付我国(即苏联——编著者注)。

哈巴罗夫斯克审判的公诉人表示，苏维埃远东地区的和平只能建立在斯大林的天才政策、斯大林成功完成的五年计划、布尔什维克党不断的关心，以及苏联政府坚持强化苏联武装力量的基础之上。

多年来，日本侵略者很有计划地逼近苏联的边界，准备入侵。日本帝国主义侵略者幻想着要和希特勒野蛮侵略者一同建立世界霸权，从来没有停止过为了达成其罪恶目的的侵略计划。日本军国主义分子和德国法西斯分子计划采取大规模毁灭人类的手段，比如细菌武器。

哈巴罗夫斯克审判披露了日本侵略者准备和实施细菌战的丑恶画面。裕仁天皇和日本总参谋本部特别下令关东军指挥部大规模准备组建秘密的细菌部队——死亡工厂。审判战犯的情况表明，其中一支细菌部队能够在一个月生产出大约 300 公斤鼠疫菌、600 公斤炭疽菌和 100 公斤霍乱菌。

在审判期间披露的另一个灭绝人性的事实，就是对数以千计的受害者实施惨绝人寰的活体实验，使其命丧于日本的牢狱。在七三一部队的大牢里有数以千计的中国爱国人士、苏联公民、蒙古人和其他国家的平民。

在日本天皇、日本军事战争集团的直接命令下，妖怪般的日本侵略者早就开始拿活人去实验他们新研究出来的致命细菌武器，用以大量消灭平民。早在 1939 年日本入侵蒙古人民共和国期间，日本帝国主义者就开始运用细菌武器。在随后的几年内，他们不止一次地在中国的不同区域实施了野外的细菌实验，让中国人民陷于极大的恐怖痛苦之中。

在第二次世界大战期间，当苏联击溃了希特勒德国之后，作为帮凶的日本侵略者着手加速准备大范围的细菌战。日本将军石井四郎宣称日本必须采取最后的一切手段，包括细菌武器，妄图从根本上扭转对日本不利的战局。日本匪帮全力主导促进细菌武器生产。丑恶的日本武士们准备运用这种恶匪般的细菌武器去攻击苏联、中国、蒙古人民共和国，乃至危害美国、英国以及其他国家。

正是在英勇的苏军强力的打击下，日本军国主义者的关东军及其在"满洲国"的战略空间被彻底消灭，将人民从细菌战的恐怖枷锁中解救出来。正是苏联将世界拯救于希特勒德国的细菌战危难之中，并且也粉碎了日本军国主义者计划以同样的狠毒与灭绝人性的战争手段去毁灭人类的阴险图谋。

全世界数以百万计的人民都真挚地感激斯大林同志领导的苏联以及苏军对文明的拯救。

苏联人民的伟大功绩自始至终都遵循苏联奉行的人道主义和爱好和平的政策。

苏联爱好和平的政策也在发动侵略战争的一方阵营中引起了他们的反感和懊悔。昨天的德国法西斯势力和日本军国主义势力发动战争,而今天就是作为侵略成性的北大西洋公约组织的创办国和主导国英国-美国集团在谋划战争,企图要将世界重新投进新的流血的赌局中。

针对被指控犯有反人类罪的原日军军官的法庭审判,就是对帝国主义者策动战乱阴谋的有力回击,同时也告诫世人必须对此有所警惕。

支持和平的民主力量有各种可能的办法去粉碎帝国主义者的侵略战争计划。苏联国家审判长的控诉词亦表达了这种尽一切可能争取和平的决心,他说道:"保障数以百万计的人民的和平与安全的重任,落在了以伟大的苏联为首的强力的民主力量战线。这是强力和战无不克的力量,能够制止一切企图发动新型大战的阴谋。"

受到审判的战犯们终于得到了公正的判决,除了哈巴罗夫斯克法庭的全体人员,整个苏联国民和世界人民都真诚地欢迎这个结果,对它感到满意。

值得一提的是,1949 年 12 月 30 日,哈巴罗夫斯克审判基本结束,苏联的军事法官对被起诉的 12 位原日本军官作出 2—25 年不等的强制劳动改造的判决。

（五）《来自苏联哈巴罗夫斯克的消息》

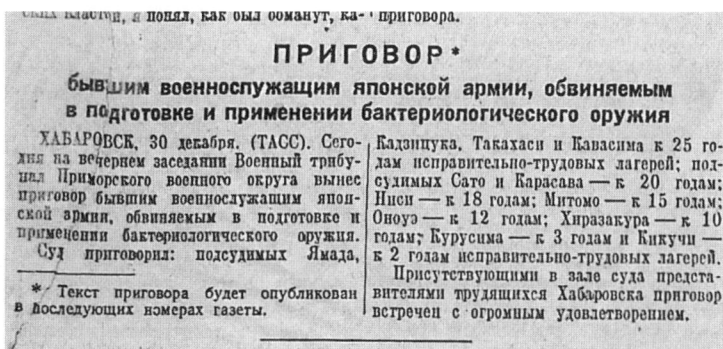

1949 年 12 月 31 日《真理报》关于哈巴罗夫斯克审判判决的报道（《来自苏联哈巴罗夫斯克的消息》）

《来自苏联哈巴罗夫斯克的消息》译文全文：

苏联哈巴罗夫斯克,12 月 30 日,塔斯社

今天滨海军区军事法庭的傍晚庭审宣读了针对被指控研究和使用细菌武器的原日军军官的刑罚判决书。法庭宣判：被告山田乙三、梶冢隆二、高桥隆笃、川岛清被判发送劳改营强制劳动改造 25 年；被告佐藤俊二、柄泽十三夫被判发送劳改营强制劳动改造 20 年；被告西俊英被判发送劳动改造营强制劳动改造 18 年；被告三友一男、尾上正男、平樱全作分别被判发送劳改营强制劳动改造 15 年、12 年、10 年；而被告久留岛佑司、菊地则光分别被判发送劳改营强制劳动改造 3 年和 2 年。

到场出席庭审的哈巴罗夫斯克市劳动人民的代表们都对判决感到非常满意。

（六）来自中国上海的情报

1. 概述

在哈巴罗夫斯克审判完成后,日本境内各主要媒体都报道了这一结果。有一些日本媒体仍然一如既往地矢口否认细菌战和细菌武器的存在,认为没有找到具体的相关证据。而日本境内的民主媒体也关注美国当局对从事细菌战的日本战犯的新一轮包庇。潜逃回日本而被美国控制和包庇的石井四郎曾透露给媒体,日本皇室成员中的高级军官也曾牵涉细菌特别部队。

而一些日本大企业战时也曾协助日本军方建造细菌战和生化战研究实验基地。

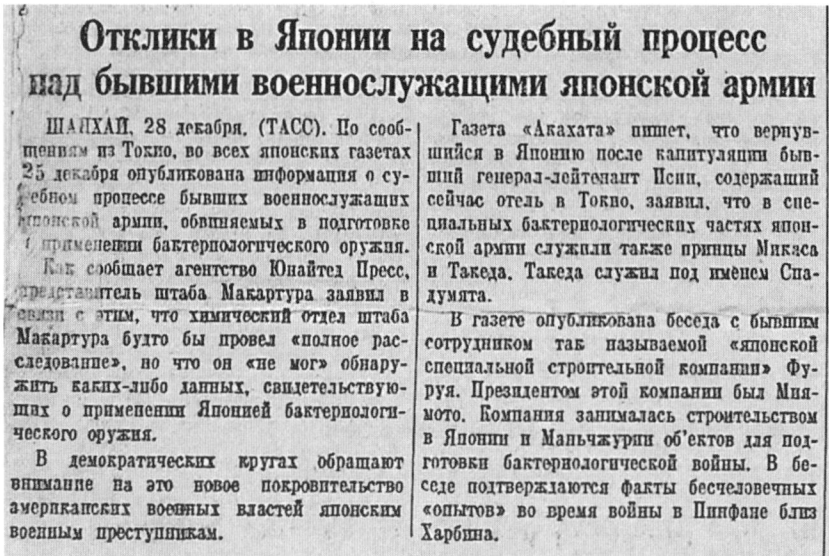

Отклики в Японии на судебный процесс над бывшими военнослужащими японской армии

ШАНХАЙ, 28 декабря. (ТАСС). По сообщениям из Токио, во всех японских газетах 25 декабря опубликована информация о судебном процессе бывших военнослужащих японской армии, обвиняемых в подготовке и применении бактериологического оружия.

Как сообщает агентство Юнайтед Пресс, представитель штаба Макартура заявил в связи с этим, что химический отдел штаба Макартура будто бы провел «полное расследование», но что он «не мог» обнаружить каких-либо данных, свидетельствующих о применении Японией бактериологического оружия.

В демократических кругах обращают внимание на это новое покровительство американских военных властей японским военным преступникам.

Газета «Акахата» пишет, что вернувшийся в Японию после капитуляции бывший генерал-лейтенант Исии, содержащийся сейчас в отеле в Токио, заявил, что в специальных бактериологических частях японской армии служили также принцы Микаса и Такеда. Такеда служил под именем Спадумята.

В газете опубликована беседа с бывшим сотрудником так называемой «японской специальной строительной компании» Фуруя. Президентом этой компании был Миямото. Компания занималась строительством в Японии и Маньчжурии объектов для подготовки бактериологической войны. В беседе подтверждаются факты бесчеловечных «опытов» во время войны в Пинфане близ Харбина.

1949 年 12 月 31 日《真理报》关于哈巴罗夫斯克审判结果在日本的反响（来自中国上海的情报）

2. 译文全文

中国上海，12 月 28 日，塔斯社

根据东京方面的通报消息，12 月 25 日所有日本报纸都刊登报道了针对原日军军官被控研究和使用细菌武器的审判。正如美国合众社（United Press/Юнайтед Пресс）的报道，日本本土的麦克阿瑟总部的发言人表示，总部的化学军队部门或者已经（对日军细菌部队）进行过全面的调查，但麦克阿瑟总部声称无法找到任何证据证明日军的细菌武器被应用在实战之中。

在民主国家阵营中，尤其是美国军事权力部门给予了日本战犯新一轮的包庇（原文为 покровительство）。日本的《赤旗报》（Акахата）写道，日本投降后返回日本的原日本军官石井四郎中将，目前被软禁和控制在东京的旅馆里，他表示在日军特殊细菌部队中服役的还有三笠宫（Микаса）崇仁亲王、竹田宫（Такеда）恒德亲王，皆为裕仁之亲王兄弟。恒德亲王在军中服役时化名"宫田"（Спадумята）中佐。这份报纸也刊登了一份与曾在所谓的日本特殊开拓公司（японская специальная строительная компания）的前职员福家①的谈话录，宫本（Миямото）曾是这家公司的总裁。这家公司主要的事务是为研究日军细菌战而在日本和"满洲国"建造工厂和工场。谈判中确认了其战争期间在位于哈尔滨附近的平房地区（Пинфан）进行过惨无人道的实验。

（七）来自中国北京的新闻

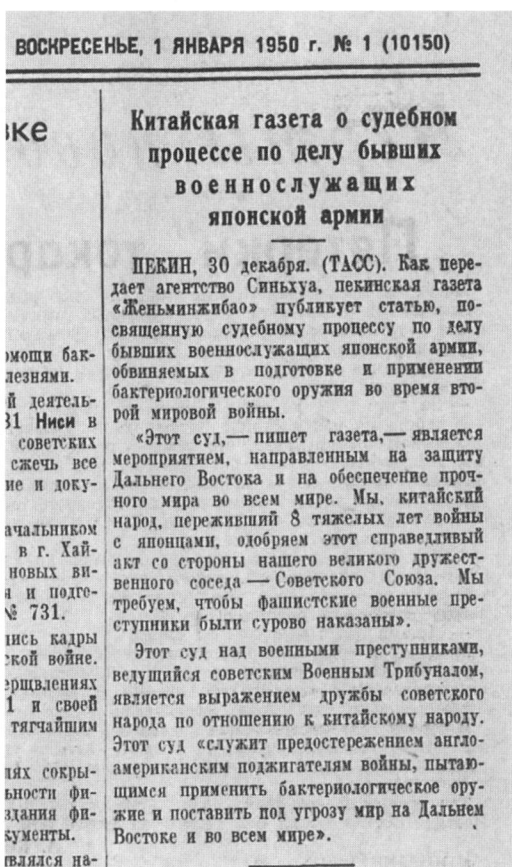

ВОСКРЕСЕНЬЕ, 1 ЯНВАРЯ 1950 г. № 1 (10150)

Китайская газета о судебном процессе по делу бывших военнослужащих японской армии

ПЕКИН, 30 декабря. (ТАСС). Как передает агентство Синьхуа, пекинская газета «Женьминжибао» публикует статью, посвященную судебному процессу по делу бывших военнослужащих японской армии, обвиняемых в подготовке и применении бактериологического оружия во время второй мировой войны.

«Этот суд, — пишет газета, — является мероприятием, направленным на защиту Дальнего Востока и на обеспечение прочного мира во всем мире. Мы, китайский народ, переживший 8 тяжелых лет войны с японцами, одобряем этот справедливый акт со стороны нашего великого дружественного соседа — Советского Союза. Мы требуем, чтобы фашистские военные преступники были сурово наказаны».

Этот суд над военными преступниками, ведущийся советским Военным Трибуналом, является выражением дружбы советского народа по отношению к китайскому народу. Этот суд «служит предостережением англо-американским поджигателям войны, пытающимся применить бактериологическое оружие и поставить под угрозу мир на Дальнем Востоке и во всем мире».

1950 年 1 月 1 日《真理报》和《消息报》关于哈巴罗夫斯克审判结果在中国的反响（来自中国北京的新闻）

---

① 原文 Фуфуя 有误，音译。——编著者注

译文全文：

北京,12 月 30 日,塔斯社

新华社转载的消息和北京报纸《人民日报》刊登的关于审判第二次世界大战期间原日军军官研究和使用细菌武器的案件的文章写道：

这个法庭是为捍卫远东乃至维护整个和平事业而设的。作为中国人民,我们经历了八年时间的抗日战争,对我国伟大而友好的邻国——苏联的这一正义之举,表示欢迎。我们要求让那些法西斯战犯受到严惩。

这个由苏联军事法庭主导的针对日本战犯的审判,也表达了苏联对中国人民的友好态度。这次审判也是对企图再次使用细菌武器,而将远东和全世界置于威胁之下的英国-美国战争阴谋家的预先警告。

第四章　苏联法官论哈巴罗夫斯克审判与细菌战

一、《细菌战——帝国主义侵略的罪恶工具》的概述

1950 年，曾参与哈巴罗夫斯克审判的苏联法官拉金斯基、罗真比里特、斯米尔诺夫合写了《细菌战——帝国主义侵略的罪恶工具》（莫斯科：苏联科学院出版社出版）。这本书的史料文献价值在于这些苏联法官都亲自主导了哈巴罗夫斯克审判，其在引用审判文件材料的内容，还原历史事实的基础上，设置五个章节，主要内容分别是细菌战的帝国主义性质和道德伦理、哈巴罗夫斯克审判对日本准备和实施细菌战准备的揭示、日本细菌战的组织者和倡议者、对日本细菌战组织者的包庇和支持、准备和使用细菌武器的责任，并且将日本细菌战的历史放在整个帝国主义战争历史的脉络中表述和解释，揭露和谴责美国的阴谋。

《细菌战——帝国主义侵略的罪恶工具》的主要内容包括细菌战作为帝国主义侵略手段的极端体现，日本关东军如何准备细菌战，其中包括哪些组织者和执行者，具体操作的手段及其细菌战阴谋的揭发等。该书的特色主要体现在简明扼要地综述了日本细菌战研究和应用的历史、动机、目标和过程，从历史的角度阐述了日军对于细菌战的态度和预期。但由于主题涉及高度敏感的军事机密，该书的内容仅限于基本的学术陈述和研究，对于日本关东军生化部队的具体情况，以及日军实施细菌战和化学战的更加深入情况，书中并未有非常详细的描写。

　　作为重要的原典文献，该书不仅深入披露了以日本裕仁天皇为首的军国主义战争集团的细菌战毁灭计划，其与七三一部队和一〇〇部队在针对苏联和中国等国实施细菌战研究、残忍的细菌战实验和演习的关联性，更重要的是通过罗列一系列史实和文献资料，揭露了以美国为首的西方大国集团在细菌战问题上的龌龊行径，特别是美国为了在第二次世界大战后争夺世界霸权，不惜对希特勒德国和军国主义日本的战犯，尤其是从事细菌战研究的战犯予以除罪和庇护，目的就是要利用他们的军事生物学知识和实验数据，为美国日后大规模制造和生产细菌武器和其他种类生化武器奠定军事技术基础，使美国有能力将具有大杀伤力的细菌病毒武器大规模运用于隐蔽战场和公开战役。这对人们研究和思考 20 世纪军事战争历史及其与当代复杂的国际政治和军事形势之间的联系都具有极为重要且深远的启示作用。

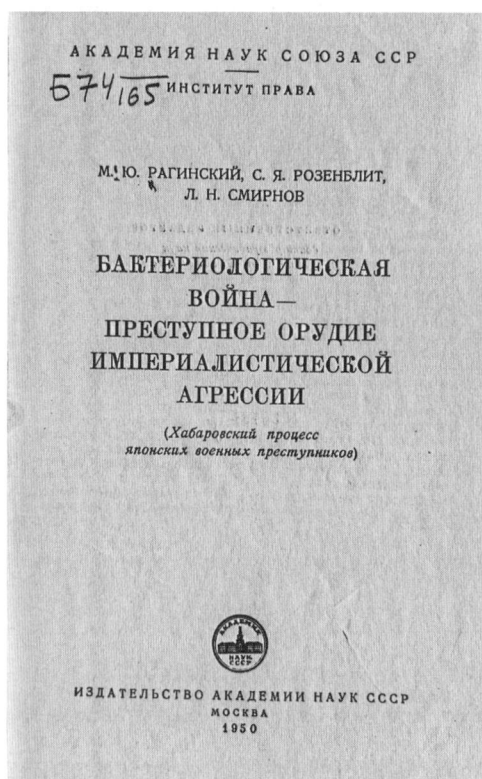

《细菌战——帝国主义侵略的罪恶工具》一书的封面

ВВЕДЕНИЕ

Вторая мировая война, развязанная гитлеровской Германией и империалистической Японией при активнейшей поддержке правящих кругов США, Англии и Франции, закончилась полным разгромом стран оси.

Начиная вторую мировую войну, германские и японские фашисты рассчитывали установить свое господство над миром. Гитлеру и его сообщникам, поддержанным мировой реакцией, удалось на первых порах поработить многие народы. Над свободолюбивым человечеством нависла смертельная угроза фашистского варварства.

Эта угроза была устранена только благодаря героическим усилиям великого Союза Советских Социалистических Республик.

Советский Союз и его славные Вооруженные Силы сыграли решающую роль в разгроме гитлеровской Германии. Советский народ отстоял свободу и независимость своей социалистической Родины и спас народы Европы от ига фашизма.

9 мая 1945 года, в день победы над гитлеровской Германией, товарищ Сталин говорил: «Великие жертвы, принесенные нами во имя свободы и независимости нашей Родины, неисчислимые лишения и страдания, пережитые нашим народом в ходе войны, напряженный труд в тылу и на фронте, отданный на алтарь отечества,— не прошли даром и увенчались полной победой над врагом»[1].

В результате разгрома германского фашизма и японского империализма соотношение сил на мировой арене между двумя системами — социалистической и капиталистической — резко изменилось в пользу социализма. Могущество Советского Союза укрепилось, его международное влияние возросло. От

[1] И. Сталин. О Великой Отечественной войне Советского Союза. Изд. V, стр. 193.

《细菌战——帝国主义侵略的罪恶工具》一书的前言

二、《细菌战——帝国主义侵略的罪恶工具》的译文

作者的话

　　作者在这部作品中目标明确地剖析了美国反动集团谋划细菌战的事实，同时呈现了以细菌武器实施战争这一行为，正如动用核武器和化学武器

这样的大杀伤力武器一样，曾经是，也将一直是帝国主义国家既定的侵略计划的一部分。本书也描述了苏联为了和平而斗争，以及在制止大杀伤力武器上扮演主导角色。

哈巴罗夫斯克法庭审判日军战犯行径的材料，是本书的主要依据。当中描绘了若干法律的问题，涉及针对日军战犯从事研究和运用细菌武器的责任和控罪。本书内容包括导论、五章主要内容和结论。第二章和结论由斯米尔诺夫撰写。导论和第一、三、四、五章由拉金斯基和罗真比里特撰写。在撰写本书过程中，某些章节加入了上述作者在期刊《苏联国家与法律》（《Советское государство и право》）以及《新时代》（《Новое время》）中公开发表过的文章内容。

导　论

在美国、英国统治集团的支持下，由希特勒德国和帝国主义日本发动的第二次世界大战，最后以轴心国集团的全面崩溃告终。随着第二次世界大战的爆发，德国和日本的法西斯分子盘算着如何建立由其支配世界的霸权。受世界各国反动集团支持的希特勒及其同谋得以在战争的上半段动员很多民族为其效劳，法西斯的野蛮统治也对爱好自由的人道主义构成了毁灭性威胁。这种威胁之所以被制止，全因为伟大的苏维埃社会主义共和国联盟的英雄实力。苏联和它光荣的武装力量在消灭希特勒德国的事业中扮演了主要的角色。苏联人民坚决捍卫祖国的自由和独立，并且将全欧洲的人民从法西斯的奴役枷锁中解放出来。

1945 年 5 月 9 日，在战胜希特勒德国的胜利日，斯大林同志如是说："我们为了祖国的自由和独立而作出的巨大牺牲，以及战时我国人民所承受的无数的损失和痛苦，在前线和后方的紧张工作，为保卫祖国做出的巨大奉献，将不会被磨灭，而会被战胜强敌的胜利铭记。"[①]摧毁德国法西斯势力和日本军国主义势力的结果，导致在世界政治斗争舞台上两股系统的势力——社会主义力量和资本主义力量的力量对比发生了极大的变化，并且

---

① 斯大林：《论苏联伟大卫国战争》，莫斯科：外国文书籍出版局，1949，第 193 页。

开始往社会主义阵营的一方倾斜。苏联的强大实力得到了巩固,而它的国际影响力也得到了提升。欧洲和东南亚的一些国家相继推翻了帝国体制,强化了全世界反对帝国主义的民主运动浪潮。苏联人民在伟大卫国战争中取得的胜利,保障了这些国家内部的人民民主制度重建的机会。而消灭日本-德国法西斯集团最为重要的成果,是中国境内的民族解放运动的巨大胜利,由中国共产党领导的以工人和农民缔造的新中国,建立在击溃可恶的蒋介石政权及其美国帝国主义主子的全面胜利成果之上。

近期,在国际政治角斗场上,已经鲜明地建立了两大阵营:以美国统治集团为首的帝国主义反民主阵营,以及苏联领导的反帝国主义的民主阵营。在第二次世界大战期间,英国-美国帝国主义者图谋将战争变成实现其特殊目的的手段。在它们看来,这不是与法西斯势力斗争的战争,而是要在国际市场竞争下削弱它们的对手,而它们就可以重新掌握自己的霸权统治地位。它们最想见到的情况,乃是借助德国法西斯势力和日本帝国主义势力攻打苏联之时机,一方面让英美以兵不血刃的方式消灭苏联,同时又能够让德日受到严重的削弱,之后美国和英国的帝国主义集团就可以重新向其他国家强加英美的意志。但是,英美帝国主义者这种狡诈的企图最终遭受了全面的挫败。

与英美的奸计截然相反的是,苏联摧毁了德国的战争机器,同时又消灭了日本帝国主义的核心势力,在保持一定的实力和优势的情况下脱离了战争。受到人民民主国家的支持,苏联实力得到了增强,但随即招致西方帝国主义反动集团的极端仇恨。资本主义体系的固有矛盾及其民主运动的日益提升,极大震撼了英美帝国主义者,促使其谋划新的战争,建立侵略国同盟和集团,进行无节制的军备竞赛,滥用军费开支,发动针对爱好和平人民的侵略战争。

共产党和工人党派的情报局在决议书中指出:

英国-美国帝国主义者谋划以战争手段去改变历史发展进程,纵容其外部和国内矛盾与困难的产生,以强化其对资本的垄断独控地位,以及攫取世界霸权。显然,在对抗我们的过程中,英美帝国主义者急不可待地联合各国反动势力组成不同的阵营和同盟，以实现其侵略计划。①

美国和英国的帝国主义者不会放过任何可能将人类投入新型大战的手段，也会不假思索地动用大规模的杀人武器。在这些野蛮的帝国主义侵略武器当中，就包括细菌武器。这种罪恶的企图并非偶然，在第二次世界大战期间，在西方的希特勒德国，以及在远东的军国主义日本，都是最为积极和广泛推动细菌战的实战应用的国家。无独有偶，目前正在法西斯化的美利坚合众国国内的秘密细菌研究中心成为极力研究和准备发动细菌战的场所。

美国帝国主义资本家沿着其先行者德日法西斯分子的脚步，妄图攫取世界霸权，正在谋划采用一切最为残暴的大规模杀伤手段，特别是发动细菌战，为的就是要实现其丑恶的计划。

资本主义在进入了帝国主义的发展阶段之后，将科技应用在为侵略战争服务方面，大规模研制新型的具有大杀伤力的武器，其研究逐渐成熟并取得突破性进展。它们在细菌战领域的研究方面取得了十分明显的进展。众所周知，自古以来，用细菌传染引发疫病就已经成为战争手段了。资本主义侵略者曾以这种武器去镇压人民的反抗、对付人民。距今约 200 年前，英美帝国主义者就在殖民地扩张的战争中人为地利用细菌在印第安人部落中散播黑色天花（чёрная оспа）。

在伟大的苏联科学家加玛列亚（Проф. Н. Ф. Гамалея）教授的作品《预防手段》（《Оспопрививание》）中收录了 1763 年左右的一份新苏格兰的行政长官阿姆希斯特（Амгерст）将军和他的副官布肯特（Букет）上校的对话录。阿姆希斯特写道："难道就不可以在从事反抗的印第安部落中散播天花吗？必须采取一切手段消灭他们。"布肯特答道："我试一试通过间接媒介往他们常用的被褥中放入天花菌，以传播天花，目前我们正在寻找相应的介质。"阿姆希斯特同意并说道："你好好干，就是要不惜采取一切手段传播天花，这样

---

① 《共产党情报局在 1949 年 11 月下旬于匈牙利召开的会议》，莫斯科：国家文献出版局，1949，第 6 页。

才能从根本上消灭这个令人作呕的种族。"①

德意志第二帝国的军队也企图以坏疽病菌和炭疽菌攻击与之作战的敌方骑兵部队。1914—1918年,德国特务曾对法国军队的骑兵和炮兵部队中的马匹散播坏疽病菌。1917年在法国曾经抓获过相关的破坏者,并从他身上搜出了坏疽病菌及使马匹感染疫病的相关器材和说明书。与此同时,德国帝国参谋本部也派出特工,在法国境内及拉丁美洲国家针对牲畜散播坏疽和炭疽病菌。他们携带的指示说明书充分表明他们的目的就是通过细菌进行破坏。

然而,德国的军国主义者在第一次帝国主义战争(即第一次世界大战——编著者注)中所采用的细菌武器并不只是针对战马和其他动物。1915年,在俄罗斯帝国的首都彼得格勒有一场阴谋,阴谋的参与者企图往人群中投放鼠疫菌,以引起鼠疫传染。这些阴谋分子手中用来感染大老鼠的鼠疫菌,正是由德国特工格雷格尔森(Грегерсен)通过美国运到阿尔汉格尔斯克的。1916年在俄罗斯境内也有德国间谍被抓获,从他身上搜出了一系列的文件,其中有引发传染病的方法,以及针对粮食、水源和存粮谷仓进行投毒的示意图。

德国医生赫尔穆特·科洛特茨(H. Klotz/Г. Клотц)1937年在巴黎出版了《德国的新型战争》(Der neue deutsche Krieg/《Новая германская война》)。科洛特茨在其中细菌武器的章节暗示德国曾在1918年试图对西线的协约国军队发动细菌攻击。他写道:

我们谨记原德意志第二帝国军队在西线进行过的实验。这个实验的后续情况无法得知,但它在1918年11月10日就立即被叫停了。停火让这个极丑恶的计划被画上句号。②

第一次世界大战结束以来,所有帝国主义国家在细菌战实战领域的研

① 加玛列亚:《预防手段》,莫斯科、列宁格勒:国家生物医学文献出版局,1934,第129页。另参见查里·尼科尔:《传染病的演化》,国家生物医学文献出版局,1937,第98页。
② 参见飞龙诺夫(Г. Филонов):《细菌战》,载于《红海军战士》,1939年第12期,第29—32页。

发工作进行得如火如荼。无论是侵略战争罪行的公告，或者是关于禁止采用细菌武器的《日内瓦议定书》，都不能制止上述行径。英国政府在签署了《日内瓦议定书》后不久，其首相鲍德温就宣称："应该继续在细菌战领域中的研究工作。"①当时，希特勒德国在确立其军事征服战略及企图奴役别国人民的方针后，在新型细菌武器的研发、使用细菌武器的新方式的研究等工作方面取得的成果可谓登峰造极。早在希特勒匪帮夺取德国政权之后的翌年，前《泰晤士报》主编斯提德（Уикхэм Стид）在其中一份英国杂志中发表了文章，强烈谴责希特勒德国企图否认研究细菌战的罪行。斯提德的文章揭露的事实，是有关希特勒匪帮在其他国家的领土上大规模进行细菌武器的研究实验。斯提德断言，希特勒德军的特工策划和主导了在伦敦和巴黎地铁站使用细菌造成人为传染的实验，为此他们还利用了地铁隧道通风风扇气旋流动的原理。斯提德还写道，巴黎的协和广场和革命广场的土壤曾经被用来投放、培养和散播病菌，类似的实验在巴黎的其他近郊地方也进行过。希特勒匪帮甚至还想在法国军事学院散播传染病菌。

当时，所有的这些实验都使用了毒性低或没有毒性的细菌，因为这毕竟只是实验，但这是未来细菌攻击手段的一种罪孽深重的预演。毫无疑问，被选中的实验目标对象也表明，实验者就是旨在准备侵略战争，以及研究将致死病菌应用起来，充当攻击武器和侵略武器②。

正是在这种背景下，帝国主义日本也开始研究细菌战。之后的事实表明，在第二次世界大战期间，轴心国集团在研究细菌武器的进展方面是如何的惊人。本书也致力于重构这段历史。

当前美国的统治集团，妄图继承希特勒德国和帝国主义日本的丑恶衣钵，谋求世界霸权，重复旨在建立支配全球的"新秩序"的法西斯口号，并且企图剥夺所有被美帝国主义者奴役和压迫的人民的政治独立自主权，全面

---

① 科洛特茨：《德国的新型战争》，巴黎，1937，第179—197页。
② 舒拉-布拉（Б. Л. Шура-Бура）、科罗斯捷列夫（В. Я. Коростелев）：《为军事目的而使用细菌的手段》，载于《符拉迪沃斯托克海军医院论文集》，列宁格勒，1941，第123—139页。

重演其德日武装力量先行者的战争计划。美国的新战争策动者在罪恶的武装竞争过程中加速完成和完善这种大杀伤力武器的制造和生产,甚至不惜与希特勒匪帮和日本军国主义分子勾结在一起,狼狈为奸。为了达成这些丑恶目的,美国人大量雇用德国和日本的战犯充当他们的伙伴,招揽德国和日本的科学家、设计师和技术人员,使希特勒匪帮的杀人武器——浮奥二型导弹(V2/ФАУ-2)得以改造,更加现代化,比德国当时的型号的体型更大,除了可填装常规炸药,还可以装备核弹头,以从根本上赋予这种武器前所未有的破坏力和杀伤力。美国的军工厂也在积极研制和生产空中堡垒轰炸机、坦克和自行火炮,它们无一例外都是希特勒德国的容克轰炸机(Юнкерс)、虎式坦克(Тигр)、豹式坦克(Пантер)的改进升级版。在美国各州兴建了很多大型的细菌研究中心,招揽希特勒匪帮和日本帝国主义的细菌学家,急切地研究、完善培养致死病菌的工作,目的就是对付和消灭一切敢于和美国的侵略行径作对的国家和人民。

　　在为美国垄断巨头效劳,协助和推动生产为新的大战而制造大杀伤力武器的人群当中,也不乏科学贩子的身影,他们甘愿为死亡工厂的厂主们出卖自己的身体和知识、贱卖自己的知识,就像商品一样,像出售新型牙刷和安全刮胡刀一样。前不久,作为最大的军事细菌研究中心——位于马里兰州的德迪里克营房(Кэмп Детрик〔штат Мэриленд〕)实验室的员工,哥伦比亚大学所谓的教授提奥多·罗兹贝瑞(T. Rosebury/T. Розбери)在美国出版的一本书中,就十分积极地宣称一个理论——"是要被和平奴役,还是要被鼠疫吞噬"(peace or pestilence)[1],这不失为推广细菌战争武器最明显的例子。这里不必赘述这本书的内容,苏联的报道已经够多的了[2]。只是有必要指出,罗兹贝瑞妖言惑众,散布细菌战将会是新型总体战争最理想的武器,透露了他的主子的阴谋,揭示了他们企图消灭数百万人的恶匪计划。

　　罗兹贝瑞写道:

_____

① 罗兹贝瑞:《要和平还是要致死瘟疫》,1949。

② 参见克雷绵佐夫(Л. Кременцов):《揭露美国吃人魔头》,载于《真理报》,1950 年 6 月 7 日。

我认为,从道德的角度将细菌武器或任何其他武器说成是极恐怖和糟透了的,实际上都是徒劳无益之举,也是无济于事的空话。

这也就是美国的吃人科学家心中的所谓道德了。美国垄断巨头的科学奴仆们绞尽脑汁都要为美国的侵略政策涂脂抹粉、美白和"正名",让美帝国主义者可以名正言顺地无视国际法而去放纵地使用被禁用的战争武器。就这样,科学家匪帮与垄断资本家匪帮狼狈为奸,美帝国主义者得以利用这些学术恶棍继续其极丑恶的罪行,大摇大摆地从研究细菌武器的阶段转变成细菌武器的相关实验和应用阶段。

1949 年,美国人针对加拿大的因纽特人进行了细菌武器的实验,在他们之间引发鼠疫传染。到了 1950 年,他们又用生物武器去对付德意志民主共和国和捷克斯洛伐克人民共和国,为了实施地面泥土破坏,他们从飞机上投放大量科罗拉多马铃薯甲虫,使其吃掉当地初种的农作物的种子。这些事实都毫无争议地表明,美国侵略者在诸如布洛美(К. Бломе)、石井四郎、北野政次、若松有次郎等战犯们的协助下,重启了之前希特勒匪帮和日本帝国主义分子的恶妖从事的万恶的细菌武器实验。

1950 年 6 月 25 日,美帝国主义者已经从筹备实施战争,转变为向爱好和平的人民发动直接的侵略进攻——对朝鲜民主主义人民共和国发动战争。美国侵略者谋求以武装干涉的有限度战争,在最短时间内占领整个朝鲜半岛,以此作为进一步侵略中华人民共和国和苏联的军事战略前沿基地,并且企图以此掐灭东南亚的民族解放运动。为此,美国全面派出了其陆、空、海三军进犯朝鲜。

作为希特勒匪帮和日本武士的后继者,美国战争集团在侵略朝鲜的战争中也动用了这种之前为希特勒匪帮和日本军国主义分子使用过的不光彩和罪恶的手段。如同法西斯分子的所作所为一样,美国人对平民所在的城市和村落展开了残暴的轰炸,冷酷无情地杀死女人、孩童和老人,野蛮无道地毁坏学校、剧院、医院和康乐社,破坏和抢掠平民个人和平民团体的财物,以及残酷虐待战俘。

朝鲜人民反对美国侵略者的英雄斗争粉碎了这些侵略、干涉者的计划,他们不仅无法打压爱好自由的朝鲜人民的反抗,其在朝鲜半岛企图发动的闪电战也遭遇全面的挫败。吃人的美帝国主义者开始以动用核弹这一威胁来恫吓朝鲜人民。美国国务卿艾奇逊(Д. Ачесон)明确表示,在攻打朝鲜的战争中,所选的武器并无意义差别,前美国三军总司令艾森豪威尔(Д. Эйзенхауэр)更是丧尽天良地叫嚣着要将核弹投放到朝鲜民主主义人民共和国的核心地带。美国在朝鲜半岛犯下的罪恶的侵略行径仅仅是其反人类的新战争计划的冰山一角。

然而,美国帝国主义者,并未从历史中汲取教训,仿佛他们从未觉醒,从未研究和了解过大杀伤力杀人武器的可怕之处,不知道等待美国人的命运,将会和希特勒德国和帝国主义日本的老路一模一样。朝鲜半岛的事态警示全世界人民新的世界大战爆发的危险正在增加。这种危机也迫使其他国家的人民更加积极地去强化为稳定而持久的和平所作的斗争。以苏联为首的和平的同盟阵线正在日渐壮大。和平的力量是无可估量的,它们将会击毁侵略者们反对和平和人民自由的丑恶阴谋。世人懂得如何制止世界霸权重燃的苗头。

正如日丹诺夫(А. А. Жданов)所说:

> 必须指出,帝国主义者妄图发动战争的意愿,与其能够组织战争的可能性之间,是存在巨大的差距的。世人并不愿意陷入战争,支持和平的力量是十分明显和强大的,要是这些力量在守护和平的事业上能够变得坚固和强硬,显示出决心和强势,侵略者的计划势必全面失败。不要忘记,帝国主义代理人散布的关于战争威胁的叫嚣,只会吓怕那些神经脆弱和打算采取投降退避政策的不坚定的人。①

第一章　细菌战——帝国主义侵略所用的其中一种毁灭人类的杀器

弗·伊·列宁写道:

> 战争,是以暴力为工具,延续战前各交战大国的主导阶级的政治。②

在资本主义转变为帝国主义阶段的发展过程中,战争的性质、手段、方

---

① 日丹诺夫:《1947年9月底在波兰与一些共产党代表情报会议上发表的关于国际形势的报告》,莫斯科:国家政治文献出版局,1948,第47页。

② 列宁:《列宁全集》,俄文版第22卷,第152页。

式和进行过程，都从根本上发生了变化。

正如斯大林同志指出的：

> 进行战争的方式、战争的形式，并不是在任何时代都千篇一律的。它们根据形势的变化而改变，首先就是生产发展的支配。成吉思汗时代的战争，当然是异于拿破仑三世时期的战争了。20 世纪的战争形态，也是不同于 19 世纪的。①

帝国主义集团发动战争，旨在破坏已有的和平，消灭和奴役全人类。为此，帝国主义国家运用在科学和技术领域中的最新研发成果，作为应用在战争中最具毁灭性的工具。

在如此情况下，那些用来限制和约束武器使用的法则和公约，在帝国主义国家眼中，就被视为阻止其实施战争的绊脚石。所以，先前由这些资产阶级国家订立的法律和规定，就被它们自己打破了。

早在 1910 年，列宁就揭示了资产阶级国家法律被破坏，并且指出资本主义越是堕落，资产阶级就越是频繁自毁其原先订立的规章。他在《两个世界》一文中写道：

> 由资产阶级法规运转的时代，逐渐被最伟大的革命战斗的时代取代。从事实的本质来看，这些战争将会摧毁一切资产阶级法制和国家体制，而从形式来看，这些战斗，必须是由资产阶级自身的垂死挣扎开始（已在开始的过程中），而结果是它们摧毁其一手建立的，但如今对它们来说是落后而不可容忍的法制。②

战争法制的原则早在法国资产阶级大革命之时就已经形成，它们规定战争只由武装力量发起，并且仅限于武装力量之间进行的相互攻伐，而并不让暴力危及平民。这个理念，在之后的一系列国际大会中，被确认为国际法的基本原则，准确来说，在 1907 年的海牙第四届大会及其公约（Ⅳ Гаагская

---

① 斯大林：《斯大林全集》，俄文版第 5 卷，第 168 页。
② 列宁：《列宁全集》，俄文版第 16 卷，第 284 页。

конвенция）中，这个原则被正式确立，而几乎所有的资本主义国家都签署了相关的法律文件。

　　然而，在帝国主义时代，战争形态的改变加速导致以下结果：帝国主义国家不再遵守进行战争的基本准则，而是想尽办法要将敌方置于死地，使对方彻底毁灭。消灭敌方的平民，也就逐步成为帝国主义国家战时的其中一项政策目标。关于这一点的帝国主义时代的战争实践，已经在英美帝国主义者谋划的现代侵略战争计划中得到了充分印证。

　　正如审判德国战犯的纽伦堡国际军事法庭所示，希特勒匪帮谋划和实施了第二次世界大战，犯下了杀害3000万斯拉夫人的暴行。作为全人类的极丑恶公敌的英美帝国主义者，也正在谋划和准备新的毁灭性战争，目的是建立凌驾世界的霸权。它们计划动用的战争手段和工具，其残忍程度甚至超过了德国法西斯的血腥罪行。这并非偶然，美国统治集团已经公开违背一系列用来维护平民利益的国际公认的战争法规和约束。

　　苏联自立国起就坚持不断与这种不义之战作斗争，努力倡议裁减和限制军备武装，要求对所有侵略战争罪行发起公诉审判，并且惩办所有战犯。苏联尤其致力取得的结果为，倘若帝国主义大国集团的罪恶政策不可避免地引起了战争，也至少不让其采用那些以危害平民为首要任务的惨无人道和良心泯灭的毁灭性手段，比如使用核弹、化学武器和细菌武器。

　　早在1922年的热那亚会议（Генуэзская конференция）上，苏联代表团就提出了禁止使用野蛮的战争武器，比如窒息气体的建议。到了1925年6月17日，在日内瓦签署了文件，这份文件成为迄今为止针对禁绝化学和细菌战的基本国际共识。文件开宗明义，指出经过文明社会的民意思考和讨论之后，普遍认为，在战争过程中采用窒息、剧毒和其他类似的杀伤性气体，以及使用其他类似的有害液体，是应该被禁止的，并且应该由世界大多数大国签署的条约赋予其禁止的效力。在此基础上，为了在国际法上确切履行和执行相关的禁令，各国人民都有相应的良知和执行的责任义务。缔约国表示，它们既然已经签署了禁止采用有害物品充当武器的条约，也就同意将这个禁令扩展到禁止在战争中使用细菌武器，并且认同自己在这个声明中与其他国家的利益是一致的。

　　苏联加入了这个议案文件，并且批准其生效。苏联政府也要求其他国家在最短时间内批准通过这份文件，确立监督机制，确保其有效执行。这样，共有 28 国在《日内瓦议定书》上签字，而后来又有 11 个国家加入。

　　但是，并不是所有国家都批准通过这份决议文件，这些拒绝加入批准通过该决议文件的众多国家中，就有美国政府。对美国来说，拒绝加入 1925 年签署的《日内瓦议定书》并非孤例。多年以来，美国就不止一次地拒绝加入旨在禁绝使用针对人民的大杀伤力武器的国际协议。举例来说，1899 年美国就曾拒绝批准生效《海牙公约》（Гаагская конвенция 1899 г.），该公约旨在禁止使用具有残害性杀伤力的达姆子弹（дум-дум）。

　　昭然若揭的是，其他侵略国家也拒绝批准生效《日内瓦议定书》，其中包括帝国主义日本，因为对日本来说，在侵略战争中采用化学和细菌武器是它计划中的一部分。1928 年，在第五届裁减军备会议上，苏联政府提出了立即总体全面削减军事武装的方案，其中首要的是规定禁止使用最具毁灭性和杀伤性的武器。然而，帝国主义国家拒绝苏联的方案。在 1932 年的裁减军备会议上，苏联政府再次要求禁绝最具威胁性的武器，但这些建议再次被帝国主义国家拒之门外。

　　后来，正如国际联盟和联合国的悲哀记忆所示，苏联政府仍然为了和平而斗争，坚决不懈地为达成禁绝人类大灭绝武器的禁令而斗争。苏联关于核能源问题的立场是众所周知的。苏联一直坚定地要求无条件禁止使用核武器，并且建立严格的国际监督管控机制落实这种禁令。早在 1947 年 9 月 18 日的第二届联合国大会上，苏联代表团团长维辛斯基（А. Я. Вышинский）①院士就表示：

　　　　禁绝核武和其他大毁灭性武器的事项，至今未能达成，这在数以百万计平民的心中引起了明显的恐慌。这种恐慌的根源在于核武器是用于攻击和侵略的武器。在一年半的工作期间，负责督导核工作的委员

---

① А. Я. Вышинский，也译维申斯基。——编著者注

会,非但未能完成任何一项由 1946 年 1 月 24 日联合国安理会决议下达的任务,也未能取得任何进展。从苏联政府方面来看,苏方已经采取了一系列行为,旨在共同协助正面地解决这一问题。苏联政府在力求签署禁绝核武器和其他大毁灭性的条约方面,亦提出了补充和深化的建议,向核委员会提出了审议关于建立针对核能的国际监督的基本条文。但是这个建议遭到了以美国为首的帝国主义集团的强力阻挠。①

在 1949 年的联合国第四届安理会大会上,苏联代表团再次声明,苏联政府准备好因应禁止核武的要求而着手建立严格的国际监管机制,"这的确将会拯救全人类,让其脱离核战争的新型和惨无人道的威胁"②。

到了 1950 年 3 月 15 日—19 日,在瑞典斯德哥尔摩举行的第三届全体和平大会的常务理事会会议的讨论会上,支持和平的国家一致同意通过了以下宣言:

> 我们要求无条件禁止作为反人类的侵略和大毁灭性武器的核武器,同时建立严格的国际监督机制确保禁令的有效执行。我们将会把首先采用核武器反对任何其他国家的一方政府,视为战争罪犯。我们呼吁全世界所有善良的人民加入签署这项宣言。③

苏联爱好和平的政策,虽然符合全世界劳动人民的福祉,但遭到了帝国主义集团的强烈抵制,而最首要的是美国的发难。美国有系统地拒绝苏联关于限制武装和禁止使用最残暴和非人道的大杀伤性武器的全部建议。美帝国主义者为了达成其侵略计划的目的,不惜多次提出反对禁止核武的议案,而美国早在 1945 年就已经在广岛和长崎针对日本平民使用过原子弹,更何况这根本无法解释为出于战争需要。正如英国的报纸所言,制定轰炸广岛和长崎的策划者并不准备摧毁这两座城市内的军事设施目标。不言而

---

① 维辛斯基:《国际法和国际政治问题》,莫斯科,1949,第 163 页。

② 维辛斯基在 1949 年 11 月 10 日特别政治委员会上的发言,载于《新时代》杂志的附件,1949 第 48 号,第 13 页。

③《新时代》杂志(Новое время),1950 第 12 号,第 1 页。

喻,这两次轰炸的目的是早已预谋好的,只为动用最残暴的大杀伤力武器,最大程度地消灭日本平民。显然,美国侵略者需要达到的目的,就是拿核弹来威吓所有人,让其他国家的政府受到震慑并且臣服于美国的淫威之下。

针对这种核弹威慑政策,斯大林同志早在 1946 年就说道:

> 我并不认为原子弹是一种令人生畏的力量,即使一些国家领导人不得不屈从于原子弹,而认可它的威慑力。原子弹也许对于神经衰弱的人来说,起着很大的震慑作用,但原子弹本身并不能决定战争的命运,因为原子弹的作用是有限的。当然,对原子弹技术秘密的垄断,引发了这种威胁,但在最极端的情况下,也有两种可以用于反制这种威胁的方式:其一,终结原子弹霸权的垄断局面;其二,采取禁用原子弹的办法。[1]

斯大林的卓越远见在现实中得到了有力的证明。不久之后,美国对用于发展核能和核武器的原子弹技术核心机密的霸权垄断被终结了。但是,美国的战争谋划者依旧继续从事核武器竞赛,选取其他武器来制造新的威慑。美国总统杜鲁门在 1950 年 1 月底发表了公开的官方宣言,表示他已命令监管核能的内政委员会着手开展研制被命名为“终极原子弹”(атомная сверхбомба)的氢弹(Водородная бомба)[2]。毫无疑问,美国的核威慑政策受到了挫败。莫洛托夫(В. М. Молотов)同志在莫斯科市莫洛托夫选区的选举大会上的发言中说道:

> 所有威慑政策主导者们的本质都是一样的 …… 昨天拿原子弹吓唬我们,今天就拿出所谓的氢弹计划来恫吓我们了,更何况目前这还没有制造出来。他们自以为仗着曾经手握原子弹的霸权垄断,就可以到处恫吓威胁别人,很快他们就不敢如此嚣张炫耀了,并且只会自讨苦吃,不可避免地遭到迎头痛击。众所周知,苏联人民不会浪费任何时

---

[1]《1946 年 9 月 17 日斯大林同志以署名纸条答〈悉尼时报〉驻莫斯科分部记者亚历山大·韦尔特提出之问题》,载于《消息报》,1946 年 9 月 24 日。

[2] 参见《新时代》,1950 第 10 号,第 13 页。

间,并且已经掌握了生产核能和原子弹武器的机密了。[1]

目前,美国统治集团指望用超级核弹达到目的之冒险政策,也为部分美国政客所知。担任美国参众两院核能问题委员会主席的美国议员麦克马洪(Макмагон)虽然无疑是顽固的反苏联分子,但也不得不表示:

> 苏联摧毁了我们在原子弹领域中的霸权垄断地位,比我们想象得要快得多,而苏联也将会以同等速度或者更快摧毁我们在超级核弹领域中的任何形式的霸权垄断地位。[2]

细菌武器,也是侵略战争中极为残忍的罪恶武器。

细菌武器所应用的范围,并不仅限于战时的前线、敌方的武装力量部队,甚至并不止于遭到攻击的国家的领土。细菌武器的自身特性决定了它是帝国主义侵略战争的武器,并且是最为惨无人道的武器。细菌武器是针对人类的大毁灭性武器,对具有防疫卫生屏障的军队,乃至对平民,都构成巨大的毁灭性威胁。当然,平民,特别是妇女、儿童、老人,是这种武器首当其冲的受害者。

无论是哪一方帝国主义集团使用细菌武器,都势必构成反对本国和中立国人民的罪行。因为,归咎于广泛感染的扩散,细菌武器的危害性并不只对受到直接攻击的国家起作用,还会波及其他邻近国家。当一些妄图攫夺世界霸权的大国,在认为这有可能对自己有利时,就会动用细菌武器。

从性质来看,在第二次世界大战前夜和战时,作为侵略战争的两大战争策源地,希特勒德国和帝国主义日本,在从事细菌武器研究和开发的罪恶领域中,表现得最为活跃。战后,世界反动集团和新战争策源的核心,就转变为美利坚合众国了。正是在美国境内,目前在如火如荼地进行着研究细菌战争武器的科研项目。

早在纽伦堡国际军事法庭审判期间,德国将军瓦尔特·舒赖贝尔(B.

---

[1] 莫洛托夫:《在莫斯科市莫洛托夫选区的选举大会上的讲话》,1950 年 3 月 10 日,莫斯科:国家政治出版局,1950,第 27 页。

[2] 《新时代》,1950 第 10 号,第 14 页。

Шрайбер)的供词和其他文献材料表明，希特勒匪帮就曾经广泛研究和准备使用细菌武器。

舒赖贝尔在国际军事法庭受审时表示：

> 尽管在阿伯维尔（Абвер，反间谍秘密军警组织）的报告和东部战线军医的通信记录中不止一次清楚记载，德国国防军最高统帅部的卫生监察组的结论显示苏联方面并不惧怕敌军使用充当武器的细菌，德国国防军武装力量最高统帅部（ОКВ）的总参谋长凯特尔陆军元帅（В. Кейтель）还是命令准备实施对付苏联的细菌战……

> 1943年7月，德军最高统帅部举行了秘密会议，在陆军卫生监察组的参会代表方面，他们邀请了我本人，以及军医少校克利维教授（Кливе）出席，会议地点位于柏林市内的本德勒大街（Бендлерштрасс）的德陆军参谋本部总部大楼。

舒赖贝尔表示，这次会议也邀请了纳粹党的一些科学界代表成员、德国国防军主管新型武器的军官、国防军辖下的空军统帅部成员，以及其他兵种的代表参加。舒赖贝尔还说：

> 在会议上，代表凯特尔陆军元帅和莱尼克将军[1]的国防军参谋本部总务长说道，阿道夫·希特勒授权帝国元帅赫尔曼·戈林，命令他全权负责组织和采取一切可行手段准备细菌战。根据战况，参谋总长要求首先要立即核实在实战中采用细菌武器的可行性问题。他解释道，德军在莫斯科和斯大林格勒战役中遭受的挫败，让德军蒙受了巨大的损失。必须迅速研究开发新型武器，这在很大程度上可能使德国能够依靠它来从根本上改变战局。德军最高统帅部认为，最可行的办法，就是实施细菌战。

> 在这次会议上也组建了一个名为细菌战的军事委员会，当中，戈林任命布洛美教授为帝国医疗事务部副总监，实际上直接督导所有应用

---

[1] Рейнеке，德军最高统帅部的总务长。——编著者注

于研究细菌战的特种医学工作。为了达成增强对付俄罗斯的细菌战研究工作这个目的,在波兹南(今为波兰境内城市——编著者注)的近郊成立了一个研究院,院里的实验室用于培育细菌,包括培养鼠疫和有害的植物。布洛美是这所研究院的主管。研究院内也有充足的用于使用活人进行细菌实验的配备,同时也进行了以飞机空中投放细菌的实验……

1945年3月底,布洛美教授到柏林会见本人时说道,由于红军的快速推进,他不得不赶紧逃离波兹南。让他感到担忧的是,研究院里用于进行活人实验的装备设施很有可能已经落入俄罗斯人的手上了。通过这次谈话,我从布洛美口中知道,虽然丢失了波兰的领土,但细菌战计划作为阻挡红军进攻的武器,仍然得以保留其发挥效力的可能性。这是因为布洛美已经将波兹南研究院的鼠疫培养菌苗转移出来。几天后他又对我说道,他准备在新的匆忙搭建的图林根(Тюрингин/Thüringen)临时研究院继续其先前的研究工作。他请我关注把那些从波兹南撤运出来的鼠疫培养菌苗暂时安置储存在萨克森堡(Саксенбург/Sachsenburg)研究院的事宜。次日,我与韩德洛泽(Хандлозер)教授中将通电话,得知布洛美向他下达了希姆莱关于在萨克森堡基地从事细菌培养的命令。

舒赖贝尔在纽伦堡国际军事法庭受审时的最后陈述表明:

一些德国医生在准备研究细菌战而进行医学实验的时候,并不只是拿动物做实验(正如时至今日的惯常做法),更是将被认为是"劣等民族"的代表——斯拉夫族人拿来充当医学实验的试验品。[1]

在纽伦堡国际军事法庭审判期间,也出示了一些材料,它们证明了萨克森堡附近的细菌研究院曾经积极地从事细菌战研究。这些研究工作是由柏林的罗伯特·柯赫研究院的院长欧根·吉尔德迈斯特教授(O. Гильдемайстер/

---

[1]《纽伦堡国际军事法庭审判即时录音笔录》(1946年8月26日),第19078—19104页。

O. Gildemeister)督导的。这个研究院着重研究大剂量培养鼠疫菌以应用于细菌战。

　　希特勒德国的战争罪犯在大规模研究细菌武器的使用方法时，将细菌样本拿来对付苏联战俘和居住在敌占区的苏联平民。关于这一点，呈交纽伦堡国际军事法庭的文件证供与 1944 年 4 月 29 日国家紧急情况委员会的通报内容，即德国利用斑疹伤寒传染病消灭苏联人民的情况，是相吻合的。[①]

　　国家紧急情况委员会的文件还详细提到，1944 年 3 月 19 日，苏联军队在发起进攻时，曾在白俄罗斯苏维埃社会主义共和国境内的波列斯州奥札里奇（район мест. Озаричи, Полесская область）地区，发现了德军前沿防御区中有 3 个集中营，里面有超过 33000 名儿童、丧失劳动能力的妇女，以及老人。集中营是在开阔的空旷地带搭建的，周边有铁丝网和护栏包围。通往集中营的要道都埋设了地雷，而集中营的周边，就连最简单的建筑物都没有。被囚禁的人就在这片土地上生存，他们当中有很多人早已丧失了行动力，失忆了，就如此瘫软地躺卧在泥泞之中。被囚者被禁止在地上铺树枝和收集木柴做临时床垫，如果违反集中营的规定，一个微不足道的小错误就会招致希特勒匪帮将其枪毙。

　　通过对当地的调研可知，希特勒匪帮建立这些集中营，是用来进行实验，以实现针对苏联平民和军队散播斑疹伤寒的目的。希特勒匪帮有意识、有目的地选择搭建集中营的地点，他们不希望集中营占用他们自己的阵地。在向集中营投放大量苏联人的时候，他们优先抓捕了大量的苏联儿童、无工作能力的妇女和老人。而正当这些虚弱且丧失劳动力的人群身处极为肮脏的集中营时，希特勒德国的军事传染病学家，就有计划地从波利斯、明斯克、戈梅利等白俄罗斯苏维埃社会主义共和国境内敌占区，选出数以千计不同的感染了斑疹伤寒的病人，混进这些集中营内。希特勒匪帮在这些集中营内共收容了多达 7000 名斑疹伤寒病人。

[①]《国家紧急情况委员会关于德国法西斯侵略者暴行的通报文件集》，莫斯科：国家政治出版局，1946，第 183—193 页。

被希特勒匪帮有组织运送到集中营的斑疹伤寒病人，是用来检验在苏联人群中传播斑疹伤寒疫情的效力的。这得到了众多苏联居民的证供支持，是无可争辩的铁证如山的事实。这些苏联居民曾被希特勒匪帮行政机关捉住和送往集中营，在数天后就被人为地感染了斑疹伤寒。

苏联的法医专家组也证实了希特勒匪帮的确针对苏联平民实施了早有预谋的斑疹伤寒疫情传播。

苏联国家紧急情况委员会委任的特别法医专家组证实，为了达到在苏联人群中传播斑疹伤寒的目的，"德国当局的行政机关在集中营内同时收容健康的苏联人和已染上斑疹伤寒的病人……为求在集中营加速传播斑疹伤寒，德国人将斑疹伤寒病人从一个集中营转往另一个……又从医院中找到斑疹伤寒病人，将他们投放到收容健康人群的集中营当中混住"。

在奥扎里奇地区建立斑疹伤寒病人集中营的同时，希特勒匪帮的传染病学家认为，在苏军解放了波利斯州后，这些病人将会被转移到苏联的纵深后方地区，而那里也势必成为暴发疫情的根源地。希特勒匪帮军队的指挥部还特意派了一些特工到这些设于防御区的前沿阵地的集中营，他们的任务就是必须监察被困于集中营内的苏联居民受到斑疹伤寒传染和感染的疫情，同样也负责察看苏联军队内部的单位是否出现疫情。

负责监察苏联人染疫情况的第三〇八号侦察小队（阿伯维尔小组三〇八）的德国特工表示：

> 1944 年 3 月 11 日，我陪同三〇八小组的头目——一位名叫克尔斯特（Керст）的德军特种部队中尉，乘坐汽车到距离格鲁斯克（Глуск）40—45 千米外的火车站。晚上，他命令我，在适当时候，我要化身平民，被投放到距离此站 30 公里的集中营内。克尔斯特继续向我解释，在这个集中营关押了 40000 名苏联平民，其中多达 7000 人是斑疹伤寒患者……在投入集中营之前，我在此地已经接种了抗斑疹伤寒的疫苗。

> 三〇八小组交给我的任务如下：到达位于奥扎里奇以西的集中营，并且乔装成平民，与囚禁在集中营的平民混居在一起。我需要核实，当红军收复这些集中营之后，将会如何处置这些平民，会将妇女和孩童送

往何处,如何处置患病者。我完成上述任务之后,必须返回德国控制区并将收集到的情报回禀上级。

苏联国家紧急情况委员会在 1944 年 8 月 2 日的报告中开宗明义地指出:

> 有很多事实证据表明,在卡缅涅茨-波多尔斯克州的斯拉沃特市内的特殊集中营①里被希特勒匪帮杀害的苏军战俘,和德军蓄谋针对苏联战俘施放不同种类的传染疾病有关。进一步的调研确认,希特勒匪帮的军医有预谋地对苏联战俘施放伤寒痢疾、肺结核病菌。在这些苏联战俘中,曾一度出现了一些未明病征,而德国医生将其称为"副霍乱"(парахолера)。

在奥斯威辛集中营的希特勒匪帮"医师团伙",如比尔特斯(Биртс)、门格勒(Менгеле)、罗德(Родэ)等人有系统地从事罪恶的细菌实验。为了试验德国公司生产的不同种类的抗疫预防药物,这些医药公司特意从集中营主管那里收购被囚者,并让其在传染实验过程中感染各种疾病,再用他们的病体试验药物。

苏联国家紧急情况委员会的通报文件也表明,从本质来看,来自柯尼格斯晓特(Кенигсхютте)的医师格劳贝尔(Глаубер),以及化学家盖别尔(Гебель)特意从奥斯威辛集中营主管部门那里"购入"了 150 名女人。因为在奥斯威辛集中营所进行的惨无人道的细菌实验而死去的受难者之数量,达数千人之多。这样,希特勒匪帮有目的地借助最危险的传染病细菌进行实验,同时大量杀死苏联平民和战俘,实际上,这显然就是采用细菌武器的事实了。

然而,正如舒赖贝尔的证供所示,采取细菌感染病对付苏联战俘和平民,是为了另一个目的——为进行最大规模的细菌战而开发最有效的细菌武器。只不过,苏军的决定性歼灭打击粉碎了希特勒匪帮的计划,并且让他

---

① гросс-лазарет Славута、德语:Stalag 301/Z。——编著者注

们研究细菌武器的计划全盘破产。

　　正如哈巴罗夫斯克庭审所示,日本战争集团仔细审视了细菌武器应用于战争的前景,认为这是保障日本实现最终战略目的之最佳利器。正是如此,根据德日之间具有共同侵略目标的协议,希特勒德国和帝国主义日本在细菌战研究领域狼狈为奸,旨在从根本上奴役所有国家及人民。细菌武器,是侵略战争的武器,并在数十年内被日军参谋本部的将军们用来实现其侵略进犯的军事计划。

　　在超过半世纪的时间里,日本对外政策变得具有极端侵略性。在此期间,日本不止一次进犯邻国。日军 1904 年在未经宣战的情况下突然攻击亚瑟港的俄军基地和舰队;日军侵略者 1918 —1920 年以干涉名义侵犯苏维埃远东地区;1931 年侵夺"满洲"地区,并由此展开了日本侵略中国的新阶段;1937 年日军大举攻打华北和华中;1938 年日军在苏联边界挑起哈桑湖战役;1939 年日军在哈拉欣河地区进犯蒙古人民共和国①等,都是让人记忆犹新的历史事例。

　　在东京审判期间,以英国-美国的成员占大多数优势的审判团,出于众所周知的原因,企图避而不谈苏联国内战争(1917—1922 年)期间日本对苏联远东地区的进犯,因为这不可避免也会牵扯英美的武装侵略干涉集团当时对苏维埃国家犯下的累累罪行。正因为如此,远东国际军事法庭才决定将日本头号战犯的罪行认定为自 1928 年开始。当时法庭的判决认为:

　　　　……在既定的准备时间内,日本一直在审视和谋划侵略苏联的战争,这是日本的其中一项最为主要的国家政策,目的是要侵占苏联的远东领土。②

　　在与以里宾特洛甫(Й. фон Риббентроп)领导的希特勒德国外交部交谈期间,时任日本驻德国柏林大使大岛浩(Хироси Осима)公开承认了这种具有反对苏联的倾向意图的日本侵略计划:

---

① Монгольская Народная Республика,即哈拉欣河战争。——编著者注
②《远东国际军事法庭审判词》,第 803 页。

为了谋划进攻俄罗斯，日本参谋本部用了20年时间来制定全部计划，而它们已经准备就绪，不日又可以再实施针对俄罗斯的进攻。

在哈巴罗夫斯克法庭审判期间，众多证据表明，日本参谋本部在谋划整体的军事战略方案时，使用细菌武器这个项目占有明显的地位。在1942年，不止一次地有情况表明，日本帝国主义者认为，进犯苏联的最佳时机已经到了。当时，作为其中一个谋划细菌战的头领，笠原行雄被任命为日军最主要的侵略军团——关东军的参谋总长。此人在上任前的十年内曾经担任过日本驻苏联莫斯科大使馆的武官，他在其中一份报告中写道：

我们必须发生战争，旨在摧毁……①我认为，我们实现的进军，必须最大程度地推进至贝加尔湖。如此一来，一旦我们控制的范围已经达到贝加尔湖的边界一线，日本就应当考虑将已经侵占了的远东地区，直接并入日本帝国的延伸地区。

众所周知，日本军国主义集团的战争冒险家们落得什么样的下场：

……除了全盘崩溃的灾难，战争冒险家并未给日本帝国主义者带来什么。②

日本战争集团一次又一次进犯苏联，而一如既往，无一例外，一次又一次经历了苏联武装力量的毁灭性打击。例如，1922年，苏联将入侵的日本人驱逐出国境；1938年的哈桑湖战争，以及1939年的哈拉欣河战争，苏联都对来犯和意欲打败苏军的日军部队予以迎头痛击。然而，日本帝国主义者并没有从这些挫败中汲取教训，而是继续准备对苏联和其他爱好和平的人民发动战争。日本帝国主义者一直妄图建立一个空前庞大的亚洲殖民帝国，而日本将在此体系中充当主人的角色，其他被统治的人民将沦为奴隶。为此，日本帝国主义者不断研究和试验各种新型武器，当中甚至包括可能足以毁灭数以百万计无辜平民，并且让大片土地变成荒漠的新型武器。

---

① 原文如此，应为苏联/俄罗斯。——编著者注
② 马林科夫：《伟大的十月社会主义革命三十二周年纪念》，莫斯科：国家政治出版局，1949，第16页。

科学和技术，本身应该是用来实现人类社会的进步，但日本军国主义者将它们用作实现其仇恨人类计划的工具。在哈巴罗夫斯克审判期间，法医专家组的结论特别表明：

> 日本细菌部队采用的某些致病菌源，在自然环境下，经由特定的条件催化，已经或多或少可以成为传染病疫情的顽固源头。这些疾病在科学发展的过程中已经得到有效的消灭或者控制，但是被指控的战犯们却企图再次让其死灰复燃。①

哈巴罗夫斯克审判证实，日军将能够应用于战争的细菌武器纳入武装范畴内。曾为关东军最高统帅（司令官）的受审战犯山田乙三承认，日军参谋本部确认了在战争中采取三种动用细菌武器的手段：使用飞机空中投放细菌；用特制的细菌炸弹投放细菌；最后还有向水源、牧草地、牲口等目标投放细菌。

日军参谋本部的命令充分印证了这些事实，关东军一直在制定针对苏联远东城市，诸如哈巴罗夫斯克、伏罗希洛夫市、布拉戈维申斯克、赤塔的细菌攻击方案，方式是采用细菌炸弹或者用飞机空投细菌。日方也明白，使用细菌武器必然牵涉在日军进攻已受到细菌攻击的地域时，出现感染己方部队的危险，日军参谋本部预先在每个营级单位里建立了由多于50人组成的特种小队，装备各种防疫和抗疫必需品，以在必要时提供给己方进攻部队，并对已占领的土地进行消杀工作，使其免遭传染病源侵害。在日军各个营级单位内有这样的防疫抗疫特种小队这一事实，足以明确地证明日本帝国主义者计划进行细菌战的侵略性质。只是归功于苏联和它的武装力量的英雄实力，日本帝国主义者的计划才被粉碎。

山田乙三对此也不得不承认，他指出：

> 细菌武器主要是准备用来率先对付苏联的，当然，如果在苏联并未

---

① 《关于指控日军前军官准备和使用细菌武器案件的法庭审判材料》，莫斯科：国家政治出版局，1950，第401—402页。

主动对日本开战的情况下,细菌武器也可以用来对付美国、英国和其他国家。苏联参与攻打日本的战争,以及苏军挺进到"满洲国"的纵深地带,使我们丧失了动用细菌武器攻击苏联和其他国家的可能性。①

这样,在德国和日本帝国主义者蓄谋多年的细菌战恐怖氛围之下,苏联再一次拯救了全人类,使其脱离险境。

1949 年 7 月,在日内瓦会议上关于重新审订保护战争受害者的规章的事务时,苏联代表再次提出要求禁止使用大规模毁灭性武器,并就审订工作提出了以下倡议方案:

会议应该着眼于落实以下内容:

第一,在未来可能爆发的战争中使用细菌战和化学战武器,以及动用核武器与其他可以导致大规模人群毁灭的武器,并不符合通行的国际法准则,并且与人民的诚实和良知相悖。

第二,鉴于迄今为止尚未完全通过生效在 1925 年 6 月 17 日签署的《禁绝在战争中使用窒息性、毒性或其他气体和细菌作战方法的议定书》(《日内瓦议定书》),各国政府的任务,是要在最短时间内批准生效这份议案文件。

第三,所有国家的政府有义务立即达成签署《禁止核武作为针对平民的大毁灭武器的公约》。②

美国政府这时再一次反对苏联的人道主张。这样,正如美国继续推行其维持了半个世纪的"传统"政策,其一如既往地反对任何旨在禁绝反人类的大毁灭性武器的方案。在美国对会议提出"不合作"动议之后,美国代表团甚至还拒绝讨论上述由苏联代表团提出的决议方案。与之前的做法如出一辙的是,美国倚仗支持英美集团为首的西方大国立场的代表人数占了会议的绝大多数席位这个优势,否决了苏联的全部建议。美国的这种仇恨人

① 《哈巴罗夫斯克审判材料》,第 99 页。
② 《真理报》,1949 年 7 月 8 日。

类的立场根植于美帝国主义的侵略和盗匪本质及其渴求谋夺世界霸权的野心。

在剖析美帝国主义者的计划时，马林科夫同志指出：

> 美国的计划旨在仿效历史上曾经出现过的世界帝国征服者们，以暴力和新型战争的方式建立美利坚帝国。这恰如其分地表明，美帝国主义者想要将全世界变成美国一国的殖民地，恣意摧毁别国的主权，奴役别国的人民。美国妄图对所有国家和大陆进行所谓的"美利坚化"，这与希特勒和戈林企图将欧洲以及世界进行"日耳曼化"的疯狂计划相比，又有什么两样呢？这些想法难道会比妄想将整个亚洲和太平洋海床纳入日本帝国版图的田中义一和东条英机疯狂计划更加温和吗？从事实的本质来看，答案只有一个，那就是企图谋划新战争的战争阴谋家的侵略计划，是仿效德国和日本侵略者先辈的侵略计划而来的，甚至有过之而无不及。①

美国统治集团，正如其先辈侵略国——德国希特勒集团与日本帝国主义统治集团一样，在其侵略计划中制定了广泛使用野蛮的侵略战争工具——细菌武器的方案。如此一来，第二次世界大战的战火未曾熄灭之时，被瓦解的侵略国集团又摇身一变，成为准备新的世界大战的侵略者。

1946 年 4 月 22 日，美国杂志《新闻周刊》(*Ньюс-Уик* / *Newsweek*)刊登了题为《如何进行未来战争》的文章，文中写道：

> 美国远程战略轰炸机具备以化学和细菌战的恐怖力量摧毁任何潜在的敌人（我们在上次战争[应该是指第二次世界大战——编著者注]期间已经掌握了这种武器），而我们也更占优势地装备了凝固汽油燃烧弹和原子弹。之后，也将可以把原子弹头安装在经过改装的，比德国版本大两倍的浮奥二型导弹的前尖端。

---

① 马林科夫：《伟大的十月社会主义革命三十二周年纪念》，莫斯科：国家政治出版局，1949，第19—20页。

在美国,针对应用于战争的细菌物质的研究和开发广泛开展,其中包括研究最具毁灭性的细菌武器。美国前国防部部长约翰逊(Л. А. Джонсон/L. A. Johnson)表示,美国每年花费在军事科研上的经费高达 5 亿美元(500 млн. долларов)。事实上花的钱比这个估算还要多得多。正如 1947 年 2 月号的杂志《新共和》(Нью-рипаблик/The New Republic)的内容所示,1938 年,美国已经对新型军事方案研究投入了高达 2.7 亿美元(270 млн. долларов),而 1947 年这个金额开支高达 12.5 亿美元(1250 млн. долларов)。

在这些"科研"项目中,开发应用于战争的生物、细菌和化学物品,处于最显著的地位。

苏联代表维辛斯基在 1947 年 9 月 18 日召开的联合国大会上,针对谋划新型大战的阴谋家集团发表了演说,并揭示了美帝国主义者的阴谋——广泛开发研究应用于战争的细菌和化学物品。在此,维辛斯基援引了杂志《美国陆军军械兵团报》(Арми Орднанс/Army Ordnance)中的一篇关于研究新型剧毒物的文章,该杂志声称研究这种剧毒物花费了 5000 万美元。该文的作者表示,实验结果表明,仅仅一盎司剂量的剧毒物,就足以杀死 1.8 亿人[1]。

美帝国主义者为了实现自己的丑恶计划,动员了资产阶级国家的顶尖植物学家。曾任美军化武军种主任的奥尔登·韦特(Олден Г. Уэйт/A. G. Waite)中将在接受《纽约时报》(Нью-Йорк Таймс/The New York Times)访问时指出,他本人从不怀疑相关的实验和研究是关乎细菌战的:

> 我认为,我国招募最精英的科学家从事这个领域的研究。在第二次世界大战行将终战之时,我国已经明显地超越了我们的所有敌人。[2]

1947 年,美国杂志《科学年刊》(Ежегодник науки)提到了美国组织在细菌战领域的研究情况。这些科学问题的研究,是由美军军用化学局在 1944 年成立的"特殊问题研究部"领导的。其主要的研究中心,以及实验工厂,位

---

[1] 参见维辛斯基:《国际法和国际政治问题》,莫斯科,1949,第 182 页。
[2] 《新时代》,1950 年第 2 期,第 6 页。

于马里兰州(штат Мэриленд/State of Maryland)的德迪里克军营(лагерь Детрик/Detrick Camp)。在印第安纳州(штат Индиана/State of Indiana)的维罗县(Вило)建立了用来大批量生产致病原菌苗的工厂。在密西西比州(штат Миссисипи/State of Mississippi)的霍恩岛(остров Хорн/Horn Island)建立了其中一个野战实验站。

在加拿大,也有7所用来开发研究细菌武器的实验室。[①]

美国的一位所谓"科学家"杰拉尔德·温特(Джеральд Вент)甚至"信誓旦旦地断言"细菌武器是百利而无一害的。他在《图说科学》(*Сайенс иллюстрейтед/Science illustrated*)杂志1946年10月的期刊中写道:

> 在细菌的帮助下,人民在被杀时,不会对城市里的建筑物、港口码头、交通工具造成肉眼可见的损害。细菌武器可以让敌国的基建完全无损……在未来世界大战的时候,也许就能在不必宣战的前提下,借助细菌制品的手段,从一开始就占尽压倒性的胜利优势……而且,生产细菌并不需要庞大的工厂,因为战争所需的致命病菌数量,相比战争所需的炮弹数量,根本就是微不足道的。

另一位美国的所谓"教授"提曼(Тиман)在1947年8月的《核科学家的小册子》(*Бюлетин оф атомик сайентистс/Bulletin of Atomic Scientists*)杂志的文章中提倡使用细菌武器作战。他写道:

> 将死亡带给人民的细菌,可以通过飞机空投,也可以装在炮弹里投放。毫无疑问,霍乱、痢疾、淋巴腺鼠疫(бубонная чума/bubonic plague),将会是首选的菌种。

当然,最后也应当提到,美国前国防部部长詹姆斯·福莱斯特(Дж. Форрестол/J. Forrestal)在1948年3月12日的官方声明中仍然自信满满地承认:

[①] 参见《致美国微生物学家们》,载于《文献期刊》,1950年7月27日。

美国在使用细菌武器的领域中,正在进行前所未有的大规模研究,为的是要在将来的战争中广泛运用细菌武器。

显而易见的是,美帝国主义者的计划与在哈巴罗夫斯克法庭被昭告天下的日本统治集团实施细菌战的计划完全同出一辙。那些主张使用细菌战手段,发动细菌战的所谓的美国"科学家们",与经过日本参谋本部批准,由日本将军石井四郎主导的已经开始为人所知的细菌战手段,也是完全一样的。在审判期间,原关东军司令山田乙三作了充分的供述。

为了按照计划实施侵略战争,美帝国主义者的国内政策和外交政策完全转向侵略化,正如其侵略前辈希特勒匪帮和日本帝国统治集团所推行的政策那样。美国人进行的研究的罪恶之处,并不仅限于在实战中大规模使用细菌武器,更是利用了细菌学家布洛美和石井四郎等人取得的所谓"科学成果"。根据华盛顿的新闻社电讯社(Телепресс/Telepress)的报道,早在1946年初,麦克阿瑟占领日本的总部,就已经把来自日军细菌部队决策领导层的18名日本细菌学专家,以及所有关于研究准备和生产细菌武器的日本材料,包括细菌培养和预防抗疫药物的材料、相关研究人员名单,全部送往美国,由相关的细菌战领域专家对这些日本文件材料进行"研究"。由此可见,根据美国新闻社的报道,关于日军细菌武器的核心文件材料,是由将军级日本战犯笠原行雄和石井四郎收集的。[①]

美国侵略者也在西德(Западная Германия)进行细菌战研究和准备工作,意欲将之变成实现自身帝国主义政策的工具。荷兰《真理报》(Де ваархейд/De Waarheid)的报道指出:

> 根据美国国防部下达的任务指令,在西德的科学研究院纠集了一批细菌学家、生物学家、化学家,进行特殊的研究。为了掩饰这个任务的真实意图,美国人完全照搬了日本人的办法,将这任务加以伪装,使其看似卫生防疫部的工作……而美国人为德国细菌学家提供设备、化

---

① 参见《消息报》,1950年3月11日。

学试剂、资金，使其顺利进行这些罪恶实验。①

美帝国主义者为了实施细菌武器的研究准备，不仅招募了美国本土的"科学家"，以及阿登纳德国（Аденауэровская Германия）与麦克阿瑟日本的"科学家们"，更是动员了侵略成性的北大西洋公约组织（Северо-Атлантический пакт）的共犯们。丹麦报纸《贝林晚报》（Берлингске афтенавис/Berlingske Aftenavis）的报道指出："在哥本哈根建立了用来研究细菌战的特殊研究院。"②

这样，帝国主义者们需要的侵略战争，是"用来改变世界，用来改变买卖市场、原料生产、资本用途范围的唯一手段"（斯大林语）③，显然，这也促使他们动用大量毁灭人类的武器，包括细菌武器——这无疑也是帝国主义侵略的其中一种反人类的工具。

第二章　帝国主义日本对细菌武器的研究与使用

1945 年，当苏联横扫并摧毁了日本关东军，而终结第二次世界大战之时，苏联军方人员获得了一批原始的机密文件，证明了日本帝国主义从事最严重的反人类罪行。这些文件的内容表明，在"满洲"地区曾建立了一系列的军事机构，里面藏着研究细菌战的深不可测的秘密。而苏军缴获的关东军宪兵部档案也表明，在很多年间，日本宪兵将数以千计的人民虏获到日军的秘密细菌部队，充当其极为惨无人道实验的实验对象。还有一批被缴获的文件，证明了在中国的中部地区，细菌部队小组从事被秘密掩盖的特殊输送任务。

这些情况都率先指明日本帝国主义者在研究准备大规模实施细菌战的累累罪行。而这些证据也为日本战俘和某些日本战犯的供述所确认印证。在进一步的调查过程中，日本关东军秘密细菌部队在"满洲"地区所犯下的

①《真理报》，1950 年 3 月 27 日。

②《红星报》，1950 年 2 月 17 日。

③ 斯大林：《斯大林全集》，俄文版第 12 卷，第 249 页。

罪行,得到了完全的证实。而其他的日军秘密细菌部队组织(比如,在南京的"荣"字一六四四部队[отряд《Эй》№ 1644]),也犯下了严重的罪行。这些事实都为 1949 年 12 月 25 日—30 日在哈巴罗夫斯克的针对原日军军官和成员被指控研究准备和使用细菌武器的法庭审判,提供了有力的事实证据。

在法庭上,由日军石井四郎军医中将领导的七三一部队,以及由若松有次郎军医中将领导的一〇〇部队这两支秘密细菌部队所犯下的累累罪行被详细揭露。法庭也对 12 名日军战犯进行审判,他们当中有山田乙三将军,他是前日本关东军司令、驻傀儡政权"满洲国"的大使,以及日军军事委员会高级成员。此外,被送上审判席的关东军高层指挥官战犯,还有原关东军卫生医疗部指挥官梶冢隆二军医中将,以及兽医部主任高桥隆笃中将。

其余的受审战犯是七三一部队和一〇〇部队的军人。其中被送上审判席的战犯,包括七三一细菌部队的原总务部长与第四部部长川岛清军医中将、七三一细菌部队的原第四部第一课课长柄泽十三夫军医少佐、七三一细菌部队的原总务部长和教育部长西俊英军医中佐、七三一细菌部队的支队长(六四三支部)尾上正男军医少佐。还有在七三一细菌部队六四三支部与一六二支部服役的前卫生员军士菊地则光、久留岛佑司。

被送上审判席的来自一〇〇细菌部队的原日军军官,有科研工作人员平樱全作,以及高级副官(军曹)三友一男。此外,同时被送上法庭的还有积极协助七三一部队的南京"荣"字一六四四部队的原指挥官——日军军医中将佐藤俊二。

在审判过程中得到确认的是,在日军占领"满洲"地区不久之后,日军参谋本部和陆军省就在该地区设立了秘密的细菌实验所,由臭名昭著的日本细菌战思想家,随后成为军医中将的石井四郎担任指挥官。这个实验所的全部工作都是严格保密的。因为石井四郎的名字也可以化名为实验所的工作,而石井四郎化名东乡(Toro),实验所也就随之被称为东乡部队(отряд Toro)。庭审表明,东乡部队建立之初就开始从事最惨无人道的活人实验。日军拿被俘的"满洲"反日游击队和被捕的中国共产党人进行人体实验。在审判期间,原七三一部队总务部长川岛清表示,石井四郎在"满洲"地区展开的工作，特别是为了取得人体实验材料的工作，对于他那些极其残忍的细菌战研究领域的实验，是极为必需的。

年复一年，这种用活人进行的罪恶实验，如同七三一部队其他罪行的规模，有增无减。如果说东乡部队在最初几年只是通过杀死数以十计的人来完成实验，那么，自1939年开始，在七三一部队内部监狱每年因实验而死去的不少于500—600人。这些人，都是按照由日军在"满洲"地区的军事委员会以及关东军从事的所谓"特殊输送"计划规定之形式，被送进监狱和进行人体实验的。

所有被送到七三一部队的人都按照"特殊输送"的规定被处死。一些受害者还能勉强苟活数天，或者还能在忍受极大的痛苦和折磨的情形下，存活数月至数年不等的时间。在七三一部队里，用以进行人体实验的人，并不被当作人，而是按照其作用被冠以极为侮辱的蔑称——圆滚木头。而且针对这些人所进行的实验，也是无比残酷的。

1936年，日本天皇裕仁下达了秘密命令，将东乡部队这一日军秘密单位的规模扩员至1300人。而对七三一部队的拨款也增至每年1000万日元，其中大部分支出都投入实验目标之中。1938年，为了让七三一部队更好地进行实验，在距哈尔滨25千米外的平房火车站（ст. Пинфань）附近建造了一个特殊的军用小城市。在证人的证词以及原始文件的基础上，日军在平房火车站附近建造特殊秘密区，并严格将所有工作保持绝密的事实情况，得到了证实。

在法庭上，宣读了有关在平房火车站附近地方划定特殊军事区域的关东军参谋部命令（第1539号，1938年6月30日）。根据这一命令内容的第一条，日军甚至不允许任何飞机飞越平房火车站及其区域。正如命令所示，这里就是石井四郎部队具有特殊军事意义的建筑物所在地。七三一部队的一切行动都被列为绝密。石井四郎部队的基地与外界有一些深挖的土坑以及铁丝网隔绝。七三一部队临时快速建造的外部有如封闭四角形的主要建筑物，就坐落在土坑后面，在这个四角形三层楼建筑物内部有一个院子，那里是七三一部队羁押被囚人士的监狱。他们把被囚者囚禁在这两栋监狱内，在其地底下建造了特别通道连接监狱与传送点。密闭的日本警车按照七三一部队的"特殊输送"条例，将被选中送死的被囚者押送往这个传送点。

苏军在"满洲"虏获的文件，以及在法庭上被宣读的关东军宪兵队总部的秘密命令，都清楚地证明，邻近村落的居民都被日本宪兵仔细甄别。为了保持七三一部队工作的原始性质处于不为人知的阴谋状态，七三一部队的军官决策机构不仅挂上医疗部门的牌子，士兵更是穿着普通的日军军服，只有持有部门通行证的军官和士兵们才能在该区域活动。甚至所有供职士兵，乃至日军的高级军官，也需要通过出示有关东军最高司令签字的特别通行证，才可以进入核心的工作区。关东军前总司令山田乙三将军以及七三一部队前总务部长与第四部部长川岛清都在法庭上证实了，甚至关东军参谋部的任何军官，只要是想进入七三一部队的区域，都必须先获得山田乙三本人的书面同意。

七三一部队是强力的军用细菌学复合体。1940 年，裕仁天皇下达了第二份秘密命令，将七三一部队的成员扩充为 3000 人，并且根据此秘密命令在林口、海林、孙吴和海拉尔建立了七三一部队的四个分部。七三一部队的官方名称是关东军的"给水和防疫部门"（управление водоснабжения и профилактики Квантунской армии）。事实上，根据法庭上出示的证据，这支位于平房火车站附近的部队及其辖下所有部门的真实工作，与供水和防疫根本没有任何关系。七三一部队中只有一个部——第三部，是从事防疫和供水事务的。然而，正如法庭审判所示，这支位于哈尔滨市中心的明显而引人注目位置的分队，也是为了研究准备细菌战而设的。

与石井四郎的过滤系统一样，第三部的生产工艺，是制造石井四郎式细菌炸弹的陶瓷体。这些炸弹用于填装带有鼠疫病菌的跳蚤，并且按照关东军参谋部所制定的作战计划，准备投放到苏联的远东城市。其余的部门及分支，全部在研究准备和使用细菌武器的领域从事实验工作。为此，位于平房火车站附近的实验厂房和部队的制造部装备了最强力和现代化的技术设施，以及最完善的器材。七三一部队也有特种航空部队，有各种飞机，包括运输机、侦察机、轰炸机和歼击机。

七三一部队的制造部是用于准备生产细菌,培养大量用以传染鼠疫的传播介质生物。法庭上的证供表明,根据受审的原关东军总司令山田乙三的亲口供述,在亲自巡视检查石井四郎部队之后,他对用来生产细菌的强力装置及用来存放大量活跳蚤的特殊玻璃箱大感震惊而且印象深刻。这些跳蚤正是用来传播到敌方,以引发鼠疫传染疫情的。

山田乙三的证供表示:看到七三一部队在准备细菌战器物的科学研究和生产工作巨大规模之后,他本人受到很大的震动。①

关于这一点,作为证人的原属关东军参谋部军官组成员,在1945年5月被山田乙三下令巡查七三一部队工作的田村正大佐,也在预审举证和正式审判期间表示:

> 在我看到七三一部队的庞大实力水平与精良装备之后,我对山田乙三将军讲述了自己的巨大喜悦。我还报告山田乙三将军,七三一部队已经处于作战准备状态,并且可以随时执行展开细菌战的作战任务。②

证人田村正的证供,在整个审判过程中亦得到了全面的印证。

可以确定的是,早在临近1938年之际,七三一部队就已经完成了针对细菌战基本作战方法的研究,确立了细菌武器的基本种类,以及确定了为未来战争制造细菌武器而选用的细菌种类。七三一部队最为关注的研究对象是鼠疫菌。与希特勒德国的细菌学家在波兹南细菌学研究院研究准备细菌战武器相似的是,日军七三一部队的细菌学家也认为鼠疫菌将是细菌战的最主要武器,尽管这并不意味着没有其他种类的罪恶实验,比如大量试验霍乱菌、炭疽菌、鼻疽菌、各种伤寒菌及严重肠道传染病菌的行为。无论如何,鼠疫菌都被特别选定为最主要的细菌战武器。日军和德军细菌学家都一致认同这是造成最高致死率的病菌。众所周知,迄今为止的资产阶级医学文献中,并未写出任何一个能够从肺鼠疫(легочная чума)感染中得到治疗、痊愈

---

① 《哈巴罗夫斯克审判材料》,第87页。
② 《哈巴罗夫斯克审判材料》,第151—152页。

和活下来的案例。其他种类的鼠疫,特别是淋巴腺鼠疫(бубонная чума),也会造成高达 60%—80% 的死亡率。更不用说,在"满洲"地区,一些案例表明,腺鼠疫可引起和肺鼠疫同等严重的百分百死亡率,也就是说,所有感染者都会因此而病死。

德日细菌学家选用鼠疫作为主要细菌武器菌种的第二个原因,是它具备造成顽固而难以杜绝的传染疫情源头的能力。正如细菌学家所说,用"慢烤"的方式,假以时日就能产生新的疾病。鼠疫疫情的广泛传播,一直都是和老鼠这种啮齿动物的数量有关。老鼠是宿主,而具体传播鼠疫病菌的媒介,则是跳蚤。

正如七三一部队长官石井四郎的个人密友——前关东军参谋部军医部长梶冢隆二的证供所示:

> 在七三一部队的众多已被验证的研究结果当中,可以确定的是,投放用航空炸弹装着的细菌,其效果极为有限。因为受制于强大的空气阻力以及过高的温度,如痢疾、伤寒、副伤寒、霍乱、鼠疫等低承受力的细菌,将会被 100% 毁灭。[1]

石井四郎也告诉梶冢隆二关于从空中投放细菌方面的细节,包括不能在高于 500 米的高度投放细菌,否则细菌会死亡,然而如果只能在如此低的高度投放细菌,细菌扩散的面积就会大大受限。

因此,石井四郎又对梶冢隆二说:

> 比起"裸投"细菌,通过介质,比如用昆虫来传播细菌,在极大程度上是更加有效的手段。主观来说,跳蚤,是用来传播细菌最好的活体昆虫,可以通过飞机空投来传播鼠疫,在跳蚤身上存留的鼠疫菌,将会适时随着跳蚤本身降落到地面。考虑到敌方防空炮火的威胁,这种情况将会大大降低飞机被暴露的风险。[2]

---

[1]《哈巴罗夫斯克审判材料》,第 100 页。
[2]《哈巴罗夫斯克审判材料》,第 101 页。

在审判期间,七三一部队灭绝人性的行径——大规模散播用于传播鼠疫的媒介,得到了完全的证实。早在临近 1938 年之时,石井四郎已经严肃地表明,在发动细菌战的时候,不能投放裸露而没有得到保护的鼠疫菌,而应该借助用于传播感染疫情的传染病介质,这就带动了极大规模的跳蚤培养方法研究工作。石井四郎认为关于这种方式的研究,是七三一部队的特殊功勋。传染介质被放在特制的培养繁殖箱子,让其快速繁殖,并以吸食同样被关在箱子里的鼠类的血液为生。

梶冢隆二在预审和法庭上的证供皆表明,经过一轮所谓的"生产周期",每一个培养箱子都能获得 10—15 克的跳蚤,亦即大概为 30000 只跳蚤病媒。仅仅在位于平房火车站附近的七三一部队第二部的一个由不知名的技术师田中英雄(Танака)所领导的特种班,就有 4500 个这种用于培育跳蚤的繁殖箱。这表明,单就石井四郎部队本部来看,不计其他地区的支部,就能够至少在一个生产周期内产出 45 公斤的传染介质(跳蚤)。

由苏联科学院医学分院的现任成员朱可夫-维列日尼科夫(Н. Н. Жуков-Вережников)督导的法医专家委员会得出的结论表明:

> 七三一部队建造了特殊的设备,用于最大限度生产传染介质,为的是要实现各种可能性,在一定的时间内取得数十公斤跳蚤,亦即数以千万计的跳蚤,然后用这些跳蚤来充当细菌武器,传播鼠疫。七三一部队事实上的生产力,是可以在 3—4 个月内生产出 45 公斤的跳蚤,而当中含有的传染介质个体约为 145000000 只。[1]

然而,正如法医专家组随后指出的,七三一部队培育传染介质的最大生产潜力,远比上述的数据要大得多。在法庭上得到确认的是,七三一部队主管石井四郎在 1945 年归队并重新执掌部队之后,计划让第二部的特种分队在 3—4 个月内生产出 200 公斤的跳蚤。

大量培养跳蚤并不只是七三一部队本部才独有的行径,而是在它的所

---

[1]《哈巴罗夫斯克审判材料》,第 370 页。

有分支机构都有。在这问题上,七三一部队第六四三支部的器材人员斋藤正辉(Сайто)的证供表示,七三一部队为其各个支部的工作人员组织了特别的培训课程,学习大规模繁殖跳蚤的方法。当支部工作人员完成了课程之后,石井四郎给各支部下达特殊暗码电报,指示他们着手进行大规模的跳蚤繁殖。此外,所有支部都制造给鼠类的诱饵。证人斋藤正辉表示,在1945年6—7月,在第六四三支队几乎所有的基层人员都被组织去制造鼠饵。据斋藤正辉说,牡丹江市生产鼠饵是最高效的,有一批特种老鼠研究专家小组也被派往那里。这些小组成员都换上平民服装,掩饰其作为军方老鼠研究专家的身份。一些被诱饵捕获的老鼠,随后就被用来传播跳蚤,或者拿回分部研究所进行实验,不过绝大部分的老鼠是被送往位于平房火车站的七三一部队总部。

类似的散播跳蚤和捕捉老鼠的行径,是七三一部队及其辖下所有支部的工作。有足够证据表明,1945年夏季,仅在七三一部队的海拉尔支部,就一次捉捕了约13000只老鼠。七三一部队前勤务管理员堀田(Хотта Реочиро,音译)在法庭上供述,1945年石井四郎曾使用了300万只老鼠来散播跳蚤。他说道:

> 根据七三一部队指挥官石井四郎的命令,教育部庶务课课长佐藤(Сато,音译)少佐命令我们计算一下,若要在9月前繁殖出3000000只老鼠需要用到多少农作物(谷物)和营养品。

堀田完成了该任务并计算出相应的数据。

受审战犯原日军军医少将川岛清的证供也完全证实了七三一部队极端化推动大批量生产传染介质和鼠饵的行径。川岛清的供述表明,这项工作于1941年全面启动,这与日本关东军所谓的"关特演"(Кан-Току-Эн)行动的进行,以及用以对付苏联的战争准备,有重大的联系。早在1941年,收到日本参谋本部直接下达的命令后,石井四郎就已给其部队通报新的任务——以最大程度强化培育传染病媒介的工作,这些传染病媒介应当用以充当细菌武器的主要形态。

在此问题上，川岛清表示：

> 石井四郎告诉我们，参谋本部高度评价七三一部队的工作效果，并且下达命令要求我们尤其重视改进工作，以推进研究和准备细菌战战备的进一步工作。在通报这个指示后，石井四郎要求我们更加紧迫地工作，继续扩大七三一部队的生产规模，以繁殖更高产量的跳蚤。石井四郎特别指出，在最成功的案例中，七三一部队曾经试过在 3—4 个月里繁殖出高达 60 公斤的跳蚤，而现在这个数字必须提升至在同样时间内产出 200 公斤的跳蚤。石井将军对我们解释道，这些扩大生产细菌武器的手段必须紧密地因应当前多变的国际局势，也就是说，它与德国对苏联开战一事，以及关东军展开用以准备对付苏联的军事方案的"关特演"计划，都是有密不可分的关系的……①

川岛清的供述亦在审判期间得到了另一位七三一部队的所谓前教育部长——西俊英军医中佐证词的完全印证。1945 年，七三一部队的罪恶行径被再次大规模激活，而且从当时石井四郎在七三一部队高层指挥官的作战行动会议上发表的公告内容来看，他们不仅已经准备好用细菌武器对付苏联，也准备好以此来对付美国和英国了。正如西俊英在法庭上的供述表明：

> 有一次，石井四郎说道，在 1945 年 6—9 月将会实施具有决定意义的最终决战，当美国如期展开在日本本土的登陆作战时，我们就必须以谨慎的作战方式同时准备与美国和苏联作战。石井四郎也曾经对其属下的军官们说，前线的战争形势持续恶化……我们就不得不在 1945 年的晚春和夏季动用终极武器，其中就包括细菌武器，这是为了营造有利于日本的战争转折点。石井四郎又对在场的部门主管和各个军官表示，如果在未来不得不动用细菌武器，那么，最好和最有效的细菌武器就是鼠疫跳蚤。他指出，七三一部队的总部和支部都应该继续进行所有有助于强化大量生产鼠疫跳蚤的工作，在此之后就应当进行有关繁

---

① 《哈巴罗夫斯克审判材料》，第 113—114 页。

殖鼠疫跳蚤的教学课程。为此,在七三一部队总部的田中支部进行了人员增扩。①

七三一部队在准备动用细菌武器对付英美盟国的同时,也在针对盎格鲁-撒克逊人种(англо-саксы)对抗传染病的免疫力方面,进行着一系列的实验。对此,在哈巴罗夫斯克审判上,受审的关东军第四生产队的前主管柄泽十三夫作出了详细的证供。他向法庭出示的证据表明,七三一部队的科研技术员凑政雄(Мината,原文如此——编著者注)特别下令从关押英美盟国战俘的集中营里选出适合的人群,用来研究盎格鲁-撒克逊人对抗传染病的情况。七三一部队的另一个科研员内海(Учими)则拿蒙古人种从事同样的实验,以测试他们的抗传染病免疫力。②

自 1945 年初起,七三一部队及其分支从事的细菌战研究和准备的狂热工作,也得到了受审的前关东军总司令山田乙三、前军医部长梶冢隆二、前六四三支部指挥官尾上正男,以及证人前关东军参谋部作战参谋课的参谋副长松村知胜中将等人的证供所证明。

在审判过程中完全得到确认的是,1945 年突然激活的细菌战研究准备工作,是根据日本军部和参谋本部的命令指示而进行的。前关东军总司令山田乙三在庭审中表示,1945 年 3 月他收到了日本军部的命令,内容是关于扩大细菌武器的生产。他据此命令参谋部的作战参谋课长松村知胜尽一切可能执行扩大细菌生产的任务。

松村知胜对山田乙三的供述表示肯定,并且说道,在 1945 年,用以制造细菌武器的主要种类已经被确定了,其中包括石井四郎式细菌炸弹、被称为"细菌雨"的用飞机广撒细菌的方式、用飞机散播鼠疫跳蚤,以及陆地上的方式——细菌投毒破坏活动。

山田乙三完全肯定了松村知胜的证供。在法庭上针对山田乙三和其他人的审讯表明,日本参谋本部制定了使用细菌作为战争方式的三种主要

①《哈巴罗夫斯克审判材料》,第 288 页。
②《哈巴罗夫斯克审判材料》,第 265 页。

手段：

第一种，用战机空中投放细菌，以及借助特殊的手段，即利用战机散播含有鼠疫菌并能够引发传染疫情的跳蚤。

第二种，用战机空中投放特制的石井四郎式细菌炸弹。

第三种，通过所谓的"细菌破坏活动"手段，对居民点、水源、农牧地等地方投毒。

针对上述细菌战的第三种办法，必须指出，根据庭审材料的内容确认，日军早就大量运用细菌来实施破坏行动。为了实现细菌投放，以及使用鼠疫跳蚤进行破坏，七三一部队第二部的特殊课（第二课）研制了"小拐杖式手动喷枪"（тросточка，俄文意为"小拐杖"——编著者注）和"自动开关喷枪"（автоматическая ручка）使用说明书。七三一部队第四部的部长太田澄大佐按照石井四郎的命令准备了用于实施细菌破坏的特制糖果，里面含有炭疽菌。

在法庭上也宣读了关于日军破坏小分队行动的秘密命令，这个命令是1944年1月20日，日本帝国最高统帅部的陆军省第二部制定的。从这个命令文件中可以清楚知道，破坏分队的武器配备了自动开关式轻便细菌喷枪（бактериологический пистолет-распылитель типа автоматической ручки）。[1]

该命令书中也提到建议将细菌作为"其中一种在战斗期间以秘密进攻方式，用以杀灭敌军的人员单位"[2]。

日军在大规模采用细菌战的第三种方法——细菌破坏的整个过程中，最主要的目的就是用来对付中国。石井四郎部队采用的极为残暴且灭绝人性的细菌破坏活动，以及其用以对付中国平民事实如下：[3]

松村知胜执行山田乙三的命令，着手制定用来反对苏联的使用细菌武器的计划。这项计划由松村知胜制定，并由关东军参谋部前参谋总长笠原

---

[1]《哈巴罗夫斯克审判材料》，第391页。

[2]《哈巴罗夫斯克审判材料》，第187页。

[3]《细菌战——帝国主义侵略的罪恶工具》（针对日军战犯的哈巴罗夫斯克审判），俄文版，第57—61页。

行雄及前总司令山田乙三批准确定。根据其内容,自反对苏联的战争爆发之初,细菌武器就应该用来对付苏联的远东城市——伏罗希洛夫市、哈巴罗夫斯克、布拉戈维申斯克、赤塔,以及对付苏联的其他后方地区。在这个日本战争集团的罪恶计划中,广泛运用石井四郎式细菌炸弹,以及使用空军战机来投放细菌雨污染水源、农牧地、居民点,都被仔细研究审核过了。而自开战之初,细菌攻击就应该以最大规模全方位进行。

由"满洲"地区的日本战争集团组建的另一个秘密细菌中心——一〇〇部队,也是用来实施大规模的细菌攻击,借助空军飞机对牲畜和植物进行投毒的。而针对与使用细菌武器相关的问题,在哈巴罗夫斯克审判期间得到了充分的指证,而关东军参谋部多年来都对此保持最为密切的关注。关东军最高统帅指挥部本身主导了七三一和一〇〇部队全部秘密的细菌学研究和生产工作,而在这些细菌部队组建后,负责督导的高级军官包括植田谦吉、梅津美治郎和山田乙三。为了让关东军参谋部的作战参谋课与七三一部队紧密联系起来,日本帝国的天皇家族成员——竹田宫恒德亲王还化名宫田,挂中佐军衔,亲自出任参谋部军官。

在关东军参谋部的会议上,各细菌部队的指挥官以及参谋部军官,经常有系统地进行有关细菌战问题的汇报。具体来说,1944 年的秋季,松村知胜中将根据原关东军参谋总长的指示进行了报告,内容是关于如何使用石井四郎设计系统的细菌炸弹。从这个报告内容来看,当时出席的日军高层将领有前关东军总司令山田乙三、参谋总长笠原行雄中将、参谋副长池田纯久中将,以及竹田宫恒德亲王。松村知胜的证供指出:"山田乙三批准了一个最为有效的方案。"

1945 年年初,北野政次军医中将替换石井四郎出任七三一部队的指挥官,他在给山田乙三的报告中指出:"最近的研究使用鼠疫跳蚤方法的实验成果表明,这将是一种新型武器。"而出席这次会议的日军高级将领包括山田乙三、笠原行雄、梶冢隆二(前关东军军医部长)、竹田宫恒德亲王、池田纯久中将、松村知胜。北野政次报告之后,又播放了特制的电影纪录片,内容是关于借助鼠疫跳蚤散播鼠疫的实验。在法庭上被审问的前关东军总司令山田乙三对此供认不讳。他本人很仔细地视察了细菌部队的工作,并且确立了细菌武器的基本形态。山田乙三还承认他对于在活人实验中试验细菌武器一事,是完全知晓的。

从山田乙三的证供来看,可以确认的是,关东军参谋部为了主导研究使用细菌武器的方法,还特别成立了一个特殊委员会,委员会成员包括关东军参谋总长、作战参谋课长、相关的七三一部队指挥官和其他个别的参谋军官。在这种情况下,倘若委员会决定让任何一种细菌战方式生效的话,那么就必须先向关东军总司令报告,关东军总司令再以个人名义向日本参谋本部通报此情况。

山田乙三亲自监督七三一部队。在庭审期间,他表示:

> 在我到访七三一部队后,我查看了该部队所有部门,该部队取得的成果尤其让我印象深刻,特别是借助飞机空投的细菌炸弹,以及超出预期大量生产的细菌武器。七三一部队所在地附近有军用机场,就我的印象来看,那里有一些轻型轰炸机。据我观察而得出的结论表明,这支部队在研究和准备细菌战方面,已经完全达到极高的水平了。①

如前所述,这位盗匪般罪恶的前关东军总司令特别关注七三一部队繁殖鼠疫跳蚤的工作。山田乙三在法庭上再次强调:"我记得,那里有庞大数量的跳蚤。"他当时也仔细地研究了石井四郎式细菌炸弹,并对之予以批准。

在哈巴罗夫斯克审判期间,也对曾专门负责制造细菌炸弹外壳的七三一部队军官,作为证人的濑越(Ceрocи,音译)进行了盘问。他指出,这种炸弹是用陶瓷制成的,它的外表材质十分轻巧细薄,引爆这种炸弹只需要相对较小的炸药量。在炸弹的内部有一层薄薄的烧杯形的陶瓷容器,用以填装鼠疫跳蚤。某几种型号的炸弹内部全部被塞进填装了鼠疫跳蚤的容器。山田乙三的证供表明:"这些炸弹就是预先指定用来散播鼠疫跳蚤的武器。炸弹在必要的高度爆炸,而鼠疫跳蚤就会四散,对整片土地实施传染。"②

---

① 《哈巴罗夫斯克审判材料》,第272页。
② 《哈巴罗夫斯克审判材料》,第273页。

七三一部队设于安达火车站的特殊实验田,是用于实验细菌炸弹的。然而,正如下文所示,细菌炸弹和鼠疫跳蚤并不只是在实验田的条件下进行实验,因为自 1940 年以来,七三一部队就按照日军参谋本部的命令,开始着手大规模使用细菌武器对付中国人民。在这些情形下,即使细菌炸弹实验是在实验田的条件下进行,也一直是拿活人来做实验的。

关东军司令部确实主导了恐怖的活人实验。从受审战犯山田乙三的审讯记录中可以确认,被送往七三一部队的活人被用来进行各种实验,并用细菌来将他们毁灭。随后,关东军司令梅津美治郎将军被撤职,山田乙三接任关东军司令一职,不过他也没有废止梅津美治郎的命令,而是仍旧继续将活人送往七三一部队,让其继续年复一年进行大规模的活人毁灭实验。

将用来进行毁灭实验的活人送往石井四郎部队的内部监狱的程序,在一份被呈予军事法庭的,日期为 1943 年 3 月 12 日的来自关东军宪兵总部的绝密原始指令书中得到了核实和确认,包括山田乙三在内的全部受审战犯,都不得不承认这份文件的真实性。

这份指令书的内容表明:在石井四郎部队中并不只是将持亲苏和反日立场的人士拿去送死,同时也将所有受到日军宪兵怀疑的潜在持反政府立场或可能从事反政府行动的人士抓去送死。更有甚者,指令书上写明,建议在针对所有犯罪集团的处理问题上,可以在提交法庭案卷材料期间用很短时间完成送交和审理。①

根据指令书的内容,在"特殊输送"的程序中,被送往毁灭的并不只有被怀疑为从事反日活动的人士,实际情况是:

> 只要这些人已经被统一钉上了"特殊输送"标签……即使他们只不过是犯了十分轻微的罪案,日军当局也不愿释放他们。

换言之,按照这份指令书,所有被日本宪兵抓捕的"满洲"地区居民,都被率先和优先送死,不管这些被捕者是否与中国的民族解放运动有关,也不

---

① 《哈巴罗夫斯克审判材料》,第 162 页。

论他们是否正如指令书的特别文字中所示——"是思想犯"（即犯了涉及民族解放运动和共产主义运动的罪行的犯人）。①

指令书的注释中强调，日军宪兵队的长官拥有全部决定权（полная решимость），向关东军宪兵司令官申请针对在指令书上列明的罪犯，使用"特殊输送"。这样，根据关东军的秘密指令书，七三一部队不仅杀灭了从事反日抵抗活动的中国爱国人士，而且也不放过任何被日本宪兵怀疑的人士，即使他们的案情根本就无关反日，或者其所犯的事根本不到将其送到日本法庭的程度。

在哈巴罗夫斯克法庭审判过程中审问了一系列作为证人的原日军军官。其中，"满洲国"日军宪兵队的前长官——宪兵大佐橘武夫（Тачибана Takeo）详细供述了使用"特殊输送"的程序手续，而在此过程中，这些人的生死，都是由相应的宪兵队长官写在宪兵队便条文件上的简单决议所决定的。橘武夫大佐的证供，让很多在法庭大厅现场听审的哈巴罗夫斯克工人代表们感到愤怒。

在庭审过程中，橘武夫大佐肯定和详细地说：

> 关东军宪兵部负责"特殊输送"，将相关的囚犯送到七三一部队，这是根据关东军总司令所下的命令进行的。通常，宪兵队会先将相应的罪犯的案卷送交民事法庭或者军事法庭。然而，在"特殊输送"和特殊命令的情形下，这些犯人将不必送往法庭受审。②

关于宪兵队进行"特殊输送"的细节措施，具体来说，宪兵队在已经决定好要将一个嫌疑犯进行"特殊输送"时，就会据此往宪兵队总部送交相应的书面证明和说明文件。在这一系列文件得到宪兵队总部核实确认之后，相关的囚犯就会被送往哈尔滨，而到那里的火车站后，他们就会被七三一部队的宪兵队成员接收。

军事法庭所公示的文件证据明白无误地表示，有很多人是因为被送往

---

① 《哈巴罗夫斯克审判材料》，第162—163页。
② 《哈巴罗夫斯克审判材料》，第362页。

七三一部队受死的"特殊输送"政策而被杀。具体来说,在法庭上也公示了关东军宪兵部于1939年8月8日下达的第224号原始作战行动命令,内容是对90名囚犯进行"特殊输送"。命令书中的第4条写道:

> 命令哈尔滨宪兵队司令与石井四郎部队的长官建立紧密的联系,确保在哈尔滨火车站及其他沿途路线的警戒工作,尽一切可能防范外国间谍,维护必要的监察。[①]

具体的押送工作由宪兵队司令平野(Хирано)大尉负责,而军事法庭所公示的由平野大尉在1939年8月8日下达的第1号作战命令,进一步解密和解析了第224号命令中所提到的监察的必要手段。第1号作战命令的第3条表明,平野大队的宪兵应当从关东军宪兵总部获得用来押送犯人的用具,其中包括手铐和脚镣,用来捆绑犯人的绳子,以及其他工具。[②]

在庭审期间也审问了作为证人的一位姓氏为仓原(Куракадзу)的前宪兵队军士长,他曾在1940—1941年于七三一部队服役。他的日常工作任务是:

> 押送囚犯,送往哈尔滨的七三一部队。这些囚犯在七三一部队的营房里被蔑称为"圆滚木头",并且就是用来进行实验的。[③]

仓原断言,这些被他们押送到七三一部队的囚犯,并非只有男人,也有女人。仓原还肯定地说,所有被关进七三一部队内部牢狱的人,都将被送去受死。

随着法庭审判内容和结果的深入,七三一部队这些惨无人道的活人实验的恐怖罪恶,都被最大限度地全面揭露。这些极为丑恶的实验中的受害者,来自不同国家和民族,有不同的性别和年纪。死在七三一部队内部监狱以及实验田的有老人、青少年、男人、女人,甚至儿童。这些被送往七三一部队内部监狱的实验受害者都丧失了自己的姓名,而被冠上编号,这些用来识别其身份的编号将会伴随他们,直到他们死去。这些实验是在七三一部队

---

①《哈巴罗夫斯克审判材料》,第180页。

②《哈巴罗夫斯克审判材料》,第181页。

③《哈巴罗夫斯克审判材料》,第364页。

中所谓的实验条件下进行的,也就是说,在内部监狱里,以及在七三一部队的特殊实验室里,当然,也有在安达火车站那里的七三一部队实验田里。

在所有的这些实验中,受难者都会承受巨大的痛苦。在实验室条件下,被用于实验的人被迫接种含有最危险的细菌的疫苗剂,当中包括鼠疫、炭疽、天花、各类伤寒以及其他病菌。尸体会被进一步的人体解剖研究,之后就会拿到七三一部队特有的焚尸炉焚烧掉。所有这些罪恶的实验都会被仔细记录下来,有时实验结果还会被拍摄照片和录制影片。

所有在法庭上受审的战犯,以及被盘问的证人都明白无误地承认,那些被以“特殊输送”形式送到七三一部队的人,是没有被救和生存的可能性的。川岛清不止一次地将七三一部队的内部监狱称作“死亡工厂”(фабрика смерти)。他表示:

> ……即使一个囚犯已经被感染了致死病菌,倘若他最后能够痊愈并存活下来,也并不能拯救他,使他免遭类似的重复实验。只要他没死,实验就会一直进行,直到他因感染病菌而死掉为止。用来实验传染病的被实验者,有时会被医治,而医治的方式也是各种各样的,并且也会给他提供相应的食物。在他们最终恢复健康之后,就会被用来进行下一步的实验,即让他们感染其他种类的细菌。总体上,在任何情况下,没有人能够活着走出这个死亡工厂。①

川岛清也在被调查和被审判期间供述了在七三一部队被杀死的其中一个俄罗斯女人的命运。这位忍受了残酷实验的受害人是个孕妇,她先是被送往七三一部队,然后来监狱里产子。接下来,日本罪犯们就开始用最惨无人道的实验折磨她和她的孩子,这种残酷的折磨持续长达两年。在经受长期的惨痛折磨受难之后,这位不幸的母亲与她的孩子一同死去。川岛清的供述表明:

> 七三一部队到平房火车站附近屯驻的 5 年以来,也就是在 1940—

---

① 《哈巴罗夫斯克审判材料》,第 114 页。

1945 年,有不少于 3000 人被投放到这个死亡工厂里,他们因为被感染致死病菌而遭受毁灭。至于在 1940 年之前这里死了多少人,我对此并不清楚……①

在七三一部队里也有其他的被实验杀害的受难者。有一些人被日本宪兵以及军事特遣组抓获,日方曾经想从他们身上套取相应的情报。然而,他们往往在忍受了恐怖的刑讯逼供之后,还是拒绝向日本宪兵交代被要求坦白的内容,又或者拒绝和日本特务间谍机关合作。在哈巴罗夫斯克法庭上也呈报了一份日军的原始文件,这是日军参谋本部制定的所谓"俘虏审讯要领"。这份文件证明了这些酷刑审讯是何等的恐怖,而在用刑之后,这些人也被悉数送往石井四郎部队里受死。这份文件所反映出来的野蛮残忍,足以与纽伦堡审判期间呈报于众的希特勒德国匪帮进行的"特殊审问"手段规则相提并论。

日军参谋本部特别强调,"特殊审问方式"旨在取得情报,而并不是真的用来审讯犯人。文本中也指明,对于那些偷越境者、迫降着陆的飞机机组人员;被迫靠岸停泊,为救助从日军战俘营逃亡的囚犯,或者是救济重新沦为敌占区的居民的船只及其成员,也就是救助那些完全无罪无辜的人的船只及其成员,都必须"因应具体的情况"而受到严酷刑罚,这些酷刑的准则以第六十五条的"审讯方法"和第六十六条的"基本情况"为准:

第六十五条。必须采用容易实施的拷打方法,为的是不至于怜悯受刑人所遭受的刑罚之苦,亦不至于在实施拷打过后留下明显的伤口和疤痕。但是,倘若必须让受审者有即将丧失生命的恐惧感,则可以无视对受审者造成的伤害,但要确保审讯得以继续进行。

可以举出下列各种拷打办法:

(一)强迫受审者挺直坐着,丝毫不能移动。

---

① 《哈巴罗夫斯克审判材料》,第 115 页。

（二）在各手指间离手指根近距离处各夹上一支铅笔，然后用细绳索把各手指头尖缠拢，再来回绞动这些手指。

（三）让受审者脸面朝天（双脚稍微垫高一些），然后把水同时灌到他的鼻子和口里去。

（四）把受审者侧倾按倒在地板上，然后用脚去踩他的踝骨。

（五）把受审者放在一个很低的顶板下，使他站着时不能伸直腰。

第六十六条。一旦受审犯人偶然受伤，就必须从大局考虑，以及考虑这是否符合我国的利益，而这一切取决于审问者的全权责任。①

日本残暴恶徒手下的受难者，要是在经历各种残酷刑讯折磨后，仍然坚持其勇气而拒绝成为叛国者，就会被日军特遣队送到石井四郎的部队那里受死。用于关押被日军抓捕的苏联人民的日军"保护院"集中营（《Хогоин》），俄文意为禁锢所（Приют）的前副营监山岸健二（又名山岸研二，Ямагиси Кендзи）在哈罗巴夫斯克庭审时供述了其中一个被日军情报侦探，被石井四郎部队折磨致死的牺牲者：

> 所有送往七三一部队受死的人的名字，我都不记得了。迄今为止，我印象中只有一个姓杰姆琴科（Демченко）的苏联军队的士兵，他在受到刑讯逼供期间以决绝的方式拒绝透露任何关于苏联的情况。在我的批准之下，我们对他实施了肉体上的强制手段，审讯人对他动刑了，将他的手脚捆绑并倒吊在横梁上，但他仍然什么都没有招供。鉴于这种情况，当时，我就决定将他送到七三一部队受死。②

虽然石井四郎部队所从事的实验是建立在与研究和准备细菌战的联系上，然而，在审判过程中得到确认的是，七三一部队的实验人员在"满洲"地区的实验，也重复着和细菌战无直接关系的残忍实验，这些实验是希特勒德国的党卫军军医拉舍尔博士（Рашер）在达豪集中营（лагерь Дахау）进行的速

---

① 《哈巴罗夫斯克审判材料》，第 232—233 页。

② 《哈巴罗夫斯克审判材料》，第 146 页。

冻实验和压力室杀人实验。已被证实的是,在数年间,石井四郎部队大规模进行了速冻实验。受审的西俊英和其他证人都指出这些灭绝人性的实验是真实发生过的。

具体来说,证人仓原在法庭上表示:

> 我曾到过监狱的实验室,那里有5个用来做实验的中国人坐在一条长椅上,这些中国人里有两个已经完全没有手指,他们的手也已经变黑,而其余3人的手就只见到骨头了。虽然他们的手指还在,但只剩下骨头了。随后,我从吉村寿人（Иосимура）的话中得知他们接受了速冻实验。①

受审的前七三一部队教育部长西俊英向法庭供述了在部队里拍摄的影片,影片展示的内容是冷冻实验的过程。其中展示了被放在酷寒野外,处于寒风刺骨境地下的人,其裸露的双手被寒风侵袭的情况。七三一部队中专门从事和负责这类实验的所谓"科研人员"吉村寿人,让被实验者接受全面速冻,再用方形棒状木块敲击受害者已被速冻了的手指末端。

在经历速冻实验之后,受害者又被投入实验箱里,一些人因为得不到救治,死于因冻伤和皮肤组织坏死而引发的坏疽和败血症,其余的被实验囚犯也会因为肢体末端被严重冻伤而断手断脚。一些被实验者会得到各种所谓救治(他们将被冻坏的肢体末端放入温暖液体中,或者各种膏状物中等)。但是,这和医治根本毫无关系,所有的被实验者,最终都逃不过死亡。日本军医在研究和准备在冬季条件下对苏联发动战争的同时,大规模进行残酷无比的速冻实验。在法庭上清楚显示的是,日军为了进行这类实验,还建造了特殊建筑物,其内部处于人工的寒冷低温,并且可以人工制造寒冰刺骨的大风。

在七三一部队中也进行了类似拉舍尔博士在达豪集中营做过的将活人放进压力室的实验。在纽伦堡国际军事法庭上呈现的拉舍尔日记内容表

---

① 《哈巴罗夫斯克审判材料》,第366页。

明，这个恶徒认为在压力室的致人死亡，是外力致死的最为痛苦和受折磨的一种情形，于是就建议希特勒使用压力室，作为高效处死共产党人和苏联战俘的工具。

被投进压力室的人，在经过实验之后，双眼会因压力而爆炸，皮肤的毛孔中会喷出血液，在经过极为痛苦的折磨之后，人就会濒临死亡。在哈巴罗夫斯克审判期间得到确认的是，石井四郎部队反复进行这种甚至是和细菌战的准备毫无关系的实验，为此，在部队里也建造了特殊的压力室。在这种所谓的实验室条件下，七三一部队第一部门的人员主要负责从事这些实验。

七三一部队的第一部，有不少于 30 名所谓的"研究人员"在研究各种细菌和病毒的问题。其中的每一位罪恶的细菌学家都曾从事过活人实验。而最大量被投入试验鼠疫菌的活人实验，由肥之藤信三（Хинофудзи Синдзи）负责，田部井和（Табеи）负责用伤寒菌进行活人实验。在庭审期间也审问了前七三一部队第一部的人员古都良雄（Фуруичи Есио），他曾在七三一部队第一部的第一课（伤寒课）工作。这个课由军医中佐田部井和督导。古都良雄在法庭上供述了其中一个由田部井和主导的实验，实验对象为 50 名中国人和"满洲"人。起初，这 50 个受难者被接种不同的抗伤寒疫苗，但部分人没有接种任何疫苗。

随后，正如古都良雄供述那样：

> 所有这些人都被灌了受伤寒菌污染的污水，之后就观察他们的反应，即在不同情况下这些致病感染源是如何发作的，而提前给人注射预防性疫苗又是否会干预它的效力 ……①

同样，古都良雄在 1943 年也从事了田部井和主导的污染蔬菜和水果的实验，并且拿被伤寒菌污染了的水果给中国人和"满洲"人吃。然而，正如古都良雄供述，所有吃了被伤寒菌污染的水果的人都病倒了。

被送往石井四郎部队的妇女们也被感染了性传染病（венерическое

---

① 《哈巴罗夫斯克审判材料》，第 355 页。

заболевание），具体来说，是梅毒（сифилис）。

石井四郎部队最大规模进行的实验，是在安达火车站附近的实验田进行的鼠疫活人实验。

在法庭审判过程中，被审人和证人的证词和相关材料，进一步披露了在安达火车站附近的实验田进行的鼠疫活人实验情况。通常，在进行实验田实验时，罪恶的实验者藏身于安全的躲避所，那里距离进行实验的地区约有1千米远。被实验的受害者被置于开放空旷的广场上，双手双脚都被捆绑住，又或者被绑在一些插入土中的特制铁柱上。按照实验者的设定和预估，在引爆破片细菌炸弹的时候，并不会让这些被实验者立即死亡。因此，这些被实验者的头部和最为致命的核心部位，都被盖上特制的金属护具，或者裹上厚厚的棉被。在庭审期间，前面提到过的证人，七三一部队的前勤务管理员堀田接受了审问。他供述，在巡查安达实验田的物资库存保管楼时，他发现了铁制护具，还有渗有大量脓血的棉被，它们是在实验过程中用来抵挡破片细菌炸弹的。

在安达实验田上进行的几种活人实验中，最常见的是投放散播细菌炸弹，以及用飞机在低空直接散播鼠疫病菌及传播媒介。在其他情况下，按照每一个被绑在固定铁桩的人的间距，将细菌炸弹安放在土地里的相应位置。然后，在躲避所掩体里的实验者再用起爆器引爆这些炸弹。

正常情况下，实验的受害者并不会得到任何医疗协助。在实验田实验的细菌武器，就是应用于实战，被认为是直接攻击有生力量的种类，因此，实验者高度评价这些实验及其结果。而实验及其结果也让被实验者受尽折磨，痛苦至极，最后死亡。

在庭审过程中受审的川岛清、西俊英、柄泽十三夫、古都良雄，以及众多其他人所供述的内容，披露了大量的细节事实，事关七三一部队在安达火车站实验田完成的残忍活人实验。

受审的西俊英曾为参与实验的人员，参与了散播气性坏疽（газовая гангрена）的实验。

在庭审议程上，西俊英供述了这种惨无人道的活人实验：

　　……1945 年 1 月，按照七三一部队指挥官的命令，我被派往安达火车站。在这里，我看到的是在七三一部队第二课的长官碇常重（Икари）和研究人员二木秀雄（Футаки）主导的实验组如何用活人进行气性坏疽的传播实验。为此实验，我方用了 10 个囚徒（узник）。这些人被捆绑在柱子上，每人相互间距 5—10 米。这些囚犯的头部被盖上了金属头盔，身体也被金属护具覆盖，他们的身体被完全覆盖，除了下半身臀部是裸露的。然后，他们在约 100 米开外用电流引爆用来传染疫病的破片炸弹。这 10 个人的裸露部位都受了伤，而在实验结束后，他们又被放进特殊车辆运回平房火车站的牢房里。其后，我问碇常重以及研究人员二木秀雄这次实验的结果。他们都说，这 10 人都受了伤，并且后来都因感染气性坏疽而死亡。①

在实验田上进行的以检验细菌武器为目的的实验，并非只有试验鼠疫跳蚤，也有很多其他种类的细菌武器，具体来说，这都是为了试验肺鼠疫的传播而特设的实验手段。在庭审议程期间，受审的战犯柄泽十三夫书面供述了其中一项他亲自参与的实验过程。然而，即便如此，七三一部队在实验田上进行的最大规模实验，仍然和鼠疫跳蚤相关，因为石井四郎认为这是最值得部队研究和采用的细菌战手段。

受审战犯柄泽十三夫也详细书面供述了使用石井四郎式细菌炸弹的实验情况。他供称：

　　用来进行实验的地方都处于严格保护状态下，通往该地的通道是禁行的，四周也有特殊岗哨在监视。这些实验禁地，不允许任何己方人员进入。用以进行活人实验的被实验人，以 15 人为一批次，从七三一部队内部牢房中调出，然后被送到实验田，再被捆绑在嵌进地上的铁桩上。为了让飞机得以更容易和更好地识别导航，更易看到实验田，实验田上插了小旗，施放了信号烟。特殊飞机自平房火车站飞越实验田所

---

① 《哈巴罗夫斯克审判材料》，第 287—288 页。

在地的上空,而在正对实验田上空时,就会投放 20 多枚炸弹,这些炸弹会设定在距离地面 100—200 米的空中自爆,而存放在炸弹内部的鼠疫跳蚤就会飞散出来,扩散在整个实验田地区。在完成轰炸之后,要等待一段时间,为的是让跳蚤得以散开,并且对被实验者实施传染。然后,这些人就会被送去消毒,再由飞机将他们运回平房火车站的内部牢房,并且对他们进行监察,以了解这些人到底有没有被感染鼠疫。①

然而,正如哈巴罗夫斯克审判期间得到完全证实的情况所示,这些拿活人进行的反人类实验,只不过是由日军战争集团以及七三一部队旨在研究准备细菌战的一系列罪行中的冰山一角。在法庭上得到证实的还有,早在 1939 年,日军的细菌战单位已经走出了用以试验细菌武器的实验室和实验田范围,走上了通往将细菌武器直接应用在真实战场的实践道路,以此让日军得以在不同的大型战场上运用细菌武器。

七三一部队首次将细菌武器应用在侵略战争的实战行动中的案例,是 1939 年日本侵略蒙古人民共和国及苏联的战争,这场战争于哈拉欣河(район р. Халхин-Гол)区域爆发。当时,七三一部队成立了一支特种小队"敢死队"(смертники)。石井四郎派了他的其中一名关系最好的亲信——也就是前面提到过的碇常重中佐,负责指挥这支小队。在日军从哈拉欣河地区撤退时,碇常重小队应当往哈拉欣河投放和散播强劲的胃肠传染病菌。受审战犯西俊英在法庭审判上的供述充分表明,碇常重小队确实执行了这一罪恶任务。

西俊英从前七三一部队教育部长园田太郎(Санода)中佐那边接收档案卷宗之时,在该部门的档案库中发现了一些原始文件,证实了石井四郎部队曾在哈拉欣河附近动用"敢死队"实施细菌攻击的罪行。也找到了碇常重中佐给"敢死队"成员的作战命令,内容是对队员解释碇常重小队的任务,以及让队员掌握具体的技术原理,以针对苏蒙联军士兵实施细菌攻击。

在成功实施这项细菌攻击之后,前日军第六军司令(负责指挥日军在哈

---

① 《哈巴罗夫斯克审判材料》,第 255—256 页。

拉欣河针对苏联和蒙古人民共和国的侵略战争）获洲立兵（Огису Рипо）中
将授予七三一部队荣誉奖状并且申请擢升碇常重为大佐。然而，石井四郎
部队在哈拉欣河战争中针对苏联军队发动的细菌攻击，只不过是石井四郎
部队自 1940 年在实战中大规模使用细菌武器的开始。在哈巴罗夫斯克审判
中得到证实的是，自 1940 年起，石井四郎部队就开始实施针对中国军队和中
国平民的细菌攻击。

　　日军针对中国平民实施细菌攻击时所广泛使用的不同种类的细菌武
器，不仅经由日军司令部批准，而且都是作为最主要的细菌战手段的武器。
日军在采取实战细菌攻击时，特意广泛使用鼠疫跳蚤来传播病菌。在哈巴
罗夫斯克审判期间得到确认的是，日军曾经在 1940、1941、1942 年三次派出
特遣队在华中地区进行野外细菌实验。第一次野外细菌实验是在 1940 年，
七三一部队抽调人员组成特遣队到宁波市（Нимбо）及其附近地区。这次野
外实验的参与者测试了鼠疫跳蚤，并且在中国居民当中引发了鼠疫疫情。

　　在庭审过程中，除了受审战犯和证人的证供，苏联军队在"满洲"地区缴
获的官方文件也不约而同地完全证实了日军派遣特遣队到华中地区从事野
外细菌实验的事实。具体来说，在法庭上呈示了前关东军司令梅津美治郎
中将于 1940 年 7 月 25 日下达的命令。文本中提到，根据这项命令，陆军铁
路部队指挥官负责督运从加茂部队（Камо，石井四郎部队的加密化名——编
著者注）那里开出的特遣队专用列车，确保其顺利安全驶往中国的中部地
区。为配合执行该命令的任务，关东军大陆铁道司令官草场辰巳（Кусаба）中
将于 1940 年 7 月 26 日下达了第 178 号命令，其中指出了被制定好的自平房
火车站出发的运载路线：哈尔滨—长春（新京）—奉天（沈阳）—山海关—天
津—上海。对这份命令附加的注释指明这支特遣队所携带的行李物品装有
"特殊并要求保密的文件和材料，并且不能在清单上写明"①。

　　在庭审期间出示的资料显示，上述这些秘密行李物品，就是野外实验的
特遣队从石井四郎部队的总部运往华中地区的东西。受审战犯柄泽十三夫

_____

① 《哈巴罗夫斯克审判材料》，第 209 页。

对法庭供述了更为详尽的内容。他指出，在 1940 年七三一部队派遣这支特遣队到中国中部之前，他就收到命令，要准备 70 公斤伤寒热细菌以及 50 公斤霍乱菌。此外，七三一部队的第二部还为特遣队配备了 5 公斤鼠疫跳蚤，这些跳蚤随后就被投到宁波市及其邻近地区的民居区域。从结果来看，1940 年的野外实验在宁波及其邻近地区引发了非常严重的鼠疫疫情。

在庭审过程中，受审战犯川岛清也作了类似的供述。他说，1941 年，他曾经到过石井四郎的办公室，看到石井四郎非常认真地阅读中国的医学杂志。石井四郎甚至高声朗读他本人感兴趣文章中的段落内容。当中就提到中国医生记述了在宁波地区的鼠疫暴发情况。他尤其关注这次鼠疫疫情暴发的不寻常情况——只是出现人传人，但并不像通常那样，没有出现鼠类之间的传染。在石井四郎与川岛清交谈期间，石井四郎说道，这篇文章的内容支持、印证了 1940 年进行的细菌攻击的成效，当时是用飞机空投鼠疫跳蚤到中国居民区当中，从而引发鼠疫疫情。

日军特意为 1940 年的野外实验摄制了影片，它不仅在七三一部队总部放映，也展示给了关东军参谋部。影片特写拍摄了从准备到实施细菌攻击的各种场面。而影片的结尾展示了特殊分队的"工作成果"。银幕上聚焦了中国杂志和报纸谈及在宁波地区暴发鼠疫的文章。

日军在中国进行的第二次野外细菌实验，是 1941 年夏季七三一部队的特遣队以对付中国平民为目的而实施的细菌攻击，这次野外实验是由七三一部队的前第四部的部长太田澄大佐负责和主导的。这次野外实验的特殊目的，也是用来试验鼠疫疫情的传播扩散力。参与这次行动的日军大约有 100 人，而在野外实验特遣队成员中也有 30 名细菌学专家。在这次野外实验期间，日军针对常德市和洞庭湖沿岸地区的其他居民点，投放了大量用于散播鼠疫的跳蚤。由此可见，很明显，1941 年的野外实验的目的，也是要通过人工引发鼠疫疫情，破坏作为中国军队的交通枢纽和据点的常德市。

这两次在中国野外实验的参与人员的主要任务就是要测试这些细菌战武器，比如鼠疫跳蚤和细菌雨（当时最近的一次实验，是散播引起疫情的伤寒热细菌和霍乱菌），在实战中的真实效力。两次野外实验期间，的确引发了很大规模的鼠疫疫情。

而七三一部队在中国中部地区进行的最大规模的野外细菌实验，是其在1942年制定的方案。参与的人员试验了各种由七三一部队制造的细菌武器。1942年5月，石井四郎从东京返回部队总部，旋即举行了七三一部队各部门军官的会议。在会上，石井四郎解释道，鉴于他得到了日军参谋本部的命令，七三一部队必须组织特遣队到中国中部地区进行极大规模的野外实验，目的是针对浙赣地区①及其沿线铁路实施细菌攻击，以掩护日军所谓的"战略撤退"（стратегическое отступление）。

在一些由石井四郎主导的七三一部队高级军官的战略行动会议上，也通过了在野外实验过程中使用鼠疫、霍乱、伤寒热、副伤寒和炭疽等细菌的决定。除了七三一部队，直接参与实施这次针对中国军队的细菌攻击行动的，还有南京的一六四四"荣"字部队。在庭审举证过程中，受审的前南京一六四四"荣"字部队指挥官——日军的佐藤俊二军医中将供述，在所谓的"浙江衢州战役"期间，一六四四"荣"字部队参与实施了细菌攻击。为此，他们从一六四四"荣"字部队中抽调了部分兵力直接加入石井四郎部队的野外实验特遣队中，同样也协助进行以散播鼠疫跳蚤方式进行细菌攻击的行动。当时一六四四"荣"字部队也用一些培养生产的致死病菌对付在浙赣衢州地区的中国军队和中国平民。

在1942年野外实验期间，日军除了在中国的居民点投放鼠疫跳蚤，用飞机空投喷洒大量的细菌群落（就是所谓的"细菌雨"），也大量使用由七三一部队第三部研究出来的细菌战方式，那就是，如前所述，所谓的"地面细菌破坏活动"。在日军撤退之际，石井四郎部队的人员对湖泊水源、河流、池塘和田地都实施了细菌投放污染。同时也大规模针对各种粮食实施了细菌污染，这些受到污染的粮食也许是偶然保留的民居余粮。如前所述，受审的前七三一部队第一部的研究人员古都良雄的供述内容，确认了使用这一可恶、丑恶且残忍的细菌战手段的具体细节。古都良雄表示，他本人曾参与的野

_____

① Чжеган，具体应是指衢州战役。——编著者注

外实验"工作",主要是用伤寒菌和副伤寒菌污染自然水源和水井。古都良雄本人参与的工作,是将装有大量细菌群落的军用水壶,投放到水井和沼泽地,也投放到平民的房屋里。

根据石井四郎的命令,日军特遣队烤烘了 3000 个白馒头(原文为 белая булока),然后再用伤寒和副伤寒污染这些馒头。特遣队的成员——翻译官春日(Касуга,音译)将这些被污染的馒头分发给 3000 名中国战俘。一如既往,日本的电影记事队拍摄影片记录这个分派受污染馒头的时刻,并以此作为证明日军"人道关怀"中国战俘的所谓证据。这些中国战俘吃了被细菌污染的馒头之后,日军就把他们从战俘营释放回家。在此情况下,石井四郎部队的细菌学家的丑恶计划认为,染疫的每一个中国战俘,都将成为伤寒和副伤寒的疫情源头。

根据石井四郎的命令,在 1942 年进行的野外实验期间,也准备了特制的饼干。这些特制饼干,如同上述的馒头一样,也是受到各种细菌污染的。这些饼干会分发到日军士兵手上,他们会被预先提醒要随身带这些饼干。根据指挥部的命令,日军士兵会在沿途的中转站地区丢弃散落这些饼干,营造假象,仿佛这些饼干只是日军在途中偶然遗留的一样。

如此,哈巴罗夫斯克审判材料证实,自 1940 年以来,日军在"满洲"地区和中国境内针对中国人民的战争中,大范围使用了细菌武器。

正如我们在前面提到的,七三一部队作为生产致死病菌的强力军工复合机构,是赤裸裸的死亡工厂,配备了最先进的细菌研究和生产设备。庭审的法医组充分研究了它们大规模利用病菌进行致死物生产的案例。法医组的结论指出:

> 仅在一个平常的生产周期内,也就是数天之内 …… 在七三一部队配备的装备就能够保证在中等繁殖规模下,生产出不少于 3 亿兆[①]微生物(按照法医组强调的内容),考虑到这个生产系统最终能够在短时间内准备和产出的数量,这些数量的微生物,已经算是异常巨大了。要是

---

① 原文为 30000000 миллиардов。——编著者注

开足马力，让这些锅炉机器管道高速运转，产出更多的营养物，并且加速生产，七三一部队可以在一个生产周期内获得4亿兆①微生物，甚至更多，这只是取决于微生物的种类而已。在获取如此巨量的用于制造细菌武器的细菌时，七三一部队的人员将它们拿去称重，换算为公斤计算。而称重时只需计算纯细菌的净重，直接除去盖在上层的营养物质。七三一部队的生产设备及其数量足以让其实现同时开展几条周期生产线的工作。如果只是按照中等繁殖速度运行，七三一部队的月生产量也可以达到产出数以亿兆计的细菌。②

针对川岛清和柄泽十三夫审问的证供表明，七三一部队在一个月内就能够生产出接近300公斤的鼠疫菌。在庭审期间，法庭就生产致死病菌的规模数量，对受审战犯——曾负责大量培养生产细菌的七三一部队第四部第一课的前课长柄泽十三夫，进行了审讯。庭审的即时问话录音笔录内容节选如下：

> 问：在最大运作率下可以生产多少伤寒热病菌？
>
> 答：一个月能达到800—900公斤。
>
> 问：那炭疽菌呢？
>
> 答：大约600公斤吧。
>
> 问：霍乱菌呢？
>
> 答：将近1吨。
>
> 问：副伤寒菌有多少？
>
> 答：同样，和伤寒菌一样（800—900公斤）。
>
> 问：痢疾菌？
>
> 答：同样（800—900公斤）。③

一旦实施日本军事战争集团早已谋划好的细菌战计划，这些数量巨大

---

① 原文为40000000 миллиардов。——编著者注

② 《哈巴罗夫斯克审判材料》，第397—398页。

③ 《哈巴罗夫斯克审判材料》，第264页。

的致死病菌将以"细菌雨"的方式被投放到指定居民点、水源、农牧草地等地。而七三一部队正是日本军事战争集团在"满洲"地区建立的第一支建制细菌部队。

日本报纸《赤旗报》报道，日后成为东京日本军事医学研究院教授的石井四郎，在该研究院的细菌学教研室建立了一个日军细菌军火库的所谓"模范"。石井四郎根据罪恶的日本裕仁天皇的秘密命令内容而组建成立的七三一细菌部队，同样也是日军的"细菌军火库"，它的功能就是在日本从事侵略战争时，为日本提供细菌武器。

第二支在"满洲"地区秘密组建的建制细菌部队就是一〇〇部队。这支部队的指挥官为前关东军兽医部长高桥隆笃中将，以及若松有次郎兽医中将。在哈巴罗夫斯克审判期间，这支细菌部队的罪恶行径，通过对高桥隆笃、平樱全作、三友一男与其他证人的审问和供述的内容而表露无遗。此外，一〇〇部队的罪恶行径也在山田乙三的供述中得到了相关的印证。一〇〇部队和七三一部队一样都是直属于关东军最高司令部指挥体系的部队。

在描述一〇〇部队的情况时，山田乙三供称：

> 有人觉得一〇〇部队的工作是研究准备细菌战，而我必须说，一〇〇部队收到的任务是进行破坏行动，也就是说，针对农牧田地、牲口、自然水源进行细菌疫源投毒污染。在这方面，一〇〇部队所从事的工作是与关东军参谋部情报课（第二课）有紧密关联的。在一〇〇部队的总体任务方面，我知道，其中也优先进行着类似的生产细菌武器的工作，同时也从事细菌武器使用方法的研究和实践。①

山田乙三在对法庭供述期间表示，具体来说，一〇〇部队在与苏联有边界接壤的北兴安省从事渗透侦察式细菌战活动。山田乙三也证实，他本人批准了前关东军参谋部兽医课的主管高桥隆笃中将的报告，其中写道，有必

① 《哈巴罗夫斯克审判材料》，第 40 页。

要对三河区（Трехречья）达里诺尔湖（оз. Далай-Нур）的东南部地区的天然水源实施细菌投放污染。这一计划将对苏联、中国和蒙古人民共和国都产生重大危害。

如果说七三一部队主要是通过人为施放细菌，制造疫情的中介，从事罪恶实验，那么，一〇〇部队就是针对动物进行类似的实验，也就是研究如何在牲口之间引发传染疫病。此外，一〇〇部队也研究各种用疫情传染和毁灭有用植物的办法，其进行的大规模实验旨在研究如何以红色和黑色铁锈菌（бактерия красной и чёрной ржавчины）及马赛克状杆菌（мазаика）污染谷物。

法庭法医组的专家委员会的结论提到，一〇〇部队的日本兽医学家和细菌学家的罪恶行径成为对人类尤为严重的危险和威胁：

> 如果农学和兽医学是通过巨大的劳动和努力，去保障和增加有用植物的栽种，以及有用动物的产量，那么，一〇〇部队的所作所为，就是要想尽办法去毁灭大麦和小麦的种植，以及毁灭奶牛、马匹、羊只。一〇〇部队的特殊任务甚至还包括往农田大量播撒炭疽菌，使其再也无法或很难供人耕作和使用。[1]

一〇〇部队和七三一部队一样，在研究准备细菌战的时候，也配备了用以培养细菌的强力特制机器装备。正因为如此，一〇〇部队被称为"关东军的日本兽疫部"（Иппоэпизоотическое управление Квантунской армии），其组建了特殊的第六支队，专门负责研究准备重要的细菌战问题。高桥隆笃在庭审期间的供述表明，一〇〇部队建议使用包括所有基本细菌武器来引发动物疫情，首先以炭疽病菌达到毁灭有用植物的目的，同时也用红色铁锈菌、马赛克状杆菌，以及角兽鼠疫、羊天花去杀灭牲畜。高桥隆笃供述，自1943年12月起，一〇〇部队开始加紧从事细菌武器相关研究工作。前关东军总司令梅津美治郎在听完高桥隆笃的报告后，制定了一个计划，内容是在一〇〇部队辖下的6个部门都必须最大程度培育炭疽病菌、天花菌和红铁

---

[1]《哈巴罗夫斯克审判材料》，第394页。

锈菌。

到了 1944 年，一〇〇部队抽调了一支特遣侦察小队到北兴安省地区，在庭审过程中可知，受审战犯平樱全作兽医准尉是这支特遣侦察小队的队长。在审问期间，平樱全作供称，自 1942 年 6 月起，直到他被苏联军队俘获的时候为止，他都活跃地参与旨在反对苏联和蒙古人民共和国的细菌战。1942 年 7 月，他又参与了针对三江平原河谷及北兴安省地区的苏联边境的野外细菌实验。而在他们完成了往水源、草地投毒污染的实验之后，苏联边界附近的阿尔古河(p. Аргунь，阿伦河，又称阿伦河或额尔古纳河)的支流受到了炭疽菌的污染。1944 年 6 月，也是这个平樱全作进行特殊侦察任务，目的是要核实在苏联边境地区可否用飞机投毒的方式污染水源，以及毒害夏季和冬季的牲口。根据侦察测绘结果，平樱全作对目前已成为受审战犯的高桥隆笃作了详细的报告。

在一些情况下，一〇〇部队的成员也借用七三一部队在安达火车站附近的实验田，进行对牲畜投放传染病菌的实验，并且借用七三一部队的战机从空中喷洒细菌和有毒物质。一〇〇部队主要在动物传染疫病的领域研究人为传染的方式，也就是研究如何让家养动物染疫。和七三一部队一样，一〇〇部队也从事罪恶的活人实验。在一〇〇部队的体制里有一个特殊的植物学部，它的任务是搜罗"满洲"地区全部可以找到的植物，提取当中的有毒物质。而这些毒物也被用来进行活人实验。与七三一部队一样，这些活人也由日本宪兵从囚犯中挑选出来，送往一〇〇部队进行死亡实验。日军无论如何都会在实验后杀死被实验者，以毁灭一切罪证。

受审战犯三友一男的证供表明，一〇〇部队从事的活人实验的时间是在 1944 年 8—9 月。实验的过程和方式，是不露声色地往被实验者的食物中掺入各种安眠药与毒物。在对被实验者实施实验之后，被实验者的人体器官机制就会停止运作，然后受难者就会死去。虽然在一〇〇部队死去的受难者，在数量上远低于七三一部队，但作为"满洲"地区日军细菌部队的第二中心，它的残忍和灭绝人性，与七三一部队对人的残暴折磨没有任何差别。

在法庭大厅听审的哈巴罗夫斯克的工人，在听到三友一男的无耻供述时，都表现出极大的愤慨，特别是他们还听到，作为一〇〇部队的"实验室列兵"（рядовой лаборант）三友一男谈到他杀死其中一个成为实验牺牲者的俄罗斯人，然后将这位死者的尸体丢进有害尸体的乱葬场（скотомогильник），四周满布动物的腐败尸骸。

哈巴罗夫斯克审判录音文字稿的一段摘录内容如下：

> 三友一男根据研究人员松井经孝的命令，让一个被带来做实验的俄罗斯人，在被人注射了 10 克氰化钾（цианистый калий）至体内后死亡。
>
> 问：是谁杀害了这名俄罗斯人？
>
> 答：是我往他体内注射了氰化钾。
>
> 问：你们如何处理这名被你们杀害的俄罗斯人的尸体？
>
> 答：我在一〇〇部队里的乱葬场上解剖了这具尸体。
>
> 问：你们后来又怎样处理这具尸体？
>
> 答：我把尸体埋了。
>
> 问：掩埋尸体的坑在哪？
>
> 答：就在一〇〇部队所在地后方的尸体乱葬场。
>
> 问：那里同样也是掩埋牲畜尸骸的地方？
>
> 答：地点是一样的，但尸坑在另一处（当场引起轰动，传出愤怒的骂声）。①

前面引用过的受审战犯山田乙三的证供明确表示，一〇〇部队受命的其中一项主要任务，就是要通过细菌破坏对付苏联和蒙古人民共和国。在审判过程中明确呈现的是，一〇〇部队不止一次完成此类破坏活动，其中，他们正是利用那些不仅对动物有害，也对人体有害的细菌致病源，具体来说是天花菌和炭疽菌，以实施投毒。

受审的一〇〇部队的前"科研人员"平樱全作，同样参加了这些细菌破

---

① 《哈巴罗夫斯克审判材料》，第 323 页。

坏活动。他向法庭详细地供述关于一〇〇部队在1942年的"夏季演习行动"时的罪恶实验——往流往苏联境内的额尔古纳河的支流得尔布干河投放天花病菌。他供称："……以既定的约100米的间距进行播毒。"①而在这些所谓的演习行动期间，邻近的苏联边境地区的土地也被炭疽污染了。

自1944年4月以来，平樱全作领导一〇〇部队的研究人员小组，并到和苏联边境接壤的北兴安省进行细菌战侦察任务，为日后展开全面而广泛的对付苏联的细菌战作准备。在审判期间呈报和宣读了一〇〇部队在1945年3月26日发送给在海拉尔的日军军事特遣队的秘密记录原件，其中的内容显示，当时在海拉尔的日军特遣队，正如该队队长天野勇（Амано）所料想的那样，"狂热和活跃地"执行其罪恶的任务。②

一〇〇部队和七三一部队一样，都已经全方位准备好在实战期间使用各种细菌战手段。具体来说，受审战犯平樱全作根据高桥隆笃的作战命令，在海拉尔市及其邻近地区收购了大量有角牲畜，它们就是被用来传染严重传染疫病的对象，然后将它们放归野外，目的就是要在蒙古人民共和国地区进行细菌破坏。

日军的第三支细菌部队，是位于南京的一六四四"荣"字部队，它的罪恶事迹也在哈巴罗夫斯克审判期间被调查。这支部队的建立过程也和七三一部队很相似。与七三一部队一样，这是由石井四郎一手建立的细菌部队。人数方面，位于南京总部的人员，以及其他支部的成员加起来差不多有1500人。一六四四"荣"字部队与七三一部队一直保持着紧密的联系，石井四郎之后，这支南京细菌部队继任的指挥官是太田澄大佐，此人早前曾经在七三一部队服役，并且在1942年带领特遣队在中国中部地区从事罪恶的野外细菌实验。

正如法医专家组在结论中指出，无论在整体规模还是生产强度方面，一六四四"荣"字部队都不及七三一部队。然而，与石井四郎的七三一部队一

---

① 《哈巴罗夫斯克审判材料》，第314页。
② 《哈巴罗夫斯克审判材料》，第215页。

样的是,南京一六四四"荣"字部队从事的工作,也是大量生产跳蚤。

在哈巴罗夫斯克审判期间,呈报了远东国际军事法庭的录音文字记录摘录内容,证实了一六四四"荣"字部队也曾经进行过极为丑恶的活人实验。这样,南京一六四四"荣"字部队无疑也是日军组建的秘密细菌建制部队,也是类似在"满洲"地区的细菌战研究和准备中心,只是在规模上较小而已。在进行对付中国的细菌攻击时,一六四四"荣"字部队充当辅助角色。但是,在研究和准备细菌战的领域方面,具体来说,在极丑恶的活人实验方面,一六四四"荣"字部队从事的罪恶实验手段,与罪恶滔天的七三一部队罪犯的所作所为别无二致。

当然,这些实验手段不可能有第二种,毕竟一六四四"荣"字部队与七三一部队一样,它们的创建者都是来自日本军事战争集团的同一个十恶不赦的"科研细菌学者"——石井四郎。

在哈巴罗夫斯克审判期间,所有被送上法庭的战犯都承认了自己的罪行。

其中,苏联军队在"满洲"地区关东军宪兵部档案库搜获的日军原始秘密文件原件扮演着极为重要的角色。收藏这些文件的档案库,也是侥幸躲过了被日本宪兵销毁的命运。这些文件都是无可争辩的铁证,在它们面前,就连前关东军总司令山田乙三都无法狡辩和推翻对他们的指控。这些被送上法庭的战犯,在面对毫无争议的铁证,以及数千张哈巴罗夫斯克市工人的面孔时,最终不得不坦白自己的极丑恶罪行。

然而,并不是全部战犯都被送上哈巴罗夫斯克法庭的审判席受审,那些在法庭上被证实的罪行暴行,也远远不是最主要的。由于美国帝国主义者的营救和包庇,这些主犯都在当时躲过了正义的严惩。

第三章　日军细菌战的组织者和谋划者们

哈巴罗夫斯克庭审文件无可争辩地证明,正是以裕仁天皇为首的日本统治集团策划和实施了日军细菌部队的野蛮丑恶暴行。得到充分证实的是,七三一部队作为日本军事战争集团研究准备和引发细菌战的核心,其一切行径都是在关东军高层的领导下实施的。其先是听命于前关东军总司令梅津美治郎将军,后来则是听命于继任的山田乙三将军。

梅津美治郎是日本军事战争集团中的一个高层领导者,他自1939年至1944年7月指挥关东军。之后,在日本遭到击溃和不得不投降的前夜,他又被调任为日军参谋本部总长。梅津美治郎作为其中一个谋划者,积极计划和准备发动侵略苏联战争,在远东国际军事法庭审判期间被判处监禁,并且死在巢鸭监狱(тюрьма Сугамо)中。

山田乙三曾在1938—1939年指挥在中国中部地区的日本占领军。其后,直到1944年7月,山田乙三担任日军学习和培训的总监察长官,同时也是最高军事委员会的成员,兼任日本本土防卫的指挥官(原文如此——编著者注)。山田乙三出任关东军总司令时,权力达到了顶峰,成为"满洲"地区的全权封疆大臣,执掌驻扎在"满洲"地区的全部日军武装力量。作为真正的权力独裁者,在山田乙三眼里,伪满洲的皇帝爱新觉罗·溥仪(Генри Пу-И Айсин-Гиоро)只不过是傀儡而已。

被任命为关东军总司令的人,都是日本统治集团中最受信任和最有影响力的人,也是谋划罪恶侵略战争阴谋的核心参与者。他们深受日本帝国主义者的信任,被认为有能力实现其沾满鲜血的恶匪阴谋计划。[1] 山田乙三,就是这样一位受到信任的人,他对法庭供述了关于日本统治集团的阴谋计划,并指出细菌武器就是用来对付苏联、蒙古人民共和国、中国的首要手段,也有可能用来对付美国和英国。

受审战犯柄泽十三夫为七三一部队分队的前长官。他供述了七三一部队人员如何研究美国战俘,如何了解这些美国人对抗各种感染的程度。柄泽十三夫手下的其中一个下属——科研员凑政雄(Мината,原文如此——编著者注)中佐被专门派往美军战俘营,负责研究盎格鲁-撒克逊人种在对抗传染病时的抗体特征。从日本帝国主义者角度来看,这一切工作都是为了最有效地将细菌武器应用到对抗苏联和其他盟国的战争中。

1945年5月,石井四郎将军在七三一部队的军官作战会议上分析了太

---

①《哈巴罗夫斯克审判材料》,第447页。

平洋战场的战争形势,并指出:

> ……我们不得不……采取最终的手段,其中包括细菌武器,为的是制造有利于日本的转机。①

如上所述,日本统治集团并非仅仅在研究准备细菌战,而是已经使用细菌武器了。

日本统帅部、陆军省和参谋本部将日军建制细菌部队放在特殊的密切监察下。山田乙三在供述中已经描述过日本军部的角色。他指出,1945年3月,日本陆军省和参谋本部曾经下令关东军参谋部扩大细菌武器的生产。他又说,这个命令已经被执行和实现。正如关东军前参谋副长松村知胜中将的证供所示,扩大细菌武器的生产,正是为了准备利用这批细菌武器,一旦爆发军事行动,将用以对付苏联。他指出:"……动用细菌武器对付苏联,是必须符合参谋本部的命令的。"②

受审的梶冢隆二及其他受审战犯的供述表明,荒木贞夫(Араки Садао)和东条英机出任陆军大臣之时,他们尤为积极协同展开日军细菌部队的组建。众所周知,他们正是日本统治集团众多侵略计划的最狂热执行者,这当然可以很好地解释他们在研究和准备细菌武器过程中所扮演的角色了。

日本政府毫不吝啬地出钱支持细菌武器的研究准备,而这是以极端野蛮剥削日本人民为代价的。在此基础上,日本统治集团不断制造致死的细菌武器,在日军的特殊建制方面投入了大量的资源。关于这些,所有受审战犯和证人都在法庭上供述得很清楚了。比如,证人堀田表示,在七三一部队的装备上每年就要花费1000万日元。其中700万日元花费在研究和准备细菌武器的实验工作上。日本军事侵略集团为了在民众面前刻意掩饰这些民脂民膏被用来支付准备侵略战争的费用,就将那些用来资助成立细菌建制部队的费用纳入秘密库房开支。

正如证人松村知胜的供述所示:

---

① 《哈巴罗夫斯克审判材料》,第288页。
② 《哈巴罗夫斯克审判材料》,第131页。

七三一部队的组织工作和细菌武器研究开发相关工作的开支,都被归入关东军急用军事预算当中,无须在议会上作出特别细致的说明,并且让七三一部队的工作得以秘密化,不为国会的议员所知……①

毫无疑问,日本天皇裕仁直接参与了细菌战的准备工作。这一点,在哈巴罗夫斯克审判的庭审期间,得到了诸多证据的全面证实。正如曾经积极直接参与细菌武器生产和使用的受审战犯——前日军军医少将川岛清的供述所示:

七三一部队的建立,正是基于日本天皇裕仁在1936年下达的秘密诏书。我本人在任职七三一部队的部门总管长官之际,在七三一部队的档案卷宗里,曾经阅读过日本天皇的密召……(内容)关乎激发七三一部队研究工作的工作强度、提升七三一部队的战略意义、(提高)七三一部队执行工作的严肃谨慎程度、扩充七三一部队建制成员的必要性、扩充七三一部队的实验室以及占用土地。

随后,与此相关的是,1940年日本天皇又下达了一项新的密诏,根据其内容,七三一部队的总部移至平房火车站区域……

除此之外,日本天皇在1940年的诏书中也规定了七三一部队建制全员扩充至3000人,其中也包括根据此诏书而在"满洲"地区建立的各个分部机构成员。②

前关东军军医部长军医中将梶冢隆二同样在法庭上确认了七三一部队是根据日本裕仁天皇在1936年的秘密诏书而建立的细菌部队。

梶冢隆二供述:

……

天皇的这份诏书被大量复制和分发到日军的每一支部队里,以便让所有军官成员都对它有所了解。我本人在成为细菌部队的成员后,

①《哈巴罗夫斯克审判材料》,第123页。
②《哈巴罗夫斯克审判材料》,第110—111页。

在一次开具诏书文本收据与亲自复印其附件副本的过程中，获悉了原文和附件的内容。裕仁天皇下达的诏书是关于扩大和重组七三一部队的。前陆军大臣东条英机签署的特殊绝密命令也提出加快执行和实施天皇诏书的命令内容……根据裕仁天皇在 1939 年下达的密诏，七三一部队在 1939—1940 年被重新改组整合。我是大约在 1940 年 2 月身处关东军参谋部的时候，也是在开具收条的过程中得知这份诏书的。……此外，1940 年下半年，日本裕仁天皇下达的众多秘密诏书中的其中一份或者两份明确指出，在七三一部队建制中已经额外建立 4 个支部……陆军大臣东条英机签署的文件，规定了这些分队建制人员数量。从中可见，每一个支部的成员规模都达到 300 人。①

裕仁是受过生物学教育的生物学家，在签署关于组建细菌部队的文件时，他已经非常清楚这个反人类的罪恶决定将会引致怎样极为恐怖的后果。他本人也完全明白，这些极丑恶的细菌战武器，将会率先用于对付手无寸铁的无辜平民，数以千计的老人、妇女、儿童将成为这种极端残忍的武器的牺牲品。而所有这些野蛮暴行，都完全根据裕仁的意志和命令，得到落实和实现，尽管不是由他本人培育数以吨计的细菌，也不是由他本人亲自进行活人实验。

裕仁的诸多命令都得到贯彻执行和实施。山田乙三将军在庭审上的最后陈词中供述："我忠实和始终如一地执行日本军部和参谋本部的命令。"日军的将领和军官们生产出数以吨计的致死病菌，研制出细菌武器。众多以科研人员自居的刽子手，在细菌部队的地牢里犯下野蛮罪行。日本军事战争集团在中国引发了毁灭性的鼠疫传染疫情。正如《赤旗报》的报道，负责在日本本土和"满洲"地区搞建设的日本特殊拓建公司，也被征召过来协助研究开发细菌武器的生产。

裕仁天皇的皇家统帅部亲手主导了这些特殊建制部队以准备发动细菌战为目的之罪恶行径，那里绷紧了一切反人类野蛮阴谋的神经，那里堆满了日军细菌部队罪恶累累的血债，那里也充斥着各种旨在实现使用细菌武器

①《哈巴罗夫斯克审判材料》，第 103—104 页。

的罪恶计划。

在哈巴罗夫斯克审判期间呈报展示了很多证据，它们都可以证实天皇的统帅部在准备细菌战的过程中扮演着主导角色。

正如被告的受审战犯山田乙三供述：

......

1944 年 10 月或者 11 月，北野政次将军向我作了详细的报告，内容是关于使用鼠疫跳蚤作为细菌战工具的实验结果 ...... 我本人认为采用跳蚤的办法，在散播传染鼠疫方面，是绝对有效的。于是，我不仅批准了北野政次的报告，并且接受了他建议的方式——使用鼠疫跳蚤作为施放细菌武器的手段。这些采用跳蚤散播鼠疫的实验数据结果，也被呈送到天皇统帅部（可能为"大本营"，日文为"大本营"。——编著者注）。[1]

在审判期间也宣读了皇家统帅部陆军第二部在 1944 年 1 月 20 日下达的训令，其中写道：

...... 在进行战役之时，要将化学物、细菌，以及类似具有破坏性的有害物纳入常规作战手段，用以发动秘密袭击，目的是摧毁消灭敌人的人员部队......在完成这些攻击后最好不要留下痕迹......倘若这无法避免，就必须在第一轮战役行动中以最大程度的威力实施攻击。[2]

这份训令的内容本身就足以揭示皇家统帅部的策划者们主导了准备和施放细菌武器的行径。他们原本也应该和山田乙三、高桥隆笃、梶冢隆二、川岛清、平樱全作以及其他战犯一样，被送上审判台，但事实上，正是由于受到海外的同谋者们的包庇，这些高级战犯都得以躲开审判和惩罚，逍遥法外。

对此，在庭审期间，国家审判长在发言时正义地指出：

_____

[1]《哈巴罗夫斯克审判材料》，第 97—98 页。
[2]《哈巴罗夫斯克审判材料》，第 187 页。

我们知道,并不是所有作恶多端的战犯都列为被审判的罪犯,送上审判台。罪恶阴谋的共犯链……并未因为我们宣判这些战犯,而就此而终结……我们知道这些来自日本陆军省和参谋本部的战犯的姓名,以及他们支持和从事组建秘密细菌部队的隐匿行径,其毫不吝啬地出钱资助,并且确立了使用的细菌武器的型号种类,计划了发动细菌攻击的日期。……借助帝国主义阵营的反动势力的包庇,在我们国境背后的这些战犯终日幻想那个时刻的到来——到那时,就可以尽情倾泻无数三硝基甲苯(тринитротолуол,黄色炸药)、核弹、致死细菌,消灭全人类。①

到目前为止,并未对日本天皇裕仁的战争罪行进行追究,尽管从正义来说,裕仁应该排列在细菌战的策划主犯行列中。在美帝国主义者的包庇之下,裕仁继续统治着日本,并且执行着美军总督(原文为 наместник——编著者注)麦克阿瑟的训旨,继续将日本法西斯化,并且甘愿将整个国家变成美国在太平洋的军事、工业基地。制造和开发大毁灭性武器的日本军事战争集团策划主导者——被称为"财阀"(Дзайбацу)的金融资本巨头,也得以逍遥法外,恣意横行。日本军事战争集团为了增加这些垄断集团巨子的资产本金,不惜诉诸酝酿野蛮丑恶的暴行。换言之,对他们来说,医学科研的成就并不是用于造福人类的事业,而是用于毁灭人类的罪行。

以裕仁为首的日本统治集团厚颜无耻地欺骗本国人民,用尽一切极端种族主义歪理谬论去愚化和戏弄他们。受审的丙级战犯菊地则光,后来被法庭判处两年监禁,他曾在庭审过程的最后辩护发言期间表示:

我自幼年期间就被灌输教育……要为日本天皇尽忠献身。我认为我自己的工作,是为日本人民服务,但我一直在被欺骗……我到现在才明白,自己是如何被欺骗了。我自孩童时代起,在我的祖国日本所接受的那些教育内容,是多么虚假和不正确……我感到遗憾的是,那些最主

①《哈巴罗夫斯克审判材料》,第463—464页。

要的战犯、细菌战的主要组织者和策划者,都没有坐在被审战犯的审判台上。我对他们的所作所为,感到极度仇恨和厌恶。[①]

在哈巴罗夫斯克法庭审判期间公示的资料,充分证实了日本准备和实施细菌战的行径是极度严重的反人类罪行。裕仁作为其中一名头号战犯,占据了最为核心的主导角色位置。美国派出辩护律师包庇日本战犯,特别是为裕仁提供辩护。美国人提出,裕仁作为一国之君,不应当负有刑事责任(уголовная ответственность)。这里应当强调,他国君的身份就能让他豁免于刑事罪责。但事实上,正如任何一个战犯一样,裕仁也应当负上刑事罪责。

在最极端程度的法律状态下,关于国君的罪责问题,最早是在 1919 年的《凡尔赛和约》中被提出。条约第 277 条宣示,德国的前皇帝威廉二世·霍亨索伦(Вильгельм II Гогенцоллерн)被公开指控犯有"高度残害国际道德和条约的神圣效力"的罪行。很明显,威廉二世实际上并未被审判。荷兰拒绝移交威廉二世接受审判。这其实完全是战胜国集团的政府提出来的,其导致原本提出的要审判德国皇帝[②]的要求,最终成为协约国统治集团对群众民意作出的让步。而协约国根本没有真的考虑过审判德国皇帝一事,相比惩办犯有严重战争罪行的德国皇帝,他们当时更加关心的是如何镇压、捣灭群众的革命运动。

在彻底打败希特勒德国之后,关于国家领导人的罪责问题,得到了最终的解决。1945 年 8 月 8 日,根据苏联、美国、英国、法国的协议而制定的旨在惩办欧洲轴心国主要战犯的国际军事法庭规章中明确提道:

> ……不管受审判战犯的职位地位如何,是曾任国家领导人(原书作者标记——编著者注),或者作为供职于各政府部门的问责官僚,都不应被视作免受刑责或者减免刑责的基准。(第七条)

---

① 《哈巴罗夫斯克审判材料》,第 521 页。

② кайзер,德语的"皇帝"。——编著者注

在此基础上，苏联政府在 1950 年 2 月 1 日给美国政府、英国政府、中国政府的照会中，建议在最近的时间内任命和组建一个国际军事法庭，并将日本天皇裕仁移送该法庭审判。苏联政府的提议符合所有爱好和平人民的利益，也受到全世界包括日本本土在内的进步人民所拥戴。

《赤旗报》在要求审判裕仁时写道：

> 在结束战争之后，（日本的——编著者注）共产党要求立即审判日本天皇……现在（日本）共产党将会与希望建立爱好和平和独立的日本全体爱国人士并肩斗争，力求将包括日本天皇在内的所有日本战犯送到法庭审判。①

曾经出席远东国际军事法庭的前法官梅汝璈（д-р Мей Жу-ао）博士在接受记者采访时表示：

> 苏联政府关于移送准备细菌战的日军战犯到法庭受审的建议，是正义和合法的。全世界的人民都支持苏联的建议，只有美国帝国主义者以两个理由企图包庇裕仁和其他战犯。第一个理由是，他们断言，根据远东委员会在 1946 年 4 月 3 日讨论会上由委员通过的决议，裕仁不应当被列入战犯，也不应作为战犯被移送受审。第二个由美国人炮制的理由是，根据远东委员会在 1949 年 4 月通过的决议，针对战犯的法庭审判应当终止。
>
> 然而，美国帝国主义者一直在扭曲事实。在远东委员会的工作会议上已达成共识的问题，是关于暂时不把裕仁与 28 名日本战犯一同纳入追究刑责的行列，其中也包括东条英机和土肥原贤二（Доихара Кэндзи）。无论以什么方式去解读，这都不意味着绝不会把裕仁送上法庭。
>
> 至于远东委员会在去年（1949 年）4 月通过的解决办法，其中只是有一个建议，那就是在可能的情况下，力求在去年 9 月之前完成对日本

----

① 《真理报》，1950 年 2 月 12 日。

战犯的法庭审判。这只不过是一项建议而已,它并不表示在去年9月之后不再继续审判日本战犯。事实上,对日本战犯的审判在去年9月之后仍然在继续,并不只是在苏联有庭审,在荷兰和菲律宾也有庭审。

一言以蔽之,苏联就移送裕仁和其他日本战犯到法庭受审而提出的建议,完全是正确和合法的。谁要是拿出什么借口去反对这项完全正义的建议,本身就表明这个人就是准备罪恶的细菌战的共犯。[1]

1946年12月11日的联合国大会工作会议上确立了被《纽伦堡国际军事法庭条例(宪章)》承认的国际法原则,这些原则对现在进行的军事法庭的判决有所影响。[2] 加入联合国的国家也接受了相应的义务,遵守这些在《纽伦堡国际军事法庭宪章》中确立的原则。如上所述,这些原则的其中一项,就涉及国家元首在庭审时被起诉和追责的个人刑责原则。

如此一来,从公认的国际法准则来看,没有任何理由可以质疑日本天皇裕仁本人犯下的战争罪及其相应的刑责问题。法律及人民的良知要求罪恶滔天的日本天皇受到法庭审判,并且受到应有的惩罚。石井四郎、北野政次、若松有次郎、笠原行雄也应当悉数列入日本细菌战的主导者和谋划者之中。

日本战争集团并不能否认石井四郎作为细菌战的意识形态教父这一事实。石井四郎作为大地主的儿子,其教育背景是军医,专业领域是细菌学,在1920年就自愿加入军队服役,尽其一生都要与灭绝人性的"科学"捆绑起来,即大量培养致死病菌,并将之作为侵略战争的武器。

自1931年起,石井四郎在其军医和细菌学家同行中,以及在日本陆军省和参谋本部的最有影响力的人物中,都极力强化宣传日本有必要准备发动进攻型细菌战。这个时代,正是军国主义集团以行动实现其侵略计划,以及积极准备进犯苏联的时候。正是在这个阶段,日本帝国主义者侵占了"满洲"地区,这个地区不仅因其富饶的资源物产成为扩张和殖民的目标,让日

---

[1]《真理报》,1950年2月12日。
[2] 参见《苏维埃国家与法律》,1947年第12期,第33—34页。

本帝国主义者垂涎三尺，也因其作为进一步对苏联和中国实施领土侵略的战略屯兵场而格外重要。

1931年，日本驻莫斯科大使广田弘毅（Хирота Коки）对日军参谋本部表示：

> 必须在针对苏联的关系上，占据决定意义的阵地，在必要时，必须采取果断的决定，准备应对同苏联开战的情况。然而，这个目标，并不仅限于作为反对共产主义的屏障，更应该扩展到侵占远东和西伯利亚。[①]

这就说明，石井四郎的建议得到了日本军部和参谋本部的响应。很快，在日军侵占"满洲"地区后，石井四郎就在当地主导建立了特殊实验所，专门在高强度传染疾病细菌的应用领域研究开发可以应用于侵略战争的细菌武器。临近1936年，最为反动和侵略扩张成性的集团对日本对外政策产生了更为巨大的影响力。1936年2月26日，发生了法西斯军事政变，并且广田弘毅成为日本首相。

同年，帝国主义日本也建立了与希特勒德国之间的命运关联体，签署了所谓的《反共产国际协定》。这一条约被视为这两个侵略国家为了攻击以苏联为首的众多爱好和平的国家而组建军事同盟。最为露骨无耻的日本军国主义统治集团在获得权力之后，毫不掩饰其打算在亚洲大陆和南洋地区展开进一步侵略扩张的意图。1936年8月，日本内阁印发了所谓的《关于国内民族政策的宣示书》，尤其关注在朝鲜和"满洲"地区强化军事实力，为的是让日本能够"在战争的最初阶段给俄罗斯人带来迎头重击"[②]。

日本帝国主义者为了实现给苏联带来这种打击，决定使用新型武器——细菌战的武器。到了这个关头，石井四郎在细菌武器领域的研究发明，已经跳出了实验室研究的事务范畴。日本帝国主义者信任石井四郎的

---

① 参见拉金斯基和罗真比里特编写的《日本首要战犯的国际审判》，莫斯科：苏联科学院出版社，1950，第235页。

② 参见同上，第238页。

项目,从单纯的实验室实验转向大规模准备细菌战武器。为此特意创造了所有的条件:在平房火车站那里建立了特殊的军事小城镇,配给了用于在实战环境下实验细菌武器的强有力的新型现代化装备。

石井四郎组建和领导了日军序列中最大的秘密建制部队——七三一部队,使其成为准备细菌战,以及实验旨在攻击苏联、中国和其他国家的细菌武器的中心。其在细菌战准备的领域中所有罪恶的研究发明,具体来说,一切灭绝人性的活人实验,都是在石井四郎的直接监督主导下进行的,他本人就亲自研究出能够将跳蚤变成散播鼠疫的细菌武器的方法,也就是将这些带病菌的跳蚤用特制的陶瓷细菌炸弹装起来,即所谓的"石井四郎式炸弹"。石井四郎还亲自研究出可以培养巨大数量致死细菌的方法,造出了所谓的"石井四郎式培养器"。

正如哈巴罗夫斯克审判所表明的,石井四郎将军亲自组建了七三一部队细菌战野外实验特遣队,并于1940和1942年在中国境内活动。而他本人更是在1941年亲自指挥领导这种在中国境内的野外细菌战实验破坏活动。在野外实验期间,他们使用了各种类型的细菌武器,并且引发了鼠疫、伤寒、副伤寒及其他传染病疫情,造成数以千计的中国平民死亡。

1939年,根据石井四郎的建议,日军在哈拉欣河地区对苏联和蒙古人民共和国使用了细菌武器。同样在1939年,日本帝国主义者组建了细菌部队的分支网络,其中就包括南京"荣"字一六四四部队,也是从事细菌武器的研究开发,并用活人进行实验。此外,这支部队的罪恶实验,也包括用活人来测试被病毒污染的血清在人体的作用和反应。正如哈巴罗夫斯克审判中受审战犯佐藤俊二将军的供述所示,石井四郎就是这一切的头号主导者和指挥官。

石井四郎的所有罪行都以极端残忍和灭绝人性著称。他本人亲自与在"满洲"地区的日军宪兵部以及日军情报谍报组织保持密切的联系,并以"特殊输送"的方式,从他们那里获取数以千计的人,用来进行罪恶而灭绝人性的实验,最终导致这些被实验人群死亡。

在庭审期间,川岛清军医中将供述,1941年夏季,石井四郎在一次特殊秘密会议上告知七三一部队各部门的长官以下事项：由于希特勒德国已经对苏联发动战争，日军参谋本部已经批准七三一部队的全部工作，并下达了关于加紧进行细菌战准备以及扩大致死病菌生产的命令。石井四郎都执行了这些命令。1942 年，石井四郎被召回东京执行其他与准备细菌战相关的任务。

1950 年 2 月 8 日，日本报纸《赤旗报》发表的名为《地下死亡工厂》（《Подземный завод смерти》）的文章，清晰描述了上述任务，其中提道：

> 用于研究准备日本细菌战的中心大本营坐落在东京，位于若松藏王（Вакамацу-Цио）地区的前军医学校……在这所军医学校的校址地域中曾经存在过一个禁区，只有特殊人员可以进出那里。这个区域曾是"抗疫"实验室（《антиэпидемическая》，лаборатория）。在前军医中将石井四郎的督导下，数千名列入日军军医系统的将军和军官以及医生在此从事研究工作。这个实验室培养霍乱菌和伤寒菌（用以投毒污染水源）、鼻疽等传染病菌（针对马匹和其他动物），以及气性坏疽菌（针对人类），并且研究采用何种方式使用这些病菌，或者对抗这些病菌。还实验过如何用飞机来投放细菌，以及如何将细菌掺入地雷、手榴弹、子弹、玻璃炸弹等，在水面下爆炸扩散。实验室的主管，也就是前军医中将石井四郎对实验人员说："军医学并不只是包括治疗和防疫，真正的军医学是用来进攻的……"
>
> ……在军医学校的地库里也建造了一系列大型秘密工厂，并以流水线的方式生产细菌武器……在战争结束之前，在其中一次大规模的轰炸下，这所实验室和地下工厂遭受了严重的毁坏，部分成员撤离至秋田（Акита）和仁方（Нингата），但它们在战争终结的时刻就被销毁殆尽了。[①]

1945 年，将要第二次被任命为七三一部队指挥官的石井四郎正在准备应用于攻击苏联、美国、英国的细菌武器。前关东军总司令山田乙三供述石

---

① 《真理报》，1950 年 2 月 11 日。

井四郎为其中一个最积极从事罪恶的细菌战准备的参与者。

山田乙三供称：

> 七三一部队就好比石井四郎本人的亲儿子，因此1945年当他再次被任命为这支部队的指挥官时……石井四郎被授予的任务……直接就与加速众多细菌部队的工作挂钩了。当时，这也是和日本军部下达的关于扩大细菌武器生产的指令相关的。①

在众多反人类的主要战犯中，北野政次军医中将也是其中一位急先锋。他自1942年8月起至1945年的3月这段时间内接任七三一部队的指挥官，当时石井四郎身处东京。在北野政次的直接领导下，日军的这个位于平房火车站附近的细菌学中心继续准备应用于细菌战的罪恶材料，改进、完善使用这种灭绝人性的细菌武器的手段。

当时，正值石井四郎为实施细菌战而在东京挑选军队细菌学专家干部。在被日本军国主义者侵占的"满洲"地区，北野政次也正在扩大平房死亡工厂的生产效能，加速繁殖培养致死病菌，以备将来攻击苏联、蒙古人民共和国、美国、英国及其他国家时使用。北野政次准备好要对全世界投放鼠疫菌、霍乱菌、伤寒菌。他对七三一部队生产数以百公斤计的细菌微生物的效率并不满意，他需要获得数以吨计的细菌。为此目的，他计划将七三一部队人员众多的分部都改造成"细菌工厂"（фабрика бактерий），向这些"细菌工厂"投入大量技术设备，并要求获得数十吨的原材料，用以准备营养物和环境，以大量繁殖细菌。同时他也成立了特殊课程的分支网络，日军军医和实验员得以学习借助细菌实现杀死数百万人的"艺术"。

在哈巴罗夫斯克审判期间，北野政次仇恨人类的罪恶行径被完全揭露了。山田乙三将军在1944年参观了七三一部队，并且亲自督导了那里的工作。北野政次中将向关东军总司令汇报了七三一部队的工作情况。

山田乙三供称：

---

① 《哈巴罗夫斯克审判材料》，第43页。

北野政次在报告关于七三一部队的目的和任务时指出,他的任务就是研究各种战备问题,这些问题都与真实细菌战武器的应用相关……北野政次将军向我报告了关于七三一部队生产部门的情况,并指出这个部门研究和准备大量特殊细菌治疗药剂,能够满足在攻击战役时的使用需求。①

此外,北野政次中将在报告时也表示七三一部队各分支部队从事的工作,同样是准备应用在细菌战中的各类武器和物品。②

山田乙三对这个报告感到非常满意。他批准了这项"工作"的实施。就连像山田乙三这类顽固不化的军国主义分子,也亲自承认了他本人"被这些工作的巨大规模震惊,生产大量细菌工作,正是因为执行上级的指示,将微生物作为细菌武器来使用"③。至于细菌武器的生产规模,用山田乙三的原话来说,"这远远超乎预期"。

并非只有山田乙三清楚地知道北野政次的罪行。北野政次经常向关东军参谋本部,甚至向日本天皇司令部报告关于他在大规模毁灭人类领域的"成就"。前关东军参谋部行动战略部长官松村知胜中将就谈到了北野政次向关东军参谋部作的一次报告。

松村知胜供称:

1944年年底,七三一部队的长官北野政次来到关东军总司令的办公室作报告。他的报告是关于使用跳蚤作为细菌武器散播鼠疫的内容。④

山田乙三将军对这个报告有更为详尽具体的描述,他供称:

……1944年10月或者11月,北野政次将军向我详细报告了有关使用跳蚤作为细菌战武器材料的实验结果。北野政次的报告附有七三

---

① 《哈巴罗夫斯克审判材料》,第88—89页。

② 《哈巴罗夫斯克审判材料》,第273页。

③ 《哈巴罗夫斯克审判材料》,第38—39页。

④ 《哈巴罗夫斯克审判材料》,第130页。

一部队摄制的特殊电影片段及示意图,其中标注了具体指定的所属部门位置,包括什么地方是用来进行空中投放跳蚤传播鼠疫的实验……报告期间,北野政次展示了各种图表,其中清楚呈示的结果,是业已完成的散播鼠疫菌地区的研究和实验。我个人认为,使用跳蚤传播鼠疫是最有效的办法,于是就批准了北野政次的报告,以及他们建议的使用细菌武器的办法。关于使用跳蚤传播鼠疫的实验结果,也被送到天皇最高司令部……①

受审战犯前日军军医中将川岛清的供述同样揭示了北野政次任职七三一部队指挥官时的罪行,川岛清本人参与了由北野政次主持的工作会议,他供述:

会上讨论了研究和准备细菌材料,以及将之应用到实战中等相关问题。②

北野政次并非只是在研制和准备细菌武器,更是亲自参与了所谓的衢州战役行动,使用细菌武器和有毒物质攻击中国人民。北野政次的罪行,与作为细菌战"意识形态教父"的石井四郎所主导和实施的罪行并无两样。众所周知,1942年,石井四郎也亲自督导了在中国境内使用细菌武器的行动,北野政次负责统筹野外实验行动事宜,选拔"专家",为他们提供细菌。他完全就是石井四郎的共谋共犯。

上述这些都不足以概括北野政次的罪行。正如石井四郎执掌七三一部队的时候那样,北野政次执掌七三一部队时,在七三一部队的地牢里持续进行灭绝人性的活人实验,这些暴行导致数以百计千计的无辜平民死亡。平房火车站附近死亡工厂的残暴输送带,没有一天停歇过。

1944年8月,前军医中将梶冢隆二参访了七三一部队,听取了北野政次关于七三一部队的工作报告。

---

①《哈巴罗夫斯克审判材料》,第97页。
②《哈巴罗夫斯克审判材料》,第57页。

北野政次向他报告：

> 七三一部队一组人员开赴中国前线，到上海以南的地区，从高空对中国平民居住的地方撒投大量用于传染鼠疫的跳蚤……在鼠疫跳蚤掉落的区域引起了鼠疫疫情。此外，北野政次也向我报告，在安达火车站附近的地区进行测试以炸弹延长投毒作用的实验，他们先是用炭疽菌做实验。炸弹的碎片伤及人类和动物，并将炭疽菌传给他们。①

北野政次正是通过踩踏数百数千计人民的尸体，达到其目的——以最为有效的细菌武器保住日本统治集团的政权，并且通过使用这些细菌武器实现其罪恶计划。

前日军兽医少将若松有次郎也是细菌战的积极主导者和策划者。

正如哈巴罗夫斯克庭审内容所示，1941—1945年，若松有次郎将军是一〇〇部队的指挥官，从事细菌武器生产，同时也组织和实施破坏行动，并以炭疽菌、鼻疽菌和其他能引起动物疫情的病菌投毒水源、草场和牲口为手段实施破坏。在若松有次郎的主导下，日本的植物学家和农学家研究以人为散播顽固有害物的方式摧毁农作物。在一〇〇部队也存在罪恶的活人实验。

前关东军总司令山田乙三将军如此描述一〇〇部队的罪行：

> ……
>
> 谈到关于七三一部队和一〇〇部队准备细菌战的工作，进一步来说，七三一部队的工作是发明和生产指定的用于大量毁灭人员的细菌武器。而一〇〇部队在此领域的工作则某种程度上局限于开发和生产细菌武器，用于消灭牲畜动物和污染谷物食品农作物等破坏活动。②

然而，正如哈巴罗夫斯克审判所示，相对于七三一部队的行径，一〇〇部队"更为狭隘"的工作本身也是反人类罪恶的一个环节。而若松有次郎对

---

① 《哈巴罗夫斯克审判材料》，第102页。
② 《哈巴罗夫斯克审判材料》，第91页。

这种罪行负有全面而不可推卸的罪责,正如石井四郎对七三一部队的罪行负有全面罪责一样。

若松有次郎与关东军参谋部情报课(第二课)保持紧密的联系,并且根据后者下达的任务主导了一系列的细菌破坏行动。一〇〇部队的前工作人员平樱全作向法庭详细地供述了他们如何根据若松有次郎的指令,往三江平原(三河区)以及海拉尔地区派遣特殊侦察破坏小队,从事攻击苏联和蒙古人民共和国的细菌破坏行动。

若松有次郎不止一次地参与了由关东军总司令梅津美治郎及其后的山田乙三所主持的会议,讨论了准备细菌战的计划。

正如他的下级平樱全作在庭审时的供述所示,若松有次郎总是强调:

> 一旦日本和苏联爆发战争,一〇〇部队应当成为大量生产各种细菌和强力的有毒物质的工厂,以针对苏联实施破坏行动式的细菌战。[①]

这当然并非若松有次郎仅有的罪恶宣言。他实际上准备好让其部队参与针对苏联的破坏行动式的细菌战,也用活人测试毒剂的作用。一〇〇部队的两名前军士三友一男和畑木章讲述了让人感到极其恐怖的细节——那些吃了被剧毒物质污染的食物的人走向死亡的可怕和丑恶的过程。

在哈巴罗夫斯克审判过程中,若松有次郎的暴行被其下级军官揭露,而他的直属上级军官——高桥隆笃兽医中将也揭发了他的很多罪行。

前关东军参谋部长笠原行雄中将在众多细菌战的主导者中占有重要的地位。笠原行雄作为侵略苏联战争的支持者而著名。在长达 15 年的时间里,他一直不遗余力地执行日本战争集团的罪恶计划。当时日本统治集团认为,这是他们等待已久的发动侵略的良机,正因为如此,笠原行雄就被任命为关东军参谋部长。1942—1945 年,笠原行雄全面督导以细菌战侵略苏联的准备工作,并且直接参与了用细菌作为进攻武器的方法的具体研究工作。

---

① 《哈巴罗夫斯克审判材料》,第 118 页。

正如庭审内容所示,笠原行雄不遗余力地保障发展七三一部队的罪恶计划的有利条件,并对其在关东军参谋部的下级军官下令,必须无条件、无保留地执行七三一部队对于人员、技术装备等方面所提出的请求,同时时刻提醒他们关于七三一部队对于整个日军的特殊重要意义。

在庭审期间,原关东军参谋部的田村正大佐作了供述,并表示:

> ……1945 年的最初几天……笠原行雄中将就命令我应当对七三一部队予以特殊关注,按他直接对我说的原话内容,毕竟这支部队……是准备细菌战的。①

前关东军总司令成立了不同的委员会,并且任命笠原行雄来督导它们的工作,为的是研究使用细菌武器的方式和手段,这样,笠原行雄直接参与了用细菌作为进攻武器的方法的研究工作。在法庭上,山田乙三揭发了笠原行雄的罪行。

山田乙三供称:

> 为了研究使用细菌武器的方法,在关东军参谋部的督导下,抽调并成立了特殊委员会,其成员包括参谋部长、行动战略部长官、相关的部队指挥官以及个别独立的参谋军官。在此情况下,一旦委员会对解决事项有了肯定的结论,就会将结果上报给总司令。……关东军参谋也会把这些问题上报给日军参谋本部。②

1944 年秋季,笠原行雄参与了关于使用"石井四郎式炸弹"的方法的讨论。1944 年 11 月,笠原行雄参与了高级参谋军官的特殊会议工作,讨论了一〇〇部队的细菌学侦察活动的结果,目的是要确定用细菌武器攻击苏联。

笠原行雄给行动战略部长官松村知胜中将下达了特殊的指令,要求他制定动用细菌武器攻击苏联的行动方案。而这个指令得到了确切的执行,松村知胜对此作出了详细的供述。

---

① 《哈巴罗夫斯克审判材料》,第 148 页。
② 《哈巴罗夫斯克审判材料》,第 278—279 页。

松村知胜供称：

……在得到关于扩大细菌武器生产的指令后，笠原行雄指示我研究采用细菌武器攻击苏联的可能性……我研究了这个问题，并随后向笠原行雄作了相应的报告，他对我的描述和建议予以认同和批准，……我向笠原行雄报告了在日本和苏联交战的情形下，日本应当对伏罗希洛夫市、哈巴罗夫斯克、布拉戈维申斯克和赤塔的城市区域使用细菌武器……①

在庭审过程中也呈报了其他证明笠原行雄罪行的铁证。在此就没必要列举了，因为上面描述的内容已经足以无可争辩地得出以下结论：笠原行雄就是细菌战的主导者之一，并且直接参与了关于使用细菌武器的课题，其首要目标就是攻击苏联和蒙古人民共和国。因此，作为战犯，他负有战争罪责。

在此问题上不得不提的是，作为战犯的笠原行雄在东京审判中竟然以"证人"身份出现和作供，以为梅津美治郎及其他日本甲级战犯提供掩护。相较于审判日本主要战犯，麦克阿瑟的大本营对包庇战犯更加感兴趣，更加乐意追查笠原行雄，并为他提供庇护。这并非没有背后的思想动机，美国占领军权力部门让笠原行雄有机会被带到国际军事法庭以证人身份作供，是因为美方想要为这些战犯脱罪，并且掩盖他们的罪行。

1950 年 2 月 1 日，根据苏联政府的指令，苏联驻华盛顿、伦敦、北京的大使在呈交美国政府、英国政府、中国政府的照会中包括了要求在最近组建国际军事法庭，并将被揭发犯下极严重的反人类罪行的战犯如日本天皇裕仁、石井四郎、北野政次、若松有次郎、笠原行雄移送该法庭受审。

苏联政府的照会基于铁证如山的材料，在世人面前揭露了日本细菌战的主要主导者和策划者的罪恶。照会的内容写明：

……哈巴罗夫斯克审判过程，以及滨海军区军事法庭的判决书的

---

① 《哈巴罗夫斯克审判材料》，第 148 页。

内容证明了准备和实施细菌战是极严重的反人类罪行。实施此严重罪行的主要角色，并不仅限于早前已在远东国际军事法庭审判和宣判的日本头号战犯，以及在哈巴罗夫斯克审判和宣判的 12 名日军战犯，更是包括日本天皇裕仁，以及日军的石井四郎将军（前七三一部队指挥官）、北野政次（也是前七三一部队指挥官）、若松有次郎（前一〇〇部队的指挥官）、笠原行雄（前关东军参谋部长官）。①

苏联政府认为，这些反对人类罪恶的主导者和策划者都应该受到应有的惩罚。

苏联政府在此照会中声明，1949 年 12 月在哈巴罗夫斯克针对山田乙三、高桥隆笃、梶冢隆二及其他战争罪犯进行审判的庭审材料已经揭示了这些日本主要战犯犯下了极严重的罪行，也将会在国际军事法庭成立后即全部提呈法庭的审判流程。

苏联政府的照会充满深远的忧虑，力求守护爱好和平的人民免为新的战争所害，免受帝国主义分子使用野蛮的大毁灭性武器所威胁。

苏联政府关于严肃惩罚细菌战的策划者和主导者的建议，为全体爱好和平的人民所接受，并深受他们的支持。这是苏联在为争取全世界和平而坚持斗争的证据，因为无差别惩处所有战犯，是争取长久和稳固和平的斗争中不可或缺的一环。

第四章　包庇日本细菌战主导者的人

美国帝国主义者，特别是在日本的全权总督麦克阿瑟将军，全方位地包庇日本细菌战的主导者和策划者。

包庇准备细菌战争和使用细菌武器的日本恶徒，是美国总体政治策略的延续，它体现在将第二次世界大战的战犯变成自己的盟友，以应对未来由美国统治集团毫不掩饰地谋划的战争。

众所周知，英美帝国主义者在与德国和日本交战之时，完全不想加快消灭法西斯主义。更有甚者，美国和英国的统治集团畏惧苏联因此而逐渐变

---

① 《真理报》，1950 年 2 月 3 日。

得强大，就推行滞延战争的政策（политика затягивания войны），出于这一点就必须让德国和苏联的实力都受到严重削弱，随后就可以将自己的和平条件强加于两国。［编著者标注强调］

早在 1942—1943 年，英美帝国主义者就已经不止一次背着苏联暗自与希特勒德国的战争分子密谈签署单独的和平条约，并且力求包庇保存德国境内的法西斯元素，自认为以此能够稳住德国，并将德国变为英美帝国主义的殖民地。当时英美反动集团就有意利用希特勒德国的刽子手匪徒服务自己将来的侵略冒险行径。

1943 年，美国国防部（военное министерство）和国会（государственный департамент）一致同意与德国战俘勾结的原则，此原则规定，不管是军方官员还是政府官僚，都能在战俘营里工作。

1943 年 7 月 27 日，在处理战俘营人员事务工作会议上，美国国防部的代表温洛克（Винлокк）上校正式提出了这些原则，他指出：

> 我们被授予的任务，是在德军战俘中抽调一些人员组成军官团，以便提升美国的威望，并且在盟国占领德国的状态结束后，在德国本土奉行美国的政策 ……"法西斯分子"（фашист）这类词语应该从美国的语汇中剔除。请你们明白，对于我们美国人来说，对于未来的欧洲来说，目前并不受欢迎的国家社会主义分子（национал-социалист）也许将会为各类反法西斯人士（антифашист）乃至全体民主人士（демократ）所认可和接受……在德国本土，乃至整个欧洲，我们美国人都将重建起新秩序，为此我们必须尽可能将人数众多且在精神与观念方面和我们相近的德国官僚集团吸收过来。[①]

美国统治集团一直在战犯中，即在希特勒德国的将军、日本军官和外交官、各种纳粹德国的前主管、德国和日本的巨大垄断资本代表、各民族的叛徒中，寻找和物色与美国在精神和观念上相近的人，促成他们成为在欧洲和

---

① 特罗扬诺夫斯基（П. Трояновский）：《克莱将军的希特勒德国战争贩子军官集团》，载于《新时代》，1948 年第 7 号，第 23 页。

亚洲施加美国影响力的向导员。

这当然不是偶然的事。

尽管苏联在打击希特勒德国和帝国主义日本方面扮演的是决定性角色，但在此之后，美帝国主义者谋划的，就已经不是奴役个别的国家，而是要建立自己强加于世界的霸权。

美帝国主义者加速将全世界变成它的殖民地，将所有拥有主权的民族都降格为奴隶状态。美帝国主义者紧随法西斯侵略者的脚步前行，英美纵火者的新型战争计划"比一切被捕获的德国和日本先行者的侵略计划都要激进"①（马林科夫语——编著者注）。

在这些侵略计划中，第二次世界大战的战犯们扮演的角色不可小觑。然而，在战时及战争结束之际，英美帝国主义者尚不能公开包庇战犯使其免于法律罪责，因为他们惧怕已经武装起来的人民。全世界人民都要求严惩战犯，并且完全意识到惩罚战犯是巩固击败法西斯罪恶势力的胜利，强化世界和平的其中一项重要手段。

英国和美国统治集团迫于如此局势，曾不止一次表示已经准备好要惩罚所有战犯，无论是什么军衔和职级。他们庄重地保证，即使在阳光照射到的世界尽头也要找到和揪出所有战犯。1945 年 7 月 26 日，他们联合签署了《波茨坦公告》，他们甚至以签字来强化远东委员会的决议效力，具体来说，在其中一项决议中还写明："必须采取最严苛的司法正义对待所有战犯。"

1943 年，在华盛顿的一次记者会上，罗斯福批示："倘若美国政府真的已经审视了对轴心国的领导人和为其服务的人提供庇护一事，这种举动就不符合联合国一直争取的原则。"②

而现实情况很快就表明，美国和英国统治集团的所有正式庄重的声明宣言、保证、承诺都是何等的伪劣和虚假。

无论是在德国还是在日本，美国自占领的首日就竭尽所能将那些战犯

①马林科夫：《关于伟大十月社会主义革命 32 周年的报告》，国家政治出版局，1949，第 20 页。
②《消息报》，1943 年 7 月 31 日。

安排在权力部门,目的就是要让他们为法西斯主义和军国主义招魂,使其复辟,以压制这些国家内部的民主发展。目前,已有很多希特勒德国的高级将领,诸如古德里安(Г. Гудериан/H. Guderian)、哈尔德(Ф. Гальдер/F. Halder)、冯·曼泰菲尔(X. фон-Мантейфель/H. von Manteuffel)及其他一些人都公开地为美国部门服务。在西德,古德里安和哈尔德甚至以多国雇佣兵(наемник)组成了一支军队,用来对付苏联以及各东欧民主共和国。与此同时,古德里安也在美国军事集团中扮演了"军事教官"(наставник)的角色,负责为美国战争机器制定组织架构计划。美帝国主义统治集团也任用很多希特勒的亲信充当"顾问"(консультант),为美国军事集团的侵略计划做准备。

在美国主子的控制下,冯·曼泰菲尔将军纠集了前希特勒德国的军官,并列入军事化团体"布鲁德尔沙夫特"(Брудершафт),这是以预备队自居的单位,为日后西德的军事建制培养军官骨干。

在西德,已被摧毁的希特勒德国军事机器,被毫无保留地复原了,并且纠集了希特勒德军的原班人马。他们以难以置信的速度组建了数十个半合法的军事社团和联盟,其中一个在斯图加特市(Штутгарт)的组织,就是由希特勒德国情报侦测机关的林德将军(Линде)所组建的。另一个在梅尔多尔夫市(Мельдорф)成立的此类组织,其长官为前希特勒德军上将施东姆普夫(Штумпф),他也发表了类似的宣示:"现在我们走着同样的道路,这是早在1919年就已经注定能够通往成功的道路。"这是一种暗示,指希特勒的战争机器沿用了德意志凯撒帝国的将军们,在第一次世界大战结束后,借助"黑色帝国武装"(чёрный рейхсвер)很快就重整了已被击溃的德国军队。

美帝国主义分子粗野地践踏了其对德国去纳粹化(денацификация)的义务,在西德复辟了法西斯主义。而这个法西斯化(фашизация)的过程之激烈,甚至反映在以下的事实中:曾在法院从事去纳粹化事务之人员之后都无法在国家机关和私人部门找到工作。

斯图加特的路透社(агентство《Рейтер》)的报道内容如下:

美国在西德占领区的最高委员会所提出的报告中表明,曾在去纳粹化的法院工作过的超过2000人目前没有工作。正如这份报告提到

的，他们失业的原因是很多前纳粹党党员目前官复原职了，并且经常可以控制工作的分配……①

1950 年 5 月 20 日在纽约举行的示威抗议集会，旨在反对在德国复辟法西斯主义，以及反对在美国境内强化法西斯主义。

在抗议集会上发表演讲的美国作家卡恩（A. Кан）强调：

> 那些建立华沙犹太人隔离区（Варшавское гетто）、迈丹尼克集中营（Майданек）、奥斯威辛集中营（Аушвиц/Освенцим）的法西斯分子，在现时正在与美国外交家们和华尔街（Уолл-Стрит）的代表们一起，坐在和平会议谈判桌旁。我们美国人民是要求和平的，是不愿和战犯们谈判媾和的。我们认为，战犯们理应被送到监狱或者送上绞刑架。

美国的扩张侵略野心家们对日本也予以非比寻常的关注，想要让日本成为美国在远东的军事前阵哨所的碉堡。美国人正在建立位于日本、夏威夷群岛、菲律宾、冲绳岛（остров Окинава），以及太平洋其他地方的军事基地分支网络。在中国人民取得了历史胜利，破坏了美国以中国作为攻击苏联的军事战略屯兵场的计划之后，美帝国主义者的军事准备就尤其加剧，旨在建立抵制亚洲人民解放运动的据点。目前，美国统治集团预先采取紧急行动，以建立"防疫线"（санитарный кордон）围堵中华人民共和国。为达到这个目的，美国就将日本改造成美国霸权在远东地区的据点。

美帝国主义者让华尔街分子扶植的日本总督麦克阿瑟去解决这个既定的任务。麦克阿瑟作为人民的压迫者（原文为 душитель народов——编著者注），有非常丰富的经验。身为大奴隶主的儿子，作为菲律宾的全权总督，道格拉斯·麦克阿瑟（Д. Макартур/D. Mac-Arthur）取得了令人瞩目的成就——从中尉到美国大将，再到 1937 年成为元帅统御菲律宾美军。早在 1932 年，他就在美国主导了针对第一次世界大战老战士游行的射杀暴行。

麦克阿瑟充当美国最为反动的集团的使者而被派往日本后，在最初上

---

① 《红星报》，1950 年 5 月 23 日。

任的日子就开始无视《波茨坦公告》及其他盟国之间的协定决议。他更加强硬地在日本及其他太平洋地区进行军事基地建设,恢复日本的军事工业潜力产能,将日本变成了美国的殖民地。麦克阿瑟在并不太大的冲绳岛上建设了 25 座军用机场。关于军事设施和事务的开支,参见如下事实证据:单单花销在三泽市(原文为 Мусава,应为 Мисава-город)的一个空军基地就用了 1.13 亿美元(113 млн. долларов)。根据美国报纸《指南针日报》(*Дейли Компас/Daily Compass*)的报道,其目前在日本计划建造 16 座这类空军基地。

1949 年 3 月 2 日,麦克阿瑟在与伦敦报纸《每日邮报》的记者谈话时宣称:

> 我已在冲绳岛建造了 25 座军用机场,可以保障实现最大型的轰炸机每天飞行 3500 架次……现在太平洋已经被扭转变成盎格鲁-撒克逊人的内湖了。[1]

美国帝国主义者把亚洲的日本及欧洲的西德都变为在未来战争中为美国充当火枪雇佣兵(ландскнехт)的角色。美国国会议员和美军高层都公开谈论这些内容。如美军占领日本驻军第八军的前司令官罗伯特·艾克尔伯格(R. L. Eichelberger)[2]就主张要武装日本,并将之扭转为美国在之后战争中的盟国,他指出:"日本人将会成为(美军的——编著者注)指挥官梦寐以求的士兵。"[3]为美国帝国主义辩护的支持者——议员伊斯特兰(Дж. Истленд/J. O. Eastland)在国会的其中一次演讲中表示,他本人将对重新武装西德和日本,以及一旦爆发反对苏联的战争,他将对把西部德国人和日本人充当人肉炮灰,表示欢迎。他说:"我们应当准许德国在我们的控制下进行重新武装。我们也应当批准在日本成立一支由我们监督的反共军队。"伊斯特兰还一直敦促动员日本武装力量,以抵制东南亚国家内部的民族解

---

① 《为了坚实和平,为了人民民主!》,1950 年 1 月 6 日。

② 原书俄文原文为 Эйкелбергер,也作 Р. Эйчелбергер,英文为 R. L. Eichelberger。——编著者注

③ 克莱诺夫(П. Крайнов):《美国反动集团在远东的前哨据点》,载于《文献报纸》,1950 年 2 月 11 日。

放运动。①

　　美国的新战争策划者强行复辟日本军国主义,并且全力鼓动明目张胆的日本军国主义分子的复仇进击行动。在麦克阿瑟的帮助下,日本军国主义者重新占有军队指挥体系、国家机关及工业部门的职位。日本最大的帝国主义康采恩垄断集团,包括三井(Мицуи)、三菱(Мицубиси)、安田(Ясуда)、住友(Сумитомо),它们都是著名的名为"财阀"的组织,并在1931—1945年日本发动侵略战争期间扮演着最突出的角色,且都在美国人的扶持下不仅完全复活了,更是准备好在美国的策动下参与进一步的军事冒险计划。

　　美国反动集团为了达到自己的侵略目的,将日本变成战时攻击苏联及其他民主国家的前沿阵地,与它在西德的做法如出一辙的是,其大量任用日军战犯,全面包庇和免除他们的战争罪行刑责。美帝国主义者在1945—1946年迫于压力加入旨在审判日本主要战犯国际军事法庭的组织,并在庭审期间也被迫审问追查一系列其他日本战犯,不过当时通过麦克阿瑟的帮助,美国已经竭尽所能掩盖最为明显的战犯——"财阀"罪恶集团领导者,以及日本天皇裕仁的战争罪行刑责。

　　而苏联代表尚在准备东京审判的时候就坚持要求不仅要将东条英机、板垣征四郎(Итагаки Сэйсиро)、土肥原贤二、荒木贞夫等战犯移送法庭受审,也力主将日本航空工业巨头中岛(Накадзима,可能为中岛田久平,Накадзима Тикухэй)、大垄断资本集团三菱公司(Мицубиси-Хонся)的主人——岩崎(Ивасаки,可能为岩崎久弥,Ивасаки Хисая)、东条英机内阁的军事武装部长藤原(Фудзивара,可能为藤原银次郎,Фудзивара Гиндзиро)、"满洲"地区的大型军事工业设施老板鲇川(Аюкава,可能为鲇川义介,Аюкава Ёсисуки)及其他相关人士送上法庭受审。然而,在东京审判的国际检察处处长主控法官约瑟夫·季南(Дж. Кинан/J. Keenan)以公诉庭系统中人数占大多数英美人员的意见为由,驳回和否决了这个建议。

　　当前已经完全清楚的是,季南是根据麦克阿瑟的命令而在东京审判期间作出这项拒绝决议的。但在政治领域中,美国反动集团并无足够的能力去救

①《红星报》,1950年4月29日。

助所有日本的主要战犯。正因为如此,虽然美帝国主义者成功地让那些大财阀的大老板们免于与其他日本主要战犯一同被送上法庭受审,然而,在东京审判期间,与英美帝国主义主控法官(检察长)陪审团力求取得的结果相反的是,财阀的犯罪行径被揭露、呈现。庭审期间也不止一次提到了裕仁的犯罪角色。在这些情况下,美国的主控法官并未停下来就此问题进行追问,而是千方百计破坏庭审的既定秩序,为的只是要为裕仁开脱。因其在日本的独特权力条件,美国人可以利用他的角色去实现自己的侵略意图。①

在东京审判期间的众多包庇裕仁的例子中,可以列举一例较为典型的场面——美国主控法官季南对充当"证人"的日本海军上将冈田启介(Окада Кейсуке)的原始的审问录音文字记录。

季南:你是否确定日本天皇在攻击珍珠港(Пирл Харбор)的前夜并不想发动战争,并且竭尽一切可能都要避免战争?

冈田启介:是的,我可以确切地说,天皇对战胜或者战败都不感兴趣,他不喜欢战争。

季南:但他已用尽其权力也无法预先制止战争?

冈田启介:是的。

主席:我看不到这从哪方面来看是和审问的案件有关的。

季南:主席先生,既然这个问题是牵涉核实这些受审人是否作为阴谋共犯的问题,也牵涉他们在日本掌控了多少权力部门的问题;同样的问题也关系到他们是否欺骗了人民,强迫他们去相信天皇是支持战争的,为此他们也以天皇的名义在开战后数日,或者可能是数小时后颁布天皇诏令。可见这些问题当然和本案件是有关的。站在他们的角度来看,这些行径显然是非法的,也是破坏了国际法的。

---

① 日本统治集团几个世纪以来一直在愚弄日本民意,强迫他们以绝对不可动摇的信仰毫不犹疑和盲目服从于天皇的威权及他来自天照大神(Аматерасу-о-миками[богиня солнца])的神性血统。日本人对待天皇的这种偏执的迷信和盲目的信仰,被日本帝国主义者利用以实现他们的计划,促使裕仁成为美国政策的执行者。

季南的回答非常明确地反映了美国反动集团的思维,目的就是为了拯救裕仁,使其脱罪,不必负上任何战争责任。

这甚至也让主席(庭长)韦伯(Sir W. Webb/У. Уэбб)感到愤怒,他表示:

> 在这个冗长的庭审过程中,我头一次听到这种声明,它完全是和指控的证据相矛盾的。

然而,这并不能阻止季南发表以下声明:

> 主席先生阁下,我本人,根据章程而被任命为主控法官,希望让法庭关注以下事实,那就是当前坐在受审席上的所有被告人,都是被我们认为应当对发动战争负有责任的人。要是说或许还有其他战争罪责人,那么他们也许都被悉数送上审判台了。①

季南顽固、竭力地继续为那个在庭审期间为世界各进步媒体称为"头号战犯"的日本天皇裕仁辩护。为此他还特意引用受审战犯木户幸一(Кидо Кёичи 或者 Кидо Коити)和东条英机的审诉文件。

在众多受审战犯中,木户幸一侯爵担任皇室主管大臣和机密文书统管大臣,是裕仁身边的其中一个御用大臣,也是他最信任的常务顾问。季南在审问木户幸一的时候,一如审问冈田启介的时候那样,竭力引导暗示受审人,无论如何都要让其说出,在主持政策的问题上,裕仁其实已经被剥夺了个人权力。木户幸一在回答季南的审问时断言,裕仁的确曾经有一次甚至找他谈话并征求意见,裕仁想知道给首相"建议"是否合适。季南断章取义地借着木户幸一的这个回答,对他继续额外追问几个问题,以期留下一种印象,让木户幸一继续供述日本天皇在内阁大臣面前是多么软弱无助。

美国主控官企图将日本天皇描绘成一个没有权力,且无须负责任的人物,这是何等拙劣和粗野的举动,就连法庭主席韦伯都看不下去了,认为有必要提醒季南。

韦伯直言道:

---

① 《东京审判即时笔录》(1947 年 9 月 25 日),第 29303—29305 页。

我从一位法庭成员手上拿到了如下备忘纸条记录，上面写道："在庭审控罪期间，有证据表明日本天皇亲自给板垣征四郎（时任陆军大臣——原作者注）下达斥令。"因此，罪证充分表明日本天皇是能够对其大臣们表达自己的观点的。而当下的交叉审判又有何用意呢？

季南对法庭上这个突如其来的举动感到十分诧异，这或多或少打乱了他为日本天皇的持续辩护。

季南辩称：

如果这个问题是给主控官回答的话，那么我或者可以给出一个清晰的答复，前提是我事先知道谁写下了这张纸条。同样，倘若这是法庭的观点，即法庭已经认定日本天皇能够亲自挑选、任命他的大臣们，并且实际上就是日本政府的化身的话，那么我将停止这些审问。

随后，季南为了恐吓木户幸一，就向他提出了一个问题，内容涉及所谓《木户幸一日记》里的内容。季南指出：

你故意将这段撷取的内容放到自己的供述里，目的是要让法庭确信，日本天皇亲自研究了这个问题，即天皇本人作为权力的执行者，能够独自作出御旨裁决，以及下达御批。如此一来，你企图将本应是自己承担的责任，转移到日本天皇的肩上。

为了最终使木户幸一的心理防线崩塌，并且强化自己的论调和立场，季南还提出了一个问题，内容关涉裕仁在制定和昭告对美国宣战诏书的责任问题，而被审问战犯的答案也早已经被季南预判和内定。

季南：日本天皇是在这种情况下失去下达实际决定的权力的。这个决定在官方形式是以他的名义作出的，但实施的却是另外一伙人。难道这还不够清楚吗？

木户幸一：如果要直说的话，的确如此。①

―――――――――――――――――

① 《东京审判即时笔录》（1947 年 10 月 20—23 日），第 31332—31596 页。

在庭审期间的数日内,季南在审问东条英机期间,就干扰他的回答,企图让东条英机说出裕仁"爱好和平"以及不想对美国发动战争之类的话,并且游说东条英机在法庭上作伪证,谎称裕仁从未在主观上加剧战争的爆发。

起初,东条英机表示:

> 也许,这个(加速战争的爆发——原作者注)并不是符合他的本意的。然而,事实符合以下的情形,即在听取我本人的建议之后,以及听从了最高司令部的建议之后,天皇尽管百般不情愿,不主动,也就同意发动战争了……

后来,东条英机知道这个答案并不能让季南感到满意,随后又补充道:

> 天皇一向都努力维护和平,即使是到了军事行动展开的前夕。甚至是在战争期间,他的和平观点也保持不变……①

正当季南在庭审过程中竭尽所能维护东条英机之际,麦克阿瑟也继续执行美国反动集团企图营救日本战犯的行径——不但要批量释放已被抓起来的战犯,同时也要竭力为已经被释放的战犯予以平反和去除污名。

在明面上,麦克阿瑟在占领日本初期招揽相当多的战犯到其麾下,但实际上这种"逮捕"不外乎就是包庇,让战犯们能够在日本宣布投降之初,在充斥人民怒火的情形下得到庇护。麦克阿瑟得到了社会党人叛徒(социал-предатель)的协助后,得以巩固日本反动势力的阵地,并且让他逐步放手释放日本战犯。

1946 年中,麦克阿瑟从巢鸭监狱里释放了日本工业巨头池田成彬(Икеда Сейхин)。池田成彬在很长一段时间内担任巨大垄断资本企业三井集团的总裁,与日本军国主义集团都保持着密切的联系,并且和日军头目的关系也极为亲密。池田成彬先后担任过日本财务大臣、外贸大臣和工业大臣,以及日本国有银行的主席。在日本的报章媒体中,池田成彬被称为"日

---

① 《东京审判即时笔录》(1948 年 1 月 6 日),第 36779—36781 页。

本的蒂森"①。

1947 年 8 月 30 日,麦克阿瑟下令释放 23 名日本战犯,其中包括鲇川义介、中岛田久平、藤原银次郎,以及其他军国主义集团首领和财阀集团总裁。1948 年 12 月底,麦克阿瑟和季南一唱一和,又从监狱里释放了所有被关押的甲级战犯(военный преступник класса А),也就是那些被控反和平罪的战犯。

麦克阿瑟不遗余力地提早释放那些已经被审讯的战犯,目的无非是利用这些日本战犯对抗民主、破坏亚洲人民的解放运动。麦克阿瑟的司令部还成立了一个负责提早释放受审日本战犯的机构。这个委员会由麦克阿瑟授权的副官赫根(Хэген/Hagen)担任督导人,释放了大量已经被美国占领的日本及其他远东据点的军事法庭审问的战犯们。1949 年底,这个委员会已经提早释放了 45 名这类战犯。为了专门对付中国,麦克阿瑟不久前还下令从监狱里释放大量日本战犯,充当中国问题"专家",利用他们的"特长"去对付中国人民。

报纸上出现的新闻,都是关于被麦克阿瑟释放的被指控犯下严重和极丑恶的反和平和反人类罪的日本战犯。1950 年 8 月初,又有新的一批日本战犯得到提前释放。就这样,麦克阿瑟的司令部已经提前释放了 70 名日本战犯。② 这些事实都证明了麦克阿瑟一直在实现其旨在全面释放所有日本战犯的计划。美国统帅部的这一行径也是美国在远东谋求军事战争冒险计划链条的其中一个环节。

1950 年 3 月 7 日,麦克阿瑟颁布了所谓的第 5 号通令,其中直接指出,当下所有根据法庭判决而被关押和囚禁的日本战犯,都可以得到提前释放。麦克阿瑟将军的这种非法的、独断的训令在全世界真诚善良的人民中引起了巨大的不满。致力于为争取和平而斗争、以全人类解放事业为志向的苏联,率先提出抗议,声明反对麦克阿瑟这个训令。

---

① японский Тиссен ,对应纳粹德国的工业巨头弗里茨·蒂森(F. Thyssen)。——编著者注
②《真理报》,1950 年 8 月 8 日。

1950 年 5 月 11 日,苏联政府对美国政府的照会中提道:

> 众所周知,在日本本土,根据远东军事法庭判决,因为严重的反人类罪,有 16 名主要日本战犯被宣判以监禁作为惩办方式。

> (美军驻日——编著者注)最高司令部的通令(自 1950 年 3 月 7 日发布的第 5 号通令——原书作者注)表明了其十分明确的目的,那就是要一意孤行地通过这个训令释放全部主要日本战犯,让其免于受到国际军事法庭下达的裁决以及生效判决的惩罚,而这些判决结果是由苏联、美国、英国、法国、中国、荷兰、加拿大、澳大利亚、新西兰、印度和菲律宾的代表们共同批准和决定的。(美军驻日)最高司令部的这些行径是为了改变,或者完全否定远东国际法庭的决定,是对国际法基本标准和原则的粗暴破坏。因为上述决定是基于美国、英国、苏联、中国商定的共同协议,并且得到由这些国家授权建立的法庭的批准,从而对被控犯下极端严重反人类罪的日本主要战犯实施惩罚的。

由英美法学家和律师共同制定的《远东国际军事法庭宪章》的第 17 条清楚地写道:

> 判决结果将会根据盟国的最高司令部的命令而落实和执行。盟国最高司令部有权在任何时候减轻量刑,或者以任何形式改变判决结果,但不能加重刑罚。

从这句话的背景内容来看,毫无疑问,它针对的是最高司令部在判决结果最终确定和生效执行之前可以改变判决的权限。但是,倘若在判决已经确定作出,特别是已经处于执行阶段时,任何法律审判机关和管理执行机关都无权从外部改变判决结果。

苏联政府在 1950 年 5 月 11 日的照会中明确提出了相关的法律释义,认为以单方面的法案去推翻和篡改国际军事法庭的判决是不能被允许的。照会的内容提道:

> 根据《远东国际军事法庭宪章》第 17 条,以及远东国际军事法庭委

员会在 1946 年 4 月 3 日作出的决定,即《关于在远东地方逮捕、审判和惩罚战犯》中的 b(2)条第 5 段内容,最高司令部有权在任何时候作出从轻判决的决定,又或者在某种程度上改变国际法庭已经作出的判决结果,但这只能在盟国最高司令部审理最终确定判决结果的相关问题过程中进行。因此,无论是在国际法庭章程,抑或在上述远东国际军事法庭委员会的决议文件内容中,都从未授予盟国最高司令部在判决获得通过和已经生效之后再以任何形式作出轻判和改变判决结果的权限。

苏联的照会又指出:

> 国际军事法庭对荒木贞夫、平沼骐一郎(Хиранума Кииширо)、重光葵(Сигемицу Мамору)以及其余 13 名受审战犯的判决(判处监禁和剥夺自由——原书作者注),是盟国最高司令部与苏联以及其他远东委员会成员国的代表商讨之后才确定的结果。1948 年 11 月 24 日,最高司令部也对外宣布了关于确立国际军事法庭对上述日本主要战犯作出判决的声明。盟国最高司令部在声明中指出,没有找到任何可以作为改变判决结果理据的空间。最高司令部根据国际军事法庭判决所确立的内容,忠实地行使《远东国际军事法庭宪章》以及 1946 年 4 月 3 日远东委员会决议所授予的权力。

众所周知,麦克阿瑟早在 1948 年 11 月就已经企图营救受到国际军事法庭审判的日本甲级战犯。1948 年 11 月 30 日,麦克阿瑟公然僭越自己的职权,非法搁置判决的执行程序,并且擅自向美国最高法院提出司法复核,以审理已在东京审判被判罪的土肥原贤二、广田弘毅及其他战犯的案件。只是由于受制于参与审判日本主要战犯的大多数国家(包括美国在内)的进步社会民意的压力,起初非法受理针对日本主要战犯司法复核案,并企图推进审理程序的美国最高法院,才不得不撤销其擅自作出的决定,并且表示拒绝复审国际军事法庭的判决书。

麦克阿瑟于 1950 年 3 月 7 日下达的第 5 号条令,显然是出于无耻的动机,目的是要搭救那些最为恶劣的人类公敌,让其免受远东国际军事法庭判决结果规定的应有惩罚。苏联政府的照会提到,这个由麦克阿瑟于 1950 年 3 月 7 日下达的第 5 号条令,再次僭越和破坏了其受到国际法例限制约束的全权范围。鉴于这种情势,苏联政府要求美国政府废止这项涉及已在远东国际军事法庭受到审判的日本主要战犯的条令。①

中华人民共和国政府对苏联政府的照会表示支持。正如新华社所报道的,中国外交部长周恩来在 1950 年 5 月 15 日发布了以下声明,其中指出:

> 中华人民共和国中央人民政府完全赞同苏联政府向美国政府提出的严正要求。中央人民政府认为驻日盟军最高统帅麦克阿瑟违法越权的行为,不仅破坏了第二次世界大战中远东同盟国关于设立国际军事法庭的协议,破坏了远东国际军事法庭惩治日本战犯的庄严判决,同时,这种狂妄行为,必然严重损害中国人民的八年血战换来的制裁日本战犯的基本权利。因此中华人民共和国中央人民政府对于麦克阿瑟以单方命令擅自规定提前释放日本战犯一节,绝不承认。同时郑重声明,美国政府对于麦克阿瑟这种违法越权行为,负有立即撤销与纠正的完全责任。②

支持和平的所有国家都坚决反对美军最高司令部旨在让侵略战争死灰复燃,为恶贯满盈的侵略者和刽子手集团除罪的滥权独断行径。美国统治集团公然包庇准备和使用细菌战武器的日本战犯,让其免于受审。在哈巴罗夫斯克审判期间确切无误地证明了与七三一部队一同进行野外实验的南京细菌部队一六四四"荣"字部队使用了针对中国人民的细菌武器,并且已经对此丑恶行径蓄谋已久,用中国人民来试验细菌武器和带有病毒血清的效果。当时这支部队为了掩人耳目,更是将自己称为"多摩"部队。

早在 1946 年,关于日本战争集团的极丑恶行径的文献,就已经作为证据提呈远东国际军事法庭审理。

1946 年 8 月 29 日,南京市地方法院的审判长就以《针对日军在南京所犯罪行的调查总结报告》为题对远东法庭作了报告,其中指出:

---

① 《真理报》,1950 年 5 月 13 日。

② 译自《真理报》,1950 年 5 月 18 日。——编著者注

敌军的"多摩"部队将俘获的市民送到医学实验所，并在那里用他们试验带有病毒的血清。这支部队是其中一支来自最为隐秘的组织的部队。被这支部队残杀的人，可谓不计其数，无法准确核算。

这样，从上述的资料引文以及该文件选取的其他内容来看，都能完全明白无误地看到日本侵略者残暴地对活人实施罪恶的细菌实验。

然而，无论是美国的主控官还是国民党政权的主控官，都不想揭穿这些真相，并且拒绝按远东法庭的要求对此进行追加调查。就连远东国际军事法庭的主席也不得不对美方问道：

难道你们真的不打算再给我们任何关于所谓的实验室病毒血清试验的相关证据了吗？我们到目前为止都未有听到任何新发现。难道你们就准备停止调查了吗？

对于这个结论性质询，美国主控法官萨顿（D. N. Sutton/Д. Н. Сэттон）甚至大言不惭地回答：

在此主题上，我们现阶段没有打算出示更多证据。①

的确如此，不管在当时还是在之后，美国的主审法官团都没有再向军事法庭出示更多的有关日本帝国主义者准备细菌战和使用细菌武器残害中国人的证据，尽管美国的主审法官是有机会出示更多证据的。

1946 年 9 月，苏联主审法官团在远东国际军事法庭上交给美国的法官团团长季南曾在七三一部队供职的原军官川岛清和柄泽十三夫的证供，这些证供的内容完全揭露了日本军国主义者的罪行——在研发细菌武器的过程中对活人进行惨无人道的实验。季南将这些文件材料扣留了大约 3—4 星期，然后就态度坚决地拒绝将这些文件作为证据提交军事法庭以供日后进一步调查。更甚者，季南迫不及待地表示他正在对这些文件进行研判，而同时声称其中的相关事实仍未得到完全证实。

———————————

① 《东京审判即时笔录》（1946 年 8 月 29 日）。

季南这个声明的荒谬本质是毫无争议的。早在 1946 年 1 月，美国媒体就已经公布了美国军方国防部顾问乔治·默克（G. Merck/Дж. Мерк）就细菌战问题而作出的报告。其中指出，日本已经取得了"在生物战争领域中的可观成就"。

默克在其报告中更进一步地谈道：

> 为了可以将生物体作为有效武器应用在进攻战争中，日本军方确实做了大量的工作。基于其实验所的研究成果，各类型的生物武器都被制造出来了，并且在其军方实验站进行了实验，其中也包括了运用细菌达到破坏目的的实验。[①]

1946 年 4 月的一期美国军方杂志《美国陆军军械兵团报》也刊登了一篇名为《细菌战》的文章，文中以以下一段话作为开宗明义的引子：

> 细菌武器，是第二次世界大战期间我们的敌人有能力生产出来的武器种类。我国情报部门的报告写明了日本军队自 1936 年至 1945 年间在该领域中扩展了对其应用于侵略战争的研究。[②]

作为美国的主审法官长（检察长），季南是不可能不知道这些事实的。甚至进一步来说，他在阅读了苏联主审法官团（检察官团队）提供的川岛清和柄泽十三夫的证供后，理应知道和确信这些内幕。

正如在哈巴罗夫斯克庭审过程中证实的内容所示，日本军国主义者在 1941 年夏季就在常德市及其周边地区针对中国军队和平民动用了细菌武器。身为红十字会（Красный крест）和联合国救援与重建管理局（UNRRA/ЮНРРА）的资深医生，曾在中国长时间工作的维也纳人肯特（Kent/Кент），就是这一次丑恶暴行的亲历者和见证者。

肯特在奥地利杂志《晚报》（Der Abend / Дер Абенд）上公布了一封信件，其中写道：

---

① 参见《消息报》（1949 年 12 月 31 日）的头版新闻。
②《美国陆军军械兵团报》，1946 年 3—4 月，第 228 页。

　　1941 年 12 月 1 日早上，一架日本轰炸机在没有防备的华中大米商贸中心——常德市的上空盘旋，并且在低空范围内散发装在小布袋里的米粒和棉籽。起初没有人对此多加留意，然而，过了一段时间，市内的一些居民就突然因感染严重传染疫病而暴毙。随后就陆续出现大量人感染疫病的情况……经过对死尸的解剖研究，我们得知他们都是死于鼠疫。

　　很快，鼠疫就此一发不可收。我们得出了以下结论，那就是在散布传染病源和日本空袭之间存在着某种关联。除此之外，再无法以传染病学的角度解释这些疫情了。进一步来说，日本人事先将传播鼠疫的跳蚤掺入棉花籽当中……在及时采取措施与疫情斗争（设立隔离区和消灭老鼠）的情况下，我们得以制止疫情蔓延，并且挽救了部分病人的性命，有数百之众。然而，常德疫情的源头等到常德市在战争过程中被焚毁的两年后才得到根除。

　　我本人立即向重庆和在英国的相关负责机关报告了这次由日本人制造的暴行。让我大为惊讶的是，根本没有人对此予以关注。这些政府完全不理会这是何等破坏国际法的残暴行径。[①]

　　这些事实被公之于众后，一切也就完全显而易见了。在东京审判过程中美国主审法官们执行的是美国统治集团的命令，要不惜一切代价阻挠日本统治集团准备实施细菌战的暴行遭到全面曝光。而这种竭力阻止真相曝光的动机完全体现在美国反动集团的命令当中，美国主审法官们也代表着美国当局的利益。

　　如今，在东京审判期间的原美国主审法官代表季南，正是因其"全心全意"为美国统治集团效犬马之劳而获得了极为丰厚的职位回报——当上了华盛顿总检察官，并且继续为日本细菌战的主导者和策划者公开狡辩。在进步报章的描写内容中，季南被形象地描绘为"鼠疫的辩护律师"（адвокат чумы）。

---

① 《真理报》，1950 年 1 月 5 日。

在针对山田乙三、高桥隆笃等战犯起诉结案判决书公布之后，麦克阿瑟的参谋本部发出一项通告，仿佛它辖下的化学部门已经进行了"全面的调研"，只是"未能"找到任何资料可以证明日本也许曾使用过细菌武器。[①]

季南迫不及待要为麦克阿瑟开脱，并且信誓旦旦地指出，他担任东京审判的主审法官长时，收到很多来自美国士兵的信件，但其中没有任何涉及被日军俘虏的美军战俘曾经作为日军细菌实验受害者的控诉内容。事实上，季南一早就知道日军未曾采用细菌武器对美军发起进攻，而是正在准备大规模的细菌战。因此，季南的声明除了作为转移哈巴罗夫斯克审判对全世界进步社会力量的注意力的诡计，根本不代表什么。而季南的计划也被彻底粉碎。

哈巴罗夫斯克审判很大程度上公开和严正地证实了日本帝国主义者的暴行，而企图包庇他们的美国庇护者们却无法公开为其狡辩。的确，他们的辩解都是徒劳的，因为在庭审过程中不仅系统地出示了川岛清和柄泽十三夫的证供（这些证供也在差不多同一时段内被交给季南本人），更是呈示了原日本关东军总司令、身为日本军部高级长官会议的成员山田乙三的证供，以及其他众多关东军原高级军官的证供材料，还有大量的日军文件。这样，美国反动集团当时就被迫改变战术：麦克阿瑟用低级的手段将日本细菌战的意识形态教父石井四郎藏匿起来，而美国的反动报章则一派胡言地妄称在哈巴罗夫斯克貌似根本就没有什么审判。

当然，麦克阿瑟本人对于石井四郎及其他细菌战的主导者和策划者的暴行可谓了如指掌。在麦克阿瑟的羽翼下，这些战犯得以重生和滋长，不仅完全被除罪化，甚至还实现了地下交易：石井四郎获得麦克阿瑟参谋总部的允许而摇身一变成为一家饭店的老板，笠原行雄变成了香水店的店主。然而，这些体面的"事业"只不过是伪装掩饰。事实上，石井四郎和其他战犯们继续进行和细菌战相关的研究工作，只是现在他们都是为美国主子服务而已。

---

① 《消息报》，1949 年 12 月 31 日。

在哈巴罗夫斯克审判开始之际,石井四郎突然间就"消失"了。从石井四郎和妻子的谈话内容来看,石井四郎藏身于其中一所佛教寺院中,装扮成僧侣。麦克阿瑟参谋总部急不可待地跳出来表示其对于石井四郎所在之地"一无所知"。然而,根据史实,石井四郎及其他战犯当时正身处麦克阿瑟参谋总部,受到麦克阿瑟参谋总部的保护和包庇。

正如纽约通讯新闻社(Телепресс)的报道,石井四郎、笠原行雄、若松有次郎、北野政次都曾经到访麦克阿瑟参谋总部,当时所有的美军高级将领都对他们的到来予以异常热情的接待,并表示美军热切期盼和他们在将来紧密合作。麦克阿瑟参谋总部的美国军官指出,麦克阿瑟本人亲自对这些原日本军官所从事的"军事实验"和"军事研究工作"的结果表达了极大的兴趣。根据这位军官的说法,麦克阿瑟决定为这些战犯们提供"安全保证",为他们每一个人提供由美军宪兵(原文为军事警察,американская военная полиция)直接负责的特殊关照保卫。①

如此一来,美国广泛利用日本和希特勒德国的专家们在细菌战武器和研究领域的罪恶"实验",并且将这些战犯引进到美国境内。前述的事实已经足够让我们一目了然:自1946年初至今已有18名日本细菌学专家被引进美国,并且被安置在美国研究细菌武器和准备细菌战的科研中心工作。

希特勒政权统治德国的时候,罗伯特·柯赫(R. Koch/Р. Кox)的研究所建议在战争中使用肉毒杆菌(микроб ботулинус)。美国微生物学家福克斯(L. Fox/Л. Фокс)曾撰写过关于这种细菌的材料,指出这种细菌不论是以什么方式入侵人体都会致人死亡,又强调只需要一架飞机就可以随心所欲地装填这些致死病菌,要装多少能装多少,"甚至可能满足足以杀灭全球的人口的剂量"②。

现在,希特勒德国的继承者——美国帝国主义者及其"科学家雇佣兵"在美国期刊上更加明目张胆地强力扩散其谬论——叫嚣在细菌战的实战应

---

① 参见《真理报》,1950年3月23日。
② 参见飞龙诺夫的《细菌战》,载于《红海军战士》,1939年第12期,第29—32页。

用过程中使用肉毒杆菌投毒。①

根据意大利进步报纸《夜幕下的国》（*Paese Sera*/*Паэзе Сера*［*Страна вечером*］）的报道，西德的科研院所（научно-исследовательские институты Западной Германии）被美国占领军政府部门用来研究和准备细菌战。其中提道：

> 瑞典的商业事务集团代表们对德国的情况可谓了如指掌，并且在近期不止一次地谈到，美国人将很多德国的科研学院和细菌学研究所据为己有。不少在研究和准备细菌战方面经验阅历丰富的德国科学家现在就被美国人吸纳到旗下，执行各种新的任务。例如，比勒费尔德（Bielefeld/Билефельд）阿斯特拉－韦尔克工厂（Astra-Werke/завод Астраверке）的实验所、不久前在英军占领区建立的罗伯特·柯赫研究院（Институт Р. Коха）和弗里德里希·菲雷克斯教授实验所（лаборатория профессора Ф. Фрекс）、位于图宾根（Tübingen/Тюбинген）的生化研究院（биохимический институт）、位于伍珀塔尔（Wuppertal/Вуппертал）的法本工业研究院（институт И. Г. Фарбениндустри），都从美军占领政府的单位获得了巨额的经费支持。

> 这些研究院和实验所都受到美国军方的特殊机关操控和监管，美国人仔细监督这些德国科学家们的科研工作，以及化学毒性与细菌毒性物质的生产情况。不久前，无论在德国本土还是在美国，数以百计的德国化学和微生物学科研人员都以"平民员工身份"在美国军方国防部辖下的单位供职。②

这正好能够充分解释美国帝国主义者何以要将日本天皇裕仁，以及日军将军石井四郎、笠原行雄、若松有次郎、北野政次都悉数置于其庇护下，也能够完全解释清楚为什么美国至今一直不敢回应苏联在 1950 年 2 月 1 日发出的照会中所提出的要求，即关于将准备和使用细菌武器的主导者和策划者作为战犯移送国际军事法庭受审一事。美国人同样对苏联政府在 1950 年

---

① 参见《美国微生物学家》，载于《文献报纸》，1950 年 7 月 27 日。
②《红星报》，1950 年 4 月 2 日。

5 月 30 日追加的照会置之不理，不作回应。因为美国人明白，当时针对日本战犯的审判，同样也意味着将会审判在当今的日本战犯继承者，也就是那些强力主导谋划细菌战的美国帝国主义者。

美国统治集团一直疯狂地渴求世界主宰权，狂热地筹备新的战争。美帝国主义者为发动侵略战争（агрессивная война）而在进行"全面"的准备（тотальная подготовка）的同时，全力发展和完善各类可能制造出来的高毁灭性残暴武器，其中就包括应用在实战的细菌战武器。根据不久前被公开披露的美国前国防部长约翰逊向美国总统杜鲁门提交的一份关于美国军事监管局（американское военное ведомство）1949 年下半年的事务报告，其中用兴高采烈的口吻谈论美国侵略者及其"科学家"雇佣兵（ученый прислужник）在原子弹核武领域以及细菌武器领域中取得的"成就"。

约翰逊宣称美国在"延续细菌战武器和物质的研究和发展。美军的化学兵种和主要的军医在这一系列工作中都承担了最主要的任务……而化学兵团的细菌研究实验室负责进行这些工作中最为基本的部分"。

正如约翰逊所说，在与海军部、空军部，以及卫生部和国土资源部，乃至各综合大学、私立科研学院以及工业公司的紧密合作之下，美国军方这种罪恶正在逐步走向现实。

正如美联社（агентство Ассошиэйтед пресс）今年（1950 年）3 月所报道的内容所示，美国国防部长要求额外增加 600 万美元的拨款，用于在德迪里克军营扩充用以从事细菌培养研究和细菌战研究的站点。①

根据美国军事战争集团机关的刊物《美国陆军军械兵团报》的报道内容，早在 1944 年，在美国军方系统里就已经建立了特殊的细菌战执行委员会（специальный комитет биологической войны），负责统筹各个军事局级部门共同准备细菌战及相关的武器和物质。这个委员会的成员包括不同部门的代表，这些代表分别来自军用化学处、美国陆军主要军事医学处、美国海军事医疗局、美国海军火炮和军事技术供给局、美军武器装备局、空军部、美国

① 《美国帝国主义者正在继续进行日本武士们从事的"实验"》，载于《红星报》，1950 年 5 月 20 日。

军部特殊参谋部研制新型歼击机科、美国军事情报部(Джи-ту)、战略研判局(即军事情报总局)等部门。此外,由美国国家科学院主导成立的名为"DEF"的特殊执行委员会,以及一个特殊的国家研究顾问委员会,负责为美国军方就细菌武器应用于实战的问题出谋划策。①

在上述的美国前国防部长的报告中也提道:

> 对于任何可被用于细菌战和杀人的物质,在评估它们到底能发挥多大真实作用时,只能通过对这些物质进行实验和实践,才能得出合理的解释,但是……目前已经普遍认为,用细菌物质作为武器运用到进攻中,可以产生最大攻击效力。

然而,美国的战争谋划者紧跟其先行者——希特勒匪帮和日本军国主义分子的脚步,不仅准备实施细菌战,更是拿活人来实验他们计划应用于实战的细菌武器。他们捕获了加拿大因纽特人作为他们罪恶实验的试验品,而这些因纽特人正是美帝国主义者思维里的"低劣种族"。早在1949年夏季,加拿大进步人士别列佐夫斯基(Березовский)就向加拿大国防部写信要求彻查加拿大境内北部的一系列惨烈事件,而当地发现有美军的军用基地。别列佐夫斯基指出,根据他本人所掌握的资料,在因纽特人社群之间出现了不寻常的鼠疫疫情,而这直接源于美国军事战争集团进行的细菌战研究实验。

美国帝国主义者把细菌武器运用于侵略战争的行径,也与他们的日本先行者的所作所为如出一辙。正如前关东军总司令山田乙三在供述中承认的,日本战犯在将细菌研究和运用在武器方面,采取三种方法:其一,用战机空投石井四郎式炸弹散播细菌;其二,直接从飞机上撒放细菌;其三,使用陆地的细菌破坏行动,污染水井、食物、民居、农田,毒害牲口。

1948年底,美国出版了一份名为所谓《美国市民防卫》(Гражданская оборона США)的报告,美国的联合出版媒体在报道中指出:

---

① 《美国陆军军械兵团报》,1946年3—4月,第228页。

思考一下……在德迪里克军营里的实验工厂进行的细菌培养工作已经达到如此纯熟的状态,这些细菌可以快速传播扩散,引起传染疫病和死亡,因此一般而言,运用这些细菌的方法有两种:其一,通过破坏者使用细菌对水源和粮食作物,以及私人财物实施污染;其二,采用飞机空投散播,这对于污染农田和毒害牲口效果尤其明显。①

然而,日本和美国帝国主义者并不只是在使用细菌武器方面采取同样的方式,他们在思维以及武器手段方面也是有着惊人的相似性的,特别是利用飞机把细菌投放和散播到指定目标这一手段。

美国帝国主义者在其研发细菌炸弹的过程中,也是沿着石井四郎的老路。阿尔曼雅克(Алден Арманьяк)于 1947 年 8 月发表在《大众科学》杂志(*Popular Science*/*Популяр Сайенс*)上的《细菌战之真相》(The Truth of Germ Warfare/Правда о бактериологической войне)这篇文章中,就引用了"国家研究顾问委员会"的官方报告,通报了其中关于美国空军试图利用飞机对大城市实施细菌攻击的描述。文中也提到有个别飞机通过喷洒细菌雨,在大城市上空的空气中形成了对呼吸具有致命危害的毒雾,而其他飞机"就负责往水源里投放细菌炸弹,也就是那种装有细菌或者剧毒物的胶囊状玻璃瓶,让其在即将掉进水里之际因受气压的作用而发生爆炸"②。

在美国境内研究和准备细菌战武器的猖狂程度,让许多狂热叫嚣总体战的支持者甚至都已急不可待地想在战争过程中动用这种致死武器。正如哈福特科研中心(Хертфордский научный центр)的国际事务主任阿尔弗雷德·滋姆恩(A. Zimmern/A. Зиммерн)写的:"细菌武器已经准备好投入实战应用了,如果有必要现在就可以投入使用,不论采取这种手段是否合法,但这都是无可厚非的。"③

谋求夺取世界霸权的美国侵略集团为了实现其罪恶的计划,一直都在

---

① 《红星报》,1950 年 5 月 20 日。
② 《细菌战之真相》,载于《大众科学》,1947 年 8 月,第 84—87 页。
③ 《新时代》,1950 年第 4 期,第 18 页。

研究和准备极为残暴的高毁灭性武器。但在他们面前站着的是壮大而战无不胜的力量——由强大的苏联主导的为和平而斗争的战士们。这股力量能够阻止和严惩所有谋划发动新的大战的阴谋家。美国帝国主义者意欲将新的毁灭战祸强加于全人类的图谋"势必引起各国人民出于正义和本能的愤慨,并且势必能够从头到脚迎面粉碎帝国主义和侵略战争"。[①]

第五章　准备和使用细菌武器的罪责

哈巴罗夫斯克审判材料无可争辩地证明,日本帝国主义者研究和施放的细菌物质,是属于侵略战争的武器。对此,美国帝国主义者不止一次强烈反对禁绝细菌武器,因为这和原子弹一样,都是在美国侵略计划中占有重要地位的武器。不必多说,众所周知,侵略战争本身就是军事战争罪行。早在1924 年由 48 个国家的代表共同签署的《关于和平解决国际争端公约》(Женевский протокол о мирном разрешении международных конфликтов),就列明了:"侵略战争属于国际罪行。"在 1927 年举行的国际联盟第八次大会上也认定侵略战争被看作国际犯罪。

1928 年 8 月 27 日,在巴黎签署了所谓的《白里安—凯洛格公约》(Пакт Бриана—Келлога),其中写明,国家应当拒绝将战争用作国家政治的工具,而是有义务通过和平的途径去解决一切争议问题,并且批判将战争看作解决国际矛盾纠纷的工具这一立场。

从本质来看,这些协议文件、条约、宣言和声明本身并不能消除资本主义国家之间的矛盾,也不能保护人类,让其免除毁灭性战争之苦,而这些战争本身也是资本主义的伴随产物(спутник капитализма)。不过,这些承认侵略战争为罪行的国际政治条款本身,也可以看作统治阶级(господствующий класс)被迫向广大人民群众的要求作出让步之举,这也反映了渴求和平的人民的法律意识。

目前,所有爱好和平的人民都意识到侵略战争的罪恶性。这种层面上

[①] 莫洛托夫:《在莫斯科市莫洛托夫选区的选举大会上的讲话》,1950 年 3 月 10 日,莫斯科:国家政治出版局,1950,第 27 页。

的国际法律共识,亦包含在针对审判德国和日本战犯的纽伦堡和远东国际军事法庭的章程条款和判决书的内容之中。

《纽伦堡国际军事法庭宪章》第 6 条的 A 项之所以被确立,就是为了让法庭审判欧洲轴心国集团的主要战犯,使其被控以反和平罪。这是纽伦堡国际军事法庭的法律顾问所提议的,他们也主张单独就侵略战争的谋划、准备、引发、进行,单独量定战犯们的罪责。类似纽伦堡国际军事法庭的 A 项的条文,也体现在远东国际军事法庭第 5 条 A 款。

审判主要德国战犯的纽伦堡国际军事法庭以其判决书承认:

> 引发侵略战争,不单意味着国际性质上的罪行,它同样也是最严重的针对国际人民的犯罪,它只有一点不同于其他战争罪行,那就是这是一种集体行恶形式的犯罪,每一位策划者都负有罪责。

在这一点上,远东国际军事法庭沿袭了纽伦堡国际军事法庭的精神。在针对日本头号战犯的判决书中指出,侵略战争作为罪行的概念,远远早于根据盟国共同规定必须惩罚战犯的公告文件,具体来说,远远早于《波茨坦公告》。

这样,之后被定性为帝国主义侵略工具的细菌武器,当然也是侵略战争罪行的表现形式。毫无疑问,实施用于细菌战的一切行为,也理应被定义为反和平罪。然而,除此之外,在战争期间动用细菌物质这种行为,又符合了纽伦堡和远东国际军事法庭审判章程条款所规定的另一种法制概念。

这两次国际军事法庭的章程条款中(《纽伦堡国际军事法庭宪章》的第 6 条 B 项以及《远东国际军事法庭宪章》的第 5 条 B 款)规定,若是破坏了战争的法律和传统习惯,即被视为战争罪行。盟国在 1946 年 4 月 3 日决定成立远东审判委员会时,也定义了何谓破坏战争的法律和传统习惯,即被视为战争罪行。显然,动用细菌武器就很粗暴破坏了战争的法律和传统习惯。

早在 1925 年 6 月 17 日,大多数文明国家通过了特别协议文件(《日内瓦议定书》,Женевский протокол),共同承认了必须禁绝使用用于战争的细菌器物。协议文件的文本写明:

为了使这项禁令(禁止使用化学战争物——原书作者注)被普遍接受,成为写入国际法的一部分,并对各国良心和实践具有同样的约束力……各缔约国……同意将这项禁令扩大到禁止使用细菌作战方法……

这样,文明的民族国家已经认定使用细菌武器之举为最严重的罪行。因此,研究准备和使用细菌武器就是粗暴破坏战争的法律和传统习惯,以及国际法公认的准则,实施犯罪者应当负上战争罪责。

国际军事法庭的章程条款中(《纽伦堡国际军事法庭宪章》的第 6 条 B 项以及《远东国际军事法庭宪章》的第 5 条 B 款)说明了战犯的战争罪责,也涵盖了反人类罪。根据章程内容,在这种类型的罪行中,包括在战前和战时针对平民屠杀、毁灭和其他灭绝人性的行径。

哈巴罗夫斯克的审判材料表明,日军战犯最大程度地使用活人测试用于战争细菌武器的实验。这些惨无人道的活人实验导致数以千计的人被感染致命病菌,包括鼠疫、霍乱、气性坏疽等。仅在 1940—1945 年,死于七三一部队的极丑恶实验的人数就超过 3000 人。

这些灭绝人性的实验揭示了日本帝国主义分子准备实施细菌战的计划。正如希特勒匪帮在实验用于战争的细菌武器时,就成立了所谓的"波兹南细菌研究院"。日本帝国主义者的所作所为也一样,在七三一部队内部监狱的地牢里,以及在安达火车站附近的实验田或者其他地方进行细菌武器的实验工作。又如他们的后继者,在德迪里克军营及其他美国的细菌研究中心进行鼠疫和其他致死病菌的培养,并且在加拿大北部拿因纽特人进行活人实验。

因此,准备发动细菌战的行为本身,更甚者,使用细菌武器,不仅都犯有反和平罪、战争罪,更是犯有反人类罪。如前所述,国际军事法庭用以惩罚欧洲轴心国集团主要战犯的章程准则,因 1946 年 12 月 11 日联合国安理会常任理事国的决议而得到了确立。

这份决议列明:

　　　　主要的常任理事国……确立被纽伦堡国际军事法庭宪章承认的国
际法准则,并且将之应用于法庭的判决。

　　这表明,关于追究战犯准备和使用细菌武器的刑事责任问题,已经得到
了确定的解决。

　　全球有数以百万人要求无条件禁绝大毁灭性的反人类武器。世界和平
大会常务委员会在斯德哥尔摩会议上提出了决议,其内容是关于禁绝核武
器,要求将首先使用核武器对付另一方的国家定性为战争罪犯,并且得到了
来自全世界数以亿计的追随者支持。

　　1950 年 8 月 10 日,世界和平大会常务委员会发表了公告,内容是有关
在《斯德哥尔摩请愿书》框架下的签名收集运动过程,其中表明:

　　　　《斯德哥尔摩请愿书》签名收集运动已经遍及全世界,目前已有超
　　过 75 个国家开展了这项运动。如果加以关注的话,在大多数场合里,只
　　有成年人在这份申诉书上联署。可想而知,大约有 6 亿人签署了这个请
　　愿书,占全球人口的四分之一。

　　《斯德哥尔摩请愿书》签名收集运动具有广泛性,是为争取和平的全球
公投运动。在过去的 3 个月内,共有 273474566 人签署了《斯德哥尔摩请愿
书》。到 1950 年 9 月初,有超过 3.15 亿人(315 миллионов человек)签署了
这份请愿书。具有典型意义的是,在日本,人们正在抵抗麦克阿瑟及其附庸
傀儡吉田茂(Иосида)的暴政,根据日本新闻联合社(Ренго Цусин,后改名为
同盟通讯社[Домей Цусин])的报道,仍有 500 万人联署了请愿书。[1]

　　《斯德哥尔摩请愿书》签名收集运动表明了全世界善良人民的决心,他
们捍卫和平的努力粉碎了帝国主义战争策动者的罪恶计划。伟大的苏联走
在争取和平运动队列的前列,全国超过 1.15 亿人,即所有的成年人,都一致
以签名捍卫《斯德哥尔摩请愿书》,展示了苏联人民对苏联政府斯大林和平
对外政策的坚定支持,以及为争取和平和反对新战争策划者而斗争的不屈

---

[1]《真理报》,1950 年 8 月 12 日。

意志。①

　　苏联人民洪亮雄壮的呼声强烈地警告了那些谋夺世界霸权的新的企图者。数百万大众反对使用核武器的斗争,对于反对细菌武器也同样有效。同样,谁胆敢准备和动用细菌武器,谁就应该被定性为战争罪犯。

　　上述在国际军事法庭已经制定了的章节准则,是用来针对犯下反对和平罪、反对战争法则和惯例罪、反对人类罪的战争罪犯的。被国际军事法庭审判的前日军军官集团被指控准备和使用细菌武器,这些准则就可以用来给他们定罪。正如在1950年2月1日苏联政府通报文件中的内容表明的那样,在国际军事法庭审理细菌战的主犯和主谋的情况下,针对这些组织团体,国际法庭应当接受早前已被其他国际军事法庭承认的章程准则,不过这些准则应当将重点放在准备和使用细菌战战犯的量刑上。

　　然而,在这些场合中,比如由国内法庭审理这些战犯,就只应当适用于国内的法律。前日军军官山田乙三、高桥隆、笃川岛清、柄泽十三夫等战犯的案卷,由滨海军区的哈巴罗夫斯克军事法庭审理,并且根据1943年4月19日颁布的苏联最高苏维埃主席团法令的第一条,对战犯进行审判和量刑。

　　在针对此案件的判决书中,战犯被分为三组。第一组是主导罪恶行径的日军细菌部队的将军级战犯,其中列入了前日本关东军总司令山田乙三将军、前关东军军医部长梶冢隆二军医中将、前关东军兽医部长高桥隆笃兽医中将、前南京"荣"字一六四四部队指挥官佐藤俊二军医少将。第二组列入的战犯,是实际上负责执行罪恶的细菌战研究和准备计划,以及犯有极丑恶地动用细菌武器罪行的前日军军官,其中计有七三一部队的制造部长官川岛清军医少将、七三一部队前教育部长西俊英军医中佐和前六四三支部长尾上正男军医少佐,以及七三一部队第四部第一课前课长柄泽十三夫军医少佐、一○○部队的前技术员平樱全作兽医准尉。第三组是执行日军反人类计划罪恶意旨的基层军士,计有实验室人员军曹三友一男、菊地则光、久留岛佑司。

----

① 《真理报》,1950年8月11日。

在结案陈词中也按照以下内容进行控罪宣读：

山田乙三、梶冢隆二、高桥隆笃、佐藤俊二被控以从事日军领导层工作的主犯，主导特殊的日军细菌部队，将之用以生产细菌武器，以准备反对苏联及其他国家的细菌战。如此，上述被告战犯积极参与实现帝国主义日本统治集团的罪恶计划——发动侵略战争，以及准备细菌武器，旨在大量杀害平民。此外，被控罪的山田乙三、梶冢隆二、高桥隆笃蓄意纵容罪恶而惨无人道的活人实验，导致不少于 3000 人在如此痛苦折磨的方式下死去。被控罪的佐藤俊二督导"波"字部队和"荣"字一六四四部队期间，亲自领导细菌武器生产。

川岛清、柄泽十三夫、西俊英、尾上正男、平樱全作被控以日军特殊细菌部队的责任主犯和从犯，其事务是负责细菌战的准备和实施工作，积极参与用于研究开发和批量生产大量毁灭人类的细菌武器。被控罪的川岛清、柄泽十三夫积极参与反对中国的细菌战，而被控罪的平樱全作积极从事反对苏联的细菌破坏活动。此外，川岛清、柄泽十三夫、西俊英亲自参与了罪恶滔天和惨绝人寰的活人实验。

三友一男、菊地则光、久留岛佑司被控以日军特殊细菌部队的从犯，他们以准备和实施细菌战为目的，积极参与这些细菌部队的罪恶行径——生产用于大量毁灭人类的细菌武器。三友一男亦被控亲自参与丑恶而惨绝人寰的活人实验，导致很多人因此而死去，以及从事反对苏联的细菌破坏活动。①

哈巴罗夫斯克审判的国家审判长指出：

从这些罪恶行径的性质来看，这导致大量无辜人群——老人、妇女、儿童被野蛮杀害；由这些战犯主导的恶劣的反人类实验造成数以千计手无寸铁的人死亡。鉴于这些原因，国家公诉机关认为所有战犯都

---

① 《哈巴罗夫斯克审判材料》，第 35—36 页。

应当按照 1943 年 4 月 19 日苏联最高苏维埃主席团颁布的条令的第一条内容,予以惩罚。①

这项条令是苏联一直坚持和毫不退让的政策展现,为的是要强化恒久的和平,并且严厉惩罚战犯。众所周知,在战时苏联政府就率先提出惩罚希特勒匪帮的反和平和反人类野蛮暴行的要求。苏联政府的功绩并不限于是首个提出对战犯予以刑事控罪的国家,也是首个制定了相关的惩治战犯的法律——即 1943 年 4 月 19 日条令,并且对此条令予以执行(参见克拉斯诺达尔审判、哈尔科夫审判、斯摩棱斯克审判及其他审判)的国家。

正是归功于苏联的世界性和历史性的胜利,希特勒匪帮和日本帝国主义分子无法实现其极丑恶的计划,无法以数以吨计的致死病菌杀害大量平民。苏联使全人类脱离于细菌战的恐怖,并且首度惩处了准备和实施野蛮的大毁灭性武器的恶徒。其后,民主国家政府亦针对战犯进行了毫不妥协的后续斗争,制定了相应的特别法律,让这些战争主犯和从犯受到正义的审判。颁布了相关法律的民主国家,计有捷克斯洛伐克共和国(1945 年 6 月 19 日)、波兰共和国(1945 年 5 月 6 日、1946 年 1 月 22 日、1946 年 6 月 25 日、1946 年 12 月 11 日)、罗马尼亚共和国(1947 年 5 月 23 日和 8 月 18 日)、保加利亚共和国(1944 年 11 月 24 日)等。在这些法律中,那些违反破坏战争法则和惯例、杀害和毁灭平民、反对联合国家体等罪行的人,被认定为战争罪犯。相应地,鉴于这些法律,人民民主国家组织了一系列针对战犯的审判,并对其予以相应的刑罚。

然而,以美国为首的反人民的帝国主义阵营却是另一番景象。那里早已公开袒护和包庇所有战犯,几乎全数庇护了希特勒匪帮和日本军国主义者的上层领导人,目的是利用他们实现其新型侵略战争的罪恶计划。而对研究准备和使用细菌武器的日军主导者和策划者的包庇,明显就是美国纵容政策(политика потворствования)的一个典型例子。

美国政府在包庇和袒护日军战犯的同时,违反和破坏了自己的国际义务。

---

① 《哈巴罗夫斯克审判材料》,第 464 页。

1946年4月3日,远东委员会的决议要求"采取一切可能的手段,目的是要公布、彻查、逮捕和拘留所有涉嫌犯下战争罪的人",并且进一步指明,为了调查在远东的战争罪行案件,盟军最高指挥部应当组成"特殊国际军事法庭"。美国政府理应履行其自身应尽的义务,这些义务也在1947年6月19日的远东委员会决议中被列明"必须对所有战犯进行严厉的审判"[①]。

条约协定是应当遵守的[②]。然而,正是制定了上述协定的人,成了包庇战犯的共谋者,帮助战犯逃避其法律刑责。从所有文明国家的国内刑法视角来看,任何包庇罪犯及其同谋的人,也被看作共犯,并应当接受惩罚。正如国际法的公认准则所规定的,这些包庇战犯的共谋者也应负上刑责。国际军事法庭的章程(《纽伦堡国际军事法庭宪章》的第二部分第六条,以及《远东国际军事法庭宪章》相应的第二部分第五条)规定,战犯的包庇共谋者,亦对战犯所犯之罪行负有刑责。

哈巴罗夫斯克审判表明,以裕仁天皇为首的日本统治集团犯下的野蛮暴行并不只是用来对付苏联、中国、蒙古人民共和国,也是用来对付美国、英国和其他国家的。正如法医专家组在庭审的结案书中表示的:

> 日军的七三一、一〇〇、一六四四细菌部队在研制细菌武器期间,盘算着如何使用这种武器达到广泛扩散毁灭性疫情,以及造成人员大量死亡的结果。其结果将会造成针对中立国的威胁,并且会在其国土的生态环境以同样的扩散形式引发传染病疫情。[③]

由此观之,美国包庇者在袒护日本战犯的问题上,不仅同样犯下反对苏联、中国、蒙古人民共和国、英国等国人民的罪行,更是站在美国本国人民,以及所有中立国人民的对立面。

在哈巴罗夫斯克审判期间,一些受审的战犯企图为自己的罪行开脱,以他们只是在执行上级军官指令而做出罪行行为作狡辩,以及辩称他们只是

---

① 《真理报》,1950年2月3日。
② 原文为 договоры должны соблюдаться,拉丁文为 pacta sunt servanda。——编著者注
③ 《哈巴罗夫斯克审判材料》,第402页。

军人而无权违抗命令,尽管他们自己也意识到这些罪行的性质。

具体来说,被送上审判台的其中一个最主要的战犯山田乙三将军就以执行上级命令来为自己辩解。他在最后供述陈词中表示:

> ……我忠实和始终如一地执行日本军部和参谋本部的所有命令和指示,并以此方式力求强化关东军的战备。①

山田乙三认为这种声明能够减少其所犯的罪行和刑责,企图尽一切可能以此与其他日本战犯撇清关系。

山田乙三表示:

> 我想说,所有与这些部队(指七三一部队和一〇〇部队——原书作者注)有关的人员,其所作所为都是根据命令而来的,都是在执行军长司令和所属部队长官的意志。②

如果采信山田乙三的话,那么就会出现以下情形:七三一和一〇〇部队人员的所作所为是基于这些部队的长官和军长司令的命令。然而,这些部队的指挥官石井四郎、北野政次、若松有次郎并未出现在审判台上,也就无法实现针对他们的审判了。的确,在审判台上,只有军长司令,也就是山田乙三,但他本人也声称只是在执行日本陆军省和参谋本部的命令。这样,从他这一级开始审判是不可行的了。而山田乙三的意图也正是如此——目的就是为自己及其他战犯开脱洗罪。

战犯的这种立场并不新颖。希特勒匪帮战犯在1943年的哈尔科夫审判(Харьковский процесс)期间就曾经企图以长官命令为掩护,粉饰其罪行。其中一名受审战犯兰格希尔德(Лангхельд)曾亲自下令杀害100名苏联公民,但仍企图以“执行长官命令”这个借口美化其大规模屠杀暴行。另一个对无辜平民施以酷刑和枪杀的希特勒匪帮刽子手——里茨(Риц),更在审判中高喊:“我只是一个士兵。”

---

① 《哈巴罗夫斯克审判材料》,第517页。
② 《哈巴罗夫斯克审判材料》,第517页。

当然，长官的命令对士兵来说就是法律，没有它，在军中树立纪律就无从谈起了。然而，当士兵纪律条例谈到无条件执行上级军官下达的命令时，这并不意味着犯刑事罪行，也并不是指可以肢解儿童或者烧死妇女。将儿童和妇女扔进火焰中或者在屠宰场以残忍的方式杀死他们的命令，并不是军人的命令，而是鼓动纵容实施暴行，而这意味着煽动的纵容者和执行者都是负有罪责的。

正是因为战犯及其包庇者搬出"长官命令"作为幌子，以搪塞开脱其所犯一切暴虐罪行的刑事责任，所以在制定国际军事法庭的章程法规时，就很清楚地指出，执行长官的罪恶命令并不能让执行者逃避法律刑责。

《纽伦堡国际军事法庭宪章》第 8 条表明：

事实表明，被审战犯以执行其政府的军事指示或者长官命令为理由，并不能让他免于法律刑责，但可以作为减轻刑罚的证据。前提是军事法庭采纳了这些事实，以及取决于审判程序的裁决。

在东京的远东国际军事法庭也是如此解决这个争议问题的。《远东国际军事法庭宪章》的第 6 条写明：

不管是在何种时期对受审战犯进行何种审判，不管战犯是否按照政府和上级军官的命令行事，他所犯下的任何丑恶罪行一旦遭到指控，其法律责任都将不会受到任何减免。不过，这些情况有可能在法庭进行量刑审核时得到考虑。前提是军事法庭采纳了这些事实，以及取决于审判程序的裁决。

国际军事法庭是以此路径和方向进行实践的。

显然，苏联刑法的内容同样否定以执行上级长官的罪恶命令作为脱罪抗辩的理由，但也承认在相应的情况下可以作为减轻罪行量刑的理由。而这正是苏联的审判实践。正因为如此，在哈巴罗夫斯克审判期间，国家审判长在确定对受审战犯菊地则光和久留岛佑司的刑罚标准要求时，特别指出上述情况，作为减免刑罚的理由，并指出："他们只是作为命令的执行者，尽管对他们而言，无疑是犯罪……"①

军事法庭也同意采纳这种辩解观点，并且判处久留岛佑司三年徒刑，而判处菊地则光两年徒刑。

从针对战犯的审判关系到谋求包庇希特勒匪帮恶徒的反动集团代表，反动集团企图让战犯们"免疫"，给他们预留"理论"出路。在背叛成性的资产阶级法学协助下，反动分子不止一次企图证明，已经落入俘虏营的希特勒匪帮是战俘，但不能被投到法庭受审，也不能追溯他们在被俘之前所犯的罪行，并且拿出 1907 年的《海牙公约》以及 1929 年的《日内瓦公约》，以定义被俘虏的军人作为战俘的境况。的确，这些公约都规定了要以人道和仁爱对待战俘，禁止以压迫关系对待战俘。在此"基础"上，为战犯提供庇护的包庇者们断言，不能对已经落入俘虏营的希特勒匪徒采取迫害行为，也就是说，他们不能被审判和被惩罚。

类似这种"抗辩辞令"，其彻头彻尾的荒诞谬误，就连炮制出它们的作者们都是很清楚的。这些人恰恰故意改变了《海牙公约》和《日内瓦公约》的内容。他们非常清楚，早在 1919 年巴黎和会上讨论初步或者临时②的和平条件的时候，就通过了以下针对战犯罪责问题的规定办法：

> 这些人一旦被俘获而成为另一国的战俘，或者以其他方式落入另一国的权力部门机关，各参战方便拥有充足的权力和威望去审判那些被指控为犯下罪行的有罪之人……这些罪行关系到破坏战争的法则和惯例。不管所有参战方是否有意愿，都有权在本国根据本国的法律组成民事或者军事法庭，以审理这种类型的案件。③

这样，上述追究罪责的原则就完全得到了确立，并涵盖了战犯在成为战俘前犯下破坏战争法则和惯例的罪行的情况。

---

① 《哈巴罗夫斯克审判材料》，第 465 页。

② 此处原文为 прелиминарный、предварительный。

③ 引文出自特莱宁(проф. А. Н. Трайнин)教授的《希特勒匪徒的刑事罪责》，莫斯科，1944，第 90—91 页。

这个原则也在 1929 年的《日内瓦公约》中的第 29 条"关于改善交战军队中的伤员和病员单位"中得到了确认,当中提道:

> 最主要缔约国的政府……通过或者建议确立本国的法律机关,在战时其刑法不足以追究所有与本公约规定的内容相冲突的案件的情况下运作。

换言之,该公约强制其缔约国从本国刑法内容中审理和制定出刑罚准则,以惩罚那些破坏该公约规定的人。也就是说,实际上,倘若被追究刑责者落入了曾被其罪行侵害的国家的权力机关,亦即落入该国战俘营或者以其他方式落入该国的部门,这种惩罚就会在此情况下得到实施。

针对战犯在被俘前所犯下之暴行的追究刑责原则,也根据 1943 年 4 月 19 日苏联最高苏维埃主席团的条令内容而生效,这也完全符合为所有文明国家人民公认的现行国际法准则。

对战俘的人道对待是国际公约所规定的,并不具有任何旨在鼓舞暴行的除罪化功能。对战俘的人道态度,意味着不能仅仅因为敌军士兵在战争期间杀了人,又或者在战斗的条件下对敌方的人民造成损害,就将之作为战犯审判;对其在战俘营中的犯罪予以的惩罚,也不应比捕获战俘一方的军队内部惩罚类似犯罪的程度更重;一旦成为俘虏,战俘应当有权行使保护权,对抗暴力和羞辱的行径;也应当对被俘人员予以人道关爱。然而,毫无疑问,战俘的地位不能,也不应用于特赦其成为俘虏前所犯下的战争罪行。

在纽伦堡审判和东京审判期间,主要战犯的辩护人(并不仅限于官方指派的)再次企图将战犯的包庇者抽离于火药库之外,多次以战犯无罪论作为拒绝的理据。无论是纽伦堡国际军事法庭还是东京军事法庭,都坚决地驳斥了这些辩护律师的发难。具体来说,远东国际军事法庭在判决书上指出,《日内瓦公约》关于战犯的规定不能扩展到战犯在被俘前已经犯下的罪行上。[1]

---

[1] 参见《远东国际军事法庭判决书》,第 23—28 页。

这样,进步的国际法和国际军事法庭的实践坚实地守住了基本原则——对战犯在沦为俘虏前所犯罪行,有追责审判起诉的法律权力。而在哈巴罗夫斯克审判中,针对审判准备和使用细菌武器的日军战犯的罪行,已经不再出现关于借助上述动机而提出让受审战犯免于惩罚的问题,而所有受审的原日军军官,都在对上述问题毫无争议的情况下,全部被定义为战争罪犯。

众多的现存法律问题,都在与战争罪犯展开斗争的过程中扮演了显要的角色。其中一个就是关于审判司法管辖权(подсудность)的问题。这个场景在任何刑事案件中都具有意义,而在战争罪行的案件中尤其有特殊的意义。战争罪行是在极为广大的范围内实施的,众多执行者、煽动者、共犯、主导者、策划者都参与到这些罪行当中,而实施犯罪行为的地点可以是敌人的领土,也可以是被敌人侵占的领土,甚至也可以是未被侵略国攻占,却蒙受了战犯暴行的领土(比如通过空中打击)。对于这种战争罪行的惩治不能一直采用普遍被接受的所谓的"属地"法权管辖的原则(территориальный принцип подсудности),也就是说,不能一律交由罪行发生的所在国家或地区的法庭审理案件。

与战犯斗争的理论和实践将战犯分为两大类:主要战犯和从属战犯。一系列的国际文件中指明了哪些战犯应当被列为主要战犯。最先出现作为术语的"主要战犯"一词,是在 1943 年 11 月 2 日苏联政府、美国政府、英国政府的首脑公开发布的联合公告——《关于希特勒匪帮所犯之野蛮罪行》的文本中。其中提道:"本声明并非要影响关于主要(战争)罪犯的问题,只是他们所犯的罪行不应与特定的地理概念区域绑定……"[1]

这份声明指出了阐释主要战犯概念的其中一项原则——所犯罪行与具体地理概念区域之间不存在关联性。不过,显而易见,"罪行……不应与特定的地理概念区域绑定"这句话无法被准确理解。每一种罪行都是在特定的地理概念区域施行的,没有一种罪行是能够脱离地理范围之外发生的。

---

[1]《卫国战争期间的苏联对外政策》,第一卷,莫斯科,1946,第 418 页。

该声明的意思是主要战犯所犯的罪行并不局限于特定的地理范围,而是在很多地方,这些犯罪地点有时还相隔很远,并且处于不同国家的国境之内。

然而,战争罪行并不是仅发生在一个地方,而是在数个地理区域之中,这句话本身还是未能清楚定义列入主要战犯类别的罪犯的属性。党卫军部队中的希特勒匪帮战犯,曾对在集中营里的数千德国进步人士加以残害,在法国掠夺了平民的财产,在奥斯威辛集中营和迈丹尼克集中营等焚尸场杀死数以十万计的人,也在其他地理概念的地点,以及不同国家的领土内犯下了暴行。但是,如果只是根据这种单一的识别标准,还是无法将这些战犯归入主要战犯当中。主要战犯并不能被认为是只会执行主导者和策划者战争罪恶意志的二等和三等人物,也不能将一位刽子手定性为主要战犯,哪怕他的双手已经被数以千计的受害者的鲜血染红,毕竟这个刽子手只是罪恶计划的执行者,而那些制定旨在摧毁整个民族和国家的罪恶计划的人,才是主要战犯。

第二种用来定义主要战犯的识别标准,是其罪恶导向并不单单针对某些人或组织,而是针对整个民族和国家。1942 年 4 月 27 日,苏联外交人民委员莫洛托夫在备忘录《关于在苏联境内的德意志法西斯侵略者和占领者野蛮暴行、残害、虐杀行径以及关于德国政府及德军司令部对此罪行的战争罪责》中就作出了相应的概念阐述。备忘录写道:"……苏联政府以苏联人民的名义声明:对于希特勒德国的政府及其仆从国所犯下的所有闻所未闻的暴行,是反对苏联各族人民以及反对所有爱好自由的人民的,是不能免于严酷的刑责和应有的惩罚的。"[①]进一步来说,此即单独抽出"反对人民的罪行"而放进特殊犯罪的范畴,用以定义主要战犯。

最后,谈到第三种识别主要战犯的标准,就是他们的个人地位问题——其在统治集团内的所属职位。统治集团是由国家元首、身处政府和武装力量领导层的人物、与实施罪行的利益攸关的大资本垄断组织主管。正是由于这些情况,上述在 1942 年 4 月 27 日制定的备忘录指明了希特勒德国政府

①《卫国战争期间的苏联对外政策》,第一卷,莫斯科,1946,第 269 页。

的罪责。

　　这样，主要战犯也被认为是与统治集团保持密切关系的人，他们所犯下的反对人民和国家的罪行，并不与特定的犯罪地点挂钩。而关于战犯案件的审判管辖权也被定义为取决于战犯所属类别及其相对应的审判管辖范畴。

　　在第二次世界大战期间，基于苏维埃国家提出的主张，反对希特勒德国阵营的国家宣告，所有战犯都应当出现在其所犯罪行的相关国家的法庭上。与此同时，苏联政府也首度实践关于组织审判主要战犯的国际法庭的建议。苏联的这个建议也主导和促使建立国际的合作，并在最终消灭法西斯势力、惩罚战犯、轴心国的民主化改造、保障长期和稳定的和平事业上发挥作用。

　　在组织审判主要战犯的国际法庭事务上，苏联政府在 1942 年 10 月 14 日的声明——《关于希特勒德国侵略者及其仆从国就其在欧洲侵占的国家里所犯罪行的刑责》具有特别的重要性。在这份声明中表明："苏联政府认为有必要立即将所有法西斯德国的头目移送特别国际军事法庭，并且以最严厉的刑法惩罚他们在战时已侵占的国家，以及与希特勒德国斗争的国家领土上所犯下的罪恶。"[1]

　　1943 年 11 月 2 日，苏联、美国、英国三个国家发表的《莫斯科宣言》（Московская декларация）最终解决了关于战犯的审判属地管辖权的问题。公告文本提到，无论希特勒德国的战犯们藏身何方，他们都将被找到和逮捕，并转送到那些他们曾在其境内犯下罪行的国家接受它们法律的刑事审判追责。其中也特别强调，对主要战犯的惩罚将会按照"盟国政府联合解决方案"的特别措施而得到解决。[2]

　　就在当时，为了审判主要战犯而成立特别的国际法庭的提议已经出现了。正因为如此，三方大国在 1945 年 7 月 17 日—25 日举行的"柏林会议"

---

① 《卫国战争期间的苏联对外政策》，第一卷，莫斯科，1946，第 318 页。

② 《卫国战争期间的苏联对外政策》，第一卷，莫斯科，1946，第 419 页。

（Берлинская конференция）上的决议澄清了一系列的事实。决议中提道：
"……三方政府确立各自的方式，把战犯（指主要战犯——原书作者注）移送
到高效和正义的法庭上。"①

　　1945 年 8 月 8 日，苏联、美国和英国政府联合签署了关于组织审判欧洲
轴心国主要战犯的国际军事法庭的协议，而在 1946 年 1 月 19 日，也成立了
远东国际军事法庭。经过一系列的外交会谈磋商，在关于通过国际军事法
庭审判日本主要战犯的问题上达成了共识。

　　众所周知，在纽伦堡和远东的国际军事法庭，由于英美反动统治集团的
密谋所造成的后果，并非所有的德日主要战犯都受到了应有的审判。尽管
很多战犯都应该被送上审判台，但英法战争集团把很多主要战犯予以除罪，
并且让其在审判过程中以证人的身份出庭。具体来说，在纽伦堡审判中充
当证人的战犯，就有希特勒的亲信、帝国部长拉姆梅尔斯（Г. Г. Ламмерс/
H. H. Lammers）。而在东京审判中，就有前日军军官、充当日本帝国主义
主攻手的关东军高级将领植田谦吉大将。希特勒德国和帝国主义日本大型
资本垄断集团的领导者，曾经以金钱资助侵略战争，并且促使入侵者侵略别
国领土，奴役别国人民，但他们当中却没有一人在任何一场国际法庭上受到
审判。最后，就连日本天皇裕仁也被包庇而免受审判。

　　然而，被移送纽伦堡和远东国际军事法庭的希特勒德国和帝国主义日
本的领导人物，都应当完全被视作主要战犯受审，因为他们的行径全部符合
上述所列三种识别主要战犯的特征：所有受审战犯都是希特勒德国和帝国
主义日本的统治集团的领导人，他们每人的犯罪行径都是蓄意导向反对国
家和全体人民，他们所犯下的罪行也远远跳出单独地理概念区域范畴之外。

　　上述涉及审判管辖权的所有原则，在应对那些准备和使用其中一种最
为残暴的侵略工具——细菌战武器的日军战犯的层面，也是完全适用的。
日本帝国主义者的残忍暴行早已写在其采用细菌武器残害爱好和平人民的
罪恶计划上了。从基本方面来看，这些罪犯也可以分为两大类。第一类，是

---

①《卫国战争期间的苏联对外政策》，第三卷，莫斯科，1946，第 349 页。

准备和使用细菌战武器的主导者和策划者；第二类，是日本统治集团野蛮狂热的侵略计划的执行者。而在哈巴罗夫斯克审判受审的最后一类战犯，不能归入第二类，因为其本身并不符合主要战犯的定义。虽然其中既有将军也有士兵，但这类成员不符合作为主要战犯的审判定性和社会定性。然而，从性质和总体问题而言，第二类战犯只被看作是执行者——他们中的每一个人都在不同程度和规模上执行日本统治集团预先制定好的罪恶计划。

这样，在交由滨海军区哈巴罗夫斯克市的军事法庭受审的日军战犯中，包括将军级别的战犯，如川岛清、佐藤俊二、高桥隆笃、梶冢隆二，准尉平樱全作，以及列兵菊地则光、久留岛佑司，服役实验员军曹三友一男。他们所有人都是罪恶的日本帝国主义统治集团的残暴计划的执行者。他们中有特殊地位的是山田乙三，无疑，他是日本统治集团信任的人，位居特殊而重要的责任职位，并且在实现日本帝国主义者的侵略计划中扮演着不寻常的重要角色，他应当归入主要战犯之列。

然而，单凭这一点还不足以成为苏联国内刑法机关审理山田乙三战争罪行案件并将之定罪的条件。

1945 年 8 月 8 日，苏联、美国、英国、法国政府共同发布的《关于对欧洲轴心国主要战犯实施审判追责和惩罚的协议》（《伦敦协定》——编著者注）中的第六条写道：

> 在本协定中，在针对战争罪犯的审判国内法庭和占领地的法庭问题上，并无任何对其削弱全权（компетенция）和限制法律权力（права）的内容，无论是在盟国的任何一国境内，或者在德国境内组建法庭。

同样，这个准则也在远东国际军事法庭中被采纳。在关于建立远东军事法庭的公开命令的第三条中写道：

> 在本命令中，在审判战犯法庭的问题上，无论是在日本本土，或者曾与日本交战联合国成员国的任一国领土上建立或授权建立的国际法庭、国内法庭、占领地法庭、委员会或者其他种类的军事法庭，皆没有任何用以损害其法律管辖权（юрисдикция）的内容。

　　因此,国内法庭有权审判川岛清、佐藤俊二、菊地则光、平樱全作及其他战犯,也有权审判山田乙三将军。苏联、中华人民共和国、蒙古人民共和国的法庭,甚至是美军在日本占领区的法庭,都有权审判这些战犯。也就是说,他们率先由被起诉的日军战犯曾经在其境内犯下罪行的国家,或者由曾经遭受日军罪行侵害的国家的法院进行审判。

　　然而,早在1946年东京审判期间,苏联公诉审判人员就已提交美国对日占领的权力部门有关日本军国主义者研究和准备细菌战的证据,但美方表示强烈拒绝惩罚这些战争罪犯。正如预审文件材料所示,日军战犯不仅在中国使用了细菌武器,也准备以更大规模和在更大范围内针对苏联施放细菌武器,他们不止一次在苏联国土上进行细菌破坏活动,也制定过计划以细菌炸弹轰炸苏联城市——伏罗希洛夫市、哈巴罗夫斯克、布拉戈维申斯克、赤塔。而这些战犯也落入了苏联权力部门手上,因此,将他们移交苏联法院审判也完全是正确和合法的。

　　根据在苏联的审讯法律,关于战犯的案件,是授权军事法庭审理的。因此,关于日军战犯准备和使用细菌战武器的案件,就交由滨海军区的军事法庭审理。以上内容已经说明,除了在哈巴罗夫斯克法庭受审的一系列日军战犯,还有其他完全未受到审判的日军战犯集团,首当其冲的就是日本天皇裕仁,还有将军级战犯石井四郎、北野政次、若松有次郎、笠原行雄。这批被曝光的战犯都是日本帝国主义最为严重的反人类犯罪的主导者和谋划者。

　　众所周知,苏联政府要求将这些战犯移送到国际法庭受审。1950年2月1日,苏联政府在给美国政府、英国政府、中国政府的照会中写道:

　　　　苏联政府建议:在最近的时间内,根据1946年4月3日远东委员会决议(FEC—007/3文件)中的第五条A项,任命特别国际军事法庭,并且移送该国际法庭相关的明显犯下最严重的反人类罪的战犯——日本天皇裕仁,日军将领石井四郎、北野政次、若松有次郎、笠原行雄。[①]

---

① 《消息报》,1950年2月3日。

苏联政府的这项要求完全是基于早前已被公认的国际义务和审判战犯的刑审属地管辖权的原则。苏联政府照会中所罗列的日军战犯的特征也完全符合主要战犯的标准。从他们的犯罪事实性质而言，针对消灭苏联、中国、蒙古人民共和国、美国和其他国家人民的导向性，也使他们完全符合归类为主要战犯，并移送国际军事法庭审判的条件。

结　论

哈巴罗夫斯克法庭审判以全面裁决受审的战犯告终，军事法庭在作出判决时严肃地对每一位战犯的罪行量刑，对为军国主义日本统治集团的丑恶计划出谋献策的主犯们加以重判监禁，剥夺其更长时间的自由。而对其他执行日军指挥部命令，只从事日军秘密的细菌研究和实验，而并非扮演主导的罪恶计划策划角色的从犯，则予以相对较轻的徒刑。

军事法庭的正义判决不仅在苏联国内得到了广泛的肯定，也受到其他国家的支持，数以百万计的人民对此结果表示欢迎，因为这不仅是针对受审的12名战犯作出的裁决，更是针对作为帝国主义反人类的侵略武器的整个细菌战作出的判决。哈巴罗夫斯克审判非同寻常地向全世界展示了强盗般的日本帝国主义在绝密情况下研究和准备发动细菌战的极为丑恶狰狞的面目。然而，哈巴罗夫斯克审判并非只是着眼于向世人揭示日本帝国主义的罪恶，更揭示了所有帝国主义侵略的罪恶手段的卑劣丑恶共性——披着假科学研究外衣的细菌战研究。

日本战争集团在细菌战研究应用方面，几乎是复制了波兹南细菌研究院（Познанский бактериологический институт）布洛美教授和达豪死亡集中营（лагерь смерти Дахау）军医拉舍尔（З. Рашер）博士的极为丑恶恐怖的实验。日本细菌学家的罪恶实验伴随着针对人类的极恐怖的屈辱折磨，以及极为非人道和痛苦的残忍行为。目前，与美国帝国主义者沆瀣一气的共犯布洛美和石井四郎正在利用他们曾经做出的实验结果继续作恶。哈巴罗夫斯克审判向世人展示了吃人魔鬼般野蛮的日本战犯及其血腥暴行，同样也揭露了根据美国垄断头子的命令而建立的德迪里克军营营房中的实验室里，正在继续布洛美和石井四郎等人主导的非人道细菌战实验。在密西西比州和印第安纳州的美国秘密军事实验室内也有人在秘密从事致死病菌毒性的研究，以及研究如何改进这种反人类的折磨手段。出于冷战的战术、侵略战争的准备、以武装冲突实施挑衅的动机，现在美国帝国主义转而采取正面的侵略攻击对付爱好和平的民族。

美国的入侵者在朝鲜半岛点燃战火以来，亦在朝鲜的土地上犯下惨无人道的战争罪行。美国战犯粗暴破坏了联合国宪章和国际法，企图打着联合国的旗号掩盖自身的丑恶野心，悍然以公认的大杀伤力武器对付朝鲜人民，美国侵略者对朝鲜的城市、乡镇、渔村进行了野蛮和惨烈的空袭，炸毁和焚烧平民的房屋，将农田烧成灰烬，使朝鲜的土地变得空无一物。在统治日本以及纠集和动员日本战犯的最高长官麦克阿瑟的指挥下，那些穿着美军军官和士兵军服的盗匪们，重复着希特勒匪帮和日本军国主义者的恶行，大肆烧杀抢劫，奸淫掳掠。

朝鲜祖国统一民主主义战线中央委员会（ЦК Единого демократического отечественного фронта Кореи）的调研核查报告揭示了美国侵略者和李承晚集团对朝鲜造成的损害和暴行，其中包括了美军侵略者在朝鲜犯下的种种丑恶暴行。根据1950年9月24日苏联《真理报》的报道内容，朝鲜祖国统一民主主义战线中央委员会在第二份委员会通报中写道：

> 美国帝国主义者在对付朝鲜人民的战争中遭受了接二连三的失利，就打算用针对城市和乡镇的最为残暴的轰炸，乃至以无差别的大杀伤性武器，以及摧毁其国家经济命脉、引发饥荒和造成折磨等方式，谋求对敢于对抗美国侵略的爱好自由的朝鲜人民作出报复。

美国反动集团针对朝鲜平民的罪恶暴行的策划者和实施者应当为自己的罪行负责。数以百万计支持和平与安全的善良和普通的人民，强烈要求严惩美国战犯。朝鲜的战事再次揭露了在华尔街任职的美国民主政客的真实嘴脸，他们为了满足其主子的利益，可以不惜一切，犯下野蛮和血腥的罪行。美帝国主义者并不只是在朝鲜发动侵略战争，更是在中国挑起侵略战争。

当然，上述种种情况，都并非偶然，美国的统治集团精英代表们并不只是将未按要求经苏联政府的军事法庭审判的日本战犯，如裕仁天皇和石井四郎，纳入其保护范围内，更是将已经在国际军事法庭受审的一些主要战犯包庇起来。根据 1950 年 8 月 25 日的照会，苏联政府要求美国政府立即采取行动，废除由麦克阿瑟将军非法颁定的关于提前释放已被远东国际军事法庭审判的日本战犯的《第五号法案》(циркуляр № 5)。然而，作为在朝鲜的血腥战犯和虐杀儿童的罪犯、罪恶滔天的美军将领麦克阿瑟将军，却特意与曾在"满洲"作恶的日本战犯荒木贞夫(Араки Садао)以及其他日军头号战犯狼狈为奸。之后，美军侵略者把朝鲜半岛变成了血流成河的战场，以残暴不仁的轰炸将朝鲜的市镇变成废墟和碎片，重演着轴心国集团战犯们的暴行和罪恶，甚至有过之而无不及。难道战犯麦克阿瑟以及白宫里的美国行政机构中策动新战争的策划者们，会支持将其余的日军细菌战战犯送上法庭吗？事实表明，根据苏联政府在 1950 年 2 月 1 日的公告，苏联要求把日本天皇以及其他主要的日本战犯送上法庭的审判席，但美国反动集团却将他们保护起来。这样，在哈巴罗夫斯克审判之后，数以百万计的人民看清楚了谁在包庇日本战犯，很明显，就是美国在包庇。而在哈巴罗夫斯克审判过后，石井四郎这个名字，也成为残暴不仁、灭绝人性、反人类、极其道德沦丧的同义词。然而，正是这些穿着日军将领军服的吃人魔头被麦克阿瑟收入自己的羽翼下保护。出于美国野心家旨在谋夺世界霸权的利益以及利用日本战犯进行的大规模实验的考虑，麦克阿瑟在哈巴罗夫斯克审判期间，就已经试图安排犯下反人类丑恶罪行的石井四郎和其他组织者，作为帮助美国研究细菌战的意识形态精神领袖。

美帝国主义者完全仿效了他们的先行者——希特勒匪帮和日本法西斯分子，同样将其侵略计划的重点内容放在研制大杀伤性武器与实施细菌战方面；同样也是在研制细菌武器的同时，积极以活人对象进行细菌武器实验。然而，无论美国帝国主义者和他们的所谓科学劳工如何研究能够消灭数百万人的大杀伤性武器，等待他们的只会是耻辱的结局，这是历史的教训。

哈巴罗夫斯克审判在世界不同角落都得到了广泛的认可，再次回应了数以百万计人民的真挚诉求。它描绘了作为维护世界和平中流砥柱的伟大苏联两次将人民拯救出来,而免于遭受细菌武器及其所伴随的恐怖侵袭,同时也再次证明了社会主义和民主阵营的强大实力,以及和平力量的有效与不可战胜,他们不仅能够制止任何新战争发动者的图谋,也可能给予他们最严酷的惩罚。哈巴罗夫斯克军事法庭作出的判决,不仅是代表数以百万计支持和平的善良人民意志的判决,他们痛恨帝国主义反动集团倒行逆施的暴行,特别是帝国主义者旨在将善良人民重置于中世纪般的黑暗恐怖,使其备受人为的鼠疫和黑死病瘟疫及霍乱传染病的摧残,以割裂和限制人民进步发展进程的企图。

资产阶级报刊企图抹杀哈巴罗夫斯克审判的功绩,其永远都不可能得逞。苏联军事法庭针对日本细菌战战犯的正义审判,不仅给了意欲策动新型大战的帝国主义野心家们一记重重的当头棒喝,同时也向世人昭告了和平力量是强大和不可战胜的。

(全书完——编著者注)

附录　朝鲜战争美军生化战报告相关材料简介和图集

一、《国际科学委员会针对在朝鲜和中国的细菌战事实的调查报告》

　　1950 年 9 月中,以美军为首的联合国军悍然对朝鲜半岛发起了干涉和侵略的战争,同年 10 月 19 日中国人民志愿军开入朝鲜半岛,并于 10 月 25 日首次与以美军为首的联合国军及南朝鲜军作战。在战争过程中,美军不仅凭借空军和制空权的压倒性优势对朝军和中国东北的中朝边界地域进行狂轰滥炸,并且在掌握日本细菌战的技术和作战手法后,于 1950 年年底至 1953 年如法炮制,在朝鲜上空大肆散布细菌媒介颗粒、跳蚤和蝇类,对朝鲜领土和中朝边境中国领土的村落、土壤、动植物、河流、湖泊和水源实施细菌污染和攻击。

　　针对美军这些隐秘恶劣的、违反《日内瓦公约》的细菌战,1952 年由苏联、中国和一些欧洲国家的科学家、微生物专家和医护专家组成的国际科学委员会组织了对美军朝鲜细菌战的搜证和调研,并且写成了一系列的文献报告,苏联法官斯米尔诺夫也曾参与一部分的编纂工作,其中包括《国际科学委员会针对在朝鲜和中国的细菌战事实的调查报告》[1]《美帝国主义者针对朝鲜和中国人民的细

---

[1] *Международная Научная Комиссия（МНК）（ред.）*：Доклад международной научной комиссии по расследованию фактов бактериологической войны в Корее и Китае（с приложениями к докладу）, Международная Научная Комиссия, Пекин, 1952.

菌战的文件》①《文件集：停止美帝国主义者的细菌战》②《美国侵略者在朝鲜的细菌战——野蛮的反人类暴行》③《被美国战俘证实的细菌战文件材料集》④《关于中国和朝鲜的证据》⑤等报告和文件集出版物。

　　由国际科学委员会主编的《国际科学委员会针对在朝鲜和中国的细菌战事实的调查报告》系统而全面地考察了美军在朝鲜境内以及中朝边境施放细菌武器的事实和案件、作战方式、传播媒介、破坏和影响、战争责任等内容。主要的关注点集中在调查受到细菌攻击和污染的自然环境，军事作战和投放原理，美军战机航行和出没的示意图，昆虫、细菌、病死动物和人的解剖和器官，细菌战历史和日本对美国的影响等。调查和研究的情况和结果表明，美国针对中国和朝鲜发动的细菌战和日军差不多，都是空投细菌炸弹、生化炸弹、大批苍蝇、跳蚤和其他带有可传染细菌病原的虫子。而又因为美军后来（特别在 1950 年年底至 1953 年）无法有效攻入且侵占朝鲜北部，因此空投成了唯一有效和可行之手段。在受到污染的地区，土壤具有传染性、动物死亡、植物枯萎、平民患病的情况也相继出现。科学委员会还邀请了中国科学家陈文贵讲解和比较日军在 1940—1942 年宁波、常德和浙赣地区实施空投细菌战的相关情况，这在一定程度证明了美军在针对中国和朝鲜使用细菌战时，沿袭了日本的技术方式和战术。

---

① МНК（ред.）: Документы о бактериологической войне американских империалистов против корейского и китайского народов, приложение к журналу《Новое время》№ 20, 14 мая 1952 г.

② МНК（ред.）: Пресечь бактериологическую войну американских империалистов!（сборник документов）, Всекитайский народный комитет защиты мира и борьбы против американской агрессии, Пекин, 1952.

③ Л. Н. Смирнов: Бактериологическая война американских агрессоров в Корее — чудовищное преступление против человечества, Москва: изд-во. Знание, 1952.

④ МНК（ред.）: Сборник материалов подтверждающих ведение американскими империалистами бактериологической войны—показания и обращения американских военнопленных лётчиков о их участии в бактериологической войне в Корее, Китайский народный комитет защиты мира во всём мире, Пекин, 1952.

⑤ И. Фарж: Свидетельство о Китае и Корее, перевод с французского Л. И. Яковлева, Москва:, изд-во. Иностранной литературы, 1952.

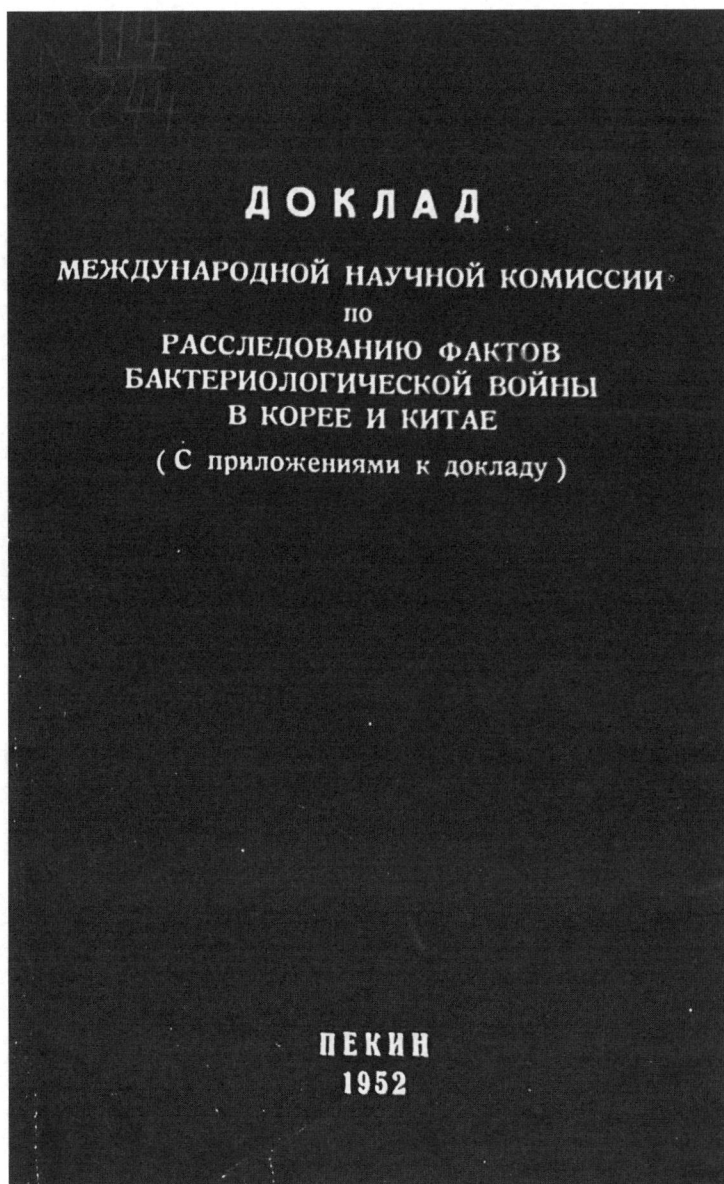

ДОКЛАД

МЕЖДУНАРОДНОЙ НАУЧНОЙ КОМИССИИ
по
РАССЛЕДОВАНИЮ ФАКТОВ
БАКТЕРИОЛОГИЧЕСКОЙ ВОЙНЫ
В КОРЕЕ И КИТАЕ
（С приложениями к докладу）

ПЕКИН
1952

《国际科学委员会针对在朝鲜和中国的细菌战事实的调查报告》封面

Метод анализа фактов Комиссией

Ввиду характерных особенностей биологического оружия, факт его применения очень трудно доказать. Для полного доказательства этого факта требуется заставить самолет приземлиться со своим нетронутым биологическим грузом и немедленно допросить его экипаж; но очевидно, что это весьма маловероятный случай вследствие очень многих причин. Поэтому необходимо прибегнуть к способу группировки фактов в связную схему, где можно было бы установить их достоверность. Таким образом, первым условием для успешной работы Комиссии являлось создание такого рода схемы, которая служила бы основой для обобщения фактов при изучении каждого отдельного случая.

Простейшей схемой, в которой при идеальных условиях, каждый положительный факт был бы представлен, будет нижеследующая:

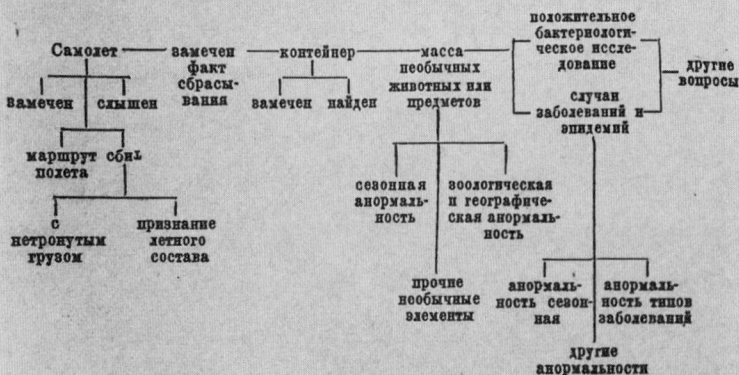

Вполне естественно, что полная схема такого рода будет встречаться очень редко или совсем никогда не встретится. Тем не менее, имеются случаи, которые приближаются достаточно близко к тому, чтобы быть убедительными; в них можно проследить действия обвиняемого и их последствия. Комиссия уделила особое внимание изучению именно тех случаев, где факты были наиболее убедительными. (см. стр. 57).

国际科学委员会工作流程和分析方法等任务

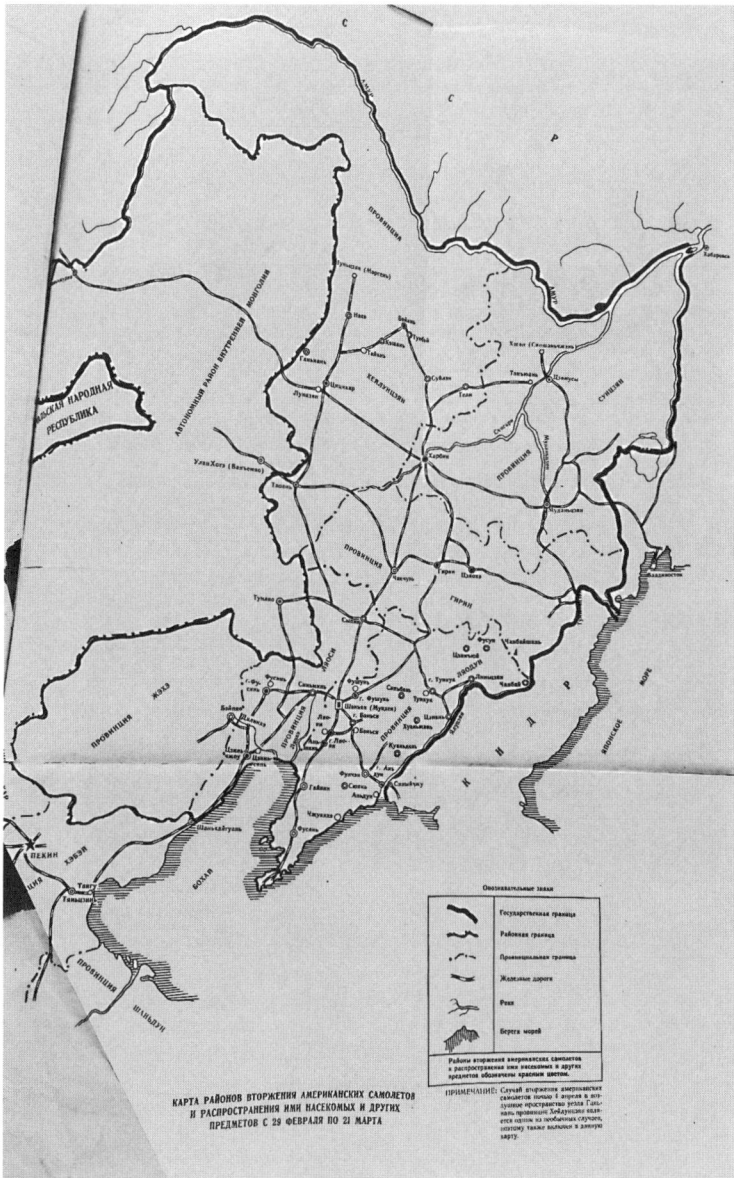

美军战机在中朝边境和中国东北地区投放带菌昆虫的地区

Рис. 1. Комнатная муха (Musca vicina Macquart).

Рис. 2. Домовая муха (Muscina stabulans Fallen).

Рис. 3. Черная муха (Hylemyia sp.).

Рис. 4. Человеческая блоха (Pulex irritans Linn.)

美军投放的昆虫（1）

Рис. 5.　Аэдес　　(Aedes koreicus Edwards).

Рис. 6.　Притворяшка - вор (Ptinus fur Linn.).

Рис. 7.　Полевой　сверчок (Gryllus testaceus Walker).

Рис. 8.　Тарантул (Tarentula sp.).

美军投放的昆虫（2）

Рис. 5. Ростки, посаженные в инфицированную почау; на стеблях и корнях появились пятна.

Рис. 6. Яблоко и груша, инфицированные грубком антракноза; через 5 дней появились коричневые пятна, круглой формы, с ацервулами в центре. Налево: яблоко. Направо: груша.

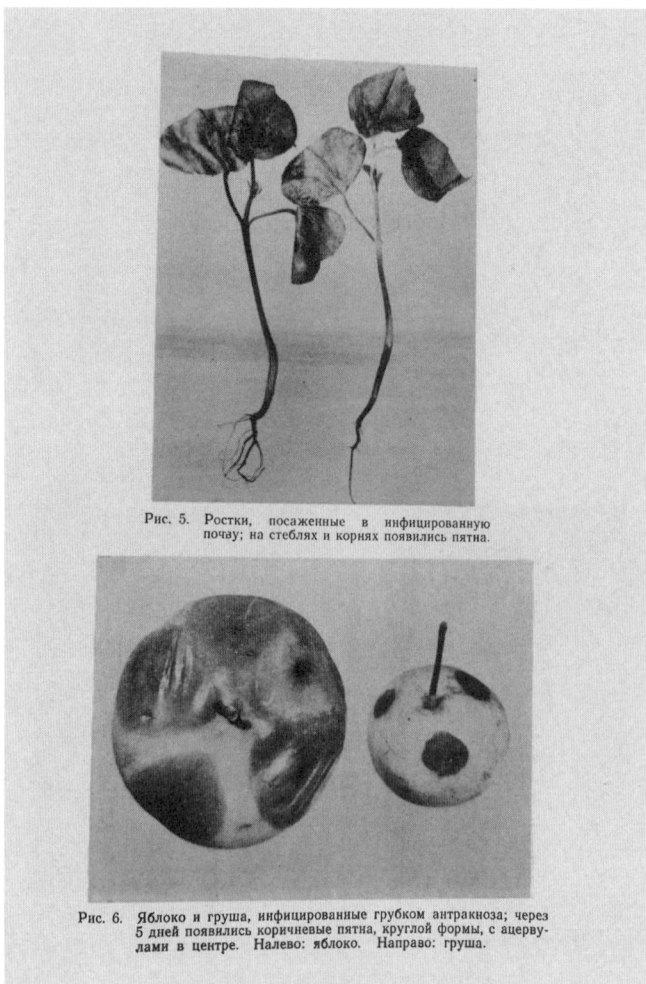

受感染和污染的农作物（水果）

Приложение　К

"Доклад о чуме в Чандэ провинции Хунань"

(ISCC/1)

(заведующий экспертной группой по подготовке военных медработников
в г. Гуйяне—д-р Чэнь Вэнь-гуй, от 12 декабря 1941 г.)

(I)　Обстоятельства, вызывающие подозрение о распространении возбудителей чумы

Около 5 часов туманным утром 4 ноября 1941 г. одиночный неприя-
тельский самолет, пролетавший на небольшой высоте, сбросил
вместо бомб зерна пшеницы и риса, кусочки бумаги, ватную набивку и
некоторые неустановленные мелкие объекты. Эти материалы упали глав-
ным образом в Цзиясяне на улице Гуанмяо (район «А» по карте) и вокруг
района восточных ворот (район «Б» по карте) города. После отбоя воз-
душной тревоги (в 17 часов), образцы рисовых зерен были собраны и
посланы полицией в госпиталь Гуандэ для исследования, которым было
установлено присутствие микроорганизмов, похожих на *Pasteurella pestis*
(хотя это впоследствии казалось д-ру Чэнь Вэнь-гую ошибочным). Не-
смотря на то, что исследование не было законченным, подозрение на сбра-
сывание врагом материалов, зараженных чумой было принято во внимание
медицинскими работниками, которые видели факты на месте происшествия.

(II)　Доклад о подозреваемых и доказанных случаях бубонной чумы

До 11 ноября ничего не случилось, но через 7 дней после «воз-
душного инцидента» первый подозреваемый случай чумы привлек наше
внимание. Это была девочка 11 лет, проживающая на улице Гуанмяо
(район «А» по карте), которая стала жаловаться на жар (105,7° F) с
11 ноября. Она поступила в госпиталь Гуандэ. За исключением при-
сутствия микробов, похожих на *Pasteurella pestis*, других положительных
клинических данных не было обнаружено. Девочка умерла 13 ноября
и только вскрытие дало очень веские подозрения на наличие чумы. З
мазках из внутренних органов также, как и в мазке крови, были обнару-
жены микробы, морфологически похожие на *Pasteurella pestis* (см. рис.
случай № 1).

— 195 —

陈文贵关于常德细菌战的报告（俄文版）

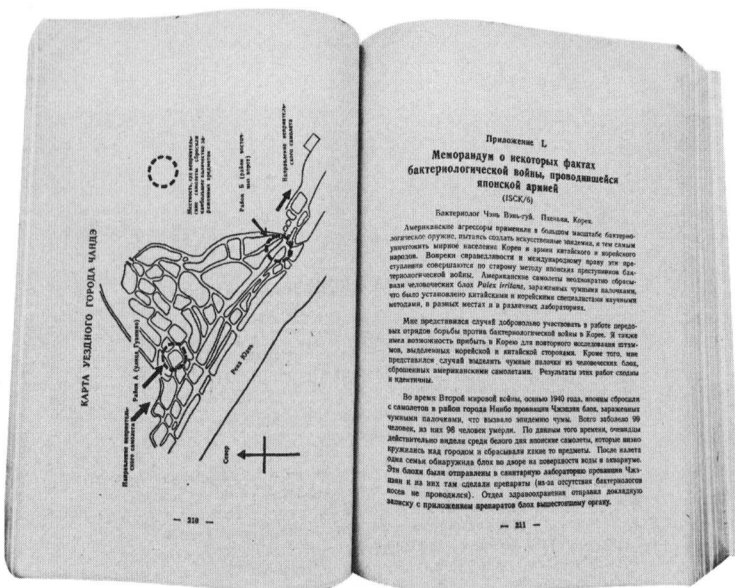

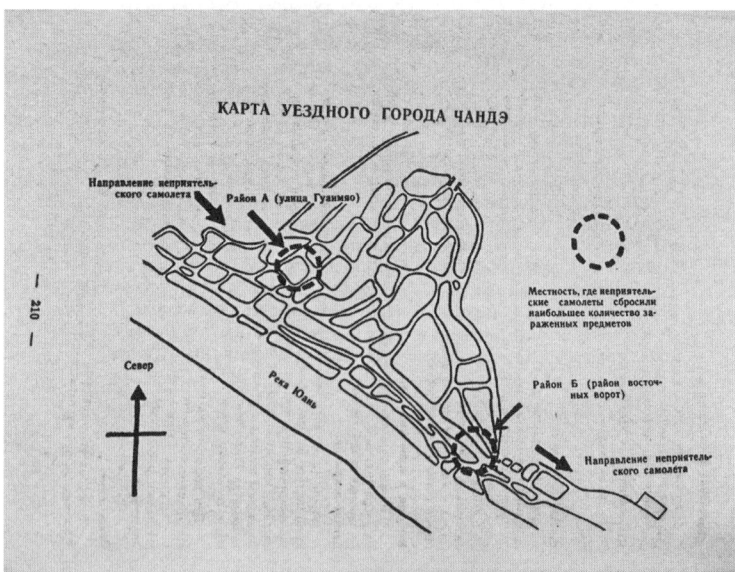

日军战机在常德投放带有细菌的谷物颗粒之地点范围示意图

Приложение L

Меморандум о некоторых фактах бактериологической войны, проводившейся японской армией

(ISCK/6)

Бактериолог Чэнь Вэнь-гуй. Пхеньян, Корея.

Американские агрессоры применили в большом масштабе бактериологическое оружие, пытаясь создать искусственные эпидемии, и тем самым уничтожить мирное население Кореи и армии китайского и корейского народов. Вопреки справедливости и международному праву эти преступления совершаются по старому методу японских преступников бактериологической войны. Американские самолеты неоднократно сбрасывали человеческих блох Pulex irritans, зараженных чумными палочками, что было установлено китайскими и корейскими специалистами научными методами, в разных местах и в различных лабораториях.

Мне представился случай добровольно участвовать в работе передовых отрядов борьбы против бактериологической войны в Корее. Я также имел возможность прибыть в Корею для повторного исследования штаммов, выделенных корейской и китайской сторонами. Кроме того, мне представился случай выделить чумные палочки из человеческих блох, сброшенных американскими самолетами. Результаты этих работ сходны и идентичны.

Во время Второй мировой войны, осенью 1940 года, японцы сбросили с самолетов в район города Нинбо провинции Чжэцзян блох, зараженных чумными палочками, что вызвало эпидемию чумы. Всего заболело 99 человек, из них 98 человек умерли. По данным того времени, очевидцы действительно видели среди белого дня японские самолеты, которые низко кружились над городом и сбрасывали какие то предметы. После налета одна семья обнаружила блох во дворе на поверхности воды в аквариуме. Эти блохи были отправлены в санитарную лабораторию провинции Чжэцзян и из них там сделали препараты (из-за отсутствия бактериологов посев не проводился). Отдел здравоохранения отправил докладную записку с приложением препаратов блох вышестоящему органу.

— 211 —

陈文贵在国际科学委员会的关于日军在中国发动细菌战的报告（朝鲜民主主义人民共和国首都平壤）

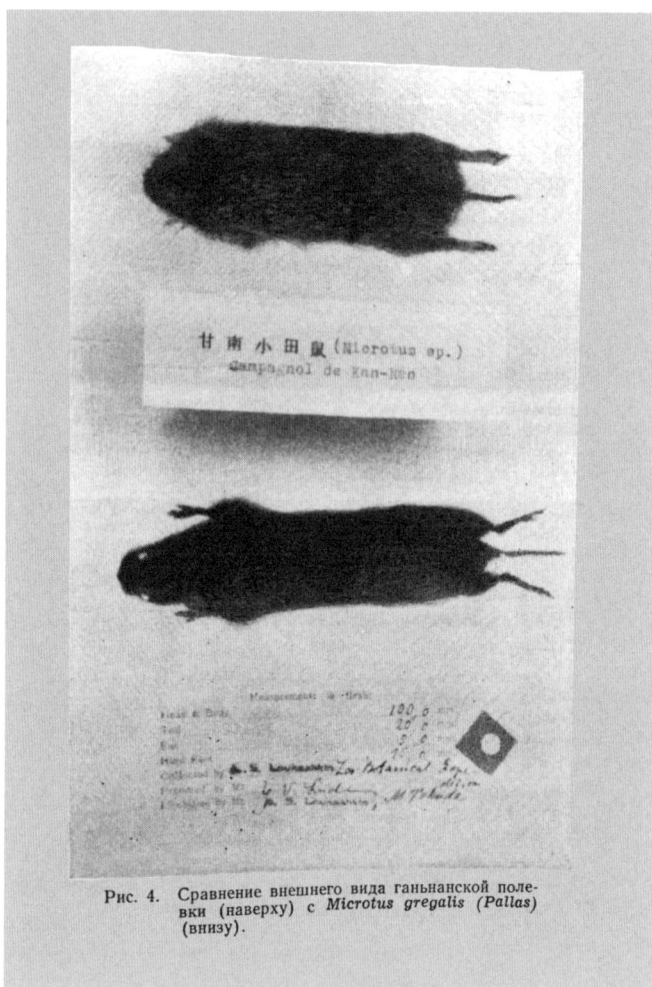

Рис. 4.   Сравнение внешнего вида ганьнанской поле-
вки (наверху) с *Microtus gregalis (Pallas)*
(внизу).

正常的老鼠和受感染的老鼠

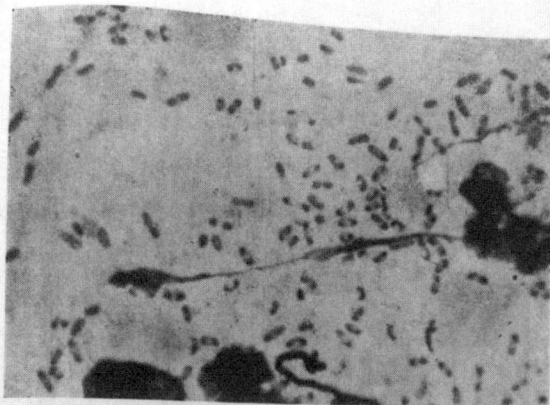

Рис. 11. Мазок из внутренних органов морской свинки, в котором обнаружены чумные палочки (окраска метиленовой синькой по Лефлеру).

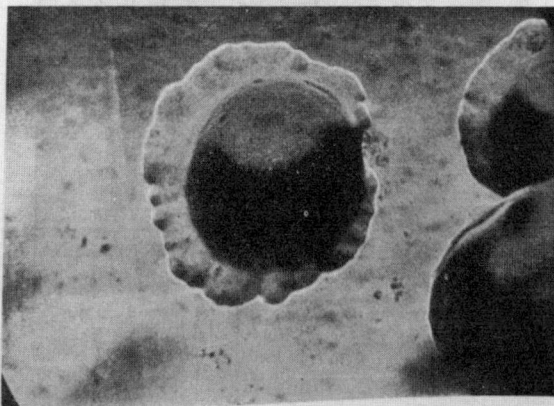

Рис. 12. Колонии чумных палочек после 48 часовой культивации.

鼠疫菌

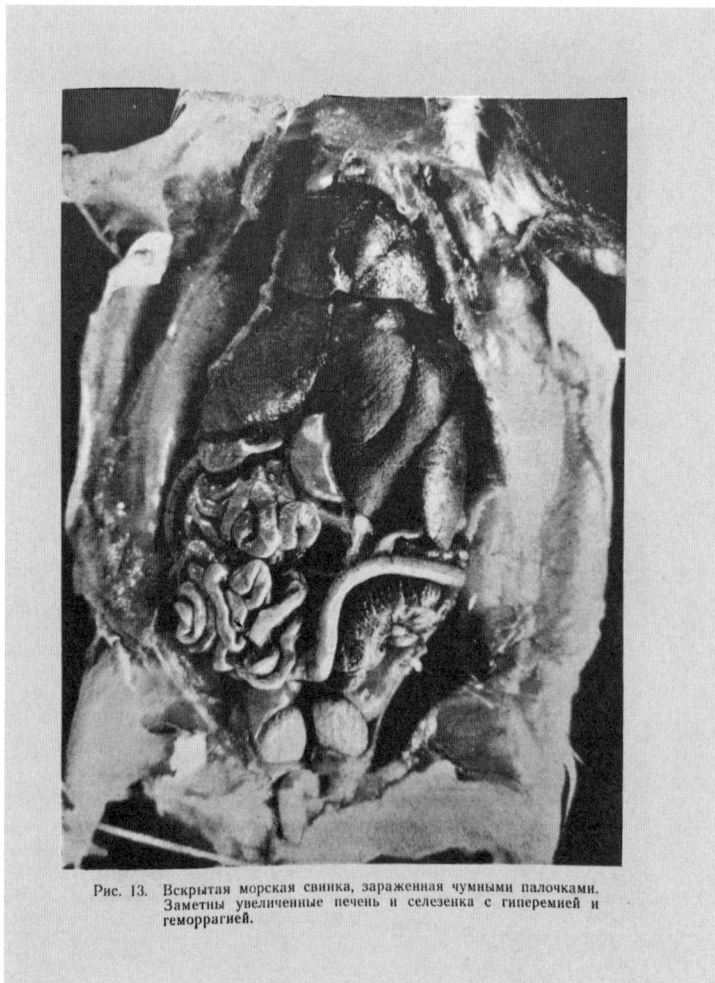

Рис. 13. Вскрытая морская свинка, зараженная чумными палочками. Заметны увеличенные печень и селезенка с гиперемией и геморрагией.

受鼠疫菌感染的仓鼠的内脏解剖情况

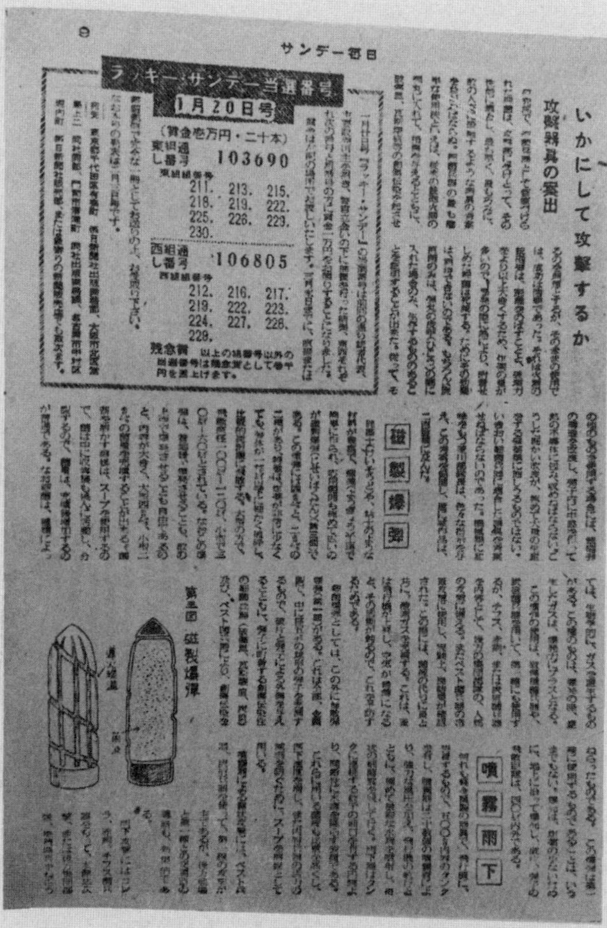
サンデー毎日

いかにして攻撃するか

攻撃兵具の案出

ラッキー・サンデー当選番号

1月20日号

（賞金壱万円・二十本）

東組通し番号 103690

東組組番号

211. 213. 215.
218. 219. 222.
225. 226. 229.
230.

西組通し番号 106805

西組組番号

212. 216. 217.
219. 222. 223.
224. 227. 228.
229.

残念賞　以上の組番号以外の当選番号は残念賞として壱千円を差上げます。

磁製爆弾

噴霧雨下

第三図 磁製爆弾

Рис. 3. Схема керамической бомбы.

日本当时宣传的空投石井四郎式陶瓷制的细菌弹、用火炮发射引爆石井四郎式细菌炸弹的实战原理，以及用细菌雨喷洒细菌的作战原理

Рис. 5. Керамические бомбы Исии Сиро, обнаруженные в руинах завода около Харбина, где во время второй мировой войны изготовляли эти бомбы.

日军使用的石井四郎式陶瓷细菌炸弹

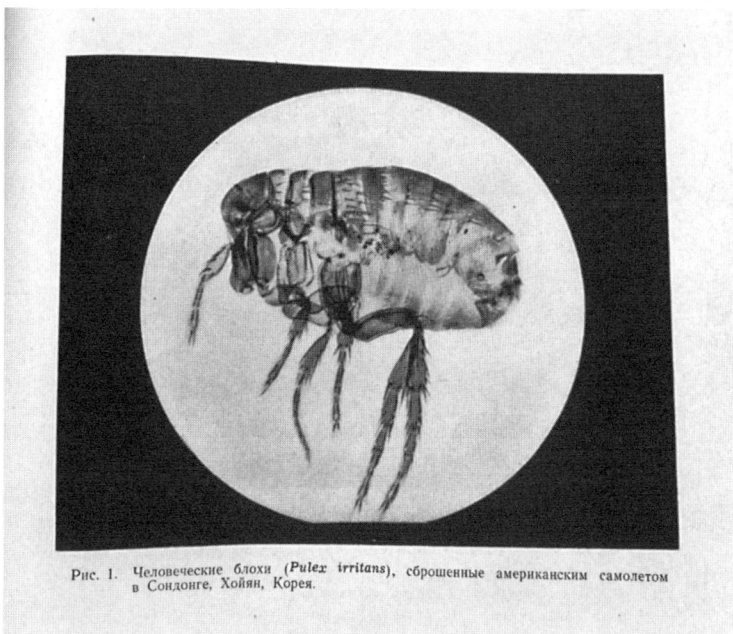

Рис. 1. Человеческие блохи (*Pulex irritans*), сброшенные американским самолетом в Сондонге, Хойян, Корея.

美军在朝鲜半岛投放的用于传播细菌和疾病的跳蚤

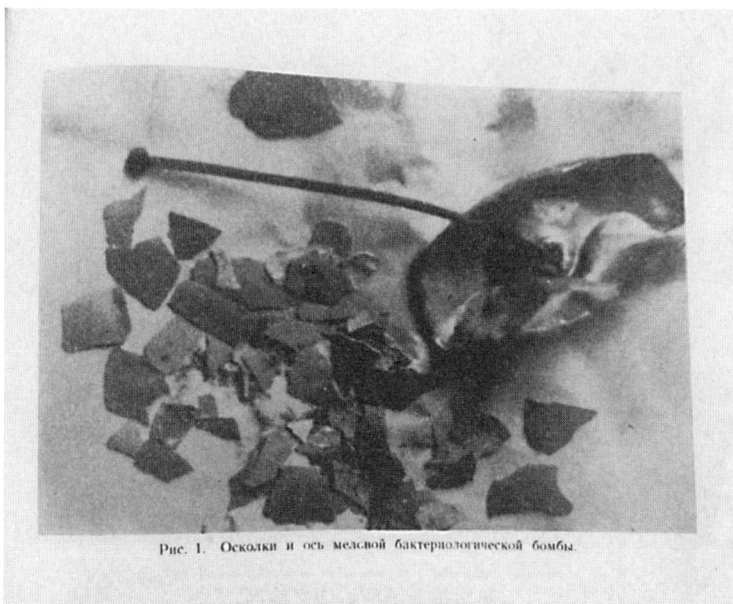

Рис. 1. Осколки и ось меловой бактериологической бомбы.

爆炸后的细菌弹碎片

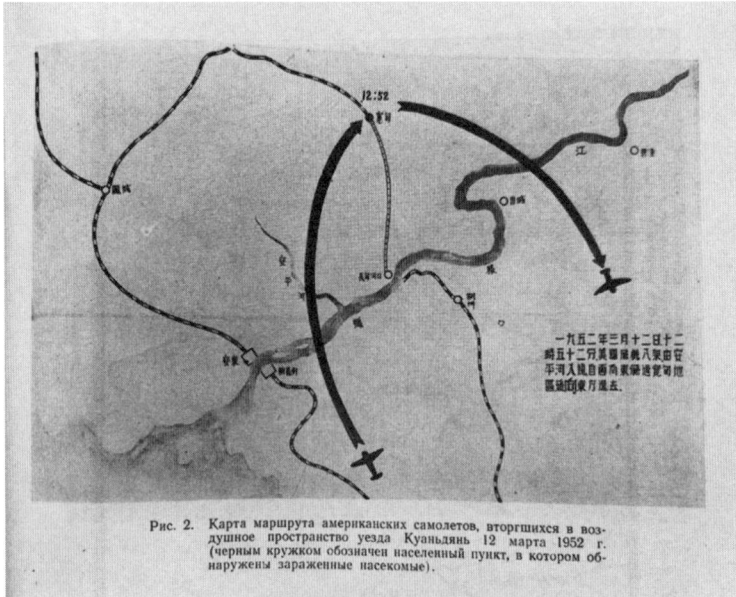

Рис. 2. Карта маршрута американских самолетов, вторгшихся в воз-
душное пространство уезда Куаньдянь 12 марта 1952 г.
(черным кружком обозначен населенный пункт, в котором об-
наружены зараженные насекомые).

1952 年 3 月 12 日美军战机空中细菌战投毒活动

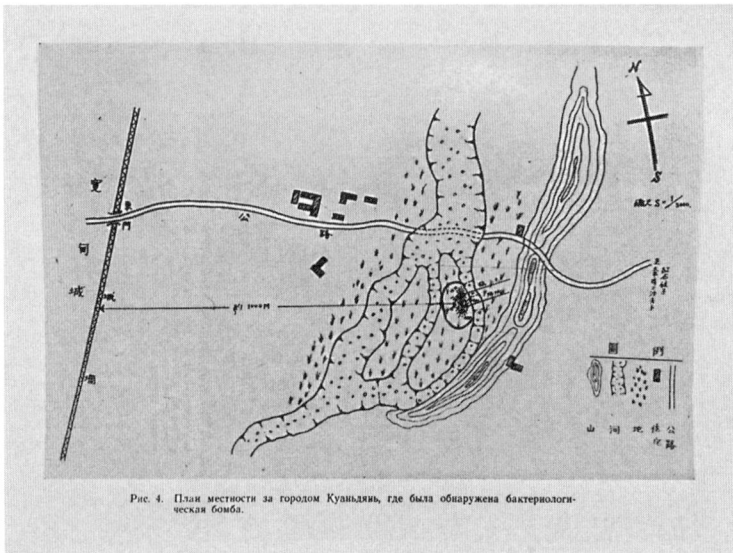

Рис. 4. План местности за городом Куаньдянь, где была обнаружена бактериологи-
ческая бомба.

美军投放细菌炸弹之地区

Рис. 8. Перья, обнаруженные возле воронки контейнера.

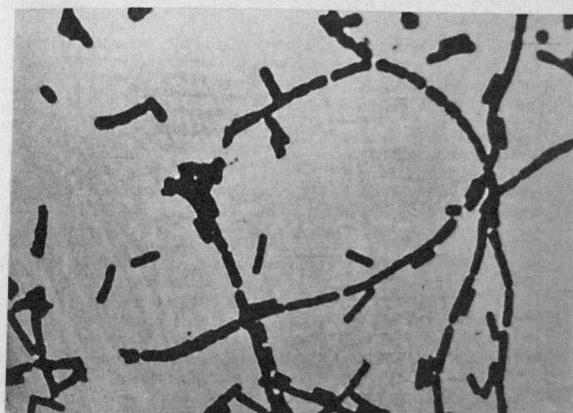

Рис. 9. Сибиреязвенные палочки, выделенные из перьев.

美军用鸡毛传播细菌及炭疽杆菌的示意图

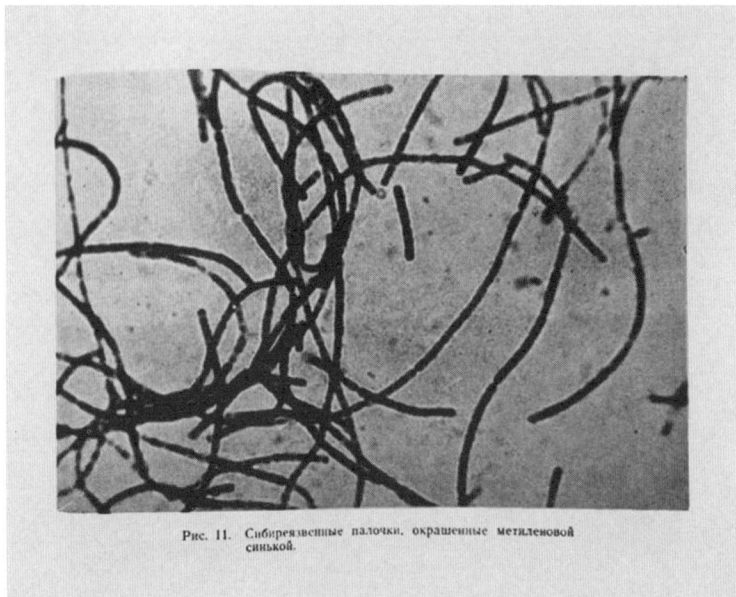

Рис. 11. Сибиреязвенные палочки, окрашенные метиленовой синькой.

炭疽杆菌

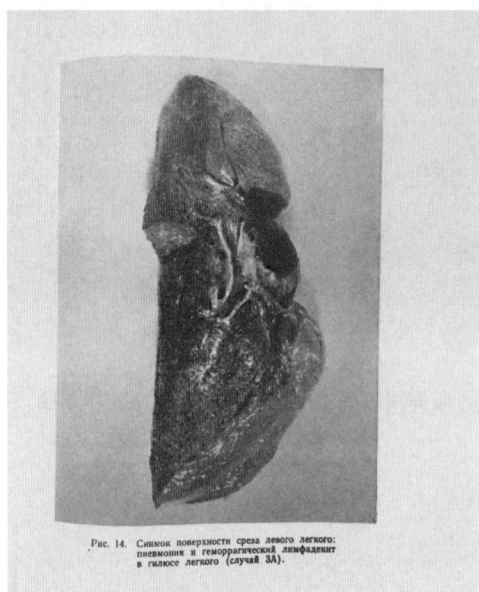

Рис. 14. Снимок поверхности среза левого легкого: пневмония и геморрагический лимфаденит в гилюсе легкого (случай 3A).

受肺炎严重摧残的肺部

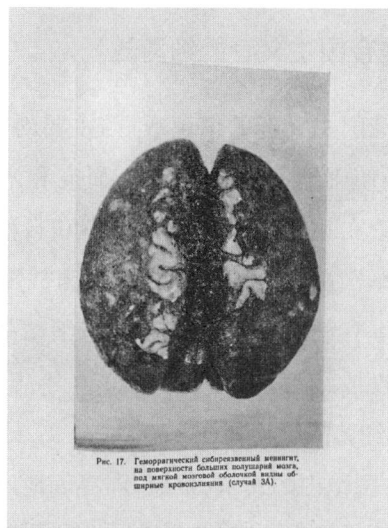

Рис. 17. Геморрагический сибиреязвенный менингит, на поверхности больших полушарий мозга, под мягкой мозговой оболочкой видны обширные кровоизлияния (случай 3А).

炭疽杆菌引起的脑膜炎对脑部的破坏

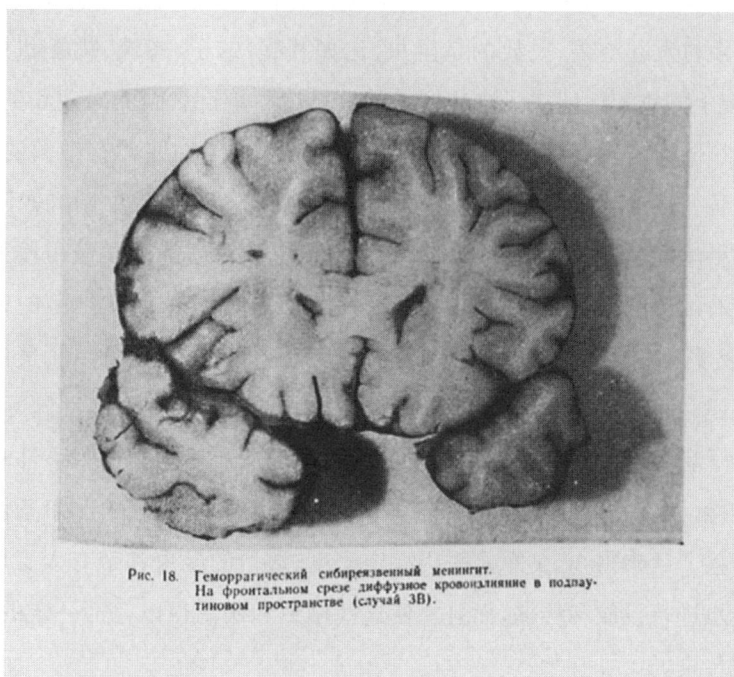

Рис. 18. Геморрагический сибиреязвенный менингит. На фронтальном срезе диффузное кровоизлияние в подпаутиновом пространстве (случай 3В).

炭疽杆菌引起的脑膜炎

二、《文件集:停止美帝国主义者的细菌战》

《文件集:停止美帝国主义者的细菌战》的主要内容包括周恩来总理的声明、中国政府对美国使用细菌武器的抗议、研究和调查报告、中国科学家和医学家的考证和讨论文献,在政治、历史、军事和自然科学等方面揭示以美军为首的"联合国军"在侵略朝鲜时期的细菌战实施及相关的事实和证据。如前所述,美军在朝鲜和中国东北实施细菌战的方式和日军的手法如出一辙,以战机投放细菌媒介为主。1950 年年底开始,美军公然对朝鲜和中国实施空投细菌战。比如 1952 年 2 月 29 日,14 个美军战机编队出动了 148 架次,在中国境内的安东、抚顺、珲春等地,投放带有细菌的黑色虫子。这种空投细菌的作战手法,持续到 3 月。中国政府对于美军使用细菌战杀害中国平民提出严正交涉,中国和朝鲜的民主党派也提出了强烈抗议。

根据调查、研究和考察,1952 年年初美军军机频繁对东北地区的主要城市以及乡村发起空袭,投放的是昆虫,比如苍蝇、蚊子、蜘蛛、跳蚤和其他虫子,实施生物战和细菌战。这些外来昆虫显然不是自然而然出现和到来的。美国战机同时也对该地区的主要城市和乡镇投放了一些含有细菌的炸弹。美国这种公然违反国际法实施细菌战和生物战的行径,为中国和东欧以及中欧的科学家所证实。1952 年初,美军战机也针对朝鲜主要城市投放了昆虫和带有细菌的虫子、细菌弹、化学弹。总体来说,这些散布细菌的作战手段,造成了鼠疫、霍乱以及其他疫情的传播和流行。调查团确认了美国战机针对平民和无设防地区的无差别细菌攻击,并且指控美军违反国际公约。中国科学家和医学家在研讨和分析过程中,亦充分考察了这些事件和过程的可能性,尤其是这些昆虫和细菌如何在朝鲜和中国东北的严寒条件下生存和传播。后来得知,美军是采用特定密度、数量的昆虫和带有人工培养病菌的昆虫进行投放和传播,而且要使这些昆虫和病菌得以存活一定的时间,并实现传染。

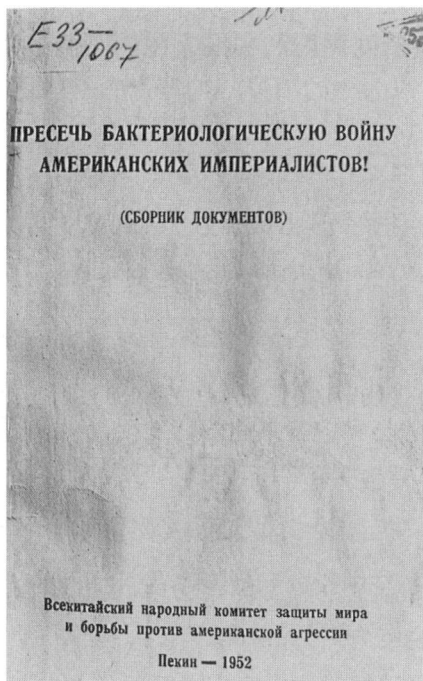

《文件集：停止美帝国主义者的细菌战》封面

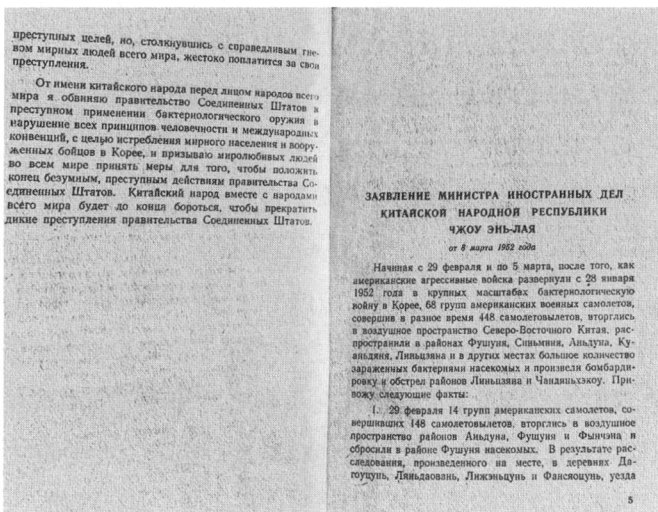

《文件集：停止美帝国主义者的细菌战》中周恩来总理的声明

三、《美帝国主义者针对朝鲜和中国人民的细菌战的文件》

文件集《美帝国主义者针对朝鲜和中国人民的细菌战的文件》也是国际科学委员会调查的准备工作的成果之一。其内容高度概括，简明扼要，并以简短的调查报告和各种文献证据摘录为主要内容。从苏联和中国调查团的角度来看，美军细菌战的实施本质上并非独立事件，而是和日本关东军细菌战有直接历史关联，是日军细菌战的转移和延续。因此虽然主要的内容是调查从 1952 年 1 月底开始的美军实施空投细菌和生物攻击的文献，实际上如前所述，因为朝鲜战场和中国东北的特殊性，美军的做法比日军单一，而使用战机空投为最主要或者唯一的手段。

可以说，自 1952 年 1 月底以来，如果美军出动战机在朝鲜和中国东北实施空投，就基本上是在空中投放和散播细菌。报告的导论介绍了美军实施空投细菌攻击的基本事实和主要情况。有充分证据表明，美国利用战机、炮弹和其他工具对中国和朝鲜境内实施大面积的细菌污染和传播的战略攻击，散播鼠疫、霍乱、伤寒、炭疽等可引致瘟疫和大量人口死亡的病菌。在论证材料中除了基本事实的描写，也加入了当事人（当地平民）的目击和见证内容。在这些文献和资料内容的基础上，对因感染鼠疫、霍乱、炭疽和其他病菌而死亡的平民，受污染、出现疫情的地区，以及关于美军空投在中国和朝鲜境内的从事细菌传播的特工破坏者等情况，分 7 个小章节进行研究和考察，并且印证了美军在 1952 年初秘密实施以空投形式为主的细菌战。

直至 1952 年 3 月 31 日，美国侵略者已经实施了 804 次细菌和病毒投放攻击，投放了诸如受到细菌和病毒感染的害虫、动物和其他物品，其中包括对约 70 个朝鲜城市和村落实施了细菌空投攻击。这足以证明美国当局的生物战是早有预谋的。至于害虫是如何在中国东北和朝鲜境内严寒的条件下存活，有证据表明这取决于它们的数量和群量。这些带毒的害虫通常被投放在太阳照射不到的阴暗处，它们在严寒条件下无法活动，或者只能蠕动。这些害虫包括弹尾目虫、苍蝇、花蝇、蚊蚋、跳蚤和蜘蛛，这些生物都是朝鲜和中国东北自然环境中从未出现过的，显然它们是美军空投传到当地，用于破坏生态和传播疾病的。并且还发现有鼠疫、伤寒、霍乱和炭疽等病菌，而朝鲜从来没有发生过鼠疫和霍乱（1947年之后），而在1950年年底美军实施空投后，却死灰复燃，这绝非偶然。

同样，有证据表明，美国也空投破坏者和特工到中国和朝鲜从事后方破坏式细菌战。

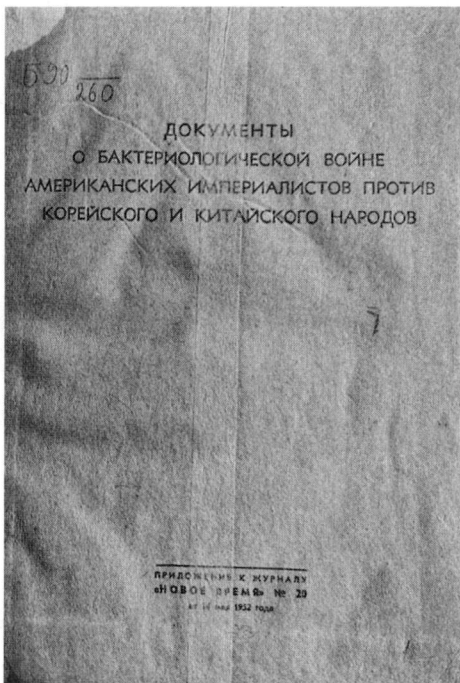

《美帝国主义者针对朝鲜和中国人民的细菌
战的文件》封面

四、《美国侵略者在朝鲜的细菌战——野蛮的反人类暴行》

斯米尔诺夫法官撰写《美国侵略者在朝鲜的细菌战——野蛮的反人类暴行》具有重大的政治、法律和历史意义，其开宗明义地指控美军实施细菌战，并将美军对中国和朝鲜实施细菌战的事实，放在日军细菌战的帝国主义侵略扩张历史脉络下加以描述和深化。斯米尔诺夫指出，由于中国人民志愿军和朝鲜军队英勇顽强抵抗，以美国为首的联合国军队侵占朝鲜半岛的阴谋和军事行动遭到了挫败并最终破产。

就在这种背景下,美军漠视人道主义和国际条约的规范,不顾后果地对中国东北和朝鲜的后方城市、乡村的平民民居实施秘密的细菌战和生化战。实施细菌战是建立在接收了原日军细菌战的高级军官将领作为美军顾问的基础上的。美国在纽伦堡审判和东京审判中都力主对战犯予以包庇,无论是德国还是日本那些曾经使用苏联俘虏人员作为活人实验对象的行为,美国都视若无睹。日军细菌战和德军的细菌战在技术研究和实践上都有相辅相成的关系,而美国对德日细菌战的研究和实施,都基于美国与他们之间有不可告人的勾结以及阴谋盘算,因而美国企图淡化这些不光彩的事实。

比如在哈巴罗夫斯克审判结束后不久,1950 年 2 月 1 日,苏联就向美国、英国和中华人民共和国提出照会,希望再举行一次追究和清算日军细菌战的国际法庭,对包括石井四郎在内的顶级细菌战战犯进行审判,但遭到了美国和英国的拒绝。很明显,美国想借助这些日本细菌战军官科学家为美国所用。通过一系列国际审判,以及哈巴罗夫斯克审判,苏联对于美国在德日法西斯的细菌战阴谋中的角色也有一定的了解。

早在 1951 年,以美国为首的西方帝国主义侵略集团就已经开始准备与实施细菌战,其用船舶将一些鼠疫媒介运往朝鲜,并就地进行秘密实验,而美国的一些媒体也透露了石井四郎等为美国效力的日本细菌战专家也来到了朝鲜半岛的美占区从事细菌实验研究。美国的细菌战研究计划在其国内也得到了大力支持,印第安纳、密西西比、犹他等几个州都建立了大型的细菌培养研究中心。

诸多事实和证据表明,美军公开以空投这种自以为难以察觉和举证的方式,对中国东北和朝鲜的后方地区实施细菌和生物攻击,是自 1950 年年底开始,并于 1952 年达到高峰的。1952 年年间实施这些细菌攻击特别任务的,是美军驻扎在朝鲜半岛的生化部队。自 1952 年 2 月底至 3 月中,美军频繁和大规模地实施空投细菌攻击,除了有害昆虫的投放,美军的细菌弹设计和原料(陶瓷和纸皮),基本上和日军七三一部队的样式无异,攻击手法也和日本 1941 攻击中国中部(常德)的方式无异。

　　针对美国的暴行,中国、苏联和朝鲜立即组建了一系列调查委员会,进行实地考察和取证,调查当地的疫情以及平民的伤亡情况,并且列举了上述委员会调查报告和文献的相关论证和结论。

　　总体来说,斯米尔诺夫的报告义正词严地揭示了美国当局在正面战场不敌中国人民志愿军和朝鲜军队(还有苏军米格战机航空兵团)之时,在经过充分的准备,特别是全盘接收了德国和日本的生化武器科技之后,就于1950年年末至1953年秘密而大规模地对苏联边境,以及中国和朝鲜的后方实施细菌投放。这是铁证如山,不容抵赖和狡辩的历史,美国的帝国主义侵略本质暴露无遗,很多被俘的美国飞行员,以及西欧的一些战地医生和医疗顾问也证实了这些情况。

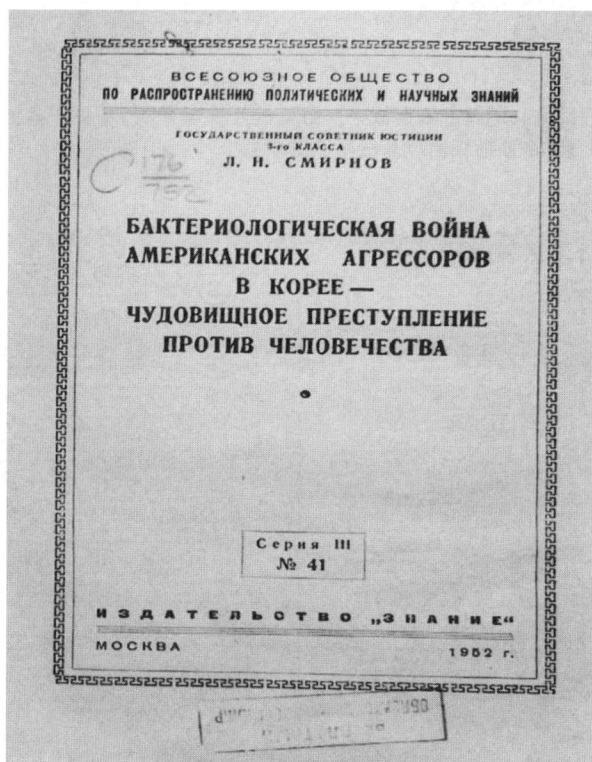

《美国侵略者在朝鲜的细菌战——野蛮的反人类暴行》封面

《美国侵略者在朝鲜的细菌战——野蛮的反人类暴行》中关于美国包庇德国和日本法西斯细菌战高级精英的内容

Злодеяния американских агрессоров в Корее и Северо-Восточном Китае

《美国侵略者在朝鲜的细菌战——野蛮的反人类暴行》中关于美军1952年初公然以卑劣手段发动针对中国和朝鲜后方军民的细菌战的内容

五、《被美国战俘证实的细菌战文件材料集》

在搜证和举证方面,《被美国战俘证实的细菌战文件材料集》以被俘美军飞行员的口头供述和手写材料为主要内容。这些内容对于研究抗美援朝战争时期美军入侵的军事手段,以及美军在实施细菌战中使用的特制炸弹和昆虫位置、昆虫种类,乃至美军企图在必要时对中国、朝鲜军民,苏联空军的阵营发动有限度的核武攻击的计划等方面,都有非常重要的学术研究价值。

根据这些被俘美军官兵的材料,美军的确使用了空投细菌弹作为攻击中国和朝鲜的手段。他们在参战前受训的时候,美军教官曾告诉他们,细菌炮弹有别于一般的炸药炮弹,弹舱内需要预留更多空间容纳数以千计的各种带有细菌病毒或不带细菌病毒的害虫,当炮弹从轰炸机投放到地面,通过落地的压力造成炮弹解体,释放出装有病虫和害虫的容器,然后任凭它们飞出或爬出,污染当地环境,传播疾病和瘟疫。因此,结合当地的气温环境考虑,这种条件下的病虫和害虫的确不会立即被冻死,并且可以随着温差的变化存活下来并

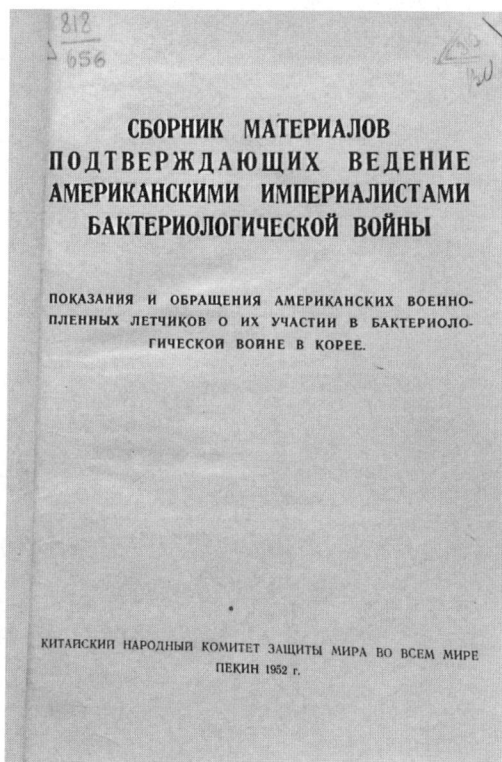

СБОРНИК МАТЕРИАЛОВ
ПОДТВЕРЖДАЮЩИХ ВЕДЕНИЕ
АМЕРИКАНСКИМИ ИМПЕРИАЛИСТАМИ
БАКТЕРИОЛОГИЧЕСКОЙ ВОЙНЫ

ПОКАЗАНИЯ И ОБРАЩЕНИЯ АМЕРИКАНСКИХ ВОЕННО-
ПЛЕННЫХ ЛЕТЧИКОВ О ИХ УЧАСТИИ В БАКТЕРИОЛО-
ГИЧЕСКОЙ ВОЙНЕ В КОРЕЕ.

КИТАЙСКИЙ НАРОДНЫЙ КОМИТЕТ ЗАЩИТЫ МИРА ВО ВСЕМ МИРЕ
ПЕКИН 1952 г.

《被美国战俘证实的细菌战文件材料集》封面

产生传播效应。美军战俘也提到通过蚊子吸血去传播脑炎的手段。为了实施细菌战空投,他们还专门组建了特殊的航空攻击队。

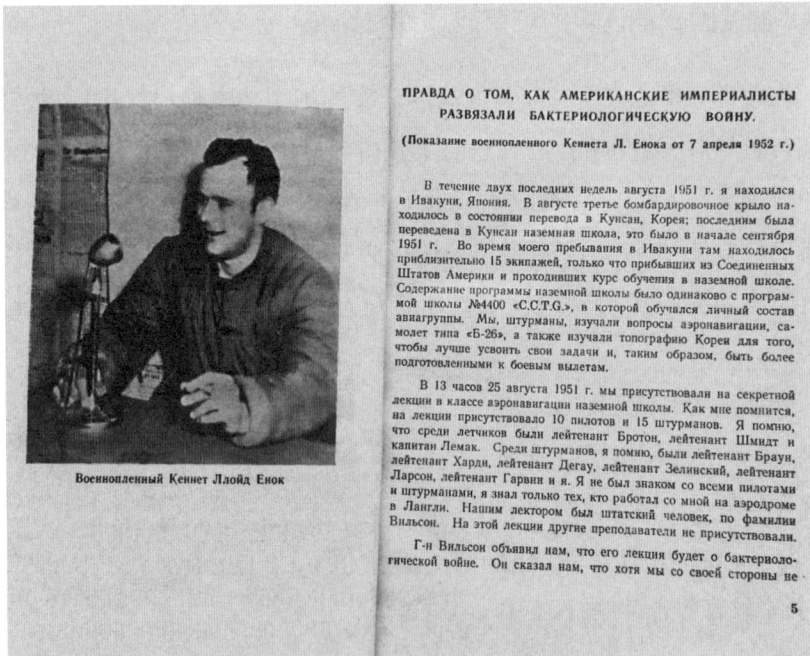

《被美国战俘证实的细菌战文件材料集》中的被俘美军飞行员耶诺克

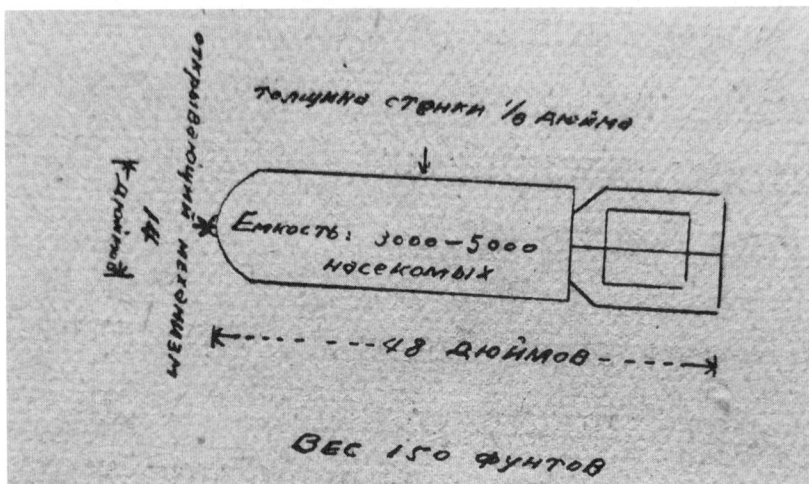

《被美国战俘证实的细菌战文件材料集》中所示的美军细菌害虫弹的示意图（原稿由美军战俘所绘）

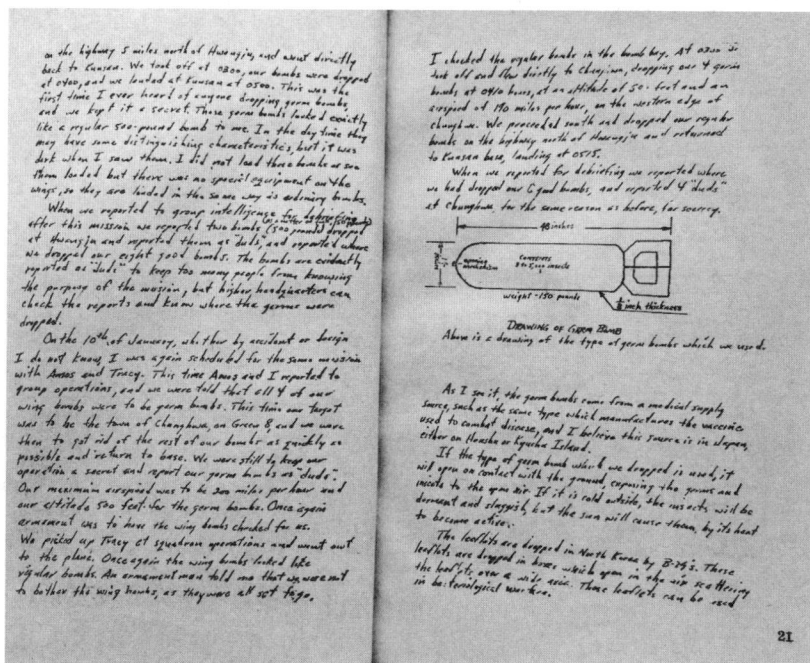

《被美国战俘证实的细菌战文件材料集》中美军战俘交代材料的手稿

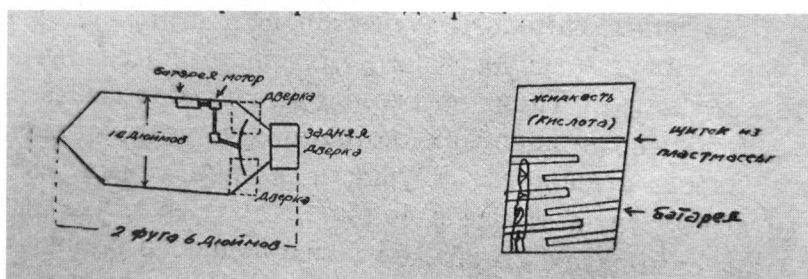

《被美国战俘证实的细菌战文件材料集》中所示用于释放有害病菌昆虫的炮弹内部结构

и все они походили на 500-фунтовые бомбы с тонкими стенками. Первой была показана распадающаяся на две половины бомба,

второй — с дверками в задней части бомбы, вблизи хвостового оперения, а третья — с отломанным хвостом.

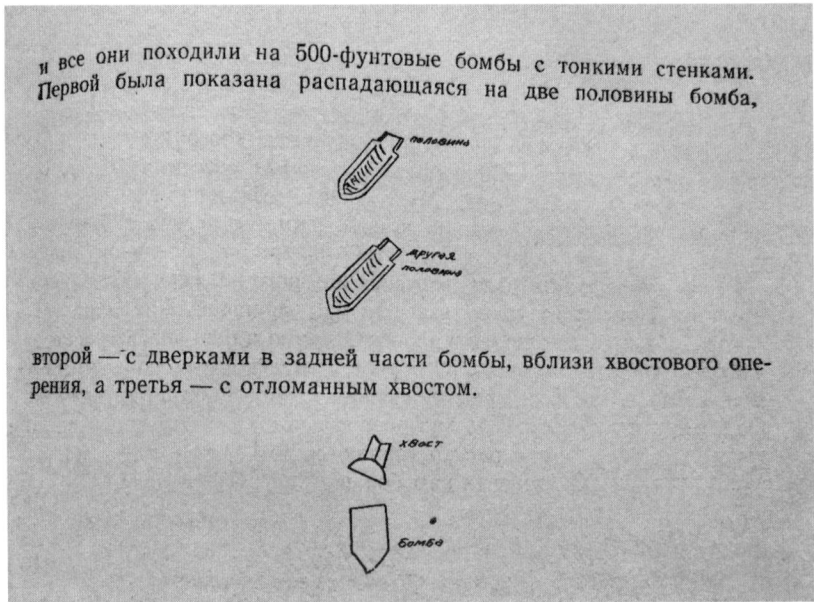

炮弹的复合结构

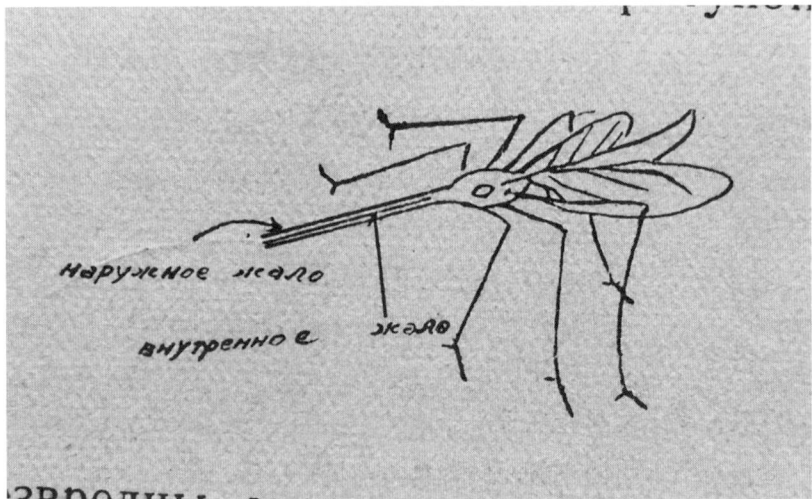

传播脑炎病菌的蚊子

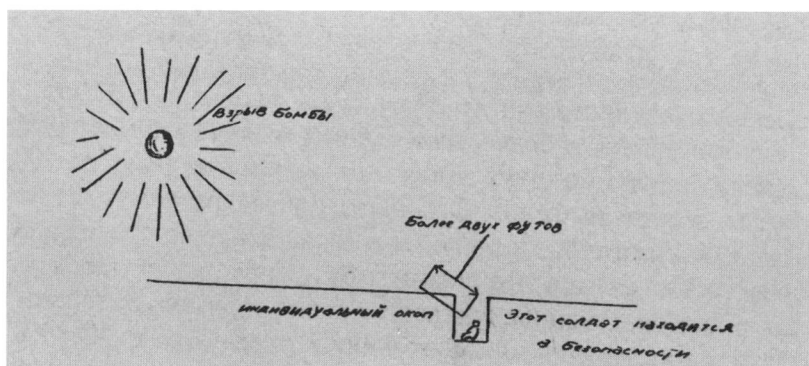

《被美国战俘证实的细菌战文件材料集》揭示的美军有计划地在朝鲜战场上使用有限辐射范围的小型核弹,而美军可躲在战壕和掩体里避免受到辐射

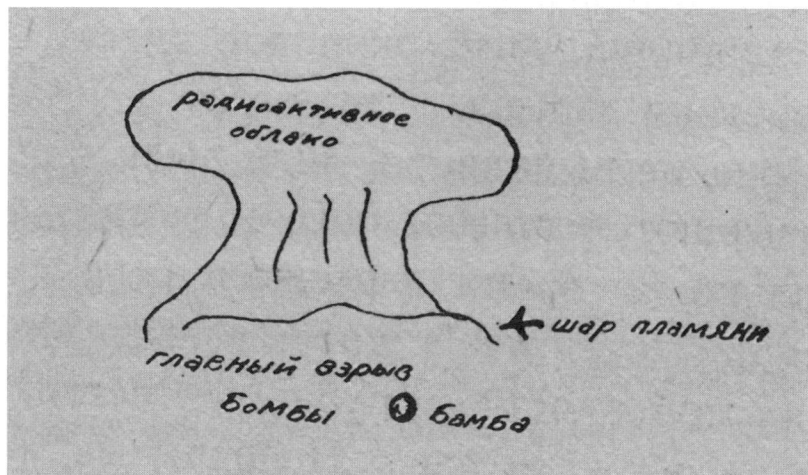

《被美国战俘证实的细菌战文件材料集》中的核爆构想

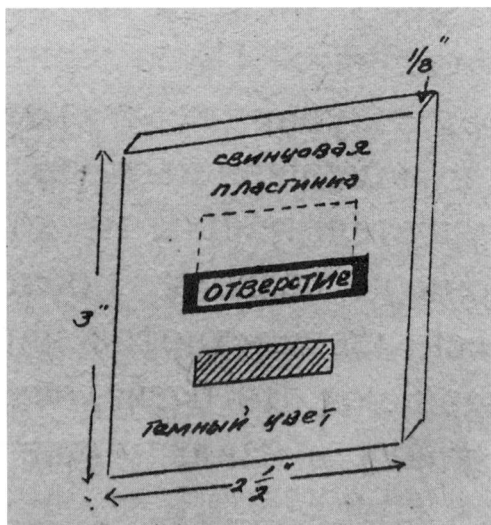

《被美国战俘证实的细菌战文件材料集》中出现的被认为
可以阻止伽马射线的纸盒

六、《关于中国和朝鲜的证据》

法国医生、画家、新闻工作者、政客和社会活动家法尔日（Y. Farge /И. Фарж，也译作法奇——编著者注），在以美国为首的"联合国军"入侵和干涉朝鲜期间到朝鲜从事义务救治活动。之后以自己的日记，以及搜集到的照片和文献素材撰写了《关于中国和朝鲜的证据》。这是西方见证人、亲历者针对美军采取日军细菌战方式攻击中国和朝鲜军民的证据。

虽然该书内容不多，但史料价值巨大，力证了美军细菌战的事实和历史背景，内容包括前言、日记、自述、附录四部分。他在自述中明确指出，美军实施细菌战是证据确凿的事实，它们和已在美国本土发表的书籍和报章杂志提到的内容相符。而在中国和朝鲜的实验室对美国细菌战的调查和研究亦进一步证实了这一点。美军使用细菌战的罪恶，并不亚于使用原子弹。他在日记中写道，他在走访朝鲜村落为当地人治病时，了解到美军战机空投不明物品（其实是装有病虫和害虫的炮弹），而当地出现的疫病，也明显是特殊的细菌军事攻击所造成的结果。

《关于中国和朝鲜的证据》封面

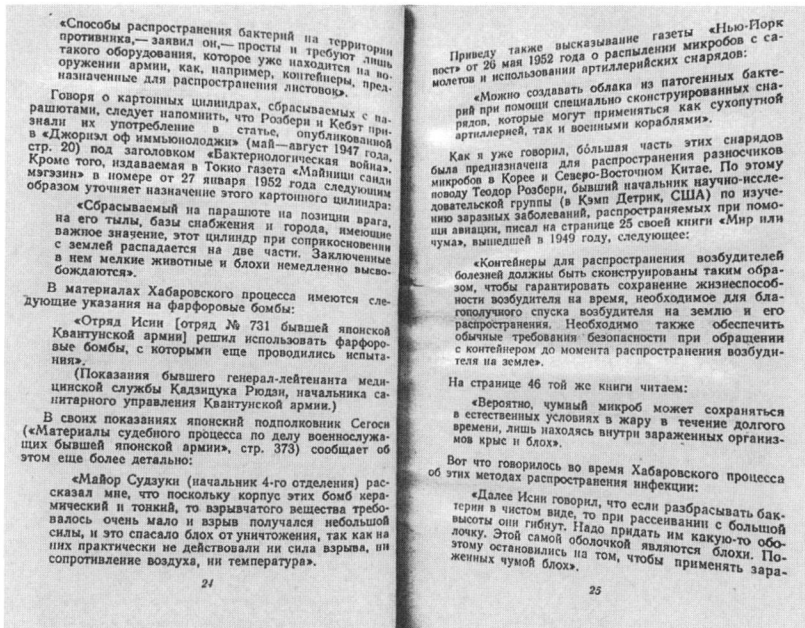

《关于中国和朝鲜的证据》中关于美军和日军使用细菌战的相同之处的内容

Г-жа Хан Сан Гон рассказывает Иву Фаржу и д-ру Чу Пин Сену, при каких обстоятельствах ее муж нашел у дверей своего дома два пакета с мухами и как потом он сам и двое их маленьких детей умерли от холеры.

法尔日和朝鲜同志听取朝鲜妇人讲述她丈夫和两个孩子在捡到两个内有苍蝇的袋子后死于霍乱病

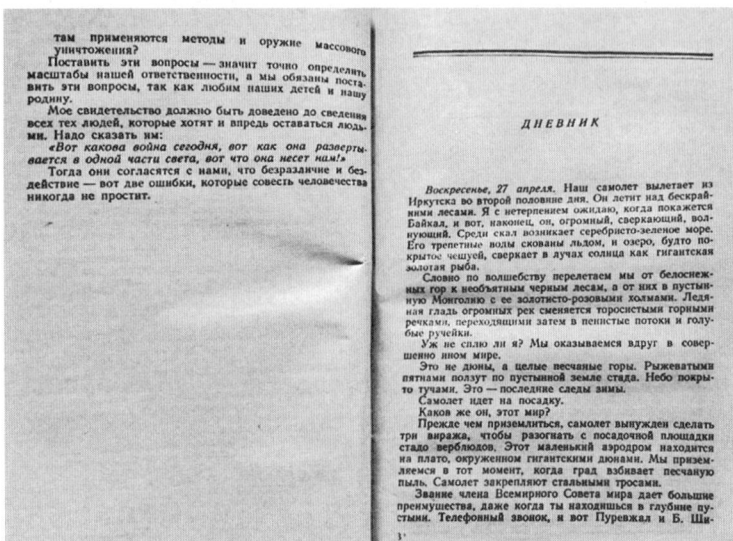

там применяются методы и оружие массового уничтожения?

Поставить эти вопросы — значит точно определить масштабы нашей ответственности, а мы обязаны поставить эти вопросы, так как любим наших детей и нашу родину.

Мое свидетельство должно быть доведено до сведения всех тех людей, которые хотят и впредь оставаться людьми. Надо сказать им:

«Вот какова война сегодня, вот как она развертывается в одной части света, вот что она несет нам!»

Тогда они согласятся с нами, что безразличие и бездействие — вот две ошибки, которые совесть человечества никогда не простит.

ДНЕВНИК

Воскресенье, 27 апреля. Наш самолет вылетает из Иркутска во второй половине дня. Он летит над бескрайними лесами. Я с нетерпением ожидаю, когда покажется Байкал, и вот, наконец, он, огромный, сверкающий, волнующий. Среди скал возникает серебристо-зеленое море. Его трепетные воды скованы льдом, и озеро, будто покрытое чешуей, сверкает в лучах солнца как гигантская золотая рыба.

Словно по волшебству перелетаем мы от белоснежных гор к необъятным черным лесам, а от них в пустынную Монголию с ее золотисто-розовыми холмами. Ледяная гладь огромных рек сменяется торосистыми горными речками, переходящими затем в пенистые потоки и голубые ручейки.

Уж не сплю ли я? Мы оказываемся вдруг в совершенно ином мире.

Это не дюны, а целые песчаные горы. Рыжеватыми пятнами ползут по пустынной земле стада. Небо покрыто тучами. Это — последние следы зимы.

Самолет идет на посадку.

Каков же он, этот мир?

Прежде чем приземлиться, самолет вынужден сделать три виража, чтобы разогнать с посадочной площадки стадо верблюдов. Этот маленький аэродром находится на плато, окруженном гигантскими дюнами. Мы приземляемся в тот момент, когда град взбивает песчаную пыль. Самолет закрепляют стальными тросами.

Звание члена Всемирного Совета мира дает большие преимущества, даже когда ты находишься в глубине пустыни. Телефонный звонок, и вот Пуревжал и Б. Ши-

《关于中国和朝鲜的证据》中法尔日的日记

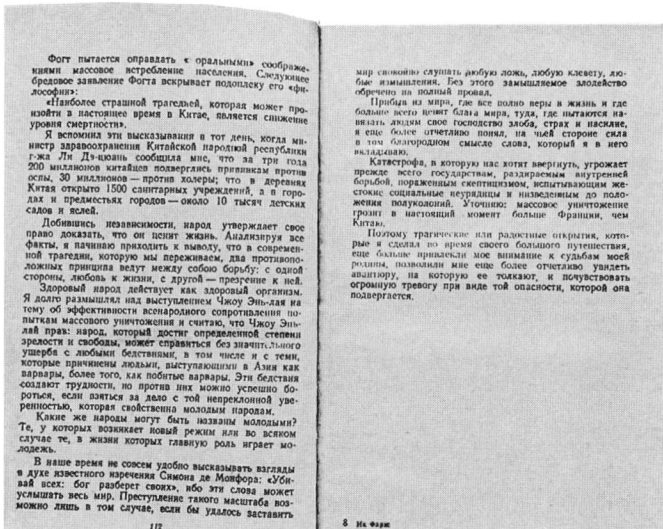

《关于中国和朝鲜的证据》结论部分

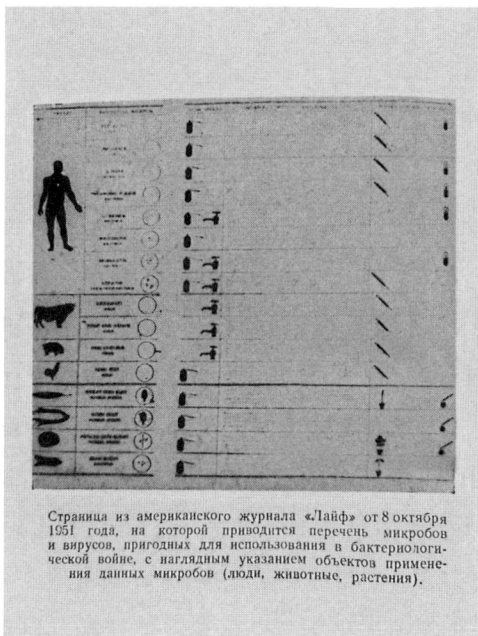

《关于中国和朝鲜的证据》引用美国《生活杂志》1951 年 10 月 8 日
刊登的微生物对人和各类动物的影响的相关内容

结　语

本书收录、研究和编译的档案史料和文献材料进一步证实和确认了细菌战与第二次世界大战前后的日本和德日轴心国集团的侵略政策，以及企图在战后操控新世界秩序、建立单极绝对霸权的美国的军事侵略扩张政策，乃至与整个20—21世纪复杂的国际关系史，都有着极为密切和复杂的关系。而细菌战的隐秘性、复杂性、双向毁灭性、不稳定性都让其成为最为阴险和具有大杀伤性的攻击方式。

总的来说，利用细菌和疾病作战的概念和意识，早在欧亚大陆的中世纪时代，以及近代的英国人和美国人对付印第安人等历史案例中，就已经存在了。从狭义的现当代细菌战和生化战的角度来看，随着第一次世界大战的结束，具备强大工业、化学和生物学基础的德国率先暗中研究将微生物病菌运用到作战手段当中，确立了以飞机空投喷洒、制造雾化和液化的细菌团状物污染空气、利用昆虫携带和传播病菌的手段，成为实施有效细菌攻击的方式。而这些手段也被日本和美国全盘接受和复制。历史表明，德国和日本，以及随后的美国和以美国为首的北大西洋公约成员国，都致力于秘密研究生化武器，将之作为隐秘的军事攻击方式。而德国、日本和美国是到目前为止在实战中大规模实施过细菌战和生化攻击的国家。

从第二次世界大战前夜极为复杂和风云诡谲的国际关系史来看，苏联当时所面临的敌人，不仅是来自德日轴心国集团的两线夹击，更是面临美国、英国、法国推行的纵容政策所煽动的反苏联十字军战争威胁，周边的波兰、芬兰,乃至"满洲国"等都有可能率先在西方帝国主义集团以及轴心国集团的策动和驱使下挑起局部并持续扩大化的反苏战争。[①] 20 世纪 30 年代,斯大林主政下的苏联对国防、工业和科技的建设极为重视,并且对当时新型战争的前景走向有极具前瞻性的分析和判断。早在 1936 年,即细菌战的概念仍然作为一种科幻异想的趣谈时,苏联方面就率先翻译了法国学者在 1935 年撰写的细菌战专著,并且认真分析了细菌战的可能性,采取了积极的应对办法,强化了苏联红军对化学、防疫、防化兵种的建设。

从苏联/俄罗斯-日本的关系来看,19 世纪末以来,俄罗斯与日本的关系转变为交往与对抗并存的复杂关系,并且随着两国在远东地区的扩张和争夺殖民地、势力范围而走向政治和军事上的全面敌对关系。从 1904—1905 年的日俄战争,以及 1918—1922 年日本派兵参与 14 国武装干涉入侵苏维埃国家的战争历史来看,日本一直觊觎俄罗斯远东和西伯利亚地区,谋求借助国际危机,通过军事手段将该地强占为日本的殖民地。

日本当局早就充分意识到侵略苏联的困难性,于是采取了逐步蚕食的进攻方针——以"满洲国",以及侵华战争初期占领的华北地区为反对苏联的战略支点和前沿阵地。日本和"满洲国"当局为了对苏联远东和西伯利亚实施全方位的进攻,不惜通过招揽反苏的白俄罗斯侨民和乌克兰极端民族主义分子,组成反苏武装组织,再以特殊训练将他们变成潜行破坏分队,在战时潜入苏联后方实施破坏。而众多的敌后破坏手段中,恐怖袭击、暗杀、爆破和投放细菌攻击是最具威胁的手段。

由此可见,日本关东军组建细菌部队的直接战略目的是要实施针对苏联的后方细菌破坏战术。1939 年的哈拉欣河战争(诺门罕战争)期间,石井四郎部队就派出了细菌战敢死队在苏联和蒙古人民共和国境内投放细菌,并将作战过程写成秘密的作战材料。在 1940—1941 年日本陆军省准备反苏战争的绝密计划"关特演"之时,细菌战也是配合日本在正面战场攻势的不可缺少的非常规特种作战手段。而石井四郎部队也用类似的细菌攻击方式

---

① 参见拙作《论 1938—1939 年英国与苏联的外交斗争》,北京:北京大学历史学博士论文,2022 年。

在浙赣战役和常德空袭期间攻击中国军民,造成了极其严重的瘟疫,导致大量中国平民死亡。

为了更好地提升针对苏联的大规模细菌战效力,石井四郎部队及其各支部在研究和准备细菌战方面大量使用活人进行各类生物(细菌和跳蚤)、化学(毒气和毒药)、物理(压力和严寒气温)实验,全方位研究细菌战和其他作战形式的数据,其中也包括不同人种之间的抵抗力和体质差异。被实验的中国人、苏联人、英美人等都难逃一死,即使他们侥幸抵抗住细菌和毒药的侵袭,也不免遭受下一轮的研究和实验。毕竟日本关东军细菌部队绝不会放过任何一次能够获得重大科研数据的机会,而代价就是大量产出的细菌及其费用、从德国等国买入的昂贵实验器材的运转和保养费用,以及通过反复实验杀死这些被关东军宪兵队"特殊输送"到石井四郎部队的被俘士兵和平民。

苏联红军击败日本关东军之后,审讯关东军细菌部队的任务成为与日本军国主义残余以及美国帝国主义斗争的另一场战役。得益于哈巴罗夫斯克审判的开启,苏联以本国法律和国际准则为准绳,通过大量的审讯口供和笔供、证人证词和原始档案文件等证据审判和惩罚了诸如山田乙三、川岛清和佐藤俊二等12名罪大恶极的头号细菌战战犯。这除了彰显正义与重建和平的意志和决心,同时也沉重地抨击了公开和暗中包庇洗白日本战犯(包括日本细菌战主犯)的美国。而美国在朝鲜战争中针对中国、朝鲜和苏联军民而实施的细菌攻击和破坏行径,亦被证明是和石井四郎部队的细菌战攻击手段基本吻合的。美国当局苍白无力的否认和自相矛盾的诡辩都不能掩盖这些历史事实。

作为第二次世界大战史和20—21世纪现当代军事史的重要课题,对细菌战和生化战的研究仍然有很大的拓展空间,亦可以从不同的角度加以深化研究和解读。但不可否认的是,这种没有硝烟、最为诡诈且肉眼看不见的战争和祸患,已经不可避免地成为当代人类安全与和平所面临的最残酷的危机和挑战。

主要参考文献

原始档案史料,已出版史料文献、报纸、回忆录及其他当事人著作

1. *Анисимов И. В.*, *Кузьмин Г. В.*: Великая Отечественная война Советского Союза 1941 – 1945 гг., Москва: Воениздат, 1952.

2. *Василевский А. М.*: Дело всей жизни, Москва: Политиздат, 1978.

3. *Военный Отдел Всесоюзной Библиотеки имени В. И. Ленина, Центральный фонд военных переводов (военный сектор) (ред.)*: О возможностях бактериологической войны, перевод № 16, Москва, 1936.

4. *Воробьёв Ф. Д.*, *Кравцов В. М.*: Победы Советских Вооружённых Сил в Великой Отечественной войне 1941—1945 гг., Москва: Воениздат, 1953.

5. *Главное Военно-Медицинское управление Министерства Обороны Союза ССР (ГВМУМО СССР) (ред.)*: Защита от атомного, химического и бактериологического оружия. Пособие для санитарных инструкторов, Москва: Воениздат СССР, 1957.

6. *Голиков С. З.*: Выдающиеся победы Советской Армии в Великой Отечественной войне, Москва: Госполитиздат, 1952.

7. *Жуков Г. К.*: Воспоминания и размышления, в 2-х томах, Москва: изд-во Олма-Пресс, 2002.

8. *Малышева Е. П. ， Цунаева Е. М. ， Шаповалова Л. Д. ， Шишкин А. И. ， Сливко С. В. и др.* （*ред.*）: Хабаровский процесс. Документальные свидетельства: сборник документов, Москва: Фонд Историческая память, 2021.

9. *Международная Научная Комиссия （МНК*） （*ред.*）: Доклад Международной Научной комиссии по расследованию фактов бактериологической войны в Корее и Китае, Пекин, 1952.

10. *МНК* （*ред.*）: Документы о бактериологической войне американских империалистов против корейского и китайского народов, приложение к журналу 《Новое время》 № 20, 14 мая 1952 г.

11. *МНК* （*ред.*）: Пресечь бактериологическую войну американских империалистов! （сборник документов）, Всекитайский народный комитет защиты мира и борьбы против американской агрессии, Пекин, 1952.

12. *МНК* （*ред.*）: Сборник материалов подтверждающих ведение американскими империалистами бактериологической войны—показания и обращения американских военнопленных лётчиков о их участии в бактериологической войне в Корее, Китайский народный комитет защиты мира во всём мире, Пекин, 1952.

13. *Минин И. А.*: Воспоминания Минина Ивана Александровича — участника боёв на Халхин-Голе, Куйбышев: Совет ветеранов — участников боёв на Халкин-Голе Монгольской Народной Республика, 1981.

14. *Министерства Обороны СССР* （*ред.*）: Как действовать в условиях применения ядерного, химического и бактериологического оружия. Пособие солдату и матросу, Москва: Воениздат СССР, 1963.

15. *Министерства Обороны СССР* （*ред.*）: Руководство по индикации бактериологического （биологического） оружия, Москва: Ордена Трудового Красного Знамени Военное издательство Министерства Обороны СССР, 1970.

16. *Министерства Обороны СССР, Бухтояров В. И. и др.* （*ред.*）:

Подготовка подразделений к защите от ядерного, химического, бактериологического (биологического) и зажигательного оружия противника, Москва: Воениздат, 1989.

17. *Накадзоно Э.*: Сеятели ночи, перевод с японского *С. Гутермана*, Москва: изд-во Прогресс, 1971.

18. *Пивовар Е. И.*, *Ковалев Б. Н. и др. (ред.)*: Хабаровский процесс. Документальные свидетельства (Без срока давности. Преступления нацистов и их пособников против мирного населения в период Второй Мировой войны: документы и материалы), Москва: Фонд Президентских грантов, Российское Историческое общество, 2021.

19. 《Правда》, 24 декабря 1949 — 1 января 1950 гг.

20. *Рагинский М. Ю.*, *Розенблит С. Я.*: Международный процесс главных японских военных преступников, отв. ред. *С. А. Голунский*, Москва, Ленинград: изд-во АН СССР, 1950.

21. *Рагинский М. Ю.*, *Розенблит С. Я.*, *Смирнов Л. Н.*: Бактериологическая война — преступное орудие империалистической агрессии, Москва: изд-во Академии Наук СССР, 1950.

22. *Рагинский М. Ю. и др. (ред.)*: Милитаристы на скамье подсудимых: по материалам Токийского и Хабаровского процессов, Москва: изд-во Юридическая Литература, 1985.

23. *Сартори А.*, *Сартори Р.*: Бактериологическая война, перевод с французского *З. Орская* под редакцией и с предисловием проф. *Жан Эйффель*, Москва: Государственное военное издательство Наркомата Обороны Союза ССР, 1936.

24. *Сейерс М.*, *Кан А.*: Тайная война против Советской России, перевод с английского *А. Гурович*, *Е. Калашникова и др.*, Москва: Госиздат. Иностранной литературы, 1947.

25. *Смирнов Л. Н.*: Бактериологическая война американских агрессоров в Корее — чудовищное преступление против человечества, Москва: изд-во

Знание，1952.

26. *Смирнов Л. Н.，Зайцев Е. Б.*：Суд в Токио，Москва：Ордена Трудового Красного Знамени Военное издательство Министерства Обороны СССР，1980.

27. *Сталин И. В.*：О Великой Отечественной войне Советского Союза，5-е издание，Москва：Воениздат，1947.

28. *Тельпуховский Б. С. и др.*：Очерки истории Великой Отечественной войны 1941—1945 гг.，Москва：изд-во Библиотека АН СССР，1955.

29. *Фарж И.*：Свидетельство о Китае и Корее，перевод с французского *Л. И. Яковлев*，Москва：изд-во Иностранной литературы，1952.

30. *Хамадан А.*：Япония на путях к《Большой войне》. Военно-фашистский заговор в Токио 26－29 февраля 1936 г.，Москва，Ленинград：Соцэкгиз，1936.

31. *Чертков Д. Д.，Ильницкий М. Л.，Воробьёв И. Г. и др. (ред.)*：Материалы судебного процесса по делу бывших военнослужащих японской армии，обвиняемых в подготовке и применении бактериологического оружия，Москва：Государственное издательство политической литературы，1950.

32. *Чуйков В. И.*：Миссия в Китае，Москва：Воениздат，1983.

33. Sayers M.，Kahn A. E.：*The Great Conspiracy：The Secret War Against Soviet Russia*，Boston：Little，Brown and Company，1946.

34. 斯大林:《论苏联伟大卫国战争》,莫斯科:外国文书籍出版局,1949。

35.《前日本陆军军人因准备和使用细菌武器被控案审判材料》,莫斯科:外国文书籍出版局,1950。

36. 安尼西莫夫、库兹明:《苏联伟大卫国战争简史》,王复加译,北京:时代出版社,1953。

37. 沃罗彪夫、克拉夫佐夫:《苏联伟大卫国战争简史》,中国人民解放军军事学院军事科学研究部译印,北京:中国人民解放军军事学院,1960。

38. 沃罗彪夫、贝洛夫、克拉夫佐夫、贝尔金:《苏联伟大卫国战争》,《苏联大百科全书》选译,秋江、方兆琏译,北京:人民出版社,1954。

39. 俄罗斯联邦的联邦安全局(苏联国家安全执行委员会)中央档案总局及联邦安全局公共联络中心公布的材料:

（1）Показания генерал-майора Ш. Акикуса. 9 февраля 1946 г. Москва.

（2）Показания полковника С. Асада. 11 февраля 1946 г. Москва.

（3）Показания генерал-лейтенанта М. Миякэ. 9 февраля 1946 г. Москва.

（4）Показания генерал-лейтенанта К. Томинага. 11 февраля 1946 г. Москва.

（5）Показания действительного советника 2-го класса Т. Хосико. 9 февраля 1946 г. Москва.

（6）Показания генерал-лейтенанта Г. Янагита. 11 февраля 1946 г. Москва.

40. 俄罗斯各档案局/馆公布之日军关东军细菌战高级战犯预审材料:

（1）俄罗斯国家档案局 Ф. Р-9492. Оп. 10с. Д. 147. Л. 342-352.

（2）俄罗斯国家档案局 Ф. Р-9492. Оп. 10с. Д. 147. Л. 370-390.

（3）俄罗斯内务部哈巴罗夫斯克州分局资料中心 Ф. 14, Оп. 3, Д. 6, Л. 28-38.

（4）俄罗斯联邦安全局中央档案局 Ф. К-72. Оп. 1. Д. 43. Л. 142-150.

（5）俄罗斯国立军事档案局 Ф. 451 п, Оп. 20, Д. 51, Л. 24-30.

（6）俄罗斯国立军事档案局 Ф. 451п, Оп. 20, Д. 55, Л. 194-200.

（7）俄罗斯国立军事档案局 Ф. 451п, Оп. 20, Д. 62, Л. 1-12.

（8）俄罗斯国家档案局 Ф. Р-9492, Оп. 10с, Д. 147, Л. 426-428.

（9）俄罗斯国家档案局 Ф. Р-9492. Оп. 10с, Д. 147, Л. 314-315.

（10）俄罗斯国立军事档案局 Ф. 451п, Оп. 20, Д. 66, Л. 13-15.

（11）俄罗斯国立军事档案局 Ф. 451п，Оп. 20，Д. 60，Л. 4 - 6.

41. 国际科学委员会编：《调查在朝鲜和中国的细菌战事实 国际科学委员会报告书及附件》，北京，1952。

42. 新华时事丛刊编写组：《正义的审讯 苏联审讯日本细菌战犯案经过》，新华时事丛刊，1950。

43. 拉金斯基、罗森贝立特：《日本首要战犯的国际审判》，萨大为、李世楷、方蔼如、王庶译，北京：世界知识社，1955。

44. 斯米尔诺夫、扎伊采夫：《东京审判》，李执中、史其华、林淑华译，北京：军事译文出版社，1987。

45. 朱可夫：《朱可夫元帅战争回忆录》，徐锦栋译，北京：解放军出版社，2003。

46. 华西列夫斯基：《华西列夫斯基元帅战争回忆录》，徐锦栋等译，北京：解放军出版社，2003。

47. 瓦西里·崔可夫：《在华使命——一个军事顾问的笔记》，万成才译，北京：新华出版社，1980。

48. 梅汝璈：《远东国际军事法庭》，北京：法律出版社、人民法院出版社，2005。

49. 草原：《日寇细菌战暴行》，上海：通联书店，1951。

50. 储华编：《惨无人道的细菌战争》，上海：大东书局，1951 。

51. 徐泽编著：《细菌和细菌战争》，北京：商务印书馆，1951。

52. 陈逸园编著：《彻底打败美帝国主义的细菌战》，北京：人民出版社，1952。

53. 王文仲主编：《反细菌战常识》，沈阳、哈尔滨等地：东北医学常识出版社，1952。

54. 李淳编撰：《细菌战的防御法》，沈阳、哈尔滨等地：东北医学常识图书出版社，1952。

55. 姜力编：《1949：伯力大审判 侵华日军使用细菌武器案庭审实录》，北京：解放军文艺出版社，2004。

56. 拂洋编写:《伯力审判——12 名前日本细菌战犯自供词》,长春:吉林人民出版社,1997。

57. 金子顺一:《金子顺一论文集》,昭和 19 年（1944 年）,秘。

58. 美国国家档案局公布的关于日本战争罪行和日本生物武器之档案材料:Cunliffe W. H.: *Select Documents on Japanese War Crimes and Japanese Biological Warfare*, 1934—2006, https://www.archives.gov/files/iwg/japanese-war-crimes/select-documents.pdf.

59. 中央档案馆、中国第二历史档案馆、吉林省社会科学院等编:《日本帝国主义侵华档案资料选编——细菌战与毒气战》,北京:中华书局,1989。

60. 中共浙江省委党史研究室、浙江省档案局编:《日军侵浙细菌战档案资料汇编》(全十册),杭州:浙江人民出版社,2015—2019。

61. 崔维志、唐秀娥主编:《鲁西细菌战大屠杀揭秘》(修订版),北京:人民日报出版社,2003。

62. 张树军、李忠杰等主编:《伯力审判档案 日军细菌战罪行披露》,北京:中共党史出版社,2016。

63. 李海军等编译:《侵华日军细菌战重要外文资料译介》,北京:中国社会科学出版社,2018。

64. 王希亮、周丽艳编译:《侵华日军 731 部队细菌战资料选编》,北京:社会科学文献出版社,2015。

65. 张华编:《侵华日军常德细菌战史料集成》,北京:中国社会科学出版社,2015。

66. 聂莉莉:《伤痕:中国常德民众的细菌战记忆》,刘云、金菁琳译,北京:中国社会科学出版社,2015。

67. 杨彦军主编:《美军调查日本细菌战总结报告书》,马学博、宫文婧译校,北京:中国和平出版社,2015。

参考专著、论文、文学类作品

1. *Акияма Х.*: Особый отряд 731, перевод с японского *М. А. Гусев*,

В. А. Зломанов，*А. Г. Рябкин*，*Н. Н. Тулинов*，Москва：изд-во Иностранной литературы，1958.

2. *Алепко А. В.*：Хабаровский процесс 1949 года и нечеловеческие эксперименты над людьми в бактериологическом отряде № 731 японской Квантунской армии // Культура и наука Дальнего Востока 2019 № 1 (26)，С. 63－70.

3. *Аукьянова М. И.*：Японские монополии во время Второй Мировой войны，Москва：изд-во Академии Наук СССР，1953.

4. *Бажинов А. Г.*：Биологическое оружие и защита от него，2-е издание，переработанное и дополненное，Москва：изд-во Гражданская Оборона，1971.

5. *Баратов Г. Ф.*：Защита населения в условиях применения атомного，химического и бактериологического оружия，под общей редакцией *И. П. Соколенко*，Киев：Государственное Медицинское издательство УССР，1963.

6. *Велихов Е. П.* (*ред.*)：Климатические и биологические последствия ядерной войны，Москва：изд-во Наука，1986.

7. *Громоздов Г. Г. и др.* (*ред.*)：Бактериологическое оружие и защита от него，2-е издание，переработанное и дополненное，Москва：Ордена Трудового Красного Знамени Военное издательство Министерства Обороны СССР，1971.

8. *Жилин П. А.* ，*Деревянко П. М. и др.* (*ред.*)：Вторая Мировая война и современность，Москва：изд-во Наука，1972.

9. *Жуков Ю. Н.*：Тайны Кремля. Сталин，Молотов，Берия，Маленков，Москва：изд-во Терра—Книжный клуб，2000.

10. *Жуков Ю. Н.*：Иной Сталин，Москва：изд-во Вагриус，2003.

11. *Жуков Ю. Н.*：Сталин: Тайны власти，Москва：изд-во Вагриус，2005.

12. *Жуков Ю. Н.*：Сталин: Тайны власти，Москва：изд-во Концептуал，2017.

13. *Звягинцев А. Г.*: Ветер Возмездия. Уроки Токийского международного военного трибунала, Москва: изд-во Рипол Классик, 2019.

14. *Звягинцев А. Г.*: Палачи ада. Уроки Хабаровского процесса, Москва: изд-во Рипол Классик, 2022.

15. *Земсков И. Н.*: Дипломатическая история второго фронта в Европе, Москва: Политиздат, 1982.

16. *Иванов Н. А.*, *Богач В. В.*: Оружие вне закона. Кто готовит бактериологическую войну, Хабаровск: Книжное изд-во, 1989.

17. *Карпов А. В. и др.* (ред.): Химическое и бактериологическое (биологическое) оружие и последствия его возможного применения, Москва: изд-во Международные отношения, 1970.

18. *Кириченко А. А.*: За кулисами Токийского трибунала // Знакомьтесь — Япония N. 49 /2009, С 58 – 70.

19. *Крайф П. де*: Охотники за микробами. Борьба за жизнь, перевод с английского и примечания *И. П. Червонского*, Москва: изд-во Молодая Гвардия, 1957.

20. *Кузнецов Д. В.*: Оружие дьявола. Разработка и применение оружия массового уничтожения во время агрессии Японии против Китая (1931—1945 гг.), Благовещенск: изд-во БГПУ, 2019.

21. *Куминов Я. И.*: Разгром Квантунской армия Японии в 1945 году, Благовещенск: Амурское книжное изд-во, 1960.

22. *Потильчак О. В.*, *Карпов В.*, *Такеучі Т.*: Таємниці 《западного інтернування》: японці в радянських таборах для військовополонених в Українській РСР (1946—1949 рр.), Киев: вид-во АПСФСУ, 2010.

23. *Рожнятовский Т.*, *Жултовский З.*: Биологический война. Угроза и действительность, перевод с польского *М. С. Алексеева* и *Т. И. Воронкиная*, Москва: изд-во Иностранной литературы, 1959.

24. *Романова В. В.*: От Токийского суда к Хабаровскому: из истории

подготовки судебного процесса над японскими военными преступниками-бактериологами // История медицины, 2015, Т. 2, № 1, С. 72 – 82.

25. *Савин А. С.*: Японский милитаризм в период Второй Мировой войны 1939—1945 гг., Москва: изд-во Наука, 1979.

26. *Супотницкий М. В.*: Биологическая война. Введение в эпидемиологию искусственных эпидемических процессов и биологических поражений, Москва: изд-во Кафедра, Русская панорама, 2013.

27. *Христофоров В. С.*: Хабаровский процесс 1949 г. по материалам Центрального архива ФСБ России // источник статьи неизвестен, https://histrf. ru/uploads/media/default/0001/26/4b62fc5fabae8c4e3c142a87be2c2 19dd28d1f16. pdf.

28. *Эйдус Х. Т.*: Япония от Первой до Второй мировой войны, Москва: ОГИЗ Госполитиздат, 1946.

29. *Яковкин Е. В.*: Русские солдаты Квантунской армии, Москва: изд-во Вече, 2014.

30. Corddy E.: *Chemical and Biological Warfare. A Comprehensive Survey for the Concerned Citizen*, New York: Springer-Verlag, 2002.

31. Endicott S., Hagerman E.: *The United States and Biological Warfare. Secrets from the Early Cold War and Korea*, Bloomington, Indiana: Indiana University Press, 1998.

32. Mangold T., Goldberg J.: *Plague Wars. A True Story of Biological Warfare*, London, Basingstoke, Oxford: Macmillan, 1999.

33. Rider D. R.: *Japan's Biological and Chemical Weapons Programs; War Crimes and Atrocities — Who's Who, What's What, Where's Where*. 1928—1945, 3rd edition, online manuscript version, 2014, 2018. // http://www. mansell. com/Resources/Rider _ Whos _ Who _ in _ Japanese _ BW _ 2018-10-09 _ IN _ PROCESS–SEEK-PERMISSION-TO-USE. pdf.

34. Williams P. , Wallace D. : *Unit* 731: *The Japanese Army's Secret of Secrets*, London: Hodder and Stoughton, 1989.

35. 松村高夫：「731部隊と細菌戦：日本現代史の汚点」,『三田学会雑誌』,91卷2号,1998年7月,239-260ページ。

36. 森村诚一：《恶魔的饱食——日本731细菌战部队揭秘》,骆为龙、陈耐轩译,北京：学苑出版社,2003。

37. 森村诚一：《恶魔的饱食续集》,正路、萧平、顾红译,长春：吉林人民出版社,1983。

38. 森村诚一：《恶魔的饱食第三集》,成宰、秉伟、光赤译,长春：吉林人民出版社,1985。

39. 青木富贵子：《731——石井四郎及细菌部队揭秘》,凌凌译,哈尔滨：哈尔滨出版社,2018。

40. 解学诗、高松寿夫等：《战争与恶疫——日军对华细菌战》,北京：人民出版社,2014。

41.《历史不能忘记》丛书编委会编：《历史不能忘记：日军细菌部队罪行录》,北京：中国民主法制出版社,1999。

42. 侵华日军关东军731部队罪证陈列馆编：《侵华日军关东军七三一细菌部队》,北京：五洲传播出版社,2005。

43. 张宪文主编,高晓燕、王希亮编著：《日本侵华图志 第15卷 化学战与细菌战》,济南：山东画报出版社,2015。

44. 金成民主编：《日本细菌战》（上、下册）,北京：中国和平出版社,2015。

45. 冉炜君：《魔鬼的战车 内蒙古侵华日军细菌战受害者调查》,北京：昆仑出版社,2005。

46. 沙东迅：《揭开"8604"之谜——侵华日军在粤秘密进行细菌战大曝光》,北京：中国文史出版社,2005。

47. 金成民：《日本军细菌战》,哈尔滨：黑龙江人民出版社,2008。

48. 陈志远：《纪实：侵华日军常德细菌战》,北京：中国社会科学出版社,2015。

49. 彼得·威廉姆斯、戴维·华莱士:《罪恶魔窟——731 细菌部队最新揭秘》,建国、白莺译,北京:中国文联出版公司,1992。

50. 朱迪思·米勒、斯蒂芬·恩格尔伯格、威廉·布罗德:《细菌战——生化武器的黑暗世界》,赵干城译,上海:上海译文出版社,2004。

51. 丹尼尔·巴伦布拉特:《轴心国日本的细菌战和种族灭绝行动解密》,叶明炜译,台北,2015。

52. 肯尼思·波特:《解密日本细菌战历史:军医中将石井四郎的故事》,龙菡译,北京:中国和平出版社,2015。

53. 谢尔顿·哈里斯:《死亡工厂——1932—1945 年日本细菌战与美国的掩盖》,王选、徐兵等译,上海:上海人民出版社,2022。

网站资源

1. "Weapons of Mass Destruction (WMD)", https://www.globalsecurity.org/wmd/intro/bio_plague.htm。

2. 731 部队[侵华日军第 731 防疫给水部队], https://www.jendow.com.tw/wiki/731 部队。

3. 青山贞一、池田こみち编:《731 部隊関与者(医師·医学者)》, http://eritokyo.jp/independent/aoyama-731orgf2.htm。

4.《栄 1644 部隊》, https://www.oshietegensan.com/war-history/war-history_h/5908/。

5.《哈尔滨 侵华日军第七三一部队罪证陈列馆"打捞历史的真相"》, https://www.chinanews.com.cn/sh/2022/09-16/9853458.shtml。

6. "东京审判"文献数据库, http://www.tokyotrial.cn/。

后 记

对我而言,加入细菌战领域的研究队伍,既是一个难得的机遇,也是一项重大的任务与挑战。

2018年夏,我有幸受到南京大学吕晶教授邀请参与国家社会科学基金抗日战争研究专项工程"日军细菌战海内外资料整理与研究"项目。当时我还在俄罗斯莫斯科的罗蒙诺索夫莫斯科国立大学,正在准备博士论文的答辩申请等相关工作。由于我的第一部博士论文也是关于苏联伟大卫国战争和第二次世界大战的内容,因此我在接到这个任务后,也开始拓展自己在第二次世界大战暨世界反法西斯战争的东方主战场历史以及德国、日本、美国细菌战历史等方面的研究。

在此期间,我也在北京大学历史学系完成了我的第二部博士论文和答辩。它的内容是关于第二次世界大战前夜的外交史和国际关系史的,也与当今复杂的国际形势有着千丝万缕的联系。这些学术的阶段性成果和经验累积都为我日后完成此项任务打下了坚实的基础。

尽管受到大环境的各种制约,一些计划和研究进度也受到了前所未有的影响和阻力,但从另一个角度来看,当前所发生的当代史,以及这些经历也更能让我亲身感受我所研究的历史专题,并且在学以致用、联系古今的基础上更深刻地看待、认识、思考和理解这段历史。在我投身高校的教学科研工作之后,我竭力在平衡完成繁重的教学任务及高强度展开科研工作的前提下,不断完善本书的研究和编写,直至写完最后一页。这的确是一个克服困难和超越自我的历程。由于我的外语水平有限，对于很多陌生的历史背景，只能通过边做边学来掌握，这是一个紧迫的自学过程。尽管在翻译和研究工作过程中也时不时会遇到很多突如其来的困难和挫折，但在各个阶段中，我以不懈的努力，利用有限的时间增加阅读量，甚至废寝忘食地研究、思考解决和克服的办法。功不唐捐，在完成本书的过程中，我在第二次世界大战史和细菌战方面的研究、翻译和分析史料及文献的相关工作中，取得了重要进展和显著突破。

借此机会，我要感谢我的父母及家人，比如表哥王新里、洪亮，我侄儿王顾等对我的支持、鼓励、包容和谅解。在最困难的瓶颈期，家人的支持和关怀好比黑夜中的一道灯光。我父亲谭世宝教授虽然从事的是中国古代史等领域的研究，但也对我提出了一些重要的指导和可供参考讨论的学术意见，对我的研究和写作工作有比较重要的影响。在我的成长过程中，父母的严格要求和悉心关怀，潜移默化地让我用严肃的态度应对学术和生活中的重要事情。另外，我还想感谢我在莫斯科学习时的指导老师沙德林（А. Ю. Шадрин）副教授和杰维亚托夫（С. В. Девятов）教授、弗多文（А. И. Вдовин）教授，以及我在中国台湾学习时的指导老师王琪教授、翁嘉声教授，在北京学习时的指导老师钱乘旦教授，还有张海鹏学部委员、张宪文教授、徐天新教授、郭华榕教授、张雄副教授、王利军副教授等老师对我的教导和帮助。我的好友庄仕琪博士、谢寅童研究员、冯恺博士、陈俊文硕士、梅伟强硕士等也给予我关怀和支持。我还想衷心感谢吕晶教授对我的帮助和鼓励，以及金书羽老师、张晓薇老师和编辑部其他老师的帮助和支持。正是他们的帮助和鼓励，使我一次次走出困境、克服障碍，取得成果。

在这段时间，比较遗憾的是未能有机会成为著名的苏联和俄罗斯历史学家尤里·朱可夫（Ю. Н. Жуков）教授门下的学生。2023 年 3 月，我从当时身在莫斯科的师弟庄仕琪博士那里得知一向身体健壮的老先生突然因病与世长辞了，享年 86 岁……我之所以在这里特别提及尤里·朱可夫教授，不仅因为他是一位极为严谨和认真治学的苏联学派历史和档案学家，更是因为他的研究著作给我巨大的启示和帮助。与西方主流历史叙事"范式"有着根本差异的是,尤里·朱可夫在其主要讲述斯大林时期苏联历史的著作中,以及一些重要的座谈会和访谈中,都会提及东亚(远东)的局势,即日本关东军发动九一八事变侵略中国东北并且建立伪满洲国的巨变对东亚(中国和苏联远东地区)乃至整个世界的影响。尤里·朱可夫坚持沿用苏联学派的主流观点,指出九一八事变和日本建立伪满洲国的一连串事端是斯大林认为的新的帝国主义侵略战争的开端。它不仅揭示了法西斯势力的侵略扩张步骤,更反映了西方大国对其侵略扩张的默许、纵容和鼓励政策。这种观点无可争辩地指出了第二次世界大战的东方战场起源于日本侵略中国东北的事实。在此前提下,日本的细菌战阴谋和实战应用的历史背景和事实,才能得到更为充分、深入和具体的分析。

作为阶段性成果,本书的工作量不亚于重新写一部博士论文。的确,学术之路漫漫,任务太多,时间太少,来不及思考和感伤,只能继续前行。在此再一次衷心感谢大家的支持、鼓励和帮助,我希望这部不成体系的作品可以为当下中国内地的日军细菌战研究领域做一些微不足道的贡献,也希望自己之后能在第二次世界大战史和细菌战史等相关领域继续深入研究,并且争取完成更有学术意义和价值的新成果,解决更多具有重要意义的相关史学问题。